社 会 工 作 教 育 系 列 图 书

人口社会学

周建芳　彭大松　舒星宇　主编

南京大学出版社

图书在版编目(CIP)数据

人口社会学 / 周建芳，彭大松，舒星宇主编.
— 南京：南京大学出版社，2024.1
 ISBN 978-7-305-27377-3

Ⅰ.①人… Ⅱ.①周… ②彭… ③舒… Ⅲ.①人口社会学 Ⅳ.①C92-05

中国国家版本馆 CIP 数据核字(2023)第 208492 号

出版发行	南京大学出版社
社　　址	南京市汉口路 22 号　　邮　编　210093
书　　名	人口社会学 RENKOU SHEHUIXUE
主　　编	周建芳　彭大松　舒星宇
责任编辑	丁　群　　　　　　编辑热线　025-83597482
照　　排	南京开卷文化传媒有限公司
印　　刷	南京百花彩色印刷广告制作有限责任公司
开　　本	787 mm×1092 mm　1/16　印张 17.5　字数 448 千
版　　次	2024 年 1 月第 1 版　2024 年 1 月第 1 次印刷
ISBN	978-7-305-27377-3
定　　价	60.00 元
网　　址：	http://www.njupco.com
官方微博：	http://weibo.com/njupco
微信服务号：	njuyuexue
销售咨询热线：(025)83594756	

＊版权所有，侵权必究
＊凡购买南大版图书，如有印装质量问题，请与所购
　图书销售部门联系调换

前　言

2023年，世界人口已达80亿，印度人口超过中国成为世界第一人口大国。发达国家、发展中国家和最不发达国家的65岁及以上的人口占比（人口老龄化水平）分别为20%、8%和3.9%，总和生育率则分别为1.50、2.4和4，全球人口呈现巨大的区域差异性，也正面临千年未有之大变局，人口爆发期正在临近尾声。而在我国，2022年出生人口956万人，年出生人口跌破1 000万。2022年末，全国人口14.12亿人，比2021年末减少85万人，自1962年后首次出现人口负增长。同年，人口老龄化程度已高达14.90%。中国人口发展面临新挑战，少子老龄化对经济社会可持续发展带来巨大冲击，城乡、区域人口发展不平衡问题进一步凸显。

人口关系国家强弱和民众兴衰，与资本、技术共同决定经济潜在增长率。党中央将人口问题提升到国家战略的高度，并做出了一系列重大战略部署。党的二十大报告提出"优化人口发展战略"问题，二十届中央财经委员会第一次会议进一步强调，要着眼强国建设、民族复兴的战略安排，完善新时代人口发展战略，认识、适应、引领人口发展新常态，着力提高人口整体素质，努力保持适度生育水平和人口规模，加快塑造素质优良、总量充裕、结构优化、分布合理的现代化人力资源，以人口高质量发展支撑中国式现代化。人口问题事关国计民生，意义重大。每一位社会科学研究者、社会工作者和社会管理者，均应了解如何科学地描述人口发展特征与趋势，理解人口与社会经济发展的相互关系，掌握人口发展新常态，并尽可能地运用人口社会学知识服务中国式社会现代化建设。

本教材在广泛参考、借鉴国内外已出版的《人口学》《人口统计学》《人口社会学》等教材的基础上，吸纳最新发表的人口社会学研究成果，采用国内外最新人口数据，展示人口社会学基础知识、重要理论和发展动向。相对于既往教材，本书的主要特色在于：一是创新性与前沿性。将人口就业与产业结构、人口文化、区域人口与社会发展、人口安全、人口高质量发展等内容及最新理论纳入本教材，充分观照国内外人口发展前沿议题。二是时效性和应用性。将第七次全国人口普查、2022年中国和世界人口最新统计数据应用到教材中，让读者可以从教材中获悉当前人口发展状况。同时，教材在丰富与完善既有人口社会学理论的同时，也重点关注了人口发展的实践议题，将人口老龄化、区域人口规划等内容纳入进来，以增强读者理论联系实际的能力。

本教材共分为四编。第一编是概论，介绍人口社会学的定义、研究对象与研究内容、发展历史和研究方法等内容，由周建芳教授撰写。第二编是人口过程，包括生育制度、死亡模式、人口迁移和人口转变，共4章，由彭大松教授撰写。第三编是人口结构，包括年龄结构、性别结构、家庭与婚姻、社会分层、人口就业结构与产业结构、人口空间分布，共6章，由舒星宇副教授撰写。第四编是人口与社会发展，包括人口文化、区域人口与社会发展和人口安全，也由周建芳教授撰写。感谢沙勇教授负责全教材的写作设计、写作原则与思路、总体框架和内容布局，并对教材的总体质量全面把关。感谢周长洪教授为本书进行了细致审核，指出初稿存在的问题与不足，并提出了针对性修改建议，极大提升了教材质量。

经过两年的撰写和多轮修改，本教材终于和读者见面。限于编者能力，疏漏和不妥之处在所难免，敬请广大读者不吝赐教，我们将不断对教材进行修改、调整与完善。

《人口社会学》写作组
2023年7月

目　录

第一编　概　论

第一章　人口社会学导论 ... 3
第一节　人口社会学概述 ... 3
第二节　人口社会学的研究对象和内容 ... 6
第三节　人口社会学的形成与发展 ... 8

第二章　人口社会学研究方法 ... 14
第一节　人口社会学研究方法论 ... 14
第二节　人口社会学传统研究方法 ... 16
第三节　人口社会学前沿研究方法 ... 19

第二编　人口过程

第三章　生育制度 ... 29
第一节　生育的概念及其测量指标 ... 29
第二节　生育模式 ... 32
第三节　生育率转变理论 ... 36
第四节　中国生育率转变研究 ... 42

第四章　死亡模式 ... 45
第一节　死亡的概念及其测量指标 ... 45
第二节　死亡模式 ... 56

第三节　死亡率及其相关因素 ································· 58
　　第四节　安乐死与临终照护 ··································· 67

第五章　人口迁移 ··· 71
　　第一节　人口迁移的概念及其测量指标 ······················· 71
　　第二节　人口迁移的基本理论 ································· 73
　　第三节　国际人口迁移 ··· 79
　　第四节　中国的人口迁移 ······································ 85

第六章　人口转变 ··· 91
　　第一节　人口再生产与人口转变 ······························ 91
　　第二节　人口转变理论 ··· 93
　　第三节　中国人口转变 ·· 100

第三编　人口结构

第七章　年龄结构 ·· 111
　　第一节　年龄结构的概念及其测量指标 ······················ 111
　　第二节　国内外人口年龄结构的变迁 ························· 114
　　第三节　人口年龄结构变迁对社会的影响 ···················· 119
　　第四节　人口老龄化问题 ······································ 122

第八章　性别结构 ·· 126
　　第一节　性别结构的概念及其测量指标 ······················ 126
　　第二节　国内外人口性别结构的变迁 ························· 128
　　第三节　人口性别结构变迁对社会的影响 ···················· 131
　　第四节　人口出生性别比失衡问题 ···························· 133

第九章　婚姻与家庭 ·· 138
　　第一节　婚姻与家庭的概念及其测量指标 ···················· 138
　　第二节　婚姻与家庭理论 ······································ 146
　　第三节　国内外婚姻与家庭的变迁 ···························· 150

第四节　婚姻与家庭的变迁对社会的影响 ………………………………… 155
　　第五节　单身、不婚与高离婚率问题 ………………………………………… 157

第十章　社会分层 …………………………………………………………………… 160
　　第一节　社会分层的概念及其测量方法 ……………………………………… 160
　　第二节　社会分层相关理论 …………………………………………………… 164
　　第三节　中国社会阶层的演变 ………………………………………………… 167
　　第四节　社会分层相关研究 …………………………………………………… 172

第十一章　人口就业结构与产业结构 …………………………………………… 175
　　第一节　人口就业结构与产业结构的概念及其测量指标 …………………… 175
　　第二节　国内外人口就业结构与产业结构的变迁 …………………………… 179
　　第三节　人口就业结构与产业结构变迁对社会的影响 ……………………… 189
　　第四节　人口就业结构与产业结构的影响因素 ……………………………… 191

第十二章　人口空间结构 …………………………………………………………… 195
　　第一节　人口空间结构的概念及其测量指标 ………………………………… 195
　　第二节　国内外人口空间结构的变迁 ………………………………………… 199
　　第三节　人口空间结构变迁对社会的影响 …………………………………… 203
　　第四节　人口城镇化与城市化 ………………………………………………… 206

第四编　人口与社会发展

第十三章　人口文化 ………………………………………………………………… 215
　　第一节　人口文化的基本概念 ………………………………………………… 215
　　第二节　人口文化相关理论 …………………………………………………… 217
　　第三节　人口文化发展的影响因素 …………………………………………… 220
　　第四节　国内外人口文化发展现况 …………………………………………… 222
　　第五节　促进我国人口文化发展的策略和措施 ……………………………… 225

第十四章　区域人口与社会发展 …………………………………………………… 230
　　第一节　乡村振兴战略中的人口发展 ………………………………………… 230
　　第二节　中国主要城市群人口发展 …………………………………………… 234

第三节　区域治理视域下的人口长期均衡发展 …………………………… 243
第十五章　人口安全 ………………………………………………………… 247
   第一节　人口安全的基本概念 …………………………………………… 247
   第二节　人口安全思想 …………………………………………………… 250
   第三节　当前我国主要人口安全问题及应对策略 ……………………… 257
参考文献 ……………………………………………………………………… 265

第一编

概 论

　　人口社会学作为一门人口学和社会学的交叉课程,在其发展过程中,形成了特有的研究对象、研究内容和常用的研究方法,本编将对这些方面予以介绍。

第一章
人口社会学导论

本章首先对人口社会学的定义、特征、作用与意义等进行概括性介绍,接着介绍人口社会学的研究对象与内容,最后对人口社会学的发展历史进行简要描述。

第一节 人口社会学概述

一、人口社会学的定义

人口社会学是人口学和社会学的交叉学科,也属于这两门学科的分支学科。尽管人口社会学的研究已经相当丰富,国内外很多高校也相继开设人口社会学课程,但人口社会学的定义一直并不明确,更没有形成相对权威的定义。

界定和理解人口社会学的定义,需要先分别了解人口学和社会学的定义和内涵。

首先,人口学是研究人口发展、人口与社会经济等相互关系的规律性和数量关系及其应用的科学总称[1]。人口发展是人口数量和人口质量的对立统一运动。人口发展既包括由人口出生、死亡而形成的人口自然再生产变动、人口迁移变动、社会构成变动,及制约人口变动的内在机制力量等;人口发展也包括人口质量由低级向高级的运动。人口发展不是杂乱无章的,而是有规律的,决定人口发展及其规律的是生产力内在因素的矛盾运动和生产关系的性质。与此同时,作为社会生活主体的人口都是社会生产力的基本要素,也是一切社会关系的承担者,其数量、质量、构成的变化总是与当时的政治、经济、资源、军事等方面的问题有密切关系。正因为如此,人口学在长期的历史发展过程中,不仅研究人口发展自身,还研究人口发展和其他变量(社会、经济、政治、生物、遗传、地理等)之间的相互关系。

其次,社会学是将社会整体或个人及其社会行为作为研究对象,通过社会关系、社会互动和社会行为来研究社会的结构、功能、发生、发展规律的综合性学科[2][3]。微观方面,儿童、妇女、老人、残疾人、吸毒人群等不同类型的个体及其组成的家庭是社会学的研究对象,社会学关注他们的社会关系、社会行为等;中观方面,社会学关注社区、社会组织、社会群体、

---

[1] 彭希哲. 人口与人口学[M]. 上海:上海人民出版社,2009:1.
[2] 宋林飞. 现代社会学[M]. 上海:上海人民出版社,1997:15-17.
[3] 刘易斯·科塞,布福德·雷亚,帕特里夏·斯蒂芬,等.社会学导论[M]. 天津:南开大学出版社,1990:15-28.

特定民族等的研究,分析不同群体与组织的特征、缔结方式、社会影响等;宏观方面,社会变迁、社会分层、社会流动、社会规范、城市化、现代化等都会是社会学学者们的研究领域。

人口作为社会的一个要素,与社会整体和其他社会要素密不可分、相互影响。人口与社会的互动,是人口学和社会学都会涉及的部分,成为人口学与社会学交叉的内容。随着这方面研究深度的加深和广度的加大,逐渐形成了人口社会学这一分支学科。与此同时,按照一般交叉学科的命名规则,与社会人口学有所区分,人口社会学的侧重点在社会学,人口则是对社会学的范围限定。

基于以上理解,本书将人口社会学定义为:运用社会学的理论和方法,研究人口结构、人口过程和人口变迁等人口现象,以及人口与经济、文化等社会现象之间关系的一门交叉学科。

二、人口社会学的特征

作为一门交叉学科,人口社会学的研究将重点内容放在了人口现象与社会现象的交互作用和相互关系上。因此,与人口学将人口过程、人口结构和人口变迁均作为其研究内容有所不同,也不同于社会学,人口社会学不将包罗万象的整个社会作为自己的研究对象,而是从社会问题入手,运用社会学的方法来研究与人口结构、人口过程和人口变迁问题密切相关的社会现象,或者是与各类社会现象密切相关的人口问题,发现其作用规律,提出解决问题的社会学思路。总结人口社会学的特征,主要有以下三点:

(一) 注重实证研究,理论与实践高度结合

经验研究是社会学研究的主要特征之一。人口社会学的研究也具有这一特点,强调基于所收集的基本社会事实信息,分析人口社会问题,总结人口社会的互动规律。与人口学理论或社会学理论的研究不同,人口社会学研究更强调其应用价值,将既有的人口理论、社会理论应用于实践研究,指导实践问题的解决。比如,近年来学者们较为关注的人口均衡发展问题,人口社会学的研究侧重关注人口数量、人口结构和人口分布三大要素对基本公共服务供给、资源配置、服务利用可能产生的近期和远期影响,在充分尊重人口发展规律的前提下,对未来一段时期内的公共服务体系发展进行规划或提出改革建议。

(二) 以问题为导向,将人口与社会关系问题作为重点研究内容

虽然人口社会学的研究也关注理论的突破或理论的贡献,但其主要研究目的仍然是关注人口现象引起的社会问题,或社会问题的人口学成因,人口现象在其中所起的作用或发生的影响。如对于人口性别结构的研究,人口学家更多关注的是人口性别结构的基本规律,如何运用统计学的指标科学描述人口性别结构,人口性别结构的测算方法等。以我国人口性别结构研究为例,第五次人口普查的人口统计数据揭示了我国普遍存在较为严重的出生性别比失衡问题,学者们关注了从生育政策、生育意愿、胎儿性别鉴定技术的滥用等多方面的社会因素对出生性别比的影响,探讨出生性别比失衡的社会成因,同时关注出生人口性别比失衡可能引起的婚姻挤压问题、性犯罪问题、性病与艾滋病传播问题,等等。

(三) 定性与定量相结合，运用社会研究方法探究人口社会现象

定量研究是在实证主义方法论影响下的研究方式。像对自然现象的研究一样，对社会现象的研究也采用标准测量的方式采集信息，并且使用统计方法分析社会现象并形成研究结论。定性研究则主要受人文主义方法论的影响。在研究社会现象时，充分考虑到人的特殊性，考虑到社会现象和自然现象的差别，更多用文字描述社会现象，在特定的社会背景下和社会现象的动态变化中描述其发生、发展的过程，因而更多是个案研究，较少运用抽样、统计等量化分析工具，较少强调研究的规范性和标准化，更强调研究的深入性。传统的人口学以定量研究为主，人口统计学已成为其重要的分支学科，而社会学的研究方法中，既有以量化研究为主的实验研究，也有调查研究方法的资料收集和资料分析。它们都已经有很多现成的研究工具可以使用，一些大型的社会调查数据也能够实现共建共享，如中国和美国的社会综合调查，一些国家每十年一次的人口普查等，都可以在全球范围内进行分享与比较分析。20世纪90年代以来，社会学研究中逐渐意识到定量和定性研究有各自的优点和缺点，谈不上孰优孰劣，如定量研究更适合验证社会理论和形成对社会现象的一般性认识，而定性研究更适合于形成研究的假设，探索出可能的新理论和对社会现象的形成机制和演变过程进行了解。因此，定性与定量研究逐渐有融合之势，人口社会学的研究中，学者们一方面会在同一现象的不同研究阶段先后使用定性研究和定量研究，另一方面会在同一现象的不同侧面分别使用定性和定量方法进行研究。

三、人口社会学的作用与意义

当前存在的各种人口社会问题，如流动人口的社会融合、易地扶贫搬迁户的社会参与、单亲家庭的儿童成长、独生子女家庭的父母养老风险、中年空巢人群的心理焦虑、人口的老龄化加剧引发的对养老保障的担忧、家庭规模小型化导致的家庭赡养能力弱化等，既有微观层面的问题，也有宏观层面的问题，影响着个人、家庭和社会的稳定与发展。对于这些问题，我们不仅要进行经济和物质方面的影响分析，还要进行非经济（社会、文化等）的影响分析和非物质（行为取向、价值观念等）的影响分析。我们在寻求缓解人口社会问题时，不仅要研究行政的、法律的强制性手段，还要研究经济的、教育的、文化的非强制性手段，这一切都离不开人口社会学理论和方法的运用。只有对人口问题进行多层次、多侧面的深入研究，才能为决策机构提供全面可靠的依据，才能为解决人口社会问题以及为人口再生产的良性循环创造条件。

四、人口社会学的相关学科

人口社会学是实践性相对较强的应用为主的学科，是主要应用人口学和社会学知识、理论与方法研究人口社会现象的交叉学科，涉及的主要相关学科有：

（一）人口学

人口学有狭义和广义之分。狭义的人口学是研究人口规模、结构、分布及其变化的科学，也被称为形式人口学或人口学分析。广义的人口学不仅包括狭义人口学所研究的

人口变量本身的变化,还研究人口变量变化和其他变量(如社会的、经济的、政治的、遗传的、地理的等)变化的相互关系。人口学是研究人口发展,以及人口与社会、经济、生态环境等相互关系的规律性和数量关系及其应用的科学总称。20世纪70年代以来,中国学者将人口学体系归结为三大组成部分:人口理论、人口统计学、人口应用学科。人口社会学可以看作是人口应用学科之一。

(二) 社会学

社会学是一门研究社会事实(客观事实如社会行为、社会结构、社会问题等;主观事实如人性、社会学心理等)的拥有多重范式的学科。社会学的研究对象包罗万象,包括历史、政治、经济、社会结构、人口变动、民族、城市、乡村、社区、婚姻、家庭与性、信仰与宗教、现代化等领域,也因此而形成了众多的分支学科,人口社会学便是其中之一,甚至有学者认为包括人口经济学、人口生态学、人口政策学、计划生育学和人口社会学等在内的人口学(广义),也是社会学的一个分支学科。

(三) 管理学

管理学是在自然科学和社会科学两大领域基础上建立起来的一门综合性交叉学科,是研究管理活动的基本规律和一般方法的科学。管理学也是为适应现代社会化大生产的需要而产生的,它的目的是研究在现有的条件下,如何通过合理的组织和配置人、财、物等因素,提高生产力的水平。从学科体系上看,管理学涉及数学、社会科学、技术科学和新兴科学等,其中的社会科学就包括人口学、社会学在内的诸多学科。人口社会学在研究人口过程、人口结构和人口变迁相关的社会治理时,需要遵循管理学的基本理论与规律。

(四) 统计学

统计学是收集、处理、分析、解释数据,并从数据中得出结论的科学。统计学是一门很古老的科学,一般认为其始于古希腊的亚里士多德时代,迄今已有两千三百多年的历史。发展至今,统计学在数理统计分析方法上形成了适用于不同变量类型的单变量和多变量统计分析方法体系,更为重要的是这些方法被广泛应用于社会各个领域,形成了众多的应用分支学科,如人口统计学、经济统计学、教育统计学、心理统计学等。与前面介绍的三个相关学科一样,统计学也是人口社会学的一个相关学科,人口社会学的一些内容涉及统计学的理论、知识和方法。

第二节 人口社会学的研究对象和内容

一、人口社会学的研究对象

人口社会学的研究对象是人口现象,但是应与人口学有所区分。如前节所述,人口社会学是人口学的分支,但不研究所有的人口现象,而是其中与社会相关联的人口现象,分析人口现象如何受社会因素影响而发生变化,同时也关注人口因素如何影响社会现象,研究人口和社会之间的相互关系,了解它们在发展过程中已经出现的不平衡以及由这种不平衡带来的各种人口社会问题。人口社会学在社会变量和人口变量的相互关系中,探讨人口与社会间的相互作用规律。

二、人口社会学的研究内容

人口社会学在其形成与发展过程中,研究人员关注了诸多的人口与社会的互动话题,但在进一步对人口社会学范畴的界定上也存在一定的分歧。如有学者认为,人口社会学是研究人口与社会相互关系的[①]。但也有学者认为,人口社会学的研究内容是用社会学的理论和方法研究人口过程、人口结构和人口变迁[②]。杨菊华将之界定为人口过程与社会运行、人口结构与社会基础、人口特征与社会发展三部分[③]。我们则更倾向于从广义视角理解和界定人口社会学的研究内容,其主要包括:

(一) 人口过程与社会

人口过程是社会过程的一个侧面,一般指人口的生育、死亡和迁移,以及由这些过程综合作用而形成的人口动态变化。人口这三方面的变化与发展,带来了人口的数量、结构与分布的变化。人口的生育模式、死亡模式、迁移模式,均广泛受多种社会因素的影响。如当前讨论较多的生育模式,2013年国家调整了生育政策,实行"单独两孩"政策,2015年和2021年,国家再次调整政策,目前为"全面三孩"政策。政策的调整很快对我国的生育模式产生了一些影响,有更多的家庭选择了生育二孩,甚至三孩。但是,生育政策调整的影响似乎没有达到预期效应,分析其中的原因,除了生育政策因素外,还有就业形势、养育成本、婚恋行为、人口文化等多方面社会因素的影响,另外也还有人口自身因素的影响,特别是育龄妇女数量和年龄结构的影响。与此同时,人口过程也在很大程度上对社会形成了影响,如人口的死亡过程,2020—2022年间肆虐全球的新冠肺炎(COVID-2019),各国统计数据表明全球至少有700万人死于这场大流行病,世界卫生组织负责人表示真正的死亡数字可能接近2 000万人。为减少因疫情带来的人口死亡和疾病发生,个人和社会都采取了应变策略,包括微观层面的个人行为,如卫生行为、消费行为、交通出行行为等的变化;中观层面上的社区关系也发生显著变化,如让人们有了更多的社区关注和社区联系,虚拟网络社区也明显增加;在宏观层面对社会经济生产、政府信任、国际关系等也有着显著影响。

(二) 人口结构与社会

人口结构可以从多个角度进行描述,较为常用的人口结构有人口年龄结构、性别结构、家庭结构等,广义的人口结构中也将社会分层、人口城乡分布和区域分布纳入其中。在本教材中,还将人口就业与产业结构这一国家统计和经济研究领域都较为关注的人口

---

① 桂世勋.第一讲:人口社会学是研究什么的[J].社会,1982(3):74-78.
② 佟欣.人口社会学[M].北京:北京大学出版社,2010:6.
③ 杨菊华,靳永爱.人口社会学[M].北京:中国人民大学出版社,2020,15-17.

经济结构纳入框架体系进行介绍。人口结构同样是社会结构的组成部分,人口结构与社会结构有着密切的相互作用。以当前我国政府和社会都极为关注的人口老龄化为例,老龄化社会有着与年轻型社会不同的生产与消费特征,老龄化社会让人们关注到了社区环境、交通出行、数字技术等多方面的适老性问题,老龄化社会让人们对养老保障、医疗保障的可持续发展产生了担忧,老龄化社会还让人们重新思考与定位家庭的功能等。

(三) 人口与社会可持续发展

在满足人类需要的过程中,必然有限制性因素的存在,主要限制因素有环境、资源,以及技术状况等。而可持续发展的核心则是确保人类的经济和社会发展不能超越资源与环境的承载能力,从而真正将人类的当前利益与长远利益有机结合。可持续发展就是建立在社会、经济、人口、资源、环境相互协调和共同发展的基础上的一种发展,其宗旨是既能满足当代人的需求,又不能对后代人的发展构成危害。可持续发展主要包括社会可持续发展、生态可持续发展、经济可持续发展。1972年斯德哥尔摩世界环境大会发表的斯德哥尔摩《人类环境宣言》中有关内容的表述涉及可持续发展的想法:"为了这一代和将来世世代代,保护和改善人类环境已经成为人类一个紧迫目标,这个目标将同争取和平和全世界经济与社会发展这两个既定的基本目标共同和协调地实现。"1992年世界环境与发展大会通过的《里约宣言》和《21世纪议程》把可持续发展作为指导思想,这标志着世界上大多数国家和组织接受和承认了可持续发展思想。人口与环境、资源的不均衡发展问题,在中国的可持续发展中更为突出,2000年12月,中国政府发布了《中国21世纪人口、环境与发展白皮书》,首次把可持续发展战略纳入我国经济和社会发展的长远规划。

第三节 人口社会学的形成与发展

人口社会学的研究视角和研究内容一直随着社会的发展,不断丰富和深入发展,但是人口社会学作为人口学或社会学的一门分支学科被独立出来是近现代的事情。我们以出现系统的人口社会学理论和人口社会学的分支学科为标志,将人口社会学的发展历史分成三个阶段:萌芽期、形成期和发展期。

一、萌芽期

原始社会瓦解后的奴隶社会,以奴隶主占有奴隶的人身、实行超经济奴役为主要特征。奴隶社会最早出现于埃及、西亚和印度,继而在希腊和意大利等地产生。早期的人口与社会的讨论,在著名的希腊哲学家和思想家柏拉图和亚里士多德的著述中得到了突出的反映。柏拉图在其《理想国》的《法律篇》中提出了适度人口与稳定人口的思想,认为最理想的人口状态是城邦国家的人口潜能可以得到较为充分发挥的理想状态。而一个理想的城邦国家也很有必要设计出最令人满意且适度的人口数,一个有5 040个公民的城邦,可以保证公民之间相互熟悉且潜能充分发挥,要保持这一人口数的稳定,就要避免人口的膨胀或减少。柏拉图在其后来的著作中还提出了通过移民、杀婴、婚姻等法律手段限制人口。同样闻名的古希腊思想家亚里士多德的《政治学》《伦理学》等著作中也谈及了用社会手段控制人口数量的思想。亚里士多德除了强调理想城邦的适度人口和稳定人口的必要性,注重法律手段限制人口外,还首次把人口与政治的关系提到了国家治理的高度,认为应该把人口规模作为国家治理好坏的评价标准之一,只有当中等阶层的人数最多时,才具有了巩固国家的力量。他强调生育的质量,要将最优秀的女子与最优秀的男子结合,生育子女,甚至建议国家制定不准养育残疾儿童的法规。

西方学者早期对人口社会问题的关注,常常融合在宗教之中,带有神学色彩。如奥古斯汀倡导上帝有权支配人们的生死,人口的支配权归属于上帝,一个地区的人口是否增长并不是最重要的,重要的是已婚人口不能人为地避孕或终止妊娠。但随着经济发展、战争和瘟疫的流行,人口增长的社会需求呼声不断增加,出生于意大利的托马斯·阿奎那认为生育是人与生俱来的权力,强调自然法则,提倡人口的繁殖。欧洲的宗教改革领袖马丁·路德认为结婚是完全正当的,反对天主教的独身主义,主张男子不迟于20岁,女子在15~18岁结婚。

在这一时期,我国一些思想家的政治主张中也蕴含一些人口社会学的观点。如管仲认为:"地大国富,人众兵强,此霸王之本也",他向齐桓公建议"养老、慈幼、恤孤、养疾、合独、问病、通穷、振困、接绝"的人口政策,凡外来移居齐国者要分给田地并且不得歧视,鼓励人口增长以争天下。商鞅在辅佐秦孝公时,主张"以人称地",提出"徕民"的人口政策,规定凡入秦定居者,三世不征赋税,不参加征战,凡在秦国山陵、斜坡、荒丘、沼泽、低洼之地新旦耕地者,十年不收赋税。在春秋战国时期,对后来影响最大的是孔子的人口思想。"孝"在孔子的思想中,最根本的一点就是能够生育传嗣,孟子将之总结为"不孝有三,无后为大"。孔子还有"男尊女卑,重男轻女"的人口主张,认为男子才能肩负起"孝"的重任,完成"仁"的大业。

总体说来,萌芽期人口社会问题的讨论,只是在特定社会问题的思考中,特别是政治议题之中探及人口的影响,进而论及有关人口的主张,尚没有形成人口社会学理论。

二、形成期

工业革命前后,社会经济发生了巨大变化,学者们开始探讨人口和财富的关系,重商主义、重农主义等人口思想逐渐形成,开始具备人口社会学理论雏形。亚当·斯密是这一时期最著名的代表人物,他在《国民财富的性质和原因的研究》中,对人口与经济发展问题进行了论述,主要观点有:(1) 资本主义经济发展与人口增长互为因果,一国繁荣最明确的标志,就是居民人数的增加;(2) 人口数量与专业分工相互促进,人口的密集促进社会分工;(3) 贫困增加出生率,女性的奢侈纵欲会破坏生育能力;(4) 社会对工资劳动者的需要,随着国家收入和资本的增加而增加。亚当·斯密的人口思想对以后的学者如马尔萨斯、李嘉图、西斯蒙第等人产生了广泛的影响。工业革命早期阶段的众多人口思想家,无论他们是重商主义者还是重农主义者,都从资本主义原始积累的角度出发,将人口视为财富,主张增加人口。

随着资本主义经济的不断发展,西方社会发生了巨大变化。17世纪开始,一些学者开始对人口现象展开专门研究。英国经济学家J.格兰特,被誉为"人口学之父",在其1662年出版的代表作《关于死亡表的自然的和政治的观察》中,编制了第一个死亡表,探讨了不同人口现象之间的数量关系。威廉·佩蒂把人口、货币、土地、就业等作为社会要素开展研究,考察它们的相互关系,揭示社会发展的规律性。德国的苏斯密尔希是人口学的另一位先驱,他出版了《由人类的出生、死亡及繁殖证明在人类变动中所存在的神的秩序》,提出:男女出生率基本平衡;城市的犯罪率高使得城市死亡率高于乡村,人们的平均寿命是不变的。1798年,马尔萨斯的《人口原理》第一版问世,成为人口学历史上的重要事件,也引起了社会科学领域大量争议。马尔萨斯的人口理论的内容常常被归纳为:两个前提、两个级数、两种抑制和三个命题①,其中心思想是人口的增长将快于可能提供给人类的食物的增长。

19世纪40年代以来,马克思、恩格斯创立了马克思主义。他们有大量关于人口与社会关系的观点体现在著作中。如《家庭、私有制和国家的起源》中指出:"人类社会历史的前提,就是生产为维持生存所必需的生活资料。人类自身的生产正是通过劳动和物质资料生产联系在一起的。"马克思、恩格斯驳斥了马尔萨斯的人口压力假说,认为根本没有普遍存在的人口规律,过剩人口的根源是资本主义的生产方式,要解决人口相对过剩的问题,必须采用新的社会生产方式,即社会主义的生产方式。总的来说,马克思和恩格斯将人口与社会直接联系起来考虑,推动了人口社会学的发展,为后来人口社会学理论体系的形成和完善奠定了基础。

在我国,随着历史的推移,人口逐渐增多,尤其是到了封建社会后期,控制人口的思想逐渐兴盛。两宋时期,土地兼并日益严重,大量农民或失去土地,或耕地不足。加之人口增多,人口过剩问题日益突出,控制人口理论的代表人物是宋朝的苏轼和清朝的洪亮吉。苏轼在《国学秋试策问》中提出:就宋代而言,人口增长只意味着服徭役的人多,而不意味着生产者的增加。从富国的角度来看,人多"非徒无益于官,又且以多为恩",反倒是"以多为息",使民众更加贫困。洪亮吉是第一个明确提出要注意人口过多的学者。他的主要观点为:第一,人口增长快于生产和生活资料的增长;第二,人口过剩会产生一系列严重的社会问题。他提出两个方法解决人口问题:一种是"天地调剂之法",指依靠水旱灾害和疾疫流行等自然灾害造成人口的死亡,从而减少过剩人口;另一种是"君相调剂之法",指政府采取的各种调控人口的方法。

1840年鸦片战争后,西方列强不断入侵,中国封建经济结构逐步瓦解,沦为半殖民地半封建社会。这一时期,随着帝国主义的不断入侵,资产阶级思想逐渐渗透。许多具有资产阶级维新思想的学者,比如梁启超、严复等,主张效仿西方,解决各类问题。梁启超认为中国还没有达到"人满为患"的程度,但他从人口质量视角提倡了"禁止早婚",他还认为帝国主义之所以跳出自己的国土,侵略其他国家,是因为本国的人口过多,本国的资源已经不能满足国民的发展。近代中国的人口增长,引起了严复的思考,他翻译了大量的西方著

---

① 两个前提:物是人类生存所必需的;两性间的性欲是必然的。两个级数:人口在无妨碍时以几何级数增加,人类生活资料以算术级数增加。两种抑制:积极性抑制和预防性抑制。三个命题:第一,人口增加必然地要受到生活资料的限制。第二,只要生活资料增加,人口一定会始终不渝地增长,除非受到某种有力而又显著的抑制的阻碍。第三,占优势的人口增加力,为贫困和罪恶所抑制,使人口和生活资料保持均衡。

作,系统介绍西方资本主义文化,重申马尔萨斯的"两个级数"的观点,还提出了"人民生活水平和生活质量的高低与人口增长成反比"的说法,提倡晚婚,主张通过提高民众的科学文化水平来阻碍人口的过快增长。

在人口社会学形成之前,人口学先行成为一门学科,并逐渐建立起学科体系。"人口学"一词最早出现在法国人口学家吉亚尔的专著《人类统计或人口学比较纲要》中,该书的序言中,对人口学作了如下定义:"人口学在广义上讲是人类自然的,并已是社会的历史。我们在这里虽然是狭义地理解,但它是人口的数理上的认识,即人口的、动态自然的、知识的、道德状态的认识。"20 世纪以来,人口学在欧洲各国为学术界所接受,到 20 世纪 30 年代后,人口学被写入教科书中。到 20 世纪中期,被国际社会广泛运用。随着人们对人口问题研究的关注,经过学者们不断研究和积累,人口学这一学科获得了长足发展,并最终成为一门拥有多门学科的复杂体系。学科群以人口为对象,从不同的角度、不同的层次、不同的方面使用不同的方法,对人口现象和人口过程进行研究。苏联的瓦连捷伊在其主编的《人口学体系》中指出:"人口学体系是一种比过去任何体系都更完备的科学知识集合体,因而兼备解释、预言和实际生产的职能。它是在关于人口学体系综合学科的假说的基础上发展起来的,是经过综合各门学科而最后发展成的完备的科学体系。"按照瓦连捷伊的观点,人口社会学和人口经济学、人口地理学、理论人口学、人口学史、历史人口学、经济人口学、人口统计学、人口政策等,一起包括在人口学学科体系中。

随着人口学研究的不断丰富,人口社会学的理论体系也逐渐形成。19 世纪末至 20 世纪上半叶,主要代表理论有社会有机论、社会文化论、社会教育论、福利人口论、功能主义人口论等。此外,结构主义理论也影响着人口社会学理论体系,并逐渐发展为一种新型的人口社会学理论。这些理论的主要特点是运用社会学的观点和方法研究人口现象,将人口现象与社会现象紧密联系在一起考察。

三、发展期

人口社会学理论体系的形成和完善推动了人口社会学的发展。第二次世界大战以来,随着城市化、工业化和现代化进程的加快,主要资本主义国家人口增长发生戏剧性变化。人口流动增加、人口老龄化出现以及 20 世纪发展中国家人口爆炸式的增长,促使人口社会学研究迅速发展,人口社会学逐渐成为一门独立的学科并日臻成熟。

金斯利·戴维斯在 1964 年提出了"社会人口学"一词,他认为社会人口学主要是研究影响人口变化的各种条件、人口行为及其与人口趋势之间的有机联系。他使用结构功能主义的方法分析人口现象,并提出了较为完善的研究框架体系。美国社会学家摩尔也提出人口学是社会学的分支,当研究使用功能的概念来分析人类社会时,人口学的各个变量就被纳入社会学的分析框架之中了。而美国社会学家卡尔文·戈兹切德则强调人口社会学的研究目的是系统而严格地认识、阐述和分析社会和人口过程之间的联系。他认为,社会人口学应该能够对人口现象提出社会学的问题,并通过人口过程的分析增强对人类社会的理解。1977 年马切斯出版经典教材《人口概论:社会学方法》。人口社会学成为越来越多的社会学家和人口学家描述自己研究领域的用词。

我国学者将人口学和社会学两个学科结合起来研究并取得显著成效是 20 世纪二三

十年代的事情,当时出现了以陈长衡、许仕廉、陈达、吴景超、李景汉等为代表的一批人口社会学者,发表了《中国人口论》《中国人口问题》《人口问题》等论著,他们主要针对当时中国"人满为患"的状况,将西方人口思想本土化,从社会学角度阐述了人口节制思想。

新中国成立以后,国民经济迅速恢复,人民生活得到显著改善,但随之而来的是人口自然增长率激增,出现了令人瞩目的社会人口问题。据1953年第一次人口普查,全国共有6.02亿人,出生率为37‰,死亡率为17‰,自然增长率为20‰。这一结果引起了国家领导人和社会学家对中国人口问题的广泛关注。费孝通、孙本文、袁芳、全慰天等人在继承马克思、恩格斯人口思想的基础上,发展了马克思主义人口理论。这一时期,最值得重视的是马寅初先生在《新人口论》中所体现的人口思想,在当时产生了极大的影响。马寅初先生基于对浙江、上海等地的调查走访,于1957年6月一届人大四次会议上提交议案,并冠以《新人口论》发表在报纸上。马寅初认为:中华人民共和国成立以来,人口增殖太快,人口迅速增加必然同加速资金积累、提高劳动生产率、提高科学技术水平、增产粮食、增加工业原料和设备、提高人民生活水平之间存在矛盾,影响工业化进程,因此必须控制人口数量,提高人口质量。

20世纪70年代起,人口增长与经济发展的矛盾越来越尖锐,70年代末,人口生育几乎处于无政府状态,增长速度极快。实行计划生育,控制人口势在必行。十一届三中全会后,随着改革开放的开展,计划生育工作被提上议程。20世纪70年代,我国逐渐推行计划生育政策,推动了人口理论的研究和实际调查工作的开展,人口研究出现新的热潮,出现了一大批学术著作,人口社会学取得了一系列的成果。1986年,桂世勋教授的《人口社会学》教材问世。国内学者在人口社会学的研究对象、国外理论介绍、具体课题的实证研究等方面都取得了一系列的成果。一方面明确了人口社会学是研究人口过程与社会发展之间的关系,它的研究范围是与社会问题有关的人口问题或与人口问题有关的社会问题。如人口增长过快导致的衣食住行、教育和就业等方面的问题,社会偏见造成的生育偏好问题等。另一方面,学者们对大量人口问题开展了社会学的实证调查研究,如大规模的生育率抽样调查、残疾人抽样调查、儿童死亡率调查、城市人口迁移调查、老年人口调查等,研究课题愈来愈向纵深发展,出现了大量文章著作。

20世纪90年代以来,随着社会经济和科学技术的发展,自然资源的人口容纳能力增加。同时,我国人口总量的增加趋缓,政府和社会关注的人口问题焦点逐渐由人口总量转向人口结构,即人口性别结构、年龄结构和人口流动问题。出生性别比失衡的成因、现状、影响和应对策略,人口老龄化的社会影响和积极应对,人口流动伴随的社会融合问题、留守老人和留守儿童问题、地区均衡发展问题等,成为人口社会学的重要研究领域。

与此同时,生育意愿和生育行为的研究仍然是人口社会学的经典问题。2013年11月,十八届三中全会通过的《中共中央关于全面深化改革若干重大问题的决定》中提出"坚持计划生育的基本国策,启动实施一方是独生子女的夫妇可生育两个孩子的政策"。2015年11月,党的十八届五中全会提出了"促进人口均衡发展,坚持计划生育的基本国策,完善人口发展战略,全面实施一对夫妇可生育两个孩子政策,积极开展应对人口老龄化行动"。2021年5月31日,中共中央政治局召开会议,审议《关于优化生育政策促进人口长期均衡发展的决定》并指出,为进一步优化生育政策,实施一对夫妻可以生育三个子女政策及配套支持措施。但是经历三次政策调整,随后年份的生育数量并没有预期高,生育率低迷成为社会关注焦点,而人口社会学的研究又再次转向生育行为及其影响因素的探讨,分析女性的年龄、受教育程度、职业等个人因素,家庭关系、家庭结构及家庭决策行为等家庭因素,就业、托育、养老保障等社会因素对生育的影响。

思考题

1. 什么是人口社会学?
2. 人口社会学可以发挥哪些方面的作用?
3. 联系实际,生活中有哪些现象可以做人口社会学的研究?具体研究什么?

第二章

人口社会学研究方法

人口社会学主要采用社会科学的研究方法收集和分析资料,以形成对人口现象的一般规律性认识。社会科学研究方法体系可以分为方法论、研究方法、具体技术和工具三个层次,本章第一节主要介绍方法论,第二节和第三节则分别介绍收集资料的方法和分析资料的方法,具体的技术和工具的介绍融合在对应的方法介绍之中。

第一节 人口社会学研究方法论

方法论(Methodology)指的是研究所遵循的基本逻辑和哲学基础。人口社会学研究在方法论层面上,与社会学的研究一样,在长期发展过程中,形成不同的方法论倾向,即实证主义方法论和人文主义方法论。

一、实证主义方法论

当法国哲学家孔德1822年创造了"社会学"一词时,把社会当成一种可以用科学方法研究的现象。科学主义是19世纪中期以来开始出现的一种科学崇拜,它把科学知识看成了所有知识中最有价值的知识,并认为科学是人类改造自然最为有效的手段。科学主义的基本哲学内核是将自然视为自然物,把一切现象"物本—物化—对象化",寻求对自然界客观规律的认识途径和对自然的征服、开发和利用,坚守工具理性、功利主义的价值取向,强调以科学技术改造人和社会,形成了社会科学研究领域的实证主义方法论。

实证主义方法论认为,社会研究应该向自然科学研究那样,通过对社会现象及其相互联系进行具体的测量和分析,进而得出结论。如研究人们生育意愿时,需要先进行概念的操作化,明确生育意愿的具体内涵,然后确定具体的、可感知的指标来反映生育意愿,如理想家庭的孩子数量、一生打算生育的孩子数量、打算生育孩子的时间、想要生育的男孩数量等,通过对这些指标的测量来具体反映生育意愿。实证主义还强调社会研究的过程应向自然科学研究看齐,做到研究过程可以重复。不过,由于在实际操作时往往因为社会现象的偶然性、复杂性等不同于自然现象的特征,有时很难做到可重复,这使得社会学研究变得更为复杂,也使得实证主义方法论在这个领域的应用受到一定的限制。

在具体研究方式上,调查研究、实验研究是实证主义方法论的典型代表,以定量研究为主要特征,具体表现在:(1)调查对象往往通过抽样产生,并强调调查对象的代表性;

(2) 社会测量时强调指标的统一性、客观性,以封闭式的问题为主;(3) 主要运用统计方法量化分析资料;(4) 研究的结果偏向用数据、表格、图形予以展示;(5) 研究的逻辑过程更多是演绎推理的模式,常常通过检验变量间的相关关系或因果关系来判断某个理论是否适用;(6) 研究的结果通常和结论与讨论分开。结果部分仅客观呈现统计结果,一般会专门设置结论与讨论部分,在此部分阐释结果的可能原因和可能影响,并与其他已经有的研究结果进行学术对话。相对客观的统计结果和相对主观的结果阐释分开,可以给读者以更多根据结果自我解读的机会。

二、人文主义方法论

人文主义是指文艺复兴以来所强调人的精神、情感与尊严的价值理念,注重人的思想解放和个性自由发展。人文主义哲学的基本内核是以人性为出发点解释一切现象,把研究对象"人本—人化—主体化",从对客观世界的探索转向对人自身的体悟,坚守价值理性和道德主义的取向。

人文主义方法论认为,研究社会现象时,需要充分考虑到人的特殊性,考虑到社会现象与自然现象之间的差别,要发挥研究者在研究过程中的主观性,强调"投入理解""人对人的理解"。与实证主义方法论不同,同样是生育意愿的研究,人文主义方法论的研究并不主张简单地将不同对象的生育意愿进行汇总统计,而是强调对每一个个体的深入了解与理解,比如同样是希望家庭理想孩子数量是两个,但对应到实际生育行为,很可能在生育了两个女孩后还会继续生育。所以尽管答案都是"2",但其行为结果可能不同,如继续深究,很可能其背后的成因也不一样。

对应到研究方式层面,实地研究是人文主义方法论的典型代表方法,质性研究是其典型的特征,具体体现为:(1) 调查对象的数量通常较少,注重个案研究的方式,且并不强调个案能够代表所有对象,但认为可以反映某些典型;(2) 社会测量并不统一指标,常常采用开放式问题询问,使用半结构式或无结构式的研究提纲;(3) 资料分析方法更多使用比较法、流程图法、例证法等;(4) 研究结果常常以个性化文字进行深入描述;(5) 研究的逻辑为归纳推理,常用于发现或形成新的理论;(6) 不太强调价值中立,从研究设计、研究实施到研究结果的分析与解释,可以有研究者的主观烙印,因而研究成果带有一定主观性。

三、两种方法论的对立与融合

实证主义方法论和人文主义方法论由于对社会现象研究的哲学基础的巨大差异,持有不同方法论的学者相当长时期处于针锋相对和相互否定的状态。实证主义学者认为科学是科学家的事情,不需要人文学者评论和审核,因为他们不懂基本科学常识、论证漏洞百出。人文主义者对科学研究的合理性、逻辑标准、客观真理与实验证据等科学的本体论和科学的认识论基础也进行了全面的抨击。科学主义的"镜像思维"与人文主义的"主体体验",是对世界两种不同的认识方式,他们各执一端,相互否定,从而造成了科学主义与人文主义研究方法的对立。

在社会科学的研究中,科学主义与人文主义的对立持续了相当长时间,直至近半个世纪,社会学、教育学和传播学等不同学科领域的学者开始逐渐反思,探讨二者的融合问题。目前,总体的学术倾向是不再轻易否定对方,两大方法论没有孰优孰劣之分,二者从不同角度研究社会现象,均可以为探寻社会现象的规律做出贡献。两大方法论对应的不同研究方式既可以并存在同一项研究中,也可以分别单独使用,具体需要综合考虑社会现象的研究阶段、社会现象的特征、调查对象的可及性、研究的具体问题、研究人力和资金条件、研究者的专业背景和兴趣等多方面因素进行选择。

第二节 人口社会学传统研究方法

传统人口社会学的研究过程可以分为研究准备阶段、研究实施阶段、研究分析阶段和研究报告撰写阶段,这其中涉及的方法学内容主要包括研究对象的选择方法、研究资料的收集方法和分析方法等。

一、研究对象的选择方法

研究对象是指被研究的个人、群体或组织,或者是研究所指的其他对象。这些对象可以是人,是物,也可以是文献记载或其他文字资料等。在实际调查中,存在如何选择调查对象的问题。在人口社会学的研究中,按研究对象选择情况不同,分为三种基本类型:普查、抽样调查和个案研究。

(一) 普查

普查又称全面调查,指对一个国家或一个地区范围内的研究对象全部进行调查。此时,研究对象和调查对象一样,不存在选择调查对象的问题。在人口社会学研究中,人口普查是大家熟知的,国际惯例是每十年一次。新中国成立以来,我国已经进行了七次人口普查,调查年份分别在1953年、1964年、1982年、1990年、2000年、2010年和2020年,近三次人口普查时点都统一在11月1日的零点。人口普查是一项重要的国情调查,对国家管理和制定各项方针政策具有重要的意义。

(二) 抽样调查

抽样调查是从全部研究对象中,抽选一部分进行调查。抽样调查虽是部分对象的调查,但它的目的在于取得反映总体情况的信息,因而,如果样本量足够,抽样方法得当,运用科学的统计推断方法,也可以达到与全面调查相同的目的。根据选择样本的方法,抽样可以分为概率抽样和非概率抽样两类。概率抽样,又称随机抽样,是按照概率论的原理,根据随机原则从研究总体中来抽选样本,从数量上对总体的某些特征做出估计和推断,并对可能出现的误差从概率意义上加以控制。常见的单级概率抽样方法有单纯随机抽样、分层抽样、整群抽样和系统抽样。非概率抽样,又称非随机抽样,是指调查者根据自己的方便或主观判断抽取样本的方法。因为不是按随机原则来抽取样本,也就无法确定抽样误差,难以准确说明样本的统计值在多大程度上描述了总体状况。因此,非概率抽样的调查结果虽然可以在一定程度上说明总体的性质与特征,但在推断总体上需要更加谨慎。单级非概率抽样的方法主要有偶遇抽样、判断抽样、定额抽样、滚雪球抽样和志愿抽样等。当研究对象范围比较大的时候,更多会采用多阶段抽样的方法,将抽样分成若干阶段进行,需要分别确定每个阶段的抽样方法和样本量。

(三) 个案研究

个案研究也称个案调查,是对某一特定个体、单位、现象或主题的研究。研究广泛收集个案的有关资料,详细了解、整理和分析研究对象产生与发展的过程、内在与外在因素及其相互关系,以形成对有关问题的认识和结论。个案研究的单位同样可以是个人、群体、组织、事件或者某一类问题等。个案研究的调查对象数量往往比较少,且研究目的不在于推论研究总体,因此调查对象的选择与抽样调查有很大的不同。个案研究抽样常见的考虑有典型性、差异性、极端性、可及性等。

二、研究资料的收集方法

人口社会学研究资料的收集方法,有四种基本方式,分别为调查研究、实验研究、文献研究和实地研究。在做社会学研究时,每种方法都可以单独使用,它们有各自的优点和缺点。

(一) 调查研究

调查研究俗称问卷调查法,是人口社会学研究中最为常用的一种研究方法。指的是一种采用结构式问卷的方法,系统地、直接地从一个取自总体的样本那里收集资料,并通过对资料的统计分析来认识社会现象及其规律的研究方式。社会调查研究方法有三个基本特征:采用结构式问卷;样本量大,通常采用概率抽样的方式产生;采用定量分析的方法分析数据。社会调查研究方法在收集资料时有自填和代填的方式,自填法可以采用集中自填、个别派送自填、邮寄填答或网络填答等;代填有当面访问或电话访问。每种方式对调查结果的客观性产生不同的影响,研究分析和结果利用时要注意了解具体收集资料的方式。调查研究通常用来尽可能全面了解某种社会现象,并被用来对社会现象的成因和影响做解释性分析。

(二) 实验研究

实验研究指的是一种经过精心设计,并在高度控制条件下,研究者通过操纵某些因素,来研究变量之间因果关系的方法。实验研究有三对基本要素:实验组与对照组/控制组、前测与后测、自变量与因变量。实验研究最主要的特征是对实验组的对象进行了研究干预。实验研究与其他研究方法相比,最大的优点是对研究因变量有"从无到有"的观察,并通过量化分析自变量与因变量的统计关联,在确定因果关系的能力上相对较强。但实验研究的条件要求高,一般情况下不容易满足,因而在人口社会学的研究中应用相对较少。

(三) 实地研究

实地研究亦称"田野研究",指深入研究对象的环境中,通过观察或者访谈来收集资料,并通过对这些资料的分析来理解和解释社会现象的方法。实地研究按照研究者是否参与研究对象的生活工作场景之中,分为参与式和非参与式的研究。实地研究强调研究的深入性,因而调查对象的数量通常较少,往往是个案研究。对所收集资料的分析虽可能有一些量化的表达,但远比定量研究少,且以描述性数据分析为主,更多采用质性分析的方法,对研究对象进行深入的描述与分析。实地研究常常用来做探索性问题分析,对研究现象进行初步了解,通过对研究文字材料进行编码,提取概念,建立关联,进而归纳形成初步的研究假设。总体而言,实地研究适合于较长时间的跟踪研究,研究事物的发生、发展过程,研究的效度较高,但研究很难推论到总体。

(四) 文献研究

文献研究是指通过对各种形式的文献资料的收集与分析,来探讨各种社会行为、社会关系及其他社会现象的研究方法。文献研究与其他三种研究方法有所不同,研究分析的资料不是研究团队收集的"一手资料",而是"二手资料"。文献研究有三种类型,一是内容分析,通过考察人们所写的文章、书籍、日记和信件,所拍的电影、电视和照片,所创作的歌曲和图画等,来理解人们的行为、态度和特征,进而分析社会现象。二是现存统计资料分析,通过对已经存在的统计资料进行分析,了解社会现象的一般规律。三是二次分析,指对那些别人为别的研究目的所收集的原始资料进行新的分析。文献研究的最大优点是成本低,被研究的问题时间和空间跨越可以很大,如进行历史纵贯比较研究,进行区域的比较研究。但其缺点也很鲜明,即研究的效度往往得不到保证,信度也常常难以判断。

三、研究资料的分析方法

(一) 定量分析方法

定量分析方法主要是使用统计手段对数据进行分析,可以分为描述性统计分析和推断性统计分析。运用描述性统计分析可以分析原样本数据的集中趋势、离散趋势和分布形态。运用推断性统计分析可以推断样本所代表的总体参数和变量间的关联情况。由于人口社会学研究中常常使用分类或定序数据,所以在统计分析中,会使用卡方分析、秩和检验、罗切斯特回归分析和非线性回归分析等方法。此外,结构方程模型、模糊分析、神经网络分析、倍差分析、断点回归等统计模型也被应用于人口社会学的定量分析中。

(二) 定性分析方法

与定量分析方法不同,定性分析方法的规范性相对较弱,灵活性更强,且常常在资料收集阶段就已经开始资料的分析。定性分析过程中研究者除了要形成原始资料库外,还需要进行多轮的编码,不断撰写分析型备忘录、个案摘要等,一步步对资料进行浓缩,将所析出的概念建立逻辑关联,形成解释性框架,进而归纳出可能的理论。在呈现最终结果与结论的时候,可以采用例证法、比较法、历史分析法、情景分析法,等等。

第三节 人口社会学前沿研究方法

人口社会学的研究中,除了广泛应用前述的传统人口统计分析方法外,对于罗切斯特回归模型、结构方程、断点回归等现代统计模型的应用越来越普遍,人口社会相关的大数据分析也被更多讨论和应用。

一、常用现代统计模型

(一) 罗切斯特回归模型

罗切斯特回归(Logistic Regression)属于广义线性回归分析模型,是研究二分类观察结果与一些影响因素之间关系的一种多变量分析方法,常用于数据挖掘、疾病诊断、经济预测等领域。鉴于人口社会学的研究中许多变量是定性变量,这一模型应用频率很高。例如,探讨离婚的影响因素,并根据影响因素预测离婚发生的概率等,因变量为是否离婚,自变量可以包括年龄、性别、职业、文化程度、沟通习惯、家务分担等。自变量既可以是连续的,也可以是分类的。通过自变量的权重,可以大致了解哪些因素是离婚的影响因素,并预测一个人离婚的可能性。

Logistic 回归模型的适用条件:

(1) 因变量为二分类的分类变量或某事件的发生率,并且是数值型变量。

(2) 残差和因变量均服从二项分布。以最大似然法来解决方程估计和检验问题。

(3) 自变量和 Logistic 概率为线性关系。

(4) 各观测对象间相互独立。

Logistic 回归模型的公式:

由 n 个独立变量组成的向量 $x=(x_1, x_2, \cdots, x_n)$,设条件概率 $p(y=1\mid x)$,p 为根据观测量相对事件 x 发生的概率,即 Logistic 回归模型可表示为:$p(y=1\mid x)=\pi(x)=\dfrac{1}{1+e^{-g(x)}}$,此处 $f(x)=\dfrac{1}{1+e^{-x}}$ 为 Logistic 函数,其中 $g(x)=w_0+w_1x_1+\cdots+w_nx_n$,$w_i$ 为权重系数。

Logistic 回归分析的实质是发生概率和未发生概率的比值取对数。这种变换改变了取值区间的矛盾和因变量、自变量间的曲线关系,比值可认为是一个缓冲,将取值范围扩大,再进行对数变换,整个因变量发生改变。大量实践总结得出,这种变换往往使得因变量和自变量之间呈线性关系。Logistic 回归分析解决了因变量不是连续变量的问题。此外,Logistic 应用广泛的原因是许多现实问题跟它的模型吻合。

Logistic 回归分析主要用途如下:

(1) 寻找影响因素。寻找某一现象的潜在的影响因素,可以通过文献综述产生。

（2）预测。根据模型，预测在不同自变量的情况下，发生某种情况的概率。

（3）判别。与预测类似，判断某种情况发生的概率有多大。

（二）非线性回归模型

所谓回归分析法，是在掌握大量观察数据的基础上，利用数理统计方法建立因变量与自变量之间的回归关系函数表达式（称回归方程式）。依据描述自变量与因变量之间关系的函数表达式是线性的还是非线性的，分为线性回归分析和非线性回归分析。在回归分析中，经常遇到各变量之间不是线性关系，而是呈现某种非线性关系，此时，如果仍用线性回归分析问题，就无法准确反映变量之间的内在联系，应该用非线性回归方法处理。常用的处理方法有回归函数的线性迭代法、分段回归法、迭代最小二乘法等。

非线性回归（Nonlinear Regression）是回归函数具有非线性结构的回归。如果回归模型的因变量是自变量的一次以上函数形式，回归函数在图形上表现为形态各异的各种曲线，称为非线性回归，这类模型称为非线性回归模型。在许多实际问题中，回归函数往往是较复杂的非线性函数。非线性函数的求解一般可分为将非线性变换成线性和不能变换成线性两大类。

在熟练掌握最小二乘法的情况下，构建非线性回归模型的关键是确定曲线类型和怎样将其转化为线性模型。确定曲线类型一般从两个方面考虑：一是根据专业知识，从理论上推导或凭经验推测；二是在专业知识无法直接判断的情况下，通过绘制和观测散点图确定曲线大体类型。

对于某些类型的非线性回归，对应公式如下：

（1）可化为线性回归的曲线回归。

如双曲函数：$y=\dfrac{x}{ax+b}$ 或 $\dfrac{1}{y}=a+b\dfrac{1}{x}$；S 形曲线：$y=\dfrac{1}{a+be^{-x}}$。

（2）多项式回归。以一元多项式回归模型为例：$y=a_0+a_1x+a_2x^2+\cdots+a_nx^n$。

（3）非线性模型。仅给出人口社会学常用的威布尔（Weibull）曲线，即人口预测曲线：$y=k-ab^{t^c}$，k 为变量发展的上限，参数 $a>0, 0<b<1, c>0$。

（三）结构方程模型

结构方程模型（Structural Equation Modeling, SEM）是一种以回归为基础的多变量分析技术，主要可用于验证性因素分析、检验理论假设所表示的各变量之间的路径关系、中介效应分析和调节效应分析。结构方程模型是基于变量的协方差矩阵来分析变量之间关系的一种统计方法，是多元数据分析的重要工具。它也是一种实证分析模型，通过寻找变量间内在的结构关系，验证某种结构关系或模型的假设是否合理，模型是否正确，并对模型进行修改。结构方程模型可以对潜变量进行分析，多元回归分析、因子分析和路径分析等方法都可看成结构方程模型的特例。现实生活中，有许多变量诸如健康、优秀、乐观、智力、满意、公正等概念虽然是客观存在的，鉴于人的认识水平或事物本身的抽象性和复杂性等原因，无法直接测量，这样的变量为潜变量。结构方程则可以通过一些可观测变量对这些潜变量的特征及其相互之间的关系进行描述，因此，有时也称结构方程模型为潜变量分析模型。

结构方程模型的优点可概括为:同时处理多个因变量;容许自变量和因变量含测量误差;同时估计因子结构和因子关系;容许更大弹性的测量模型;估计整个模型的拟合程度。结构方程模型的实质是反映潜变量和显变量的一组方程,其目的是通过显变量的测量推断潜变量,并对假设模型的正确性进行检验,一般由测量方程和结构方程两部分构成。测量方程描述的是潜变量与指标之间的关系,结构方程则反映潜变量之间的关系。具体公式如下:

(1) 测量模型

$y=\Lambda_y\eta+\varepsilon$,$\eta$ 为内生潜变量,y 为显变量,Λ_y 为 y 和 η 关系强弱程度的系数矩阵,可以理解为相关系数或因子载荷,ε 为 y 的测量误差。

$x=\Lambda_x\xi+\delta$,ξ 为外生潜变量,x 为显变量,Λ_x 为 x 和 ξ 关系强弱程度的系数矩阵,可以理解为相关系数或因子载荷,δ 为 x 的测量误差。

(2) 结构模型

$\eta=B\eta+\Gamma\xi+\zeta$,$B$ 为内生潜变量之间的相互影响,Γ 为外生潜变量对内生潜变量的影响,ζ 为误差项。

结构方程模型通常借助路径图描述初始模型。路径图实际上提供了一个假设模型,体现潜变量和潜变量之间、潜变量和显变量之间(包括内生潜变量与显变量和外生潜变量与显变量之间)可能存在的关系,路径系数具体反映关系程度。

结构方程模型常用于验证性因子分析、高阶因子分析、路径及因果分析、多时段设计、单形模型及多组比较等,常用分析软件有 LISREL、AMOS、EQS、MPlus。

(四) 模糊分析

模糊分析一般指模糊聚类分析(Fuzzy Cluster Analysis)。模糊聚类分析是一种采用模糊数学语言对事物按一定的要求进行描述和分类的数学方法。模糊聚类分析一般是指根据研究对象本身的属性来构造模糊矩阵,并在此基础上根据一定的隶属度来确定聚类关系,即用模糊数学的方法把样本之间的模糊关系定量地确定,从而客观且准确地进行聚类。聚类就是将数据集分成多个类或簇,使得各个类之间的数据差别尽可能大,类内之间的数据差别尽可能小,即"最小化类间相似性,最大化类内相似性"原则。模糊聚类分析的实质就是根据对象本身的属性构造模糊矩阵,在此基础上根据一定的隶属度来确定其分类关系。模糊聚类分析是涉及事物之间的模糊界限时按一定要求对事物进行分类的数学方法。聚类分析是数理统计中的一种多元分析方法,它是用数学方法定量地确定样本的亲疏关系,从而客观地划分类型。事物之间的界限,有些是确切的,有些则是模糊的,当聚类涉及事物之间的模糊界限时,需运用模糊聚类分析方法。通常把被聚类的事物称为样本,被聚类的一组事物称为样本集。模糊聚类分析计算步骤如下(含公式):

(1) 变换原始数据。变换方法通常有标准化变换、极差变换、对数变换等。

(2) 计算模糊相似矩阵。选取在$[-1,1]$区间中的普通相似系数 $r_{ij}^*=\cos(\theta)$,构成相似系数矩阵,在此基础上进行变换 $r_{ij}=\dfrac{1+r_{ij}^*}{2}$,使得 r_{ij}^* 被压缩在$[0,1]$区间内,$R=(r_{ij})$ 构成模糊矩阵。

(3) 建立模糊等价矩阵。对模糊矩阵进行褶积运算:$R\to R^2\to R^3\to\cdots\to R^n$,经过有限次的褶积后使得 $R^n \cdot R = R^n$，由此得到模糊分类关系 R^n。

（4）进行聚类。给定不同置信水平 λ，求 R_λ 截阵，找出 R 的 λ 显示，得到普通的分类关系 R_λ。当 $\lambda = 1$ 时，每个样品自成一类，随着 λ 值的减小，由细到粗逐渐并类。

传统的聚类分析是一种硬划分，即把每个待辨识的对象严格地划分到某类中，此类划分的界限是分明的。而实际上大多数对象没有严格的属性，它们在形态和类属方面具有"亦此亦彼"的性质，模糊聚类分析可以更好地解决这类问题。模糊聚类分析有多种方法，如传递闭包法、最大树法、编网法等。模糊聚类分析最为常用的两种基本方法是分层聚类和逐步聚类法。在人口社会学中，模糊聚类分析常用于人民生活水平分析、人群社会特征类型分析，在一些评价研究中模糊聚类分析广受欢迎，例如智慧城市数据开放水平评价研究。

（五）神经网络分析

神经网络分析法（Neural Network Analysis）是从神经心理学和认知科学研究成果出发，应用数学方法发展起来的一种具有高度并行计算能力、自学能力和容错能力的处理方法。神经网络技术在模式识别与分类、识别滤波、自动控制、预测等方面展示出其非凡的优越性。神经网络的结构由一个输入层、若干个中间隐含层和一个输出层组成。神经网络分析法通过不断学习，能够从未知模式的大量复杂数据中发现其规律。神经网络方法克服了传统分析过程的复杂性及选择适当模型函数形式的困难，它是一种自然的非线性建模过程，无须分清存在何种非线性关系，给建模与分析带来极大的方便。

神经网络分析方法应用于风险评估的优点在于其无严格的假设限制，且具有处理非线性问题的能力。它能有效解决非正态分布、非线性的信用评估问题，其结果介于 0 与 1 之间。国外研究者如 Altman，Marco 和 Varetto，对意大利公司财务危机预测中应用了神经网络分析法。Coats，Pant 采用神经网络分析法分别对美国公司和银行财务危机进行了预测，取得了一定的效果。神经网络分析细分的种类很多，对应的公式专业性较强，对此感兴趣的可以参考相关书籍，在此不做介绍。

神经网络研究内容广泛，且反映了多学科交叉技术领域的特点，研究集中在以下领域：

（1）生物原型研究。从生理学、心理学、脑科学、病理学等生物科学方面研究神经细胞、神经网络、神经系统的生物原型结构及其功能机理。

（2）建立理论模型。根据生物原型的研究，建立神经元、神经网络的理论模型，其中包括概念模型、知识模型、物理化学模型、数学模型等。

（3）网络模型与算法研究。在理论模型研究的基础上构建具体的神经网络模型，实现计算机模拟或准备制作硬件，包括网络学习算法的研究，也称为技术模型研究。

（4）人工神经网络应用系统。在网络模型与算法研究的基础上，利用人工神经网络组成实际的应用系统，如某种信号处理或模式识别功能实现、专家系统构造、机器人制造等。

在人口社会学研究中，神经网络分析方法的使用相对较少，原因主要在于其缺乏相应的理论基础，结果的可解释性不强，最大缺点是工作的随机性较强，要得到一个较好的神经网络结构,需要人为调试,非常耗费人力与时间,同时神经网络分析方法对数据量的要求较高,但随着人口社会学中定量研究分析多个自变量与因变量之间复杂关系需求加大,神经网络分析中的人工神经网络研究方法作为一种新的研究方法获得青睐,未来值得更多的尝试和创新。

(六) 断点回归

断点回归(Regression Discontinuity,RD)是仅次于随机实验的,能够有效利用现实约束条件分析变量之间因果关系的实证方法。Thistleth waite 和 Campbell 于 1960 年正式发表了第一篇关于断点回归的论文。随后 Campbell 和 Stanley 为断点回归总结了更为清晰化的概念,在被诸多学者完善之后,断点回归分析方法广泛应用于经济学领域。在人口社会学中则主要用于干预效果评估,如研究设立奖学金是否影响升学率,社会救助是否影响就业率等。

断点回归是一种准实验设计。如果政策在一个关于个人背景的连续变量(例如考试成绩、家庭人均收入等)上设定一个临界值(Cutoff/Threshold),使得在临界值一侧的个体接受政策干预,而在临界值另一侧的个体不接受干预,则在临界值附近就构成了一个准实验。把这个决定了是否接受干预的连续变量称为强制变量(Forcing Variable),由于强制变量是连续的,所以在临界值两侧的个体应该是类似可比的,则这两侧的个体在产出上的差异就应该是干预造成的差异。当个体是否接受政策干预由强制变量值与临界值之间的关系决定时,可以用表达式:$D_i = \begin{cases} 1, x_i \geq x_0 \\ 0, x_i < x_0 \end{cases}$,$x_0$ 为已知的临界值,如果分配机制能严格按照这个强制政策执行,称为清晰的断点回归(Sharp RD)。

下面结合具体的例子来介绍断点回归模型。美国的高中生会根据 PSAT 成绩决定能否获得全国优秀奖学金,研究问题为获得奖学金能否提高高中毕业生上大学的概率。首先,假设未设立奖学金,给定考试成绩 x,上大学的期望概率表示为:$E[Y_a | x_i] = \alpha + \beta x_i$;现在假设设立了奖学金,且只有成绩高于临界点的学生才能获得,则获得奖学金对上大学概率的影响可表示为:$Y_i = Y_a + \rho$,结合两种假设情况,最终表达式为:$Y_i = \alpha + \beta x_i + \rho D_i + \eta_i$,$\rho$ 为干预效应。理论上来说,样本选取越接近临界点越好。然而在实践过程中,所考虑的范围越窄,样本数量就会越少,非常接近临近点两边的样本根本不存在。因此,为了充分利用有限的数据,仍需要相对距离临界点存在一定距离的样本。

将断点回归分析作为随机试验下政策实施效果的评估方法时,可以发现,断点回归分析更像是随机试验。以政策为失业者提供失业补偿,帮助失业者能够更快获得重新就业为例说明。出于某种原因,人们可获得与随机数字 X 呈反比例的经济补偿。处理政策为失业者能否在一个月内重新找到工作。获得补偿多的人能够负担更长的寻找工作周期,其潜在结果曲线则变成斜率为正的曲线。得到的随机数字越大,获得的补偿越少,故而缩减了寻找工作的周期,如此便会呈现出和非线性 RD 设计相似的情形。在经典的随机试验中,无法得到处理效应的一致估计,而通过研究断点左右两侧,即断点回归的方法仍旧能够保证处理效应的一致估计。

(七) 倍差分析

倍差法,又称为双重差分法(Difference in Differences,DD/DID),是一种评估设有对照组的干预项目效果的方法,以往大多用在经济学领域,在医学领域主要是用于卫生经济学等评估方面。主要是对设有对照的干预项目、没有进行随机化分组干预项目或者随机化失败的干预项目的效果进行评估。简单地说,倍差分析就是用试点后两地区的差异与试点前两地区的差异之差来衡量政策的效果,是一种准实验的方法,也是更为科学和常用的政策评估方法。对于一些干预试验或临床随机化干预项目,很难做到完全随机化,所以会存在两个问题:一是在评估干预效果时,不能直接比较干预组的干预前后指标平均变化结果,因为即使不采取干预措施,其自身也会发生变化;二是由于无法实现完全随机化,干预组和对照组在干预前的指标并不均衡,如果干预后将实验组与对照组的指标结果直接进行比较,可能会增加Ⅰ型错误的概率。此时,可以选择一种评估设有对照的干预项目或没有完全随机化干预项目效果的倍差法。

倍差法数据采用多重线性回归模型进行分析,模型因变量通常为数值型变量,模型自变量包括分组变量 group(干预组=1,对照组=0)、干预前后 treat(干预前=0,干预后=1)、分组变量和干预前后变量的交互作用项 $group \times treat$、误差项 ε。公式可表示为:$Y = \beta_0 + \beta_g \times group + \beta_t \times treat + \beta_e \times (group * treat) + \varepsilon$。如果模型考虑到其他协变量或混杂因素的影响,在模型中增加这些协变量或混杂因素。β_e 为干预净效应。

倍差法的原理:基线时,实验组与对照组指标的差值为 d_1,干预后,实验组与对照组指标的差值 d_2,干预效果净值 $D = d_2 - d_1$。在理想化的随机试验中,可将某一处理随机分配给某些单位而构成所谓的处理组(或称实验组),为估计处理效应,可直接比较被处理单位处理前后的平均变化。但是,现实中的实验或准实验,很难控制所有的条件保持不变,即使不对处理组做任何处理,处理组在处理前后也可能产生变化。因此,真正的处理效应估计应该是"处理组在处理前后的平均变化"减去"处理组在没有被处理时自身的平均变化"。

倍差法思想也存在两个问题:一是隐含着一个重要假定,在不存在处理的情形下,处理组和对照组都具有相同的趋势,处理导致了处理组的结果存在对共同趋势的偏离;二是如果只是使用处理组的样本均值减去对照组的样本均值来估计处理效应,则不能去除初始水平的影响。DID方法要求处理组与对照组除了待考察的处理因素外,其他方面应具有"相似性",对照组的选取是一个关键问题。

倍差法来源于计量经济学的综列数据模型,是政策分析和工程评估中广为使用的一种计量经济方法,主要应用于混合截面数据集中,评价某一事件或政策的影响程度。在人口社会学中以评价干预效果分析为主,如人口政策实施与生育水平转变效果的研究。

二、人口大数据研究

(一) 常见人口大数据来源

大数据具有体量大、多变性、不确定性、复杂性和时效性的特征。随着互联网和大数据应用不断拓展,人们获得大数据的渠道越来越多,人口社会学研究可选用的大数据源也

越来越丰富,主要的目标数据资源包括以下方面:

一是移动、电信、联通等手机用户信息。通过对手机持有人规模、基站信号交换的信令数据等信息的分析,可以对全国及各区域人口结构、迁移情况等进行演算与评估。

二是居民用水、电、煤(天然气)用量等居民日常生活消耗信息。人口消耗的日常用品数据的跟踪比对,可以获取人口居住情况、变动趋势变化等。

三是房地产行业的用地情况、房屋售卖与空置情况等,可以判断人口居住情况。

四是公共服务资源类信息,包括交通、就学、就医、买房等各类信息,比如生活垃圾处理量、地铁交通进出站数据等,可起到对人口总量校核和对公共服务需求进行精准判断的作用。

五是腾讯、百度、高德等地图的迁徙数据,可以判断区域间人口流动的时空分布特征和演变趋势。

六是微信、QQ、微博、知乎等社交平台用户基本情况信息和撰文留言信息等,可以用于微观人口社会学的研究,分析特定人口社会心态、社会行为等。

七是网络商品或服务浏览、消费与评价信息等,用于微观人口社会学的用户行为分析,或用于人口社会现象的影响因素分析,如人口居留意愿、人口健康等。

(二) 人口大数据分析方法

人口大数据分析的主要活动包括:识别信息需求,收集数据,分析数据,评估和提高数据分析的有效性。其中用到的分析方法可以概括为五个方面:

一是可视化分析。大数据分析的使用者有大数据分析专家,同时还有普通用户,他们对于大数据分析最基本的要求就是可视化分析,因为可视化分析能够直观地呈现大数据特点,同时能够非常容易被读者所接受,就如同看图说话一样简单明了。

二是数据挖掘算法。大数据分析的方法核心就是数据挖掘算法,正是因为有数据挖掘的算法才能更快速地处理大数据。集群、分割、孤立点分析等各种数据挖掘的算法基于不同的数据类型和格式才能更加科学地呈现出数据本身具备的特点,深入数据内部,挖掘并清洗出所需要的信息。

三是预测性分析。大数据分析最重要的应用领域之一就是预测性分析,从大数据中挖掘出特点。一般先根据既有数据,建立科学模型,之后便可以通过模型带入新的数据,从而预测未来的数据。

四是语义引擎。由于非结构化数据的多样性带来了数据分析的新挑战,需要一系列的工具去解析、提取、分析数据,语义引擎需要有足够的人工智能从数据中主动地提取信息。

五是数据质量管理与评价方法。大数据分析离不开高质量的数据,高质量的数据和有效的数据管理,无论是在学术研究还是在商业应用领域,都能够保证分析结果的真实和有价值。

(三) 人口大数据研究应用

人口大数据分析研究在我国刚刚起步,目前的应用也还处在局部地区某方面应用试

点的阶段,主要有:

1. 人口监测

将不同来源的人口大数据,如公安的户籍和流动人口登记信息,民政的婚姻登记、殡葬信息,卫健的出生人口、死亡人口、常住人口登记信息等,建立在统一的人口信息平台上,实现不同来源数据的交流互通,多方比对,减少人口信息监测重复收集,增加数据的精确性和准确性。

2. 公共服务规划

一些地方,如上海、深圳、杭州等地利用智慧城市发展中形成的各项数据建立实时人口大数据监测平台,实时了解在特定的地区的短暂停留,流入 3 天、一个月、半年及常住等不同时间段的人口信息,并进一步用于基本公共服务资源配置和服务决策。

3. 公共服务督导评估

利用刷卡、人脸识别、地理位置 GPS 定位信息等实时信息和对应的人口服务平台信息,为儿童、妇女、老年人口、残疾人口等的基本公共服务进行督导评估,精准识别服务对象是否符合规定和服务是否实施,利用平台进行服务需求评估、服务利用评估和满意度评价等。

思考题

1. 人口社会学研究的方法体系包括哪些方面?
2. 实证主义和人文主义方法论有哪些不同?
3. 社会科学研究的基本方式包括哪些?各自有哪些基本特征?
4. 人口社会学研究有哪些常见的现代统计模型?
5. 人口大数据常见的分析方法有哪些?

第二编

人口过程

人口过程是指人口发展变化的历程,即人口出生、死亡、迁移以及人口社会变动的有机总和。人口通过自然变动,实现世代更替;人口通过迁移,改变人口区域分布,实现人力资源的重新配置;人口通过社会变动,改变人口社会构成,实现人口社会集团的重新组合。

第三章

生育制度

人类生育行为是在一定社会结构和文化中进行的,因此生育具有生理性和社会性双重属性。社会学中讨论生育,更多地从生育的社会属性来探讨。人类对生育的自我控制是人类历史上最为重要,也是最具有革命性的变迁之一。

第一节　生育的概念及其测量指标

一、生育的概念

生育包括两层含义,一是生物学意义上的"生殖",即新生命的诞生;二是社会学意义上的抚育,即对新生命的供养。从概念上可以明确地对"生"和"育"做出区分。然而,实际上,人们谈论"生育"的时候,通常两种含义兼而有之。衡量某个群体或族群的生育状况,通常有两个重要指标,即生育力和生育率。生育力反映的是生理意义上的妇女生育能力,即假设没有外在因素干扰的情况下,某族群妇女生育孩子的理论数量。古特马赫(Alan Guttmacher)认为,按照35年(15~49岁)育龄期推算,妇女一生最多可生育17个子女。邦戈兹(John Bongaarts,1978)认为,妇女生育力大概在13至17之间,平均为15.3左右。生育率测度的是不同时期、不同地区育龄妇女的实际生育水平,即在社会制度、文化环境以及个人理性选择约束下的真实生育水平,是社会学意义上的"生育"。例如,2020年中国的总和生育率为1.30,也就是按这一年的生育模式计算,相当于每名妇女一生平均生育1.30个孩子[①]。2020年总和生育率最高的国家是乌干达和尼日利亚,两者均为5.5[②]。实际生育水平不仅会影响到一个国家的人口规模,还会对其经济、环境以及个人福祉产生影响。因而,人口社会学真正关心的是妇女实际生育水平以及形成该生育水平的社会因素。

二、生育的测量

为了掌握一个地区或一个国家的真实生育水平,需要对该地区或国家的育龄妇女生育水平进行测度。生育率是生育水平的主要测量指标,它们包括粗生育率、一般生育率、

[①] 国务院第七次全国人口普查领导小组.中国人口普查年鉴[M].北京:中国统计出版社,2022.04.
[②] 数据来源:联合国人口基金会在线发布的《2020年世界人口状况》。http://www.populationu.com/.

年龄别生育率、总和生育率等常用指标。

（一）粗生育率

粗生育率(crude birth rate，CBR)是指某年份某地区每千名人口中，出生的活产婴儿数量[①]。该指标可粗略反映该地区在某年份的生育率水平。

粗生育率的计算公式为 $CBR = \dfrac{B_c}{P_{mid}} \times 1\,000‰$。其中，$B_c$ 代表某地某年出生的活产婴儿数，P_{mid} 代表某地某年的年中人口数。根据联合国的数据，2019年世界平均CBR为18.5‰，这表明2019年全球每1 000人中平均有18.5人出生。其中，高收入国家粗出生率为10.8‰，中等收入国家为18.1‰，低收入国家为34.5‰[②]。一般而言，当CBR大于30‰时，称为高出生率，而低于15‰时，称为低出生率[③]。CBR之所以为"粗"出生率是指分母（某年某地区的年中人口数）包括了男性以及15岁以下和49岁以上的女性——这些与生育几乎没有关系的人群。因此，该指标只能粗略地反映某时期的生育水平。

（二）一般生育率

一般生育率(general fertility rate，GFR)也称为总生育率，是指某年内每千名育龄妇女所生育的孩子数。该指标反映了育龄妇女的生育水平。

一般生育率的计算公式为 $GFR = \dfrac{B_g}{P_{mid,f,15-49}} \times 1\,000‰$。其中，$B_g$ 是一年内出生人口，$P_{mid,f,15-49}$ 代表年中15～49岁年龄段育龄妇女人数。一般生育率比粗生育率更精确一些，因为它把男性和非生育年龄的女性排除在外，更准确地反映出育龄妇女的生育水平。

（三）年龄别生育率

年龄别生育率(age specific fertility rate，ASFR)指各年龄组的育龄妇女的生育水平。具体来说，某年龄组的生育率是用某一年份该年龄组育龄妇女所生育的活产婴儿数与该年龄组的育龄妇女人口数之比。通常以5岁为单位，将育龄妇女分为15～19岁、20～24岁、25～29岁、30～34岁、35～39、40～44岁和45～49岁等7个年龄组。计算公式为 $ASFR = \dfrac{B_{(x,x+n)}}{F_{(x,x+n)}} \times 1\,000‰$，其中 $B_{(x,x+n)}$ 代表某年龄段出生的活产婴儿数，$F_{(x,x+n)}$ 代表该年龄段育龄妇女数量，n 代表年龄间距。图3-1是2020年分年龄生育率变动情况，从图中可以看到15～49岁年龄组出生率呈现倒"U"型变化趋势。

---

① 世界卫生组织将"活产"解释为婴儿完全从母体排出时，具有呼吸、心跳、脉搏和随意肌运动四个特征之一，便可将其认定为活产婴儿。
② 数据来源：联合国人口司。https://www.un.org/development/desa/pd/content/publications.
③ Lundquist J，Anderton D，Yaukey D. Demography: the study of human population [J]. New York, 2014: 12-29.

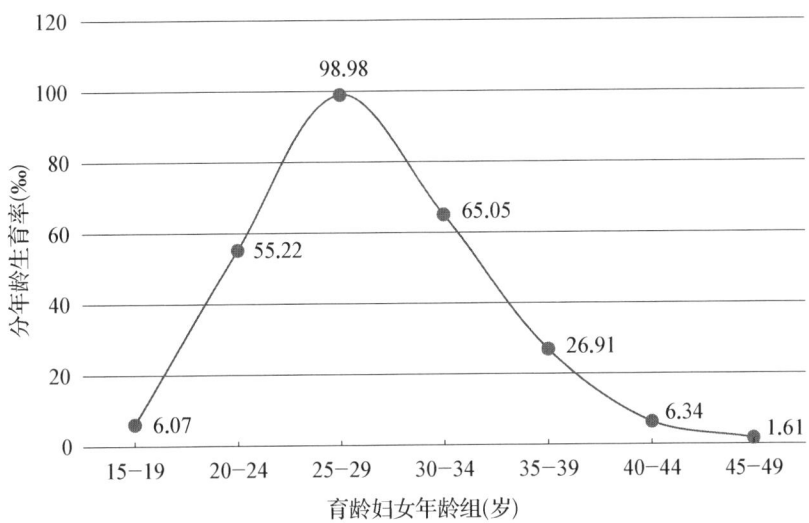

图 3-1 分年龄组生育率变动趋势

数据来源:第七次全国人口普查数据。

(四) 总和生育率

总和生育率(total fertility rate,TFR)是所有生育率指标中最常用的,指一定时期内(通常是 1 年内)年龄别生育率的总和。与 ASFR 相似的是,TFR 也考虑到了不同年龄育龄妇女生育率的差异。与 ASFR 提供不同年龄段的分年龄生育率不同,TFR 可用单一的指标值来反映妇女综合生育水平。

总和生育率被定义为:假设当前特定年龄的出生率在整个育龄期间保持不变,妇女将拥有的平均子女数量。总和生育率是妇女在生育期(15~49 岁)生育的平均子女数。

根据 TFR 和 ASFR 之间的关系,我们可以从 ASFR 计算出 TFR。计算 TFR 的公式为 $TFR = \sum(ASFR_{(x,x+n)} \times i)$,其中 i 是年龄间隔,通常是 5 岁间隔。表 3-1 是 TFR 计算过程,第一列为年龄组,第二列为分年龄 ASFR,第三列为 ASFR 与年龄间隔的乘积,加总后形成 2020 年的 TFR 值为 1 300.9。这可解释为:如果 1 000 名妇女经历从 15~49 岁生育期,并按照 2020 年的 ASFR 值来生育,到 49 岁时,她们将生育 1 300.9 个婴儿,平均每个妇女生育 1.30 个婴儿。

表 3-1 2020 年中国人口 TFR 计算过程

年龄组	ASFR	ASFR×i
15~19	6.07	30.35
20~24	55.22	276.1
25~29	98.98	494.9
30~34	65.05	325.25
35~39	26.91	134.55

续 表

年龄组	ASFR	ASFR×i
40~44	6.34	31.7
45~49	1.61	8.05
TFR		1 300.9

数据来源:第七次全国人口普查数据。

图 3-2 是联合国人口司发布的 1950 年以来,中国 TFR 变化趋势。从图中可以看到,20 世纪 60 年代,我国 TFR 处于相对较高的水平,此后呈波动下降趋势,1995 年以后 TFR 下降速度有所减弱。其中,2005—2010 年平均 TFR 为 1.55,低于更替生育水平[①]。2010—2019 年,TFR 缓慢上升,这可能与"单独二孩"和"全面两孩"生育政策有关,随着生育二孩人群生育潜能的释放,2019—2021 年间,生育率再度下降。图中的 TFR 变化趋势反映出改革开放以来,中国总和生育率的变化趋势。

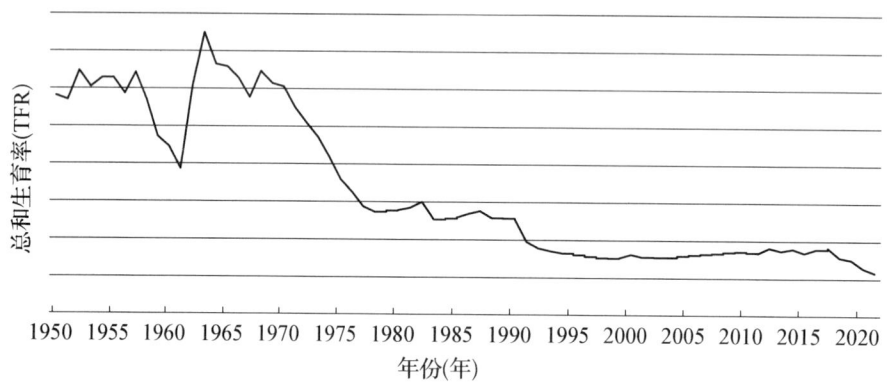

图 3-2 1950—2020 年中国 TFR 变化趋势

数据来源:联合国人口司。https://population.un.org/wpp/Publications.

前文介绍的四个生育率测度指标各有优劣。(1) 粗生育率的优点是资料易于获得,计算简单。其缺点是容易受年龄结构和性别构成的影响,只能粗略地反映出生育水平。(2) 一般生育率考虑到了人口的性别结构,将男性排除在外,提高了指标的准确性。(3) 年龄别生育率能识别不同年龄组下育龄妇女生育状况,可用于不同年龄生育水平比较研究。(4) 总和生育率是由年龄别生育率计算而来,具有更直观、易于理解的特点,是人口学领域最常用的生育率指标。

第二节 生育模式

在不同的历史时期,人们面对的外部环境、文化和经济状况也不同,而人们在不同的

---

① 总和生育率在 2.1~2.2 称为更替生育水平,表明人口数量会维持现状。

环境中生活,会形成不同的生育类型。通常我们将不同时期、不同文化环境、不同经济条件下的不同生育类型称为生育模式。根据不同的社会类型可以将生育模式划分为三个类型,即传统农业社会生育模式、现代工业社会生育模式以及发展中国家生育模式[①]。

一、传统农业社会生育模式

在人类发展的历史长河中,绝大部分时间处于农业社会,而工业社会是晚近才出现的一种社会形态。农业社会生产力低下,人们应对自然界的风险能力较低,使得个体死亡率较高,预期寿命偏低。传统农业社会的生育模式受到这种影响,形成了以"抵抗高死亡率为导向"的"多育"模式和"男孩偏好"模式。

(一) 高死亡率限制了自然生育力水平

在传统农业社会,生产力低下,人们抵御自然界风险的能力较弱,个体死亡率相对较高。对于女性而言,能否活到生育期,将直接影响到总体生育水平。对于一个社会而言,要完成代际更替至少每个妇女需要平均生育两个孩子,且两个孩子都应成活至生育期。研究显示,假如以15岁为进入生育期的年龄,那么在平均死亡率为50‰时,大约只有41%的女性活到生育期。根据模型生命表推算,假如女性出生时的预期寿命为20年,静态人口死亡率达到50‰时,年满15岁的女性平均生育期为25年。由此可见,在传统社会里女性高死亡率直接导致生育期长度缩短,进而影响到女性整体的生育水平。

(二) 生产力水平限制人口增殖

在传统农业社会时期,生产力难以有大的突破,人们的生存更多地依赖于土地、水等自然资源,这极大地限制了人口自然增长。虽然每次生产力的提高也带来一定的人口增长,但一旦超过了农业资源承载力限定时,自然的和人为的死亡率就会增加,进而影响到生育水平。

(三) 农业生产方式决定生育男孩偏好

农业生产方式决定男性具有更大的价值,从而形成了男孩偏好模式。传统农业社会是以"体力"为主的生产方式,与女性相比,男性在体力上占有先天优势。在这种生产方式下,生育男孩被认为具有"更大的价值"。此外,在多数国家,女性出嫁后遵循"从夫居"的传统,成为丈夫家庭劳动力,再次降低了"女婴"对原生家庭的价值。在一些地方,为了弥补女性出嫁造成的生产力损失,衍生出索要礼金的婚俗。在传统社会,无法人为选择出生婴儿性别的情况下,通常的策略是采用早婚早育和多生多育的办法来确保生出男孩。

二、工业社会生育模式

进入工业社会,生产力得到迅速提高,机器生产代替了人力生产,彻底改变了传统农业社会的运作机制和农业社会的生育模式。工业社会的生育模式具有生育率下降和主动

---

① 佟新.人口社会学[M].4版.北京:北京大学出版社,2019:53-57.

生育控制两个特征。

（一）生育率下降

从世界范围来看，许多国家在进入工业社会后，死亡率和生育率都呈现大幅下降趋势，传统农业社会应对高死亡率的"多生多育"模式逐渐消失，取而代之的是人们有意识地控制生育。在近30年，多数发达国家生育率普遍下降到更替水平之下。我们将生育率下降归为三种模式：欧美模式、瑞典模式和日本模式。

1. 欧美模式

欧美发达国家很早就进入了工业社会，居民的生活水平和生产力水平处于世界领先地位，生育率下降开始的时间也较早。早在17世纪中后叶，欧美部分国家的生育率就开始出现下降现象。到19世纪末，这些国家的粗出生率已下降到30‰左右。此后，生育率仍处于下行态势。由此可见，欧美生育率下降的主要是由于工业化发展带来的生活质量提高和人们生活方式转变所致。

2. 瑞典模式

该模式代表着那些生育率起点很低的国家，在工业化以后生育率下降模式。以瑞典为例，20世纪初瑞典的出生率在20‰左右，起点很低。虽然经历了经济大萧条和战后人口增长时期，人口出生率并未出现大的波动，而是呈现持续的下降态势。

3. 日本模式

与欧美国家相比，日本产业革命进行得较晚，直到20世纪初出生率才出现明显下降。第二次世界大战后，日本进入生育高峰，再加上600多万人从海外遣散回国，致使人口急剧膨胀，而战后这段时期正是日本百业凋敝之际，新增的大量人口给社会造成巨大压力，在此背景下日本于1948年在世界上率先颁布了"优生法"，随即开始大规模推进具有控制生育倾向的家庭计划政策，由此促成出生率急速下降。在世界人口史上，人为控制生育取得如此迅速而明显的成效，过去还没有先例。与西北欧模式相比，日本的显著区别是采取了人为干预生育的措施，故人口出生率下降的速度快，在几十年内走完了西北欧国家一两百年的道路。

（二）生育控制

尽管在不同的时期，或多或少都存在生育控制行为。然而，人类主动采取技术手段对生育进行有效控制则发生在工业社会。在工业社会，随着避孕药的发明和避孕技术的革新，人们进入了对生育的自主控制阶段。与以往不同，工业化时期，人们可以采用避孕、人工流产等多种手段进行生育控制。

三、发展中国家生育模式

与发达国家不同，发展中国家的生育模式表现为生育率下降与死亡率下降并不同步的特征，这也造成了发展中国家的生育模式与发达国家的生育模式有一些不同的特征。

（一）死亡率下降时，生育率仍维持较高的水平

随着经济发展和医疗技术的进步，发展中国家居民生活水平也趋于改善，死亡率开始下降，但与发达国家不同的是发展中国家的生育率仍在一段时间内维持原有水平，这就使得实际人口数量出现增长特征。如图3-3所示，在20世纪50年代，发达国家的生育率水平已经降到较低水平，而发展中国家却处在较高水平。20世纪50年代至80年代，发展中国家的生育率仍处在缓慢上升阶段，而80年代以后开始缓慢下降，到2015年时平均TFR为4.31，远远高于发达国家的生育水平，人口总量呈现出持续增长态势。

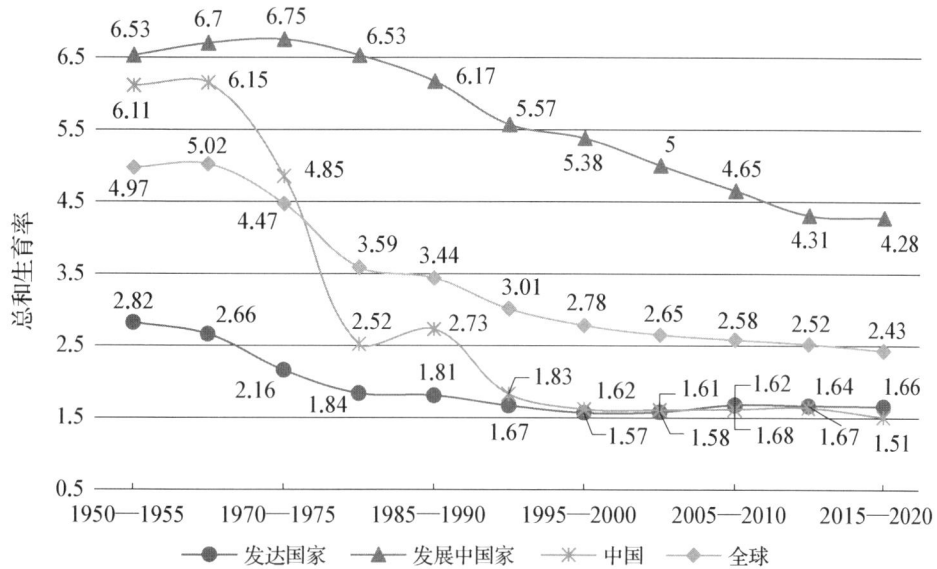

图3-3 发达国家、发展中国家以及中国总和生育率变化趋势比较

数据来源：联合国人口司《全球人口展望2022》。

（二）发展中国家生育率下降的差异性

同为发展中国家，生育率下降却有很大差异。在图3-4中列举了包括中国、柬埔寨、海地、越南等几个发展中国家，可以看到，几个国家的生育率下降时期和下降幅度有很大差异。其中，中国和越南生育率下降明显，而柬埔寨和海地两国的下降幅度相对缓和。发展中国家生育率转变的差异性除了与各国的经济社会发展先后时间有关，也与国家对生育的行政干预有关。

（三）发展中国家生育率快速下降多是行政力量介入的结果

发展中国家的生育率下降大多是政府行政力量介入的结果。欧洲发达国家完成从高生育率向低生育率的转变，经历了近百年的历程。如果不是借助行政力量，发展中国家不可能在如此短暂的时间内完成生育率的转变。例如，中国在20世纪70年代末到80年代初

这段时间里,总和生育率从高峰期的 6.15 下降至 2.52,下降幅度惊人,这显然与国家实施独生子女政策有很大关系。越南生育率转变与中国的情况类似,越南政府于 1988 年实施了家庭计划生育政策,此后越南的生育率迅速下降。同样地,图 3-4 中也列举了两个未实施计划生育政策的国家,虽然随着社会发展,生育率整体上也呈现下降趋势,但下降幅度远低于实施计划生育政策的国家。

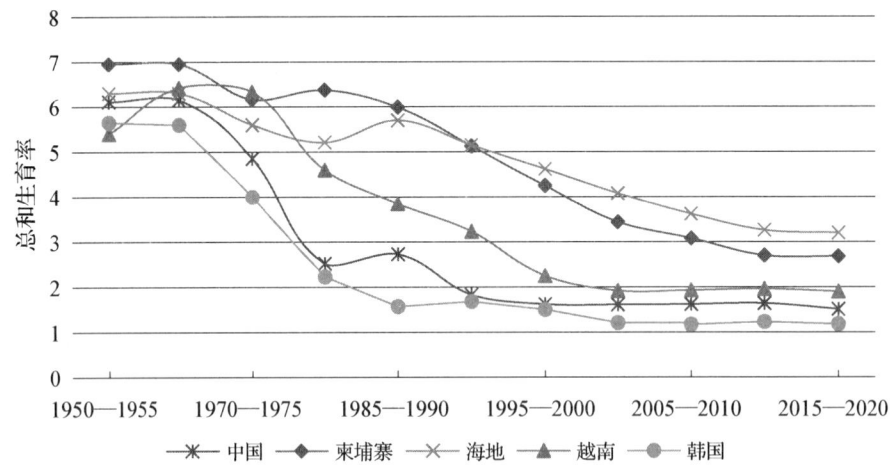

图 3-4　中国、柬埔寨、海地、越南、韩国等五国总和生育率变化趋势比较

数据来源:联合国人口司《全球人口展望 2022》。

第三节　生育率转变理论

生育率为何从高向低转变,原因非常复杂。从宏观上来说,工业化、城市化和现代化带来的生育观念转变是其主要成因。然而,除却宏观因素之外,作用于生育率转变的因素还包括许多微观因素,如生物学因素、文化因素、经济因素和政治因素。本节重点介绍学界在上述四个方面探索生育率转变的机制及相关理论。

一、中介变量分析

工业化和城市化不发达地区的生育率几乎总是高于工业化和城市化程度高的地区,这似乎是随处可见的现象,什么原因造成了这种生育率上的差异呢?过去一些研究者认为,传统农业社会的高死亡率迫使家庭采取多生育的策略来提高下一代的存活数量。而另外一些研究尝试从不同社会组织形态的差异上去理解为何两地的生育率不同。然而,大量的研究发现,相异的社会组织形态却并不总能获得差异化的生育率,这一方面可能与影响生育率本身的因素的复杂性有关,另一方面也与社会组织结构和社会形态影响生育率的中间变量有关。如果不对中间变量的影响进行详细分析,将难以理解社会结构和社会组织形态因素如何对生育率转型发挥作用。为此,美国社会学家戴维斯和布莱克(K.Davis & J.Blake)提出了一个颇具启发性的理论分析框架,尝试从影响生育率转变的生物学因素入手,探讨若干重要中间变量对生育率的影响①。直观上来看,生物学因素是影响生育率最直接的变量,社会结构、政策、文化等其他子系统因素都是通过影响生物学因素,或受生物学因素约束而最终反映到生育率上。戴维斯和布莱克认为,影响生育率的生物学因素主要有三个,即性交、怀孕、分娩。进一步,他们从类型学视角挑选和阐释了直接影响性交、怀孕、分娩的最为重要的 11 个社会因素(中间变量)②,如表 3-2 所示。这 11 个中间变量在不同的社会形态和社会结构中发挥的作用不同。与传统社会相比,工业社会较低的生育率并非是所有中间变量都取低值的结果,而是社会文化或制度挑选出特殊变量作为手段来达到这一目的。戴维斯认为,工业社会所采用的降低生育率的方法涉及最少的制度组织的改变,因而也涉及最小的人类代价。在降低生育率的长期趋势中,他们更多地依靠"晚婚"而不是"终身不婚"。工业社会很少像传统社会那样宣传禁欲文化来降低生育率,而是采用避孕技术来达到此目的。当今日社会可以很方便地采用避孕和流产技术的时候,采用"溺杀婴儿"的办法来减少生育的行为就越来越鲜见。而宣扬禁欲和溺杀婴儿在传统社会都对降低生育率起到了重要作用。由此可见,不同的社会形态和社会结构中,这 11 个因素的作用是明显不同的,对降低生育率的解释力也有差异,例如某些变量在过去可能有显著的"正向"作用,但在今日之工业社会其作用可能并不明显。

表 3-2 影响生育率的中间变量

Ⅰ. **影响性交的因素("性交变量")**
A. 在生育阶段,控制性结合的形成和解体的因素
1. 进入性结合的年龄
2. 永久独身:终身不婚妇女的比例
3. 生育期内不在婚状况
a. 离婚、分居
b. 丧偶
B. 影响夫妻间性交的因素
4. 自愿节欲
5. 非自愿节欲(性无能、疾病、无法避免的暂时分居)
6. 性交频率(不包括节欲时期)
Ⅱ. **影响受孕的因素("受孕变量")**
7. 非自愿原因造成的不孕
8. 避孕的使用与否
a. 用物理或化学的方法
b. 用其他办法
9. 绝育(自愿的不育)
Ⅲ. **影响怀胎和顺利分娩的因素("怀胎变量")**
10. 非自愿因素造成的胎儿死亡
11. 自愿造成的胎儿死亡

---

① K. Davis and J. Blake. Social Structure and Fertility:An Analytic Framework[J]. Economic Development and Cultural Change,1956,4(4):211.
② 转引自:顾宝昌. 社会人口学的视野:西方社会人口学要论译[M]. 北京:商务印书馆,1992.

二、邦戈兹模型

戴维斯和布莱克提出的生育率降低的中间变量假说得到了学界的广泛认可,其后数十年间,围绕中间变量假说衍生出诸多改良和优化模型。其中,邦戈兹模型是其中最具代表性的定量分析模型之一。邦戈兹(John Bongaarts)认为,戴维斯和布莱克的中间变量模型具有十分重要的价值,有很强的解释力,但要将这么多变量纳入模型进行定量分析则十分困难。一方面,这么多变量的作用有强弱之分,甚至有些变量在不同的社会情境中作用方向相异,很难纳入同一个模型中进行定量分析。另一方面,由于一些变量的重要性不高,为了模型的简洁性,不必将全部中间变量都纳入分析。邦戈兹根据中间变量对生育率作用的敏感度以及中间变量的值域范围大小,挑选了晚婚、避孕、人工流产和非自愿不孕(哺乳不应期或禁欲)等四个变量纳入模型,形成了"邦戈兹模型"[1]。其中,四个中间变量是通过模型中四个指数来测量其对生育率效果,这些指数的值域在 0~1 之间。当某个变量对生育率没有抑制作用时,对应的指数为 1,当某变量对生育率有完全抑制作用时,则指数为 0。邦戈兹模型可以表达为如下等式:

$$TFR = C_m \cdot C_c \cdot C_a \cdot C_i \cdot T_f$$

其中,TFR 为总和生育率,C_m 为婚姻系数,C_c 为避孕系数,C_a 为流产系数,C_i 为哺乳不应期系数[2],T_f 为理论上的生育力。图 3-5 可直观地帮助我们理解邦戈兹模型的理论意义。

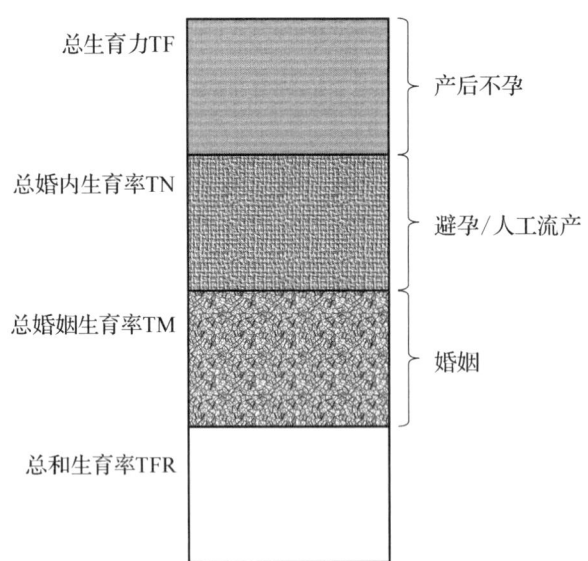

图 3-5 中间变量与生育率关系示意图

---

[1] John Bongaarts. The Fertility-Inhibiting Effects of the Intermediate Fertility Variables[J]. Studies in Family Planning,1982,13(6):178-189.

[2] 如所有育龄妇女都在婚,则 $C_m = 1$;如都不在婚,则 $C_m = 0$。若所有育龄夫妇都未采取避孕措施,则 $C_c = 1$;如都采用了 100% 有效的避孕措施,则 $C_c = 0$。若所有的妊娠都不做人工流产,则 $C_a = 1$;如都做人流,则 $C_a = 0$。若产妇产后不哺乳不节欲,则 $C_i = 1$;若产后永远不孕,则 $C_i = 0$。

如图3-5所示,由于中间变量所引起的抑制效果,实际生育水平是以总和生育率测定而得的(本文所述的生育率仅指婚生情况)。如果排除终身不婚/禁欲对生育率的抑制效果,则生育率将提高到总婚姻生育率(TM)水平;如果排除所有的避孕和人工流产效果,则生育率将进一步上升为总自然婚内生育率(TN);如果排除哺乳和产后不孕,则生育率将增长为总生育力(TF)。总生育力是度量怀孕能力、自然流产和永久不育等其他中间变量的综合效果。TFR,TM和TN在不同人口中的变化范围较大,而TF则比较稳定。

三、经济学理论

20世纪60年代后,经济学家开始从经济学视角探讨人口问题。其中,对生育行为研究较多,并产生了深远的影响,其代表人物包括莱宾斯坦(Harvey Leibenstein)、贝克尔(G. Becker)和伊斯特林(R. Esterlin)等人。

1. 成本—效用理论

美国经济学家莱宾斯坦提出了用成本—效用理论分析生育行为,他认为父母对孩子的"成本—效用"分析决定了生育率的高低。孩子的成本分为直接成本和间接成本两部分,前者包括新生儿的衣食住行、教育、文化娱乐等各种费用。间接成本又称为机会成本,指因抚育一个新增的孩子,父母损失掉的受教育和赚取收入的机会。例如,从事劳动和工作时间损失、闲暇时间损失以及某些消费损失。直接成本与间接成本一起对家庭构成一种负面效应。当然,生育孩子也会获得一些效用或者说是回报。可概括为6种效用:(1) 情感满足效用;(2) 劳动经济效用;(3) 社会保险效用;(4) 抵御经济风险效用;(5) 家庭地位维持效用;(6) 家庭扩大与发展效用。根据经济学上的效用递减原则,通常第一和第二个孩子的效用最大,后面的孩子效用随之降低。莱宾斯坦的理论假设是当一个家庭再生育一个孩子的正效应和负效应达到均衡时,这时所拥有的子女数就是一个家庭的生育数量。

在社会经济发展过程中,增加孩子的正效应和负效应还受收入以外的因素影响,如死亡率的降低、职业分布的变化等。在工业化社会,职业分工越细,专业化程度越高,孩子的教育和培训费用也会随之增加,从而在一定程度上限制了生育孩子的数量。因此,莱宾斯坦的理论在一定程度上说明了社会发展导致了生育率下降。

2. 新家庭经济学理论

美国经济学家贝克尔、舒尔茨等人把经济学的概念纳入家庭研究中,开创了新家庭经济学理论流派。以贝克尔为代表的新家庭经济学派从供给与需求视角来分析人类生育行为。与莱宾斯坦理论最大的不同在于,贝克尔用孩子的"效用最大化"分析替代了"边际效用"分析。贝克尔认为生育子女是一种投入,占用了父母很多时间、精力,而这些时间可以用于工作而获得更高的收入,或者用于其他消费而获得满足,因此生育是一种机会成本。在收入和时间的约束下,为了谋求家庭总效用的最大化,父母必须在生育子女和就业之间做出抉择。尤其是母亲的时间机会成本较高时(如更高的收入和教育成就),就会减少生育孩子。换句话说,当家庭收入越高的情况下,生育孩子的时间机会成本就越高,生育孩子的数量就会相应地减少,即经济发展与生育率之间呈现出负相关关系。

此后,贝克尔进一步发展了生育孩子的"效用分析",提出了生育孩子的"数量—质量替代"理论。贝克尔认为,生育孩子的效用能否抵消甚至超过父母生育孩子所损失的时间成本和机会成本,主要取决于孩子的预期回报收益,即孩子的质量。西方学者对"孩子质量"的理解略有差异。贝克尔认为"那些花费昂贵的孩子是高质量的孩子……如果在这个孩子身上比另一个孩子身上自愿支出更多,可能是因为父母从这些孩子身上获得了追加效用……"[①],较高的质量正是指这种效用。假如将孩子的质量和数量看成两种不同的商品,家庭预算有限的前提下,父母会通过孩子质量—数量替换来最大化这种效用。贝克尔认为,孩子数量的需求减少会提高对孩子质量的要求,从而导致对孩子数量需求的进一步减少。经济发展影响生育率和孩子质量,不仅因为收入增加,还因为教育投资和其他人力资本投资回报率的上升。因此,与农业社会相比,尽管工业社会的生育率下降,但却通过孩子质量的提高来维持投资效用。如图 3-6 所示,横轴 N 代表孩子数量,纵轴 Q 代表孩子质量,在收入曲线 a 的约束下,孩子质量为 Q_a,对应的孩子数量为 N_a。当收入提高到 b 曲线时,有两种可能性:一是孩子质量、数量均有所提高,即数量从 N_a 提高到 N_b,质量从 Q_a 提高到 Q_b。二是孩子质量提高,数量下降,即孩子数量从 N_a 下降到 N_c,孩子质量从 Q_b 提高到 Q_c。贝克尔认为,父母亲教育程度越高,越注重孩子的质量提高,而不是数量。因此,随着工业社会的到来,父母教育程度的提高、收入的提高,更多带来的是孩子质量提高,故而总体生育率与经济发展相反。

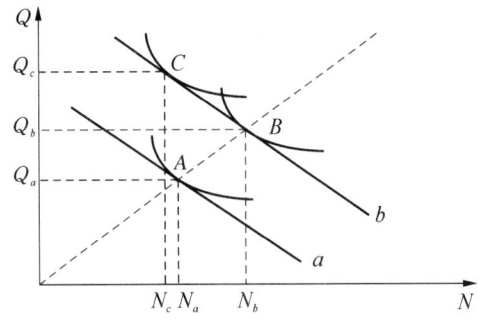

图 3-6　孩子数量—质量替代曲线

3. 相对收入假说

美国社会学家伊斯特林(Richard Easterlin)认为经济发展对生育率的影响,主要取决于家庭相对经济收入的变化。他的主要观点是:(1) 批评了贝克尔理论中"偏好不变"假设,他认为人们的偏好不仅经常发生变化,而且不同社会地位、不同职业阶层的人们之间偏好差异还很大;(2) 收入对生育率的作用方式取决于人们的偏好,而不完全由"孩子质量"和生育孩子的"机会成本"所决定;(3) 生育偏好受父代与子代收入变动的影响,经济状况比父辈改善的下一代倾向于多生育子女,而经济状况不如父辈的下一代倾向于少生;(4) 影响经济状况的是收入水平和就业机会,两者同样会影响到生育率;反过来,生育率的变化同样也会反作用于就业水平与就业机会,进而影响经济发展。

---

① 加利·斯坦利·贝克尔.家庭论[M].王献生,王宇,译.北京:商务印书馆,1998:107-108.

图 3-7 有助于我们理解伊斯特林的生育行为的相对收入假说。在人口经济学中,收入是生育率的决定因素,而大多数家庭收入则来自劳务市场上获得的工资收入。显然,工资率的高低取决于劳务市场。当劳动力充裕时,劳动力供给过剩,工资率降低;反之,劳动力供不应求,工资率则上升。而劳动力是否充裕,取决于劳动力年龄人口的规模,而劳动力年龄人口规模又受生育率的影响。鉴于上述关系,伊斯特林认为,人口行为是由人们对劳动力市场的考察而决定的,人们将劳务市场状况、未来经济前景以及父母的社会地位结合起来考虑。当劳务市场有利,工资率高和就业机会多时,育龄妇女的生育率也相应提高。另外,从代际经济状况比较来看,当子代经济状况比父辈好的时候,倾向于多生育孩子。

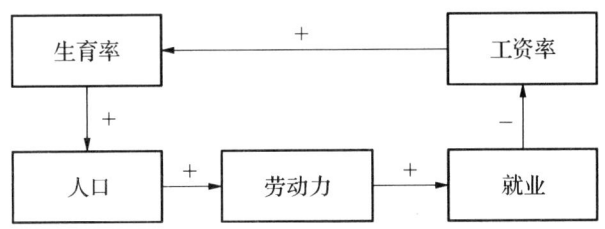

图 3-7 收入与生育率之间的关系

由于家庭相对收入理论的解释力的有限性,伊斯特林于 1978 年进一步综合了生育率经济学和生育率社会学观点,提出了生育率抑制临界假说[①]。通过图 3-8 可以更好地理解生育率抑制临界假说的理论观点。

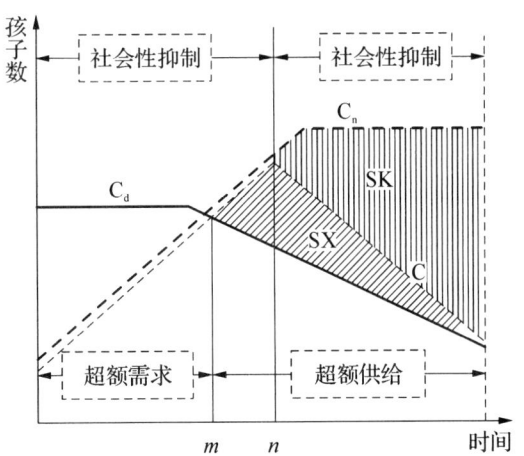

图 3-8 伊斯特林生育率抑制临界假说

关于图中曲线和标记的几点说明:(1) 横轴代表时间,越往左,越接近传统社会,越往右,越接近现代社会。纵轴代表孩子数量,越往上移动,孩子数量越大。(2) 三条子女数量曲线分别为:自然生育条件下理论上的孩子数(C_n)、父母期望存活的孩子数(C_d)和父母实际拥有的孩子数(C)。(3) 临界点 m 和 n 代表着时间,也代表着社会现代化进程

---

① Easterlin R A. The Economics and Sociology of Fertility: A Synthesis [C]. Paper prepared for Seminar on Early Industrialization, Shifts in Fertility, and Changes in Family Structure, Institute for Advanced Study, Princeton, N. 1978.

的时点。临界点 m 左边是对子女的超额需求状态（$C_d > C_n$），即父母期望生育的孩子数量低于实际生育数量，而且实际生育孩子数（C）受自然生育孩子的理论数量（C_n）的支配。需要注意的是，C_n 主要受死亡率的影响。随着传统社会向现代社会发展，死亡率下降，自然条件下生育孩子的理论数量呈上升趋势。由于自然生育孩子数量又受生育力的影响，故而不会一直上升，而是达到一定数量后，趋于平稳。因此我们看到 C_n 在现代化后期是一条近乎与横轴平行的直线。期望孩子数量在社会发展的某个时点（m）之后开始减少，因此在 m 点右侧出现的是子女"超额供给"情况（$C_n > C_d$），阴影部分 SX 是超额子女数量。随着现代化进程的推进，到了 n 点时，因生下不希望有的孩子所造成的福利损失大于抑制生育率带来的损失。此时，引起了生育率抑制（主动控制生育），从而使得实际出生子女数量曲线，向期望子女数量靠拢。SK 的垂直距离代表着生育控制的程度，距离越长，生育控制也越强。需要注意的是，只要控制生育带来的费用（或损失）大于生育带来的收益时，则 SX（超额供给的子女）部分将继续存在。

总之，伊斯特林的生育抑制临界假说综合了生育率经济学和生育率社会学观点，对生育率随社会发展而转变给出了新的理论解释。

第四节 中国生育率转变研究

一、新中国成立后的中国生育率演变

中国是传统的农业大国，20 世纪 50 年代之前都维持着较高的生育水平。在农业社会，多子女家庭对开展农业生产十分有利，因此"多子女"生育模式也是农业社会的必然选择。为了更清楚地描述新中国成立以来中国人口生育率的演化历程，我们根据生育率转变情况将其划分为三个时期，即生育率转变前的时期（1949—1970 年）、生育率转变期（1971—1990 年）、生育率转变后的时期（1991 至今）。

（一）生育率转变前的时期

新中国成立至 1970 年是我国生育率转变前的一个阶段，那时国家尚未在全国范围实行控制性生育政策，生育率变动只受经济社会因素的影响。但这一阶段的生育率也并非直线上升，而是存在着生育率的波动。生育率波动表现在三个阶段：（1）生育率上升阶段（1949—1957 年）。新中国成立以后，国家从战乱转入安定、团结，恢复生产，发展经济和改善人民生活水平的初期发展阶段。这段时期，死亡率大幅下降，而生育率则保持较高的水平上，从而很快出现了新中国成立后的第一次生育高峰。总和生育率平均为 6.20，生育率的高峰年份为 1952 年的 6.47，而 1957 年生育率则为 6.41。（2）大饥荒导致的生育率下降阶段（1958—1961 年）。这个时期中国遭遇重大灾害，造成了大量人口非正常死亡，也使得人口生育率大幅下降。生育率从之前的 6.0 以上分别下降到 1959 年的 4.3、1960 年的 4.02 和 1961 年的 3.29。（3）灾后重建时期的生育率回升（1962—1970 年）。在经历三年自然灾害后，居民的生产和生活逐步恢复，生育率也呈现了大幅攀升。这里有两点原因导

致生育率攀升：一是自然灾害发生年份因经济困难推迟结婚的人陆续在灾后结婚生育；二是灾后重建时期的补偿性生育(1962—1970年)。这期间生育率平均值接近6.0，保持较高的生育水平。

(二) 生育率转变期

我国从20世纪70年代开始实施限制性生育政策，生育率开始大幅下降。可以根据生育率的下降变动趋势将其分为两个阶段：(1) 快速下降阶段(1971—1979年)。1971年中国开始提倡节育口号。1973年提出"晚稀少"的生育观。再加上全国范围的节育宣传，使得育龄妇女的生育率大幅下降，从生育率从1971年的5.0以上下降到20世纪70年代末的2.31。(2) 小幅波动阶段(1980—1990年)。该时期是独生子女政策时期，国家提倡"一对夫妇只生一个孩子"。但由于人口惯性的作用，20世纪60年代生育高峰人口进入育龄阶段，导致总生育率并未出现立即下降，而是出现波动。

(三) 生育率转变后的时期

到了20世纪90年代后，我国的人口转变基本完成，国际上一般认为2.1的总和生育率为更替水平，低于2.1称为低生育水平。1990年第四次人口普查的总和生育率为2.31。到了2000年第五次人口普查时，其生育率已经跌到了1.22。2010年第六次人口普查统计的总和生育率为1.18。学界认为第五次、第六次全国人口普查有低估生育率的嫌疑，于是有学者对相关数据进行了修订，修订后的生育率也均在1.6以下。第七次人口普查的总和生育率为1.3。总之，生育率转变后的时期，中国持续处于超低生育率水平。为了改善人口结构，提升生育水平，国家先后出台了"全面两孩"及其配套政策以及"鼓励生育三孩"的生育政策等。

二、中国生育率转变的成因

基于改革开放以来中国生育率持续下降的事实，许多学者针对中国从高生育率向低生育率转变的发生机制进行了深入研究。由于中国生育率转变与计划生育政策、改革开放以及经济飞速发展几乎同步完成。根据人口发展的历史经验和规律，考虑到随着社会经济的发展、人民生活水平的提高、健康水平的提高、死亡率的降低、医疗和安全避孕技术的广泛应用等因素的作用，人们普遍减少生育孩子的数量，生育水平随之逐步降低是一个客观规律。但是由于人口事件属于非实验性或不可重复性事件，生育水平究竟因何而降低难以得到印证。综合已有文献，大致可以将学者们的见解分为三个类别，第一类认为人口政策因素是主导中国生育转变的最主要因素；第二类认为社会经济发展是主要推动作用；第三类认为人口政策与社会经济发展均发挥着非常重要的作用。

(一) 生育政策因素

我国自20世纪70年代实施计划生育政策以来，生育率就进入快速下降的轨道。由于生育率历史性转折发生在生育政策实施之后，有一部分学者坚定地认为，控制人口增长的生育政策是生育率下降的直接作用力。从新中国成立后到1972年之前，中国总和生育率一直处于较高水平(除"三年困难时期"外),基本保持在5.0~6.5区间[①]。20世纪70年代初,中国开始实施计划生育政策。此后,中国的总和生育率急剧下降,从1971年的5.44下降到1980年的2.70,之后一直在2.3~2.8区间徘徊。进入20世纪90年代,中国的生育率一直稳定在1.7~1.75的低生育水平[②]。此外,王金营(2006)利用中国数据对计划政策实施效果进行了评估,并证实了计划生育政策对中国人口转变的实际效果[③]。

(二)社会经济因素

与生育率转变的人口政策推动假说不同,一部分学者从西方经验研究以及国际比较视角认为,中国社会经济发展在生育转变中的作用不应忽视。例如,邬沧萍(1986)研究认为,国家社会经济发展导致了生育率自我转变,正是由于这种生育的自我转变才使得计划生育的政策效果得到保障。顾宝昌(1987)实证分析了生育率下降与社会经济发展之间的密切关系,并认为经济发展是推动生育率转变的重要因素。特别是甘肃酒泉、山西翼城、河北承德、湖北恩施四地作为二孩政策试点,但宽松的生育政策并未带来生育率上的反弹,这使得一些学者开始反思生育政策的真实效果。

(三)综合因素

社会经济发展导致的生育率转变在大多数西方国家得到了验证。但不可否认的是,生育政策对于中国生育率能在短期发生历史性转变起到了关键作用。只是随着时间的推移和经济的发展,人们的生育意愿和生育观念也在同步发生改变,政策的直接作用在逐渐减弱。因此,从综合性视角来理解中国生育率短期内的变化可能更具有合理性。有研究指出,20世纪80年代初,生育政策对生育率下降的影响大于社会经济发展水平的影响,但到了20世纪90年代的时候,生育政策因素的作用明显下降,而社会经济发展的作用明显增强,并超过了前者[④]。简言之,中国生育率转变既受生育政策的影响,也与社会经济发展密切相关,只是在不同阶段的主导因素及其作用效果可能存在差异。

思考题

1. 生育的主要测量指标有哪些?各自有什么样的优点与不足?
2. 社会转型过程中生育模式发生了哪些变化?
3. 简述生育转变理论。
4. 简述新中国成立后的生育率转变特征。

---

① 姚新武.中国生育数据集[M].北京:中国人口出版社,1995.7:12.
② 王金营.1990—2000年中国妇女生育模式及其生育水平估计[J].中国人口科学,2003(4):78.
③ 王金营.中国计划生育政策的人口效果评估[J].中国人口科学,2006(05):23-32.
④ 林富德,刘金塘.中国生育率转变中的发展因素[J].南方人口,1998(01):8-14.

第四章

死亡模式

死亡是人口再生产过程中的重要环节。通过对人口死亡状况的分析,可以了解一个国家或一个地区人口发展趋势、医疗卫生事业发展水平、人民生活质量以及居民健康状况。死亡水平与人口年龄、性别、职业、社会阶层以及生活环境等都密切相关。在不同的地区和不同的时代,死亡水平也有很大差异。因此,对死亡进行分析和研究是人口社会学重要的研究内容。

第一节 死亡的概念及其测量指标

一、死亡的界定

传统意义上将心脏停止跳动和停止呼吸作为界定死亡的标准,并沿用了数千年。现代医学认为,除了从心跳和呼吸界定死亡外,不可逆的昏迷或脑死亡也是死亡的标准。联合国和世界卫生组织对死亡的阐释更具体,即人在出生以后的任何时间里,生命迹象永久地消失可认定为死亡。对死亡的界定虽然很重要,但人口社会学并不关心死亡的生理机制,而仅对死亡的人口学、社会学特征及关键变量的相互关系感兴趣。具体来说,可以将人口社会学对死亡的研究概括为三个方面:一是死亡人口的社会特征;二是导致死亡的原因分析;三是死亡与其他人口现象的关系。

二、死亡人数统计

死亡人数是指一定时间内(如1年内)某一地域范围死亡人数的总和。需要注意的是,死产婴儿不在死亡人口统计范围内。死产是指婴儿在出生后没有显示任何生命迹象的分娩,胎儿脱离母体时根本没有生命迹象,因此也就谈不上生命迹象的消失,故不包括在死亡人口统计范畴。

死亡人数统计与死亡人口申报登记制度相关联。采用不同的死亡人口登记制度,其统计结果也会不同。换句话说,死亡人口登记或死亡申报制度影响着最终死亡人口统计结果。从世界范围来看,大致可以将死亡的登记和申报制度划分为两种类型,即属地申报制度和属籍申报制度。前者强调的是死亡申报应遵循属地原则,即"凡是在某一行政地区管辖范围内死亡的人口均算作该地区的死亡人数"。属地死亡登记是按常住人口所在地进行统计而不是按照死亡发生地统计。这个时候死亡发生地不一定就是死者户口所在地。例如,某外地患者来南京某医院就医,因医治无效而死亡,该死亡人口应登记在患者死亡所在地。所以,死亡统计数据的准确性,取决于死亡人口的申报制度。当前主要有两种死亡申报制度:一是属地申报制度。凡是在某一行政地区管辖范围内死亡的人口均算作该地区的死亡人数。二是属籍申报制度。不管一个人死在何地,均应该统计到该人的户籍地死亡人口中。我国目前的死亡人口主要采用的是"属籍"方式申报。当某个人死亡以后,由医院开具死亡证明,由家属到户口属地公安部门注销户籍。无论采用哪一种死亡申报方式,死亡人口的漏报和瞒报普遍存在。

三、死亡的测量指标

要了解一个国家或地区的死亡水平,需要通过制定一系列的科学指标来测度。在人口学中,测量死亡的指标主要是不同类型的死亡率指标。常用的测算死亡水平的指标包括粗死亡率、年龄别死亡率、死因别死亡率等。下面对这些指标进行简要介绍和说明。

(一)粗死亡率

粗死亡率(crude death rate, CDR)也称总死亡率或死亡率,是指某地区在特定时间内(一般指1年),每千人中死亡的人数。粗死亡率反映了某年某地区的死亡水平,其相应的计算公式为:

$$d = \frac{D}{P} \times 1\,000‰$$

其中,d是指死亡率,D指特定时间内死亡人口数,P指特定时间内的平均人口数。通常,死亡率区间为6‰~35‰,以20‰为分界线,小于20‰为低死亡率,大于20‰为高死亡率。也有例外的时候,例如战争、饥荒、传染性疫情、自然灾害等造成的死亡异常年份的死亡率可能会超过这个区间。

表4-1是我国1949—2022年粗死亡率变化情况。从表中数据可以看到,1949年,我国的粗死亡率为20‰,属于高死亡率临界水平,而到了2000年以后,我国的死亡率降到了6.45‰,死亡率下降明显。为了直观地反映新中国成立以来我国死亡率变迁趋势,我们以年份为横轴,死亡率为纵轴,做死亡率变化趋势图,如图4-1所示。从图中可以看到,新中国成立后的死亡率变化趋势经历了下降、突然上升,再到急剧下降,然后逐渐稳定在一定水平上。1959—1961年死亡率上升,这是由特殊原因导致。需要注意的是,虽然1980年以后,死亡率逐步稳定,但最近十多年我国死亡率有小幅上升,这主要是因为我国人口结构老化带来的死亡率上升。值得注意的是2020—2022年死亡率的上升,可能还与Covid-19感染导致的死亡人数增加有关。

表 4-1　我国 1949—2022 年死亡率　　　　　　　　（单位：‰）

年份	死亡率	年份	死亡率	年份	死亡率	年份	死亡率	年份	死亡率	年份	死亡率
1949	20.90	1959	14.59	1986	6.86	1996	6.56	2006	6.81	2016	7.09
1950	18.0	1960	25.43	1987	6.72	1997	6.51	2007	6.93	2017	7.11
1951	17.8	1961	14.24	1988	6.64	1998	6.5	2008	7.06	2018	7.13
1952	17.0	1962	10.02	1989	6.54	1999	6.46	2009	7.08	2019	7.14
1953	14.0	1965	9.5	1990	6.67	2000	6.45	2010	7.11	2020	7.07
1954	13.18	1970	7.6	1991	6.7	2001	6.43	2011	7.14	2021	7.18
1955	12.28	1975	7.32	1992	6.64	2002	6.41	2012	7.15	2022	7.37
1956	11.4	1978	6.25	1993	6.64	2003	6.4	2013	7.16		
1957	10.8	1980	6.34	1994	6.49	2004	6.42	2014	7.16		
1958	11.98	1985	6.78	1995	6.57	2005	6.51	2015	7.11		

数据来源：历年《中国统计年鉴》数据。

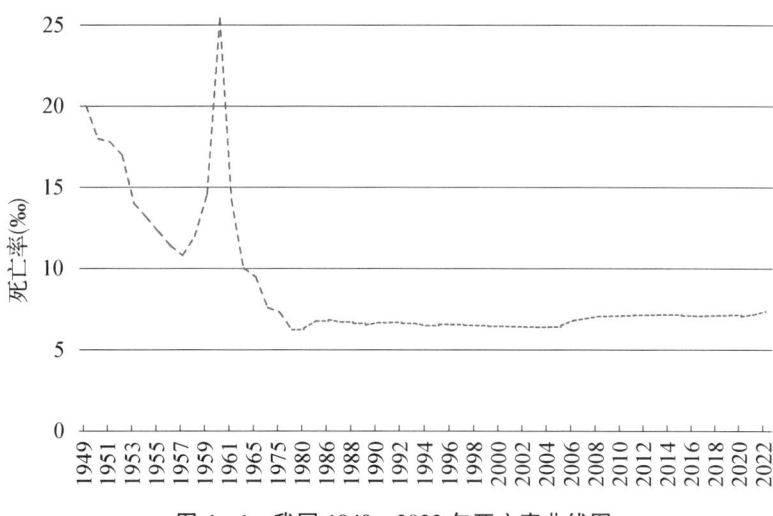

图 4-1　我国 1949—2022 年死亡率曲线图

数据来源：历年《中国统计年鉴》数据。

（二）年龄别死亡率

年龄别死亡率（age-specific death rate）是某个年龄人口一年中死亡人数占该年龄人口数的比例，它反映了特定年龄的死亡水平。具体公式为：

$$d_x = \frac{D_x}{P_x} \times 1\,000‰$$

其中，x 代表年龄，D_x 代表特定时间（一般指 1 年）内 x 岁的人口死亡数量，P_x 代表 x 岁的人口年中人口数或平均人口数，d_x 代表 x 岁的人口死亡率。

在计算中，年龄别死亡率可以按 1 岁为组间隔来计算，但对于人口规模较小的地区而言,由于死亡人口也较少,从而可能有多个年龄组死亡为 0 的情况,为了消除这种影响,通常以 5 岁或 10 岁为组间隔来计算特定年龄组的死亡率。图 4-2 是我国 1992 年、2012 年和 2020 年度的分年龄死亡率。从图中可以看到,三个年份的死亡率趋势大致相同,除却 0~4 岁年龄略高之外,中间年龄段死亡率相对较低,且平稳。随着年龄增长,大约在 50 岁以后,死亡率开始急剧上升。这也说明,死亡率与年龄结构密切相关。

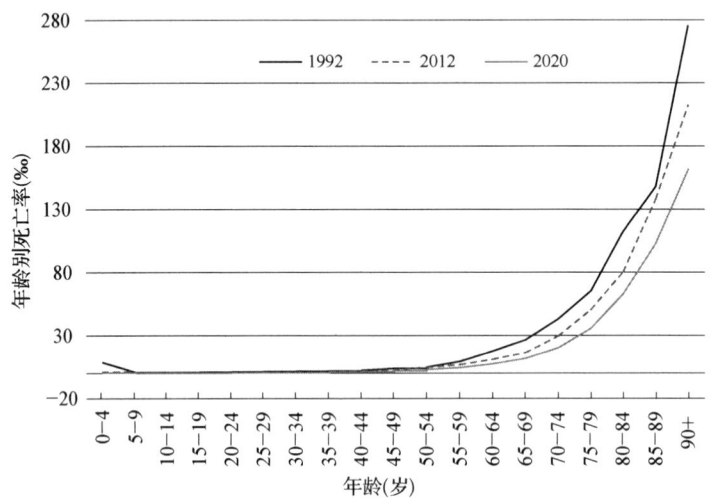

图 4-2 我国 1992—2020 年分年龄人口死亡率变动趋势

数据来源:1992 年、2012 年数据来自《中国统计年鉴》,2020 年数据来自第七次全国人口普查。

(三) 婴儿死亡率

婴儿指的是未满周岁的孩子,婴儿死亡率是反映这批人存活和死亡情况的指标。婴儿死亡率是某地区 1 年中,婴儿死亡的人数占未满周岁的婴儿总数的比例,通常以千分数表示。婴儿死亡率的计算公式为:

$$d_0 = \frac{D_0}{P_0} \times 1\,000‰$$

当年龄别死亡率 $d_x = \frac{D_x}{P_x} \times 1\,000‰$ 中的 $x=0$ 时,便是婴儿死亡率。需要注意的是,由于婴儿是不满 1 周岁的人口,因此对此进行统计的时候容易产生遗漏。例如,如果仅按照某年内不到 1 岁死亡人口作为分子(D_0),而把年底不到 1 岁人口作为分母(P_0),就可能出现 D_0 中一部分人实际上与 P_0 不是一批人。为了修正这个问题,人口学上提出了近似计算公式来测算婴儿死亡率。具体公式为:

$$d_0 = \frac{D_0}{\frac{1}{3}B' + \frac{2}{3}B''} \times 1\,000‰$$

其中 d_0 为婴儿死亡率,D_0 为一年内不到 1 岁婴儿死亡人数,B' 为上年出生人数,B'' 为当年出生人数。

（四）新生儿死亡率

各国对新生儿的认定标准并不完全一致。一般而言，通常将出生未满 4 周（28 天）的婴儿称为新生儿。目前，我国将出生未满一个月的婴儿称为新生儿。新生儿的死亡率是指某地区在一年内出生后未满一个月就死亡的婴儿数量占同期婴儿出生总数的比例，通常以千分数来表示。新生儿死亡率的计算公式为：

$$d_{new} = \frac{D_{new}}{P_{new}} \times 1\,000‰$$

其中 D_{new} 为新生儿死亡人数，P_{new} 为同期婴儿出生人数，d_{new} 为新生儿死亡率。对于一个国家或地区来说，新生儿死亡率通常是衡量其社会发展水平和人民生活质量的重要指标。新生儿死亡率受很多因素影响，如生活水平、营养状况、医疗保健、母乳喂养长短、怀孕周期、婴儿性别和种族、母亲的年龄和胎次等。

目前，发达国家的新生儿死亡率已经降到很低的水平了，但仍有不少国家新生儿和婴儿死亡水平仍然较高。自新中国成立以来，我国的新生儿死亡率已有大幅下降。表 4-2 是包括中国在内的部分国家新生儿死亡率的比较。从表中我们可以看到，中国的新生儿死亡率仍在下降过程中，从 2013 年的 6.4‰ 下降到 2020 年的 3.4‰，这说明人民生活水平和医疗卫生条件仍在不断改善。从横向比较来看，中国与一些发达国家相比，仍有差距。以 2020 年数据为例，同期澳大利亚的新生儿死亡率为 2.2‰，法国为 2.4‰，而日本更是低至 0.9‰。近年来，随着我国实施全面两孩生育政策，一些大龄产妇加入了生育二胎的行列，这对我国降低新生儿死亡率带来一定的挑战。有研究推测，随着生育年龄后推和大龄产妇的增多，我国新生儿死亡率可能会有所上升。

表 4-2 中国与其他国家新生儿死亡率的比较（‰）

年份 国别	2013 年	2014 年	2015 年	2016 年	2017 年	2018 年	2020 年
中国	6.4	5.9	5.5	5	4.6	4.3	3.4
澳大利亚	2.4	2.4	2.3	2.3	2.3	2.3	2.2
阿富汗	43.3	41.9	40.5	39.3	38.1	37.1	36.7
巴西	10	9.7	9.4	9.6	8.5	8.1	7.7
法国	2.3	2.4	2.5	2.5	2.5	2.5	2.4
印度	28.3	27.1	25.9	24.8	23.7	22.7	22.5
伊朗	10.7	10.3	9.9	9.5	9.2	8.9	8.7
日本	1	0.9	0.9	0.9	0.9	0.9	0.9
俄罗斯	4.1	4.0	3.8	3.5	3.3	3.2	3.1

数据来源：世界卫生组织（WHO）发布的数据。

(五) 平均死亡年龄

平均死亡年龄是指某一时期(一般指 1 年)全体死亡人口的平均年龄,它受到人口年龄结构的影响。当人口构成中老年人口比重大时,则平均死亡年龄高,反之,平均死亡年龄相对较低。平均死亡年龄只涉及某个时期内的死亡人群,所以不能把它看作全体人口的平均寿命。具体计算公式为:

$$\bar{X}_0 = \frac{\sum X^* \cdot D_x}{\sum D_x} \times 1\,000‰$$

其中,$\bar{X}_0$ 为平均死亡年龄,X^* 为年龄组中位数,如果以 1 岁为一组,则 $X^* = X + 0.5$,D_x 为年龄组死亡人数。死亡平均年龄指的是某个死亡人口的年龄平均值。死亡年龄分布通常有两个峰值,第一个峰值出现在 0~4 岁年龄组,另一个出现在 70 岁以上年龄组。死亡人口的平均年龄是以年龄别死亡人口数为权重计算的,它反映了死亡人口年龄水平的综合值,是死亡人口年龄的真实反映。不过,由于死亡人口的平均年龄受年龄结构的影响,因此在比较的时候需要考虑年龄结构的影响。

(六) 死因别死亡率

死因别死亡率是指某地区一年中,每十万人口中因某种原因死亡的人口数占比。其计算公式为:

$$d_c = \frac{D_c}{P} \times \left(\frac{100\,000}{100\,000}\right)$$

其中,d_c 代表某种原因的死亡率,D_c 为某地区一年内某种原因死亡的全部人数,P 为该地该年年均人口数。在死亡原因中,孕产妇死亡率是常用的指标,它是指某个地区某一年中 100 000 个活产婴儿诞生时孕产妇因怀孕、分娩或围产期并发症致死人数的比例。

当然,死亡的原因是多种多样的,死亡与性别、年龄有密切关系,与职业及自然环境也有很大关系。一些传染病主要发生于热带和亚热带地区,然后传播到温带地区;而一些特定的职业也会存在特定的传染病。死因别死亡率在发达国家和发展中国家之间存在明显的差异。在发达国家死亡人口的死因中,心血管病、恶性肿瘤等疾病占比最大,而发展中国家由传染病导致的死亡占很大的比例。此外,各国之间的死因别死亡率的差异也受到年龄结构的影响,不同的年龄结构,死因别死亡率可能有所差异。

(七) 标准化死亡率

死亡率受许多因素的影响,仅仅比较粗死亡率可能难以准确地测度死亡水平的高低。在影响死亡的因素中,年龄结构的影响最为普遍。因此,当我们需要比较两个不同人口死亡水平的时候,需要考虑到年龄结构是否有影响,并努力将年龄结构的影响排除在外。否则计算出的死亡率就会因受年龄结构因素的干扰而失真。

以一个假想的数据来说明这种影响。表 4-3 中假设有 A、B、C 三个地区,人口总数和分年龄死亡率都相同,唯一不同的是人口年龄结构(各年龄组在总人口中的比重)。经计算,三个地区的人口死亡率并不相同。这就带来一个问题:如果我们用总死亡率指标来比较三地的死亡水平,结论是 C 地区死亡水平最高,A 地区次之,B 地区最低。但如果从分年龄死亡率考察,三个地区的死亡水平相同。显然,造成这种差异的主要原因是年龄结构不同。为此,需要将年龄结构因素的影响排除在外,才能进行死亡率比较。

表 4-3 不同年龄结构下的死亡率比较

地区	年龄组	年中人口数	死亡人数	分年龄死亡率(‰)	死亡率(‰)
A	0~4 岁	2 000	120	60	31.25
A	5~64 岁	5 000	50	10	31.25
A	65 岁以上	1 000	80	80	31.25
B	0~4 岁	1 000	60	60	25
B	5~64 岁	6 000	60	10	25
B	65 岁以上	1 000	80	80	25
C	0~4 岁	1 000	60	60	33.75
C	5~64 岁	5 000	50	10	33.75
C	65 岁以上	2 000	160	80	33.75

如何排除年龄结构的影响?人口年龄结构标准化是一个常用的方法。对人口年龄结构标准化调整后计算的死亡率称为标准化死亡率。标准化死亡率已经消除了人口年龄结构不同带来的影响,可以直接比较标准化死亡率,进而评价死亡水平。标准化有直接标准化和间接标准化。直观来看,当人口的年龄构成相同,就不会因年龄结构差异而引起死亡率无法比较的情况。限于篇幅,这里重点介绍直接标准化方法的基本原理。由前文的公式可知,粗死亡率可以看成是年龄别死亡率与年龄别人口占总人口比重的乘积之和,用公式表示为:

$$CDR = \sum_x \left(M_x \times \frac{\overline{P}_x}{\overline{P}} \right)$$

其中,CDR 表示粗死亡率,M_x 为年龄别死亡率,$\overline{P}_x$ 为年龄组人口均值,$\overline{P}$ 为年中人口数,x 代表年龄。直接标准化是用标准人口结构替代原来的人口结构计算综合死亡率。假如现在有一标准人口,P_x^s 为分年龄人口数,P^s 为人口总数,那么标准化的死亡率计算公式为:

$$SMR = \sum_x \left(M_x \times \frac{\overline{P}_x^s}{\overline{P}^s} \right)$$

其中,SMR 表示标准化的死亡率,S 表示直接标准化,其他符号的解读同上文。标准化死亡率由于使用了同一套 $\frac{\overline{P}_x^s}{\overline{P}^s}$,因此不同地区间的人口或同地区不同时期标准化死亡率的不同,必然是由于各年龄组死亡率不同造成的。直接标准化的实质是在不同人口间选用一个标准的年龄构成,并用统一标准的年龄构成计算各种分年龄标准化死亡率,然后计算出总的死亡率。标准化死亡率回答了这样的问题,即在消除了其他非死亡因素影响后,不同人口间的死亡率差异有多大。

需要注意的是,从理论上来说,如何选取标准人口是任意的,但在实际上为了便于比较和得出更为清晰的结论,我们一般遵循的原则是:如果比较的重点是老年人口死亡率,则应当选择一个年老的人口年龄结构作为标准年龄结构,以便增加老年死亡率的权数,从而加大老年死亡率在总死亡率中的影响;如果比较的重点是婴儿死亡率,则应当选择一个年轻的人口年龄结构作为标准年龄结构,以增加婴儿死亡率的权数。标准化死亡率虽然不是实际的死亡水平,但可以对不同地区、不同时期的死亡率进行比较研究。

表4-4是1971年英格兰和1960年墨西哥死亡率的比较。从表中数据可知,1971年英格兰的死亡率为11.95‰,略高于1960年的墨西哥死亡率(11.32‰)。但从年龄别死亡率来看,除了70～79岁组英格兰死亡率略高外,其他年龄组都是墨西哥更高。由此可见,两个国家的死亡率差异可能与年龄构成因素有关。为此,我们采用标准化年龄结构方法重新计算,并评估两个国家的死亡率高低。

表4-4 两个国家的年龄别死亡率比较

英格兰(1971)				
年龄组	人口数	年龄结构(%)	死亡人数	死亡率(‰)
0～9	7 958 000	16.3	17 153	2.2
10～19	6 982 000	14.3	3 217	0.5
20～29	6 996 000	14.3	4 913	0.7
30～39	5 677 000	11.6	6 537	1.2
40～49	6 055 000	12.4	27 667	4.6
50～59	5 891 000	12	55 454	9.4
60～69	5 254 000	10.7	126 508	24.1
70～79	2 977 000	6.1	173 762	58.4
80+	1 142 000	2.3	169 435	148.4
合计	48 932 000	100	584 646	11.95
墨西哥(1960)				
年龄组	人口数	年龄结构(%)	死亡人数	死亡率(‰)
0～9	11 167 000	31.9	198 116	17.7
10～19	7 932 000	22.7	13 985	1.8
20～29	5 478 000	15.7	20 666	3.8
30～39	3 991 000	11.4	22 174	5.6

续 表

年龄组	人口数	年龄结构(%)	死亡人数	死亡率(‰)
40~49	2 610 000	7.5	21 360	8.2
50~59	1 873 000	5.4	25 890	13.8
60~69	1 164 000	3.3	30 399	26.1
70~79	612 000	1.7	33 254	54.3
80+	17 000	0.4	30 266	178
合计	34 997 000	100	396 110	11.32

数据来源：乔治·W. 巴克利. 人口分析技术[M]. 中国社会科学研究院人口研究中心，1982.

针对上表中的数据，这里采用直接标准化方法修正年龄结构不同带来的偏误。假如这里我们选择墨西哥1960年的人口结构为标准人口结构，我们用墨西哥人口结构乘以英格兰分年龄死亡人数，可得到标准化的死亡率。经计算可得英格兰标准化死亡率为4.459‰，远远低于墨西哥标准化人口的死亡率。

(八) 生命表与平均预期寿命

1. 生命表

在1662年，格兰特(John Grant)出版了《关于死亡表的自然和政治的观察》一书，第一次提出了死亡表的概念并根据大量的实际死亡率资料，以百名出生婴儿为基础，编制了死亡表。由于死亡表在另一个方面也反映了人的生命过程，因此死亡表也被称为生命表(Life Tables)。生命表是反映在封闭人口条件下，一批人从出生到死亡的全部过程的一种统计表。生命表研制以来，得到了广泛的应用。它不仅对人口学的死亡研究意义重大，而且在诸如社会学和经济学等领域也有重要的应用价值。正因为生命表的重要应用价值，许多欧洲国家的政府部门早在19世纪中叶就开始了生命表的编制，例如英国政府从1840年开始就直接参与生命表的制作。在学习生命表编制原理之前，应掌握如下几个重要概念及相关函数。

(1) 封闭人口

封闭人口是指没有人口迁移的人口。由于不存在人口迁入和迁出，封闭人口的增加和减少只与出生和死亡有关。但在现实中并不存在绝对的封闭人口，地区间的人口迁移是不断发生的，定义封闭人口只是为了研究上的方便而做出的假设。

(2) 确切年龄

确切年龄(X)是指一个人年龄的确切数值，例如：一个人过1周岁生日时的确切年龄就是1岁，再过半年后的确切年龄则为1.5岁。生命表中的年龄标识是按整数计算的确切年龄。

(3) 分年龄死亡率

分年龄死亡率($_nm_x$)的计算公式为：$_nm_x = (_nd_x)/(_np_x)$。其中，$_nm_x$代表分年龄死亡率，$_nd_x$为实际调查或登记的某一年度x岁至$x+n$岁之间的死亡人数，$_np_x$代表x岁到

$x+n$ 岁之间的年平均人口数。

(4) 死亡概率

死亡概率($_nq_x$)是指活到某一确切年龄(x)的一批人,在达到 $x+n$ 岁前可能死亡的那部分人口的比例。死亡概率是计算生命表的基础,但由于很难直接从调查数据中获得死亡概率的数据,一般通过公式转换成相应的死亡概率。一个相对简单的做法是假定死亡在给定的年龄区间内均匀分布,根据死亡率计算死亡概率的公式为:

$$_nq_x = (n \times _nm_x)/[1+(n \times _nm_x)/2] = (2n \times _nm_x)/[2+(n \times _nm_x)]$$

其中,$_nm_x$ 为分年龄死亡率,n 为年龄间隔。需要注意的是,这里将死亡率在某区间内设定为均匀分布,以此作为死亡率的近似测量,但实际上死亡事件的发生并不总是均匀的。为了更精确地估算人口的死亡概率,人口学家发展出了许多估算的方法,如蒋庆琅(Chiang)经验系数法、寇尔-德曼经验公式法、联合国法等。这些方法的详细介绍,请参阅相关文献①。

(5) 尚存人数和死亡人数

生命表把出生人数(0 岁人数)规定为 10 万人,即 $l_0 = 100\,000$(l_0 也称为生命表基数)。由于生命表是反映同批人的死亡过程和死亡水平,与出生人数无关,所以生命表中出生人数 l_0 是一个固定值。因此,生命表中各年龄的尚存人数(l_x)和死亡人数(d_x)都是相对 l_0 而言。死亡人数 d_x 是 x 岁至 $x+1$ 岁的死亡人数,因此尚存人数与死亡人数之间的公式为: $l_{x+1} = l_x - d_x$。

(6) 生存人年数和总的生存人年数

生存人年数(L_x)是指一批人在 x 岁至 $x+n$ 岁这段时间内平均生存的人年数。需要说明的是,除了 0~4 岁和 100 岁以上的高龄组外,其余的年龄组死亡分布相对均匀,可以由算数平均算出,即 $L_x = \left[(l_x + l_{x+1}) \times \frac{1}{2}\right]$。此外,0 岁组的生存人年数计算公式:$L_0 = \left(\frac{1}{4} \times l_0 + \frac{3}{4} \times l_1\right)$,100 岁以上组的生存人年数计算公式:$L_{100+} = l_{100+}/m_{100+}$。总的生存人年数是各个年龄生存人年数的加总,即 $T_x = \sum_{x}^{w-1} \frac{1}{2} \cdot (l_x + l_{x+1})$。

2. 预期寿命

从生命表来看,同时出生的一代人按照一定的死亡序列在不同的年龄陆续死亡,因此根据这一批人可能活到不同年龄的人数,计算其平均预期寿命($_0^eX$)。其公式为:

$$_0^eX = \frac{T_x}{l_x} = \sum_{x}^{w-1}(L_x/l_x)$$

这一公式表示对于活到 x 周岁的 l_x 个人来说,未来还可以生存 T_x 年,其中每个人平均可以生存 $\frac{T_x}{l_x}$ 年,即 x 岁的平均预期寿命。当 $x=0$ 时,$_0^e$ 代表一批人从出生到死亡,平均每人可以存活多少年,即出生时的平均预期寿命,即通常所说的平均预期寿命。

---

① 曾毅,张震,顾大男,等.人口分析方法与应用[M].北京:北京大学出版社,2011:104 - 105.

3. 生命表编制

生命表反映了在封闭人口条件下一批人从出生到死亡的全部过程，它以各年龄死亡概率为依据，计算出各年龄的死亡人数。编制生命表必须准备以下几方面数据：(1) 某时期分年龄死亡人数；(2) 该时期平均或期中的分年龄人数；(3) 婴儿死亡率。有了以上数据资料就可计算分年龄死亡概率，具备了编制生命表的基础材料。由于男、女死亡率不同，所以生命表通常有三张，即男、女各一张，还有一张综合生命表。

生命表根据年龄组距又分为完全生命表和简略生命表两种，完全生命表是按 1 岁为组距编制的生命表，而简易生命表通常是以 5 岁和 10 岁为年龄组距制作的生命表。需要注意的是，在简略生命表中，第一组的组距是 1 岁，即 0～1 岁组，第二组的组距是 4 岁，即 1～4 岁组，第三组以后是按 5 岁一组划分的①。

编制生命表的基础是分年龄死亡概率 q_x，而死亡概率 q_x 是由分年龄死亡率推算出来的②。死亡概率是对于一个人口队列而言的，因此分年龄死亡概率 q_x 是相对存活到某个年龄的尚存人数 l_x 而言的。换句话来说，死亡概率 q_x 是在某岁的年龄 x 区间内死亡人数 d_x 与相应活到 x 岁整的人口数 l_x 之比，即 $q_x = \dfrac{d_x}{l_x}$，该年龄的死亡人数 d_x 则等于该年龄死亡率与该年龄尚存活的人数之积，即 $d_x = q_x \cdot l_x$，在从一个年龄到另外一个年龄时，x 岁的人数从 l_x 减到 l_{x+1}，该年龄组的年中人数则为：$l'_x = \dfrac{1}{2} \times (l_x + l_{x+1})$，$l_x$ 除了在出生后最低年龄组以及存活到最高的年龄组之外，其值则与 L_x 一样，为 $\dfrac{1}{2} \times (l_x + l_{x+1})$。分年龄死亡率可通过 $ASDR = \dfrac{D_x}{P_x} \times 1\,000‰$ 来计算。分年龄的死亡率 m_x 可表示为 $m_x = \dfrac{d_x}{\dfrac{1}{2} \times (l_x + l_{x+1})}$。假如尚存概率用 p_x 来表示，而尚存概率与死亡概率互为补数关系，即 $m_x + p_x = 1$。编制生命表的关键在于找出 m_x 和 q_x 之间的关联。根据前述关系，我们做出公式推导：$m_x = \dfrac{d_x}{L_x} = \dfrac{l_x \cdot q_x}{\dfrac{1}{2}(l_x + l_{x+1})} = \dfrac{2 l_x \cdot q_x}{l_x + l_{x+1}}$，因为 $p_x = \dfrac{l_{x+1}}{l_x}$，$l_{x+1} = l_x \cdot p_x$，又因为 $p_x = 1 - q_x$，则有下式成立：

$$m_x = \dfrac{2 l_x \cdot q_x}{l_x + l_{x+1}} = \dfrac{2 l_x \cdot q_x}{l_x(1 + p_x)} = \dfrac{2 l_x \cdot q_x / l_x}{l_x(1 + p_x)/l_x} = \dfrac{2 q_x}{1 + p_x} = \dfrac{2 q_x}{1 + (1 - q_x)} = \dfrac{2 q_x}{2 - q_x}$$

对这一公式做进一步变换，可得死亡概率的计算公式为：$q_x = \dfrac{2 m_x}{m_x + 2}$。编制生命表的关键是利用上式的关系，将实测死亡率转化为各种死亡概率。表 4-5 是简略生命表的基本形式，只要给定分年龄死亡率，其他参数均可以通过上述公式进行推算。

---

① 主要是由于 0～1 岁组、1～4 岁组的死亡率与其他各组有差异，因此单独计算。
② 为了叙述的方便，年龄组 n 不再在字母的左下角标出，下同。

表 4-5 简略生命表

Age	m_x	q_x	l_x	T_x	d_x	$e_x^0 X$
0	0.006 5	0.006 4	100 000.000 0	99 370.961 8	644	80
1	0.000 1	0.000 5	99 356.142 8	397 306.354 8	50	80
5	0.000 1	0.000 3	99 306.073 9	496 443.768 1	34	76
10	0.000 1	0.000 5	99 272.066 8	496 257.883 3	47	71
15	0.000 2	0.001 1	99 225.301 9	495 889.185 1	106	66
20	0.000 3	0.001 5	99 119.792 8	495 231.583 9	150	61
25	0.000 3	0.001 5	98 970.210 1	494 471.787 1	152	56
30	0.000 3	0.001 7	98 817.847 6	493 685.079 7	166	51
35	0.000 4	0.002 1	98 652.218 4	492 763.549 1	212	46
40	0.000 7	0.003 5	98 440.664 8	491 431.365 8	342	41
45	0.001 3	0.006 7	98 099.021 2	489 050.217 0	657	36
50	0.002 8	0.013 7	97 442.370 4	484 226.330 5	1 339	31
55	0.005 0	0.024 9	96 103.049 9	475 037.695 0	2 394	27
60	0.008 3	0.040 9	93 708.955 9	459 686.799 4	3 833	22
65	0.014 0	0.067 7	89 875.972 7	435 413.845 5	6 080	18
70	0.024 9	0.117 8	83 795.752 0	396 132.888 0	9 873	14
75	0.043 8	0.198 7	73 922.416 6	335 118.031 2	14 686	11
80	0.078 8	0.330 9	59 235.933 7	248 646.734 8	19 599	8
85	0.136 5	0.505 5	39 636.787 4	146 787.730 2	20 036	6
90	0.224 5	0.691 2	19 600.322 8	60 354.857 8	13 548	4

资料来源：联合国人口司。

第二节 死亡模式

在社会发展的不同时期，死亡致因及其死亡率也在不断发生变化，这些变化显然与外在社会结构、社会环境有密切关系。我们将不同历史时期和不同社会经济文化背景下有显差异的死亡类型称为死亡模式。为了便于比较，我们根据社会转型前后死亡模式的变化划分为传统农业社会的死亡模式和现代工业社会的死亡模式两个类型。前者的特点是高死亡率和低预期寿命，后者的特点是低死亡率和高预期寿命。

一、农业社会的死亡模式

传统农业社会人类生活环境、物质条件相对较差,人类应对外部风险的能力也较低。这个时期的人类死亡模式具有如下几个特征:(1) 新生儿和婴儿死亡率高。由于新生儿和婴儿处在个体生命的脆弱期,如果得不到很好的照护和医疗技术支持,死亡率就相对较高。这种高死亡率背后反映的是社会发展水平偏低,医疗技术和资源严重滞后等。有研究对罗马时期的墓碑进行了分析,粗略地估计了罗马时期1岁以内婴儿的死亡和新生儿死亡率达到了150‰~200‰,人口总死亡率达到30‰以上,是高死亡率模式的典型特征[1]。(2) 死亡率变化不稳定。由于农业社会中人类应对自然灾害和抵御瘟疫风险能力较低,因而在自然灾害频发和瘟疫流行的年份,死亡率可能会大幅上升。例如17世纪之前欧洲大多数国家都经历过自然灾害和瘟疫,导致了死亡率波动较大,但到了18世纪以后,这些国家的死亡率趋于平稳[2]。新中国成立以来,我国的人口死亡率变动大致也能说明这个问题。从历年的数据上来看,1949年以后,中国人口粗死亡率总体呈下降趋势。改革开放以后,随着中国社会经济的发展和综合国力的增强,死亡率一直下降至较低的水平,并呈现平稳发展趋势。

总之,传统农业社会死亡模式是高死亡率模式。在高死亡率模式下,年龄别死亡率的分布特征表现为:婴儿死亡率和儿童死亡率最高,高年龄组死亡率较高,并由此形成了一条不对称的U形曲线。此外,由于在该时期人类应对死亡风险的能力较低,死亡率变化容易受自然力支配,而表现出不稳定的特征。

二、工业社会的死亡模式

与农业社会的高死亡率模式不同,工业社会死亡率显著降低,属于低死亡率模式。工业社会的死亡模式具有以下特征:(1) 年龄别死亡率曲线呈现近似于拉平的J形曲线。具体表现为低年龄组死亡率下降,高年龄组死亡年龄后移等。(2) 高年龄组死亡人口比重较大。相比而言,农业社会的死亡率模式中,低年龄组死亡人口占总死亡人口的比例大,而在工业社会死亡率模式中,高年龄组死亡人口占总死亡人口的比例大。(3) 死亡人口的年龄中位数较高。农业社会的高死亡特征决定了人群的预期寿命较低,死亡中位数也相对较低,但在工业社会的低死亡模式下,老年死亡人口比重增加,死亡年龄中位数后移,这两类死亡模式中死亡人口的年龄中位数有显著差异。

表4-6反映了新中国半个多世纪死亡率的变化情况。1949年我国死亡率高达20.90‰,随后持续下降。1960年死亡率反弹至25.43‰。从20世纪60年代后期开始,我国人口死亡率持续下降,到1978年下降到6.25‰,并基本保持稳定。这一变化表明,我国人口死亡率已经完成了由高死亡模式向低死亡模式的转变。发生变化的主要原因是,随着社会稳定和经济建设的开展,初级卫生保健制度的普及,满足了群众对医疗卫生保健的基本需求,计划免疫接种制度的推行,提高了儿童的保健水平。随着人民生活水平的提

---

[1] Keyfitz, Nathan. Applied Mathematical Demography [J]. John Wiley & Sons New York N, 1977:173-177.
[2] 欧洲最大一次瘟疫发生在14世纪,导致人口大幅度减少。

高,食品结构得到改善,消除了因营养不良而引起的死亡。同时,预防保健和公共卫生管理的加强,控制住了严重危害人民生命的地方病和传染病的流行。重视育龄妇女的生殖健康,推行计划生育政策,提倡晚婚晚育,大幅度降低了孕产妇的死亡率。

表 4 - 6 我国 1949—2022 年死亡率　　　　　　　　　　　　（单位:‰）

年份	死亡率	年份	死亡率	年份	死亡率	年份	死亡率	年份	死亡率	年份	死亡率
1949	20.90	1959	14.59	1986	6.86	1996	6.56	2006	6.81	2016	7.09
1950	18.0	1960	25.43	1987	6.72	1997	6.51	2007	6.93	2017	7.11
1951	17.8	1961	14.24	1988	6.64	1998	6.5	2008	7.06	2018	7.13
1952	17	1962	10.02	1989	6.54	1999	6.46	2009	7.08	2019	7.14
1953	14	1965	9.5	1990	6.67	2000	6.45	2010	7.11	2020	7.07
1954	13.18	1970	7.6	1991	6.7	2001	6.43	2011	7.14	2021	7.18
1955	12.28	1975	7.32	1992	6.64	2002	6.41	2012	7.15	2022	7.37
1956	11.4	1978	6.25	1993	6.64	2003	6.4	2013	7.16		
1957	10.8	1980	6.34	1994	6.49	2004	6.42	2014	7.16		
1958	11.98	1985	6.78	1995	6.57	2005	6.51	2015	7.11		

数据来源:历年《中国统计年鉴》数据。

第三节　死亡率及其相关因素

死亡率刻画了人口的死亡水平和死亡模式等特征,但不能提供导致这种死亡水平和死亡模式的影响因素。本节进一步对死亡率的变动趋势及影响死亡率的因素进行分析,为死亡率相关分析提供更丰富的信息。

一、死亡率及其变动趋势

在古代和中世纪与高出生率伴随的是高死亡率。虽然没有准确的统计数据,但根据考古学和人类学的研究发现,在那样极其恶劣的条件下,人存活下去要冒极大风险。有文献记载,新出生的婴儿中能活到成年的连一半都不到,大部分死亡都发生在婴幼儿时期,这就使得那时的预期寿命很低。18 世纪中叶以前,世界各个地区的人口平均预期寿命一般都不会超过 35 岁,死亡率在 30‰ 以上。随着社会经济发展和医疗条件改善,18 世纪中叶之后,欧美资本主义国家死亡率陆续开始下降,19 世纪 50 年代之后下降则更为明显。到 1950 年,死亡率已从 30‰ 下降至 10‰ 左右,平均预期寿命也达到 66 岁,基本完成了死亡率由高向低的转变。图 4 - 3 是瑞典 18 世纪中叶至 2021 年的粗死亡率变动曲线,经常被用来描绘西方国家死亡率转变的历史趋势。

与发达国家不同,发展中国家并没有发生发达国家那样的死亡率转变。直到 20 世纪 20 年代,发展中国家的死亡率仍然居高不下。虽然一些国家在 20 世纪 20 年代以后死亡

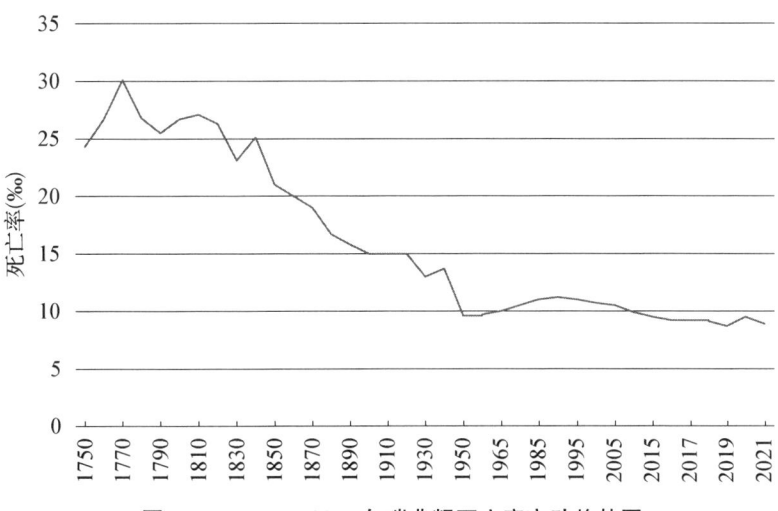

图 4-3　1750—2021 年瑞典粗死亡率变动趋势图

数据来源：(1) 1950 年前的数据来自 E. G. Stockwell & H. T. Groat, World Population, Franklin Watts, New York, 1984：62；(2) 1950—2021 年的数据来自联合国人口司。

率开始有下降迹象，但真正显著的死亡率下降还是 20 世纪 50 年代以后的事。因此，到 20 世纪中叶的时候，发展中国家的平均预期寿命也只有 41 岁，死亡率仍高达 24‰ 以上（如表 4-7 所示）。

表 4-7　1950—2020 年世界及主要国家和地区死亡率　　　　（单位：‰）

年份（年）	世界	发达国家	发展中国家	非洲	亚洲	欧洲	拉美	北美
1950—1955	19.1	10.6	27.8	26.7	22.6	11.2	15.5	9.5
1960—1965	16.1	9.3	23.2	22.1	18.7	9.7	12.2	9.3
1970—1975	12	9.5	20.5	18.7	12	10.2	9.5	9.2
1980—1985	10	9.7	16.9	15.6	9.3	10.8	7.7	8.6
1985—1990	9.5	9.7	15.3	14.5	8.7	10.6	7	8.8
1990—1995	9.1	10	14.5	14.3	8	11.2	6.5	8.6
1995—2000	8.8	10.2	13	13.7	7.6	11.5	6.1	8.5
2000—2005	8.5	10.3	11.5	12.9	7.2	11.6	5.9	8.4
2005—2010	8	10	9.8	11.1	7.1	11.3	5.9	8
2010—2015	7.7	9.9	9.3	9.3	6.9	10.9	6	8.1
2015—2020	7.62	10.32	7.06	8.4	6.84	11.12	6.76	8.5

数据来源：联合国人口司。

20 世纪 50 年代以后世界死亡率的变化趋势可以概括为如下几个特征：

第一，从世界范围来看，20 世纪 50 年代以来无论是发达地区还是发展中地区，死亡水平普遍下降，反映出人类社会的共同进步。如果按照粗死亡率计算，1950—1985

年全世界下降的幅度为47%,其中发展中地区高达56%,而发达地区只有5%,后者的死亡水平似乎没有什么改善。但事实上并非如此,这主要是由于粗死亡率这种指标受到人口年龄结构的影响,难以反映真实死亡水平。如果我们使用消除了上述年龄结构影响的平均预期寿命指标,就可以对1950年以来发展中地区与发达地区的死亡水平的变动趋势做出准确的比较。前者1950—1985年人口出生时的平均预期寿命提高了39%,后者也提高了11%,全世界平均提高了29%。这说明,在这期间人类在世界各地的死亡水平确实都得到了普遍下降(如图4-4所示)。

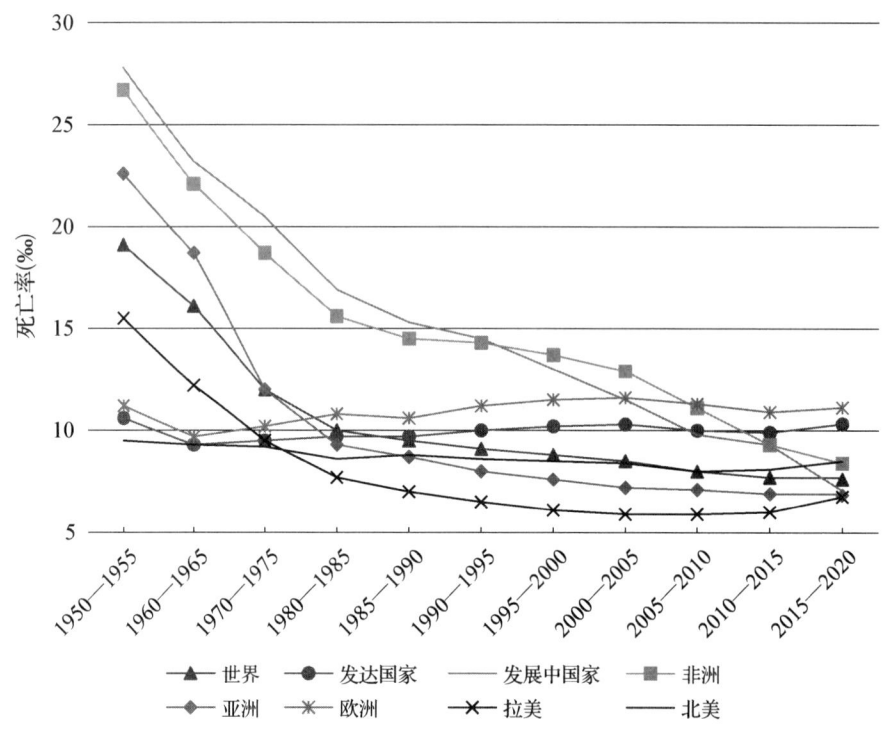

图4-4　1950—2020世界及主要国家和地区死亡率变动趋势

数据来源:联合国人口司。

第二,发达地区与发展中地区死亡水平的差异依然存在,但1950年以来差异幅度明显缩小。20世纪50年代上半期发达国家比发展中国家平均预期寿命高出24.7岁,但此后的30年间由于后者预期寿命提高了16.2岁,前者只提高了7.3岁,因而两者的差距到20世纪80年代上半期便缩小至15.8岁(如表4-8所示)。在新历史条件下,发展中地区的死亡水平在许多地区还会以较高的速度下降,这使人们完全有理由相信广大发展中国家将会以快得多的时间走完发达国家的人口死亡转变过程。当然,这又同时带来了因死亡率在短期内的迅速下降,出生率却继续维持在较高水平而必然导致的人口高速增长的问题。

表 4-8 1950—2050 世界及主要国家和地区的人均预期寿命比较　　（单位：岁）

年份	世界	发达国家	发展中国家	非洲	亚洲	欧洲	拉美	北美
1950—1955	47.0	64.8	41.7	37.5	42.3	63.7	51.4	68.7
1960—1965	51.2	69.5	46.2	42.2	46.5	69.2	56.8	70.2
1970—1975	58.1	71.1	54.8	46.6	56.4	70.6	61.2	71.6
1980—1985	62.1	72.9	59.5	50.7	61.1	71.7	65.3	74.5
1985—1990	63.7	74.0	61.4	52.1	63.5	72.8	67.1	75.1
1990—1995	64.6	74.2	62.5	51.9	65.0	72.7	69.0	75.8
1995—2000	65.6	74.8	63.7	52.3	66.6	73.1	70.7	76.7
2000—2005	67.0	75.6	65.2	53.5	68.3	73.8	72.2	77.4
2005—2010	68.9	76.9	67.1	56.8	70.0	75.3	73.5	78.4
2010—2015	70.9	78.4	69.1	60.2	71.8	77.2	74.4	79.2
2015—2020	72.3	79.2	70.7	62.7	73.3	78.3	75.2	79.3
2020—2025	73.2	79.9	71.7	64.1	74.2	79.1	76.1	79.5
2025—2030	74.0	80.6	72.6	65.4	75.0	79.9	77.0	80.2
2035—2040	75.5	82.1	74.2	67.7	76.5	81.3	78.8	82.0
2045—2050	76.8	83.4	75.6	69.6	77.9	82.7	80.5	83.4

数据来源：联合国人口司，其中 2020 年后的数据是预测数据。

第三，到 20 世纪 50 年代时，发达地区已基本完成死亡率的转变，无论是粗死亡率，还是平均预期寿命都已呈现出低死亡格局（如图 4-5 所示）。死亡率在业已达到的较低水平上要继续下降，其难度要大得多。这主要是由于较低的死亡水平意味着较低的婴儿死亡率，这一曾对改善人口的整体死亡水平发挥过主要作用的因素，要进一步下降会受到极大限制。与此同时，发达地区自 20 世纪 50 年代后随着年轻人口比重的减少和老年人口比重的增加，在造成人口死亡的全部原因中，内源性死因比重提高，外源性死因比重降低。由于前者的防治即使是在现代医疗条件下也绝非易事，要想通过治愈疾病来改善老年人和成年人的死亡率，使死亡水平继续以较高速度降低几乎是不可能的。事实是发达地区 20 世纪 50 年代后死亡率的降低速度日益减缓。从 20 世纪 50 年代上半期到 80 年代上半期的 30 年中，发达地区平均预期寿命每 5 年仅提高 1.1 岁，而同期发展中地区却提高 2.8 岁。从发达地区本身来看，自 20 世纪 50 年代上半期至 70 年代下半期的 25 年中，其平均预期寿命每 8 年提高 1.2 岁，而在 20 世纪 70 年代下半期到 80 年代上半期的 5 年中仅提高 0.6 岁。发展中地区与发达地区迥然不同，在 20 世纪 50 年代时其死亡率的转变还仅处于初期阶段（虽然一些国家自 20 世纪 20 年代开始死亡率已有下降，但并不明显），无论是粗死亡率，还是平均预期寿命均呈现高死亡局面。死亡率在这样高的水平上降低，自然要比上述发达地区容易得多，特别是婴儿死亡率的下降可以对改善人口的整体死亡水平发挥重大的作用。需要提及的是，随着时间的推移,这一死亡率下降速度逐渐趋缓。具体地说,在 20 世纪 70 年代中期以前,发展中地区死亡率降低得很快,而在这个时期后则相对减缓。从 20 世纪 50 年代上半期至 70 年代下半期的 25 年中,发展中地区平均预期寿命每 5 年提高近 3 岁,而在 20 世纪 70 年代下半期至 80 年代上半期的 5 年中仅提高 1.8 岁。

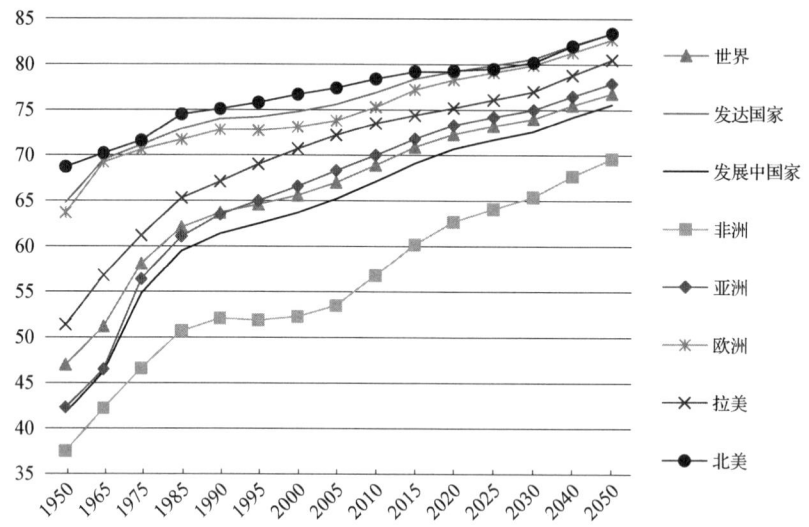

图 4-5　1950—2050 年世界及主要国家和地区人均预期寿命变动趋势

数据来源:联合国人口司,其中 2020 年后的数据是预测数据。

第四,人口的死亡水平和趋势不仅在发达地区与发展中地区之间存在明显差异,而且在这两类地区内部也存在差异。一般而言,后者内部差异要更大一些。(1)从地区差异来看,2015—2020 年间发达国家的平均预期寿命达到了 79.2 岁,而同期欠发达国家的平均预期寿命仅为 70.7 岁。同期非洲的人均预期寿命为 62.7 岁,而欧洲和北美地区的人均预期寿命分别为 78.3 岁和 79.3 岁,地区之间差异明显[①]。(2)从国家比较来看,2015—2020 年间,日本平均预期寿命达到了 84.4 岁,其中日本男性 81.3 岁,日本女性 87.5 岁,是世界上人均预期寿命最高的国家之一。婴儿死亡率也显示出类似的格局:2015—2020 年间,发达国家的婴儿死亡率平均为 4‰,同期发展中国家的婴儿死亡率达到了 32‰。同期,欧洲和北美的婴儿死亡率分别为 4‰ 和 6‰,均低于 10‰,但同期非洲为 47‰,亚洲为 25‰,地区之间的差距明显。20 世纪 50 年代以来世界及其主要地区的死亡水平和趋势基本如上所述。至于为什么会形成这样一种格局,特别是不同地区和国家间为什么会呈现出种种差异,这些问题将在后面有关死亡的决定因素部分加以阐明。

二、年龄、性别与死亡率

分性别和分年龄地考察人口死亡率,才能真实地把握不同人口的死亡水平,也才能对导致人口的不同死亡水平的决定因素进行科学的分析。但是,遗憾的是,迄今这样的人口

---

① 本部分数据主要来源于《world population prospects 2019》,而不是最新的《world population prospects 2022》。其原因是:2019—2022 年受新冠肺炎疫情的影响,各国死亡率差异较大,属于不正常的年份,为了使得数据更准确地反映出各国死亡水平,故采用 2019 年数据来呈现结果。

数据并不是在每个地区、每个国家都十分完善,特别是在不少发展中国家还缺乏这样的资料,使我们对当今世界人口死亡率变动趋势的认识受到一定影响。

(一) 死亡的性别差异

任何一个人口的死亡水平都存在着性别差异,这种差异在一般情况下表现为女性人口死亡水平低于男性人口,也称为女性存活优势。但这种女性优势并不是与生俱来的,而是在长期死亡率下降过程中逐渐形成的,并且这一优势的幅度也在变动之中。

首先,已有的资料表明,目前具有低死亡率的发达国家,不仅女性平均预期寿命高于男性,而且在所有年龄或年龄组上女性死亡率也低于男性。同时,这种明显的女性优势随着时间的推移还有不断扩大的趋势。

从表4-9可以清楚地看出这一点。表中所列的发达国家从21世纪初开始,女性平均预期寿命全部高于男性,而且这种女性存活优势还随时间的增长而扩大。1900年左右,这些国家女性平均预期寿命超过男性一般只有2~3岁,2020年前后扩大到6~7岁。而且各年龄组女性死亡率均低于男性,女性优势十分明显,但这一优势并非一贯如此。尽管女婴死亡率毫无例外地低于男婴,但是以前有些国家1~4岁的女孩死亡率却高于男孩。育龄妇女死亡率至少在20世纪20年代前的西欧和北欧以及更晚些时候的东欧和南欧也要高于男性。日本则更为突出,直到1930年,其5~40岁的女性死亡率还都高于男性。

表4-9 1900年、1985年和2020年部分国家寿命性别差异变化 (单位:岁)

国家	1900年			1985年			2020年		
	男性	女性	女-男	男性	女性	女-男	男性	女性	女-男
澳大利亚	55.2	58.8	3.6	71.9	78.7	6.8	80.3	84.5	4.2
奥地利	39.1	41.1	2.0	69.6	76.8	7.2	78.4	83.5	5.1
比利时	45.4	48.8	3.4	70.4	77.2	6.8	78.0	83.0	5.0
保加利亚	40.0	40.3	0.3	68.5	74.4	5.9	70.8	77.8	7.0
捷克	38.9	41.7	2.8	67.0	74.4	7.4	75.1	81.2	6.1
丹麦	52.9	56.2	3.3	71.6	77.5	5.9	78.1	82.2	4.1
英国	48.5	52.4	3.9	71.0	77.2	6.2	78.2	82.5	4.3
芬兰	45.3	48.1	2.8	70.0	77.9	7.9	77.7	83.7	6.0
法国	45.3	48.7	3.4	70.7	78.9	8.2	78.7	85.0	6.3
德国	44.8	48.3	3.5	70.6	77.3	6.7	77.9	82.9	5.0
匈牙利	37.1	37.9	0.8	65.8	73.5	7.7	76.1	83.2	7.1
意大利	44.2	44.8	0.6	71.4	78.0	6.6	79.9	84.7	4.8
荷兰	51.0	53.4	2.4	72.8	79.5	6.7	—	—	—
新西兰	58.1	60.6	2.5	70.7	76.9	6.2	79.5	83.1	3.6
挪威	54.8	57.7	2.7	72.7	79.5	6.8	79.5	83.6	4.1
西班牙	33.8	35.7	1.9	72.8	78.9	6.1	79.6	85.3	5.7

续表

	1900年			1985年			2020年		
瑞典	54.3	57.0	2.7	73.4	78.3	4.9	—	—	—
瑞士	49.2	52.2	3.0	73.0	79.7	6.7	80.5	84.8	4.3

数据来源：(1) United Nations. The Determinants and Consequences of Population Trends. New York,1973:116；(2) United Nations. World Population Prospects 1988. New York,1989；(3) United Nations. World Population Prospects 2022. New York,2022.

第二，具有较高死亡率的发展中国家，其女性平均预期寿命绝大多数也都高于男性，但是这种女性存活优势不及发达国家那样显著。这主要表现在发展中国家女性预期寿命超过男性的幅度小于发达国家，多数发展中国家预期寿命的性别差异很小（主要在亚洲和非洲），甚至个别国家的这种性别差异发生逆转，出现了某种男性存活优势；还有一些发展中国家在若干年龄组上女性死亡率仍高于男性。表4-10提供了一些发展中国家平均预期寿命的性别差异情况，可以说明这个问题。

表4-10　1920年、1985年和2020年部分发展中国家预期寿命的性别差异　（单位：岁）

国家	1920年			1985年			2020年		
	男性	女性	差值	男性	女性	差值	男性	女性	差值
智利	30.9	32.2	1.3	67.6	74.6	7.0	76.3	82.1	5.8
圭亚那	33.5	35.8	2.3	65.8	70.8	5.0	65.5	72.2	6.7
牙买加	35.6	38.2	2.6	70.3	75.7	5.4	72.5	75.5	3.0
墨西哥	32.4	34.1	1.7	64.2	70.6	6.4	72.0	77.9	5.9
波多黎各	38.2	38.8	0.6	70.5	77.6	7.1	75.4	82.7	7.3
特立尼达	37.6	40.1	0.6	66.2	71.3	5.1	69.8	75.2	5.4
斯里兰卡	32.7	30.7	-2.0	67.0	71.0	4.0	72.5	79.3	6.8
印度	26.9	26.6	-0.3	55.6	55.2	-0.4	66.7	69.0	2.3

数据来源：(1) United Nations. The Determinants and Consequences of Population Trends. New York,1973:116；(2) United Nations. World Population Prospects 1988. New York,1989；(3) United Nations. World Population Prospects 2022. New York,2022.

表4-10中各国女性平均预期寿命大多高于男性，并且这种女性存活优势也有随时间推移而有扩大的趋向。在1920年前后，女性预期寿命一般比男性大1～2岁，1985年前后扩大到4～7岁，2020年前后又进一步扩大。但是，这一差异的幅度至今仍小于发达国家。表中的个别国家，如斯里兰卡和印度的女性预期寿命曾经低于男性。值得注意的是，这种女性存活优势逆转的非正常情况，在斯里兰卡已经成过去，在印度虽也有所改观，女性预期寿命已较过去更接近男性了。

第三，在各年龄死亡率男性高于女性的情况下，不同年龄高出的幅度并不一样。大量的观察表明，15～29岁是男性死亡率高于女性的第一个高峰。这主要是由于这个年龄段的青年男性较之女性可能会承担更多的灾祸风险。例如，男青年驾驶摩托车和其他机动车而可能带来的意外事故致死的风险。45～64岁则是男性死亡率的第二个高峰，这个年龄段的男性心脏病和其他恶性疾病的死亡率提高,而妇女这些疾病的死亡率却相对下降。

以上我们考察了死亡的性别差异。那么,究竟是什么原因使得女性的死亡水平普遍低于男性呢?这不是一个容易回答的问题。通常人们会习惯地以为这是由于与男性相比,女性参加工作少、劳动强度低、少喝酒、少吸烟等社会环境原因造成的。但是,发达国家的历史和发展中国家的现实都表明,随着妇女更广泛地参与社会经济活动,她们的存活优势不是减弱了而是增强了。因而,许多学者认为女性存活优势的原因不在于社会环境,而在于她们自身的生理和心理因素。为了证明这一假说,一个名叫马迪根(Madigan)的学者曾做过一项研究:为了排除社会环境的影响,他专门选取了两组在教堂工作的人群,按性别分成两组(男性组、女性组)。显然,这些不同性别的人工作状况相同,婚姻状况也相同(未婚),都不受服兵役、性生活等因素的不同影响,即排除了社会环境因素的干扰。在这种情况下,马迪根对他们进行了20年的追踪调查,结果表明男性死亡率依然高于女性,由此也证实了女性存活优势的决定因素不是社会环境因素,而是女性自身特有的生理和心理因素。

(二)死亡水平的年龄差异

人的机体功能衰减过程受到两方面因素的影响。一是机体本身的老化。这是基于人体组织和细胞的变化而引起的,虽然有些人群或个人因不同的遗传特征可能对其存活的机制产生一定的影响,但是机体的老化是不可避免的。对于导致人的死亡来说,它是最基本的方面。二是受环境因素的影响,如各种疾病和灾祸的发生。它们对人的存活概率的影响也很明显。但总的来看,与机体老化相比,环境因素对于一个人口的死亡水平的影响相对较小。因此,一个人的平均存活概率总是随着年龄的增加而逐渐降低。

在上述因素影响下,死亡率具有年龄分布差异,形成特定死亡年龄格局。具体地说,人口死亡的年龄曲线大多由四个阶段构成:(1) 0~1岁期间婴儿死亡率由高向低快速下降阶段;(2) 1~5岁幼儿死亡率缓慢下降阶段;(3) 5~50岁年龄组处于低死亡水平或缓慢增加的阶段;(4) 50岁以后死亡率加速提高,如图4-6所示。

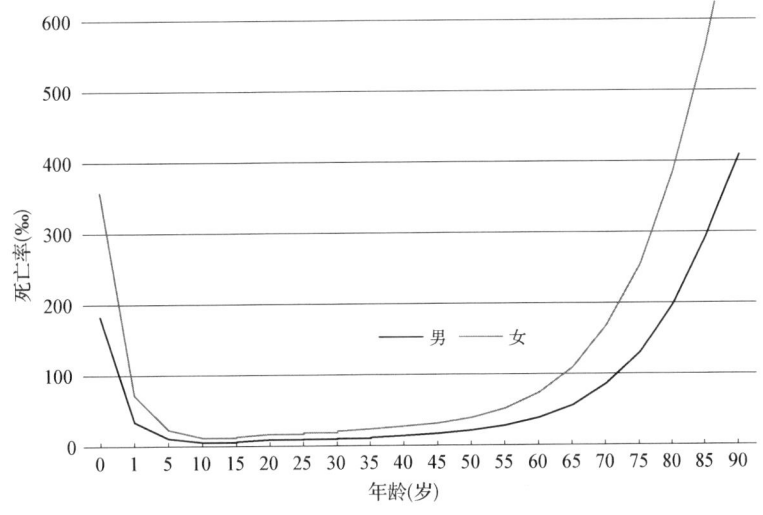

图4-6 男性和女性分年龄死亡率变动趋势

图 4-7 是三套不同预期寿命下的六条分性别的死亡年龄曲线，反映的是历史上和当代人口死亡年龄格局的基本模式。模式 I 代表历史上平均预期寿命很低、死亡率很高的人口；模式 II 代表当代平均预期寿命较低、死亡率较高的发展中国家（或地区）人口；模式 III 代表当代平均预期寿命高、死亡率低的发达国家或地区的人口。

三类曲线形状大体相同，但也存在一些区别。模式 III 的人口具有较高的预期寿命，与模式 I 和 II 相比，其曲线左侧短而低，曲线底部较宽，曲线右侧上扬，斜率较大，类似于形状"J"，故名为 J 形曲线。此类人口不仅轻龄组死亡水平低，老龄组死亡水平较低，而且在这两组之间也有更多的年龄组呈现很低的死亡水平。模式 I 与模式 II 基本是同一类型，此类人口的预期寿命很低或较低，与模式 III 相比，其曲线左侧长而高，曲线底部较窄，曲线右侧上扬且斜率较大，类似于"U"形，故命名为 U 形曲线。

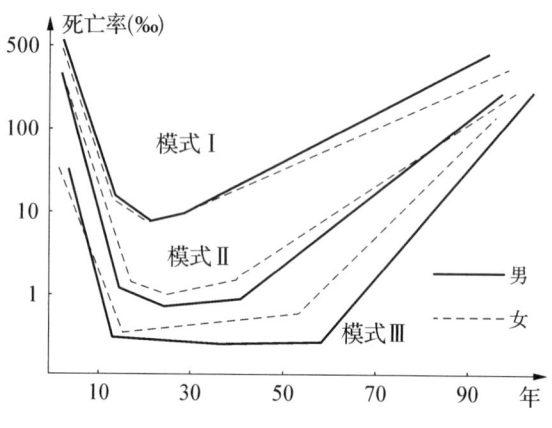

图 4-7 几种死亡模式比较

三、社会阶层与死亡率

社会阶层与死亡率关系密切。社会阶层高的个体，有着更高的收入、住更好的房子、吃精选的食品、享有更好的医疗服务，因而社会阶层高的个体死亡率相对较低，反之，社会阶层低的个体，死亡率也相对较高。由于社会阶层与职业之间有很强的相关性，并且因为职业的数据是可获得性的原因，使得大多学者都借助职业分层来探讨其与死亡率的关系。表 4-11 是 1993 年美国死亡率最高的几个职业死亡率统计，其中从事重体力和高风险职业的人群死亡率相对较高。

表 4-11 1993 年美国不同职业从业者死亡率

职业	每十万劳动力的死亡人数	主要导致死亡的事件
渔民	155	渔船事故
伐木工人	133	树木砸死
飞行员	103	飞机事故
金属冶炼工人	76	倒塌
出租车和货运司机	50	他杀

续 表

职业	每十万劳动力的死亡人数	主要导致死亡的事件
电力安装和修理工	38	触电
农场管理者	36	交通事故
建筑工人	33	倒塌
卡车司机	26	高速公路事故
外卖工人	23	高速公路事故
农场工人	21	交通事故

注：(1) 数据来源：U. S. Department of Labor, Bureau of Labor Statistics, 1995；(2) 单位为每十万人口的死亡人数。

另一项针对丹麦哥本哈根城镇居民死亡率的分析也得出类似结论。该分析将城镇20岁及以上的男性人口按其户主职业分为贫穷、一般和富裕三个社会阶层，然后比较调整后的年平均死亡率，结果发现在哥本哈根贫穷阶层的死亡率为31.2‰，几乎等于"富裕"阶层(16.5‰)的两倍。这两个例子说明了职业和社会阶层与死亡率之间存在负相关关系，即职业阶层地位越高，死亡水平越低。值得注意的是，职业与死亡率的关系可能隐含着两种机制，一是职业地位低、经济收入少造成的死亡率偏高，二是从事的职业本身的危险度大，致使死亡率偏高。

第四节 安乐死与临终照护

安乐死的理论和实践有着很长久的历史。在古希腊，安乐死被人类尊为理想的善终方式之一，允许病人自己及在别人帮助下结束自己的生命。毕达哥拉斯等许多哲人、学者、政治家都认为在道德上对老人与虚弱者，实施自愿的安乐死是合理的。其他社会也有些安乐死的报道[①]。

一、安乐死

(一) 安乐死的概念

"安乐死"一词源于希腊文"Euthanasia"，是指舒适或无痛苦地死亡或安然去世。《美国百科全书》将安乐死定义为"让濒临死亡且无法治愈的患者解脱痛苦的方式"。《中国大百科全书·法学卷》将安乐死界定为"对现代医学不可挽救的接近死亡的患者，在患者的请求下医生可以采取措施提前结束患者生命，减缓患者难以忍受的病痛"[②]。安乐死体现了个体对生命自主权、生命质量及生命价值的追求。

[①] 王卓,李莎莎.中国公众对安乐死的态度及其影响因素分析——基于2019年民意调查数据[J].人口学刊,2021,43(02):20-32.

[②] 转引自：莫岚,喻晶晶,莫婉,向荣.国内外安乐死研究知识图谱分析[J].医学与哲学,2021,42(16):22-27.

国内学界通过深入的理论探讨,对安乐死基本上形成了三种具有代表性的界定。

其一,安乐死是指对患有现代医学所确认的不治之症且濒临死亡的病人,为了减轻或免除其死亡前难以忍受的极端痛苦,在其本人嘱托下,由医生采取一定措施提前病人的死亡时间,使其平静安乐死去的行为[①]。

其二,将安乐死界定为"无痛苦的死亡"。安乐死的实施对象主要是患有绝症、濒临死亡的病人,由于其无法忍受肉体的病痛,在其本人或家属的请求下,医生为减少其病痛,采取提前结束病人生命,使其安乐死去的行为[②]。

其三,安乐死是对患有不治之症的病人在濒临死亡时,在病人或亲友的请求下,经医生采用人工的方法使病人无痛苦地终止生命的行为。

上述对安乐死的界定尽管有细微差异,但主旨内容基本一致,概括起来包括:(1) 安乐死的动机是善意的,出于人道主义精神实施减少痛苦的死亡行为;(2) 安乐死必须是在当事人自愿的前提下实施的,需要有正规法律流程,确保这是病人本人的真实意愿;(3) 患者的疾病应是当前的医学技术所不能治疗的疾病,并且其遭受的痛苦超出了病人的承受能力;(4) 安乐死的实施必须要达到"安乐"的目标,同时还应符合伦理和人道原则[③]。

(二)安乐死的类型

按照法律与实践,可将安乐死的类型划分如下:按照病人的意愿可以将其划分为自愿安乐死、非自愿安乐死和不自愿安乐死;按照死亡方式可以划分为主动安乐死和被动安乐死。基于病人意志和其所表达的意愿的安乐死,为自愿安乐死(voluntary euthanasia);如果病人无法表达这种意愿,即无法知悉本人意愿(如婴儿或植物人等)而被以仁慈方式处死或允许其死的,为非自愿安乐死(non-involuntary euthanasia)。不自愿安乐死是指对有行为能力的人不考虑其意愿而被处死(involuntary euthanasia)。主动安乐死(active euthanasia)是有意引致死亡的结果,而被动安乐死(passive euthanasia)是通过不给或撤除治疗而允许死亡发生。在主动安乐死的情况下,是主动介入的外部行为直接导致了死亡的结果,所以又被称为"杀死他人"(killing),被动安乐死则相应地被称为"允许死亡或听任死亡"(letting die)。

(三)安乐死的研究进展

1. 国外研究进展

欧美发达国家对安乐死的研究始于20世纪30年代,经历了二战的黑暗时期,到20世纪50年代以后迎来了新的发展机遇。关于安乐死以及对安乐死的态度都源于西方的两大传统,即医学传统与神学传统。医学传统强调医生要坚守从医道德,注重自己的行为符合《希波拉底宣言》;神学传统强调生命的神圣,不允许人做出任何判断。

1915年德国哲学家史怀特提出"敬畏生命"的观点,他认为生命是上帝创造的,因此

[①] 吴靖.安乐死不构成故意杀人罪[M]//刑法问题与争鸣编委会.刑法问题与争鸣(第二辑).北京:中国方正出版社,2001:389.
[②] 叶高峰.安乐死的法律思考[M]//刑法问题与争鸣编委会.刑法问题与争鸣(第二辑).北京:中国方正出版社,2001:399.
[③] 刘刚.生命的哲学:安乐死、生命与人的尊严的构建[M].成都:四川人民出版社.2016:91-92.

人的生命是神圣不可侵犯的。这构成了当代出于宗教的考虑反对安乐死的重要理由。此后,在生命神圣论的观点下演化出若干推论,例如,活着的本质是有价值的,生命神圣就是生命只为自己存在,只是自己的目的和手段。对安乐死持支持态度的学者指出,安乐死的意义在于充分给予个体尊严和意愿。例如,雅克·蒂洛在《伦理学与生活》一书中将安乐死定义为"善终"行为,他认为学界混淆了谋杀行为和单纯良好的医疗习惯之间的界限。鉴于当前对安乐死问题理解上的混乱和模棱两可状况,蒂洛认为应该用"听任死亡"等对"安乐死"一词进行替换。因为"听任死亡"最能体现出"生命尊严"原则,即承认任何晚期疾病在医疗处置无济于事的时候,应听任处于这种状况的患者在舒适、平静和尊严中死去。

安乐死在西方的研究历程可以划分为三个阶段:一是安乐死理论初探时期。这一阶段大概是自古希腊到第二次世界大战之间。这一时期的代表性观点包括柏拉图的"在病痛的死亡与安逸的死亡之间选择,宁愿选择后者"。此后的托马斯·摩尔也公开表达了对安乐死的支持,他认为身患绝症且痛苦缠绵的个人应该寻求安乐死,从而得到解脱。二是安乐死的黑暗阶段。二战时安乐死成为纳粹政府的杀人工具,人们意识到安乐死可能会成为杀人的借口。三是理论反思与新的发展阶段。二战后期,人们对安乐死问题进行了反思与大讨论,从合法还是非法、伦理还是违背伦理等方面重新思考安乐死的可能性,并将安乐死置于道德、法律体系之中。近年来,已有一些国家开始对安乐死进行了立法,例如荷兰、比利时等国。

2. 国内研究进展

与国外相比,国内在安乐死研究方面相对较晚,且研究热点局限于法学、伦理学和医学领域。这种差异体现在如下几个方面:一是关于安乐死的概念,国内学者倾向于认同"安乐死就是无痛苦的死亡"这一传统定义。这一定义不是来自西方学界,而是从邻国日本传来的。二是对安乐死合法化问题的讨论主要聚焦于事实合法性问题,没有充分考虑到我国的历史与文化现实。三是对死亡的恐惧,让人们总是回避谈论死亡的问题。因此,对待死亡和安乐死的态度,不仅仅是观念问题,还有更深层次的中西文化差异。

二、临终关怀

临终关怀指为临终病人及其家庭提供全面的照顾,包括医疗、护理、心理、精神等各个方面,以使临终病人的生命受到尊重,症状得到控制,病痛得到缓解,病人家属的身心健康得到维护。临终关怀所提供的服务主要体现在三方面:

1. 给临终者提供心理治疗和服务

临终病人的心理发展是极其复杂的,据有关学者研究,临终病人心理要经过五个发展时期,即否认期(Denial)、愤怒期(Anger)、协议期(Bargaining)、抑郁期(Depression)和接受期(Acception)。通过心理治疗,使病人接受即将到来的死亡的现实,从而缓解或消除病人的焦虑和痛苦,使临终者安然接受死亡的到来。西方学者曾提出"闸门学说"用以解释伤害性刺激与疼痛之间的关系。该学说认为,焦虑、抑郁和疼痛之间是相互作用的,既可以相互叠加,也可以相互减弱。因此,解除临终病人的"焦虑"和"抑郁",可以关闭或缓解疼痛传入神经中枢,从而减轻病人的痛苦。

2. 给临终者提供生理治疗

在临终的病人中,疼痛是非常普遍的一个症状,那么缓解和控制疼痛就成为临终关怀中一项非常重要,甚至是核心内容。临终关怀不仅是用药物来控制疼痛,而更多的是采取精神的、心理的、社会的、生理的、宗教的等方法。比如为临终者提供家庭式的生活服务,采取精神疗法、饮食疗法、环境疗法等。因此从事临终关怀的工作者不仅仅只是医生、护士,还应有心理学、社会学、宗教等工作者参加,通过生理的、心理的和社会的治疗,使临终者的痛苦降到最低程度。

3. 给临终者家属提供综合性服务

对于一个不久将有亲人死去的家庭来说,这个沉重的打击会使家庭和亲友比临终者更为悲痛和不能接受,这就会使临终者家属和亲友异常哀伤,处于悲痛、不安、困惑、抑郁的心理状态,给其身心带来严重不良影响,以至于生病和死亡。由此可见,做好临终者家属的思想工作,为临终者家属提供包括居丧期在内的心理、生理关怀,也是临终关怀的重要工作。

思考题

1. 简述死亡率的影响因素。
2. 简述死亡模式及其变化。
3. 对中国人口死亡率及死因变化进行简要分析。
4. 简述临终关怀服务。

第五章
人口迁移

迁移作为一种人口过程，它与出生、死亡有相似的一面，对一个国家或地区人口数量和结构产生影响，迁入相当于出生，迁出相当于死亡，而迁入与迁出之差与出生与死亡之差一样对人口产生影响。本章在界定人口迁移概念的基础上，阐明人口迁移的基本特征、人口迁移行为发生的理论解释及其决定因素。

第一节 人口迁移的概念及其测量指标

人口迁移是影响人口数量和分布的重要事件。要分析人口迁移，需要清楚地界定人口迁移的概念，阐明测量人口迁移的指标。

一、人口迁移的基本概念

迁移是指人的永久性居住地发生改变的过程。这包括了"从一个地方的有组织的活动中离开，并在全新的另一个地方开始活动"（Goldscheider）[①]。因此，迁移这一概念最重要特征体现于两个方面，一是"空间"，二是"时间"。从空间上来看，迁移是指个体从一地迁居到另外一地，两地应相隔一定距离。值得注意的是，除了人口迁移之外，还有两个与之相似的概念需要区分清楚——人口流动与人口移动。具体来说，三者相同之处都在于空间位置发生了改变，三者不同之处在于时间长短不同以及居住地是否发生永久性改变。例如，人们可能是旅行者或者每天坐车上班的人，这些活动可以称为移动或者流动，而不是人口迁移。人们也可能暂时住在别的地方（如建筑工地），或从事季节性工作，或侨居他乡，这些都不是人口迁移，因为他们没有永久性地改变自己的居住地。

由于我国特有的户籍管理制度，人口迁移与人口流动之间可以做出明确的区分。一般而言，人们把户口所在地与常住地同时发生变化的迁移称为人口迁移，而把那些只改变了经常性居住地而未改变户口所在地的活动称为人口流动。因此，当我们对我国的人口迁移资料与其他国家的人口迁移资料进行比较时，必须注意概念上的这种差别。为此，我们可以进一步从以下两个方面来比较两个概念之间的差异：

---

① Goldscheider. Population, Modernization and Social Structure[M]. Boston: Little Brown, 1971.

第一,居住地的改变是指居住地社区环境的变化。居住地改变引起的空间移动需要超过一定的距离,因为只有超过一定的距离,迁移者与其外界环境之间的关系才会发生明显的变化,人口迁移对迁出地、迁入地和迁移者的影响等才有实际意义。不过,在实际操作过程中,"一定的距离"并没有统一的标准,通常依赖资料或数据的可获得性来合理地做出界定。我国通常将超越特定"行政区域"的界线作为区分某一活动是否为人口迁移的标准。例如,我国人口普查对"流动人口"的统计是按照"人户分离"人口扣除掉市辖区内的"人户分离"人口为计算标准。而"人户分离"则是指居住地与户口登记地所在的乡镇街道不一致,且离开户口登记地半年以上的人口。由此可见,我国通常以"行政区划"界限来替代地理空间上的实际距离来对迁移人口或流动人口进行界定。

第二,迁移时间通常以半年或1年为标准。与迁移距离一样,迁移多久才算"永久性"迁移,也是一个难以准确界定的概念,目前尚无统一的标准。我国大多数调查都以迁移时间在半年以上的视为永久迁移。

二、人口迁移的测量指标

人口迁移的测量包括三个要素,即数量、方向和距离。这里我们主要介绍数量测量指标,分别包括迁入率、迁出率、总迁移率和净迁移率等。

1. 迁入率

迁入率是某地区在特定的时间里迁入该地区的人数占总人口数的比例。时间通常以1年为单位,该测量指标测度了人口迁入强度,具体公式为:

$$迁入率 = \frac{某地某年内迁入的人口数}{某地某年的年平均人口数} \times 1\,000‰$$

2. 迁出率

迁出率是指某地区某年内人口迁出该地区的人数占总人口的比例,通常也用千分比表示。该指标与迁入率相反,是测度某地区年度内人口迁出强度的指标,具体公式为:

$$迁出率 = \frac{某地某年内迁出的人口数}{某地某年的年平均人口数} \times 1\,000‰$$

3. 总迁移率

顾名思义,总迁移率是指某地某年内人口迁入和迁出之和与年内平均人口的比例。这一指标反映了该地某年的人口迁移强度,具体公式为:

$$总迁移率 = \frac{某地某年内迁出人口数 + 某地某年内迁入人口数}{某地某年的年平均人口数} \times 1\,000‰$$

4. 净迁移率

净迁移率是指某地某年内迁入人口与迁出人口之差占总人口中的比例。它反映了该地区人口迁出和迁入导致的人口变化在总人口中的比例,能够反映出某地人口迁移带来的真实强度变化,具体公式为:

$$\text{净迁移率} = \frac{\text{某地某年内迁入人口数} - \text{某地某年内迁出人口数}}{\text{某地某年的年平均人口数}} \times 1\,000\%$$

根据净迁移率计算公式,当人口净迁移率为正时,说明人口迁移是以迁入为主,反之则以迁出为主。人口迁移是社会变迁的重要动力。以中国城市经济发展来说,人口流动所带来的推动作用非常大。大量的研究显示,人口迁移或流动主要以劳动力人口迁移或流动为主,而劳动力是人力资本和经济发展的要素。自改革开放以来,中国大量的农村人口向城市流动,最新统计数据显示,2020 年末流动人口规模已达 3.76 亿。如此大规模的流动人口为城市经济发展做出了巨大的贡献。

第二节 人口迁移的基本理论

与人口迁移的测量相比,人口社会学研究更关心人们为什么发生迁移,人类的迁移是随机的还是有规律可循,社会环境、制度、文化、经济等外部环境变化是否会影响人们的迁移决策。人口迁移理论为回答上述问题提供了不同的角度,可以从迁移者决策、迁移文化和迁移规律等方面进行理论分析。

一、迁移者理论

人口迁移并不是一个随机过程,而是一个选择性过程,即具有某种特征的人选择了迁移,而另外一些人可能不会迁移。从迁移者角度来看,有三个理论可以解释人口迁移行为:一是生命周期理论。该理论强调人的迁移倾向会特定地发生于生命的某个阶段,而在另外一些阶段,迁移行为发生率相对较低。例如,美国的一项研究发现迁移者高峰年龄是 23 岁左右,因为这一年龄多数人尚未结婚,且这一年龄是就学与工作的衔接年龄,因而更可能发生迁移行为[①]。在中间年龄阶段,迁移发生率相对降低,因为这一时期事业和家庭相对稳定,迁移的发生率相应下降。随着年龄增长,当个体进入退休年龄时,迁移率再次上升。这一时期的迁移主要发生在老人群体,他们会迁移到气候宜人、适合养老、消费水平相对较低的地方生活。二是职业生涯理论。该理论认为,职业生涯规划会影响到个体的迁移行为。尤其是在一些大的跨国公司就职的人,到海外工作或学习既是个人提升能力的重要途径,也是晋升高一级岗位的必经之路。由此,职业生涯理论认为,职业生涯规划、职业升迁等会影响到个人的迁移决策。三是迁移者网络理论。大量的研究揭示了已形成的迁移网络往往对后来迁移人口起到非常重要的迁移导向作用。一方面,已有迁移网络起到传递求职信息的作用;另一方面,迁移网络代表着社会资本的嵌入,后来迁移者沿着已有的迁移网络迁移可以降低迁移成本,减少不确定性以及增加收入等。近年来,我国的经验研究也证实,来自村庄的熟人打工网络不仅可以促使村庄其他人沿着已有的务工网络外出务工,而且村庄务工网络规模还与村民收

---

① Anson J, Bartl W, Kulczycki A. Studies in the Sociology of Population[J]. International Perspectives, 2019(1): 27-32.

入呈现出正相关[1]。

二、移民文化理论

西方学者认为,移民可以看作社会结构中的行动者,他们的迁移过程必然与各种社会文化相联系,从而会引发文化冲突与文化融合问题。

移民带来的文化冲突源于三个方面:一是固有的文化差异。由于移民是跨区域的移动,脱离原先的社会网络、生活方式,到迁入地开启新的生活,因此移民与本地居民之间的文化差异与冲突就不可避免。二是稀缺资源争夺引发移民冲突。移民文化冲突也源于对有限资源的争夺,当一个国家或地区的失业率、犯罪率升高时,他们通常将矛头指向外来迁移人口。三是宗教观念和种族歧视。尤其是国际迁移往往伴随着宗教观念冲突和种族歧视的发生。移民文化冲突可能会导致移民遭驱逐,重返迁出地。此外,人口迁移还可能会经历一种从冲突到融合的过程。移民文化冲突会带来多重结果,其中一个结果是移民群体接受流入地主流文化价值观,并融入其中。美国学者对移民融入问题进行了大量的研究,先后产生了诸如"熔炉论""多元文化论""区隔融合""新融合"等理论,这些理论对迁移人口的文化认同、适应和融合等都有较好的解释力[2]。

三、迁移规律理论

1889年英国学者莱文斯坦(E. G. Ravenstein)率先对人口迁移规律进行了理论概括。莱文斯坦的迁移规律可以概括为如下几条法则:

(1) 迁移率与迁移距离成反比关系。对于大多数人来说迁移都是短距离迁移。如果以流入地为吸收移民的中心,随着与这个中心距离的延长,迁入的人口数量会逐渐减少。一些长距离的迁移大多是前往较大的商业中心。

(2) 迁移过程是阶段化迁移(Stage Migration),分期、分批迁移。以迁移到城镇为例,城镇周边的农村人口并非在同一时间一起涌入城镇,而是分期分批迁入城镇,更远的农村人口迁入城镇甚至经过更多的步骤,例如先迁移到城镇周边的农村,再由周边的农村迁入城镇。

(3) 每个迁移都存在一个与之相反的逆向迁移流,但净人口迁移流一般是从农村迁往城市。

(4) 迁移意识存在城乡差异,城镇居民的迁移意识远弱于农村居民。

(5) 迁移意识存在性别差异,女性比男性有更强的迁移意识。特别是短距离迁移,女性迁移远远大于男性迁移。

(6) 人口迁移与技术、交通、通信发展密切相关。技术和通信发展会促使迁移的发生,提高整体迁移水平。

(7) 经济因素是促使人口迁移最为重要的因素。有利的经济因素比不利的经济因素更能够引起人口迁移活动。

---

[1] 陈云松.农民工收入与村庄网络:基于多重模型识别策略的因果效应分析[J].社会,2012,32(04):68-92.
[2] 杨菊华.中国流动人口经济融入[M].北京:社会科学文献出版社,2013.

这些人口迁移规律是莱文斯坦基于 1881 年英国人口迁移资料以及对 20 多个国家的人口迁移资料深入研究之后概括而来。由于受到当时学科发展和数据处理技术所限，这些规律也仅是对人口迁移所做的定性分析和归纳，一些人口迁移规律的适用范围可能相对有限。尽管如此，莱文斯坦对人口迁移规律所做的理论性概括对后来人口迁移相关理论的发展起到了很好的导向作用。

1965 年美国学者李（E. S. Lee）在莱文斯坦研究的基础上对人口迁移理论做了进一步拓展研究。Lee 认为人口迁移受到原居住地、迁移目的地以及迁移中间因素的影响，并从迁移规模、迁移流向和迁移者的特征等三个方面将人口迁移规律归纳为 19 项假设（如表 5-1 所示），这些假设在此后得到了广泛的经验验证。

表 5-1 Lee 的人口迁移假设

迁移规模假设	迁移流向假设	迁移者特征假设
a. 一个地区内部的迁移规模因其空间上的差别而变化，两者之间的差别越大，迁移也就越多； b. 迁移规模因人口不同而变化； c. 迁移规模还取决于克服中间障碍所遇到的困难程度，困难越大，迁移规模越小，反之越大； d. 迁移规模与经济波动有关，经济繁荣，迁移规模增加，反之减少； e. 除非严厉的检查和征税，人口迁移规模和迁移率都随着时间的增加而增长； f. 人口迁移的数量与迁移率随着国家或地区的发展阶段不同而变化。迁移本身还具有增加迁移的可能，一个有迁移经验的人，更容易再次迁移。	a. 人口迁移的发生都有明确的流向； b. 每一个较大的迁移流向背后都会形成一个反向迁移流； c. 如果是迁出地的负向因素促使迁移的发生，且该因素对迁移流向的作用越大，逆向迁移的可能性就越低； d. 如果迁入地和迁出地的影响因素类似，且对迁移流向和逆向迁移的影响越小，人口迁移的规模也越小； e. 如果迁入地和迁出地之间的中间障碍大，迁移难度高，迁移者产生逆向迁移的愿望低，逆向迁移的可能性也低； f. 经济繁荣时，正向迁移与逆迁移规模之比高，回迁的人相应较少；反之，经济萧条时期，逆向迁移的规模相应增大。	a. 迁移是选择性行为，个体决定是否迁移与他的年龄、性别、教育和职业有关； b. 一些迁移是由于目的地拉力因素在起作用； c. 一些迁移是由于迁出地的推力因素在起作用； d. 从迁移集合来看，迁移选择受到双重因素作用，既有拉力因素，也有推力因素； e. 随着中间障碍的加大，积极选择的动机也增大，如迁入大城市难度高，但动机也更强； f. 在生命周期的各个阶段，迁移倾向不同，成年人迁移更频繁；夫妻在有孩子之前和孩子离家后，迁移更多；退休后是另一个迁移期； g. 迁移者的特性趋向于介于迁入地与迁出地两地人口的特征中间。

Lee 提出的迁移假设中，部分假设日后逐渐发展成广为传播的人口迁移的推-拉理论。对推-拉理论做出贡献的除了 Lee 之外，还包括赫伯尔（R. Herberle）、博格（D. J. Bogue）等人。人口迁移的推-拉理论是指人口迁移主要是迁出地的推力或排斥力与迁入地的拉力或吸引力共同作用的结果。Lee 在《迁移理论》一书系统阐述了推—拉理论。他将影响人口迁移的因素归为四个方面：一是与迁移者原居住地有关的因素；二是与迁移目的地有关的因素；三是介于原居住地与迁移目的地之间的障碍因素；四是与迁移相关的个人因素。个人因素中，有些有利于促进人口迁移，有些则不利于人口迁移。例如，由于迁移目的地的高工资让个体愿意迁移至此，高工资是迁移的正向因素，但目的地糟糕的交通状况可能是迁移的负面因素。此后，D.J.博格对 Lee 的推—拉理论进行了拓展研究。他概括了 12 个推力因素与 6 个拉力因素（如表 5-2 所示）。

表 5-2　博格对推-拉理论的扩展

	类型	描述
推力	资源减少,需求下降	某种国家资源的减少或为之支付的开支减少,对某特定的产业、服务需求下降
	能力不足或被替代	由于能力不足被迫离开,或对某一特定的活动需求下降,或某种劳动被机械化、自动化等替代而造成失业
	某种压制与歧视	由于政治、宗教、种族的原因而产生的压制性或抑制性歧视
	产业合并、转移	破产、罢工、产业出售、合并或转移至其他地区
	社区侵入	社区遭到其他职业、收入阶层、种族的侵入
	资源稀缺退出社区	从一个只能提供很少或者根本不能提供个人发展机会、就业机会、婚姻机会的社区退出
	因灾害退出社区	由于各种自然灾害(流行病、水灾、火灾、旱灾等)而退出社区
	信仰冲突退出社区	由于不赞成或不支持社区内优势的信仰、行动或行为准则而被孤立,以至于被迫退出社区
	适应困难退出社区	由于和雇主、配偶或亲近的人格格不入,和现在的社区不适应
	逃避责任	由于精神失常及其他问题而逃避成年人的社会责任
	重大事件	毕业、退休、参军、亲人去世等
	犯罪	涉及监禁的犯罪
拉力	新资源与新需求	某地区的新资源、新财富的发现,空置土地的分配,对某一种产品、服务、技能的需求上升,新产业、新工厂的出现
	更好的发展机会	出现更好的工作机会或者从事其他更适合自己的称心工作的机会
	需求扩展	一些特殊的需要经常流动的产业的扩张
	市场稀缺的需求	在当地市场稀缺的需求获得新的发展
	更适宜的环境	更适合自己的政治、宗教、文化、经济发展和种族生存的环境
	更好的受教育机会	能获得自己心仪的或盼望已久的教育或培训机会

四、人口迁移模型

人口迁移除了前文所说的迁移规律、迁移假设和推—拉理论之外,更多的还是以人口迁移理论模型的方式呈现出来。在此选择几个常用的人口迁移理论模型介绍如下:

1. 人口迁移的引力模型

1946 年兹普(G. K. Zipf)提出了人口迁移的引力模式。该理论模型认为,两地之间的人口迁移数量 M_{ij} 与两地的人口规模 P_i 和 P_j 的乘积成正比,与两地之间的距离 D_{ij}^{β} 成反比。我们根据引力模型的表述将其用数学方程的形式表达如下:

$$M_{ij}=\frac{P_i P_j}{D_{ij}^{\beta}}$$

其中,M_{ij} 是 i,j 两地间迁移人口数,$P_i P_j$ 是 i,j 两地的人口数的乘积,D_{ij} 是两地间距离，β 为距离系数，也可以是 D_{ij} 的指数，如 D_{ij}^2。

后来这一模型又被劳里（I.S. Lowry）发展为如下形式：

$$M_{ij} = K \times \frac{u_i}{u_j} \times \frac{W_i}{W_j} \times \frac{L_i L_j}{D_{ij}^\beta}$$

其中，u 是失业率，$\frac{u_i}{u_j}$ 是两地失业率之比，W 是工资率，$\frac{W_i}{W_j}$ 是两地制造业小时工资之比，L 是非农业劳动力人数，K 为系数，其余的字母表达含义同引力模型一样。将这一模型进行对数转换后的形式如下：

$$\log M_{ij} = \log k + \log u_i - \log u_j + \log w_i - \log w_j + \log L_i + \log L_j - \beta \times \log D_{ij}$$

这一模型表明：人口从低工资向高工资的地方迁移，从劳动力剩余的地方向劳动力不足的地方迁移。对比两个模型会发现，修改后的模型突出了两地就业机会和工资率差异对迁移的作用，并且用非农业劳动力人数代替了人口数。这对引力模型有很大的改进。因为人口迁移的影响因素实在是太多、太复杂，仅仅用距离、规模可能难以把人口迁移的发生机制解释清楚，在模型中加入工资率和就业机会可以使得模型的解释力大大提高。

2. 人口迁移的中介机会模型

由于兹普的引力模型没有涉及人口迁移的深层原因，例如迁移成本、中介因素成分、机会等。为此，斯托夫（S. A. Stouffer）在引力模型的基础上对模型做了进一步拓展和完善。斯托夫的理论认为，人口迁移是有成本的，潜在的迁移者一旦找到合适的工作或发展机会就会停止寻找别的机会，因此迁移的中介因素起着非常重要的作用。1940 年他将这一理论表述为：人口迁移与迁移目的地的机会成正比，与两地迁移的干预机会（intervening opportunities）成反比。这一迁移假说对迁移研究产生了较大影响。斯托夫认为，在社会结构中处于不同地位的人，对现住地以外地方的机会了解程度不同，能从这些机会中取得利益的程度也不同。有一些关于迁移规律的研究，集中于研究迁移者想摆脱困境的特性上。他们列举了激发迁移的若干困境：没有结婚机会、失去农场、丢掉工作、长期低收入、退休、生病、丧偶或丧父母、丧失亲人、社区难融入，以及政治、宗教、种族的歧视等。由于不同人口群体面对的困境不同，因此，作为摆脱困境策略的人口迁移也呈现出不同的倾向性。有人认为地理上的人口流动常常伴随着对社会流动的期望。罗斯（A. M. Rose）认为社会底层人比上层人在一定的距离内更易发现生活机会，因此底层人移动距离短，上层人移动距离长。通过研究他验证了高职位的人会寻找更好的工作或机会，因而要移动较远的距离，某些人因技术与期望的限制，仅能寻找较差的工作机会，因而移动更短的距离。

3. 人口迁移的预期收益理论

为了解释城市中虽有许多失业人口，但农村仍有大量的人口涌入城市，托达罗（M.P. Todaro）提出了预期收益理论。该理论认为，农村人之所以大量涌入城市，是因为城市蕴藏着更多收入机会。决定迁移者考虑迁移的主要因素是他们在各种劳动力市场所能获得

的收入机会,从而选择他们期望获得最大收益的地点作为迁入地。托达罗用下列公式来表达这一理论观点:

$$M_t = f(W_u - W_r)$$

其中,M_t 是在某一时期(t)农村向城市迁移人数,W_u 代表城市工资水平,W_r 代表农村工资水平。此外,由于城市存在着失业现象,农村迁移者不能保证自己在城市找到工作,于是就存在一个可能性工资:$W_u^e = PW_u$。其中,W_u^e 是指城市可能的工资/期望工资,P 是找到工作的机会/概率。进一步,可以对 P 进行估算,具体公式为:

$$P = \frac{U_u}{E_u + U_u}$$

其中,E_u 是城市就业人数,U_u 是城市失业人数。由此,农村人口的迁移估算公式应为:

$$M_i = h(P \cdot W_u - W_r)$$

这里的 h 代表农村潜在迁移者对可能就业信息的了解程度。

例如,对于一个熟练工而言,农村的工资是 500 元,城里同样能力、同样教育和技能的工人工资为 1 000 元。假如在城市找到工作的概率为 0.2,那么该熟练工的期望收入为 1 000×0.2=200 元,在这种情况下一般不会做出迁移的决定。只有当他们的预期收入超过 500 元时才有可能做出迁移的决定。

4. 二元发展模型

二元发展模型又称刘易斯-费景汉-拉尼斯模型(L-F-R model)模式。最初由刘易斯(W. A. Lewis)于 1954 年提出①。该理论认为发展中国家的经济结构具有二元特征,即传统的低等级农业经济与现代发展的高等级工业经济并存。传统的农业经济大多具有低效率、低生产率和劳动力过剩等特征,而现代发达的工业经济则具有高效率、高生产率的特征,是经济增长的主要来源。由于两个部门的劳动生产率和劳动边际收益率存在差异,使得农业经济部门的剩余劳动力向城市工业部门转移,城市工业经济部门依托农村剩余劳动力的转移而不断扩张,直至完全吸收农村剩余劳动力②。当农村剩余劳动力被完全吸纳后,农业生产率提高,农业逐渐向现代化发展,并与城市工业经济形成竞争之势。此时,经济发展的二元格局被打破,逐渐向一元经济发展,这一阶段也称为发展中国家经济发展的第二阶段。在这一阶段,劳动力出现短缺,劳动力工资水平不断上升,生产成本不断增加。简言之,Lewis 二元经济发展模型将经济发展与人口迁移过程关联起来,较好地诠释了发达工业化国家的早期人口迁移现象与城市化进程。但是,该理论也存在一些不足,如忽视了农业自身发展在二元经济中的作用,当城市资本聚集的速度小于劳动力要素向城市转移的速度时,城市就会出现大量劳动力人口闲置现象。针对这一不足,1961 年费景

---

① Lewis W. Economic Development with Unlimited Supplies of Labor[J]. The Manchester School of Economic and Social Studies,1954:22.

② 这一发展阶段被称为经济发展的第一阶段,与下文提到的经济发展第二阶段、第三阶段相对应。

汉(J. Fei)和拉尼斯(G. Ranis)对模型加以规范化和进一步扩展,并提出了费景汉-拉尼斯三阶段模型①。

三阶段模型认为,发展中国家的实际经济发展过程分为三个阶段,在不同的阶段,劳动力边际生产率是不同的,劳动力的价值也不同。具体来说,第一阶段是农业劳动力边际产品接近于 0。由于存在零值劳动力,因此,农业产出水平不会因为劳动力变动而下降,劳动力转移也不会有太多障碍。第二阶段是农业劳动力边际产出大于零,但低于制度工资,因此需要保持农业生产率的同步提高,以此来增加农业剩余和释放农业劳动力。第三阶段是当农业边际劳动力生产率上升到制度工资水平,劳动力就完全商品化,二元经济发展的格局将会转化为一元经济格局。

第三节 国际人口迁移

国际人口迁移(international migration)是指人口跨越国界的居住地永久性变动过程。这里的居住地"永久性"改变一般指"1 年"或"1 年以上"。国际人口迁移的问题很复杂,它不仅有人口居住地跨越国界,有时还涉及国家间的外交政策、经济往来、国际关系等方面。本节从国际人口迁移的历史、现状及其后果等三个方面对国际人口迁移问题做简要介绍。

一、国际人口迁移的历史

(一) 15—19 世纪的国际人口迁移

自 15 世纪哥伦布发现新大陆以后,世界人口迁移开始大规模出现。西班牙、葡萄牙、荷兰、英国、法国等国家先后开启了开拓美洲的殖民政策。最初,西班牙、葡萄牙等国的殖民者到新大陆是为了掠夺金银财宝,他们占领巴西和墨西哥等地之后,迁入的人口并不多。主要原因在于:一是葡萄牙、西班牙当时的人口很少,不可能提供大量移民;二是为了独霸财富,西班牙和葡萄牙等国对其他国家的移民施加了各种限制,使得其他国家的迁移人口也较少;三是当时欧洲诸国的人口也不多,还未感受到人口压力。后来迁移到北美的主要是英格兰、苏格兰、爱尔兰、德国、法国等国的士兵和贫苦劳动者。随后出现了向澳大利亚的移民,情况大抵也如此,而且向澳大利亚的移民中还有不少流放犯人。概言之,当时前往美洲的移民数量不大,1760 年迁移到美国的人口仅 160 万,1775 年移民人口也只有 260 万②。

在此期间,大规模迁往美洲的移民主要是非洲黑人。一方面,由于殖民统治对美洲印第安人的血腥镇压导致印第安人口急剧下降;另一方面,欧洲一些国家为了大规模开拓殖民地,在美洲推行了奴役制度。因此,除了欧洲的贫困移民作为契约劳动者来到美洲外,

---

① Ranis G, Fei J. A Theory of Economic Development[J]. The American Economic Review,1961:51.
② 田方,陈一筠. 国外人口迁移[M]. 北京:知识出版社, 1986.

大量的是从殖民地抢夺来的黑人奴隶。贩卖第一批到北美的黑奴是在1619年,贩卖黑奴一直持续到1870年前后,从未间断。根据美国历史学家杜波依斯(W. Du Bois)的估计,贩运的非洲黑奴数量在16世纪大约为90万人,17世纪约275万人,18世纪约700万,19世纪约400万,合计大约1500万。17—19世纪非洲的人口减少,其中原因之一就是大批黑人作为奴隶贩运到了美洲。值得注意的是,由非洲贩运的人口在很长时间里占美洲人口的比重不大,原因在于黑人在殖民地受到了比印第安人更为残酷的剥削和奴役,死亡率很高,平均寿命很短。到了19世纪,大量的白人移民到美洲,因而在美洲人口中白人的比重最大。

(二) 19—20世纪上半叶的国际人口迁移

19—20世纪上半叶是国际人口迁移最多的时期。在第一次世界大战前夕,欧洲国家平均每年外迁人口超过150万人,比19世纪中叶的每年平均30万人多了4倍。在这段时期,欧洲各国之所以有大量的人口跨国迁移,是因为如下几点原因:(1) 进入了垄断资本主义阶段后,为了获得高额利润,需要向外扩张,掠夺海外殖民地资源,争夺商品市场和资本输出市场,为此,一批批欧洲人作为国际移民向世界各地迁移、渗透。(2) 这一时期也是欧洲人口增长最快的时期,城市贫困劳动人民为了摆脱失业、贫困的生活境地,纷纷到海外谋生,成为国际移民人口。(3) 19世纪的美国已进入了工业化时期,需要大量的劳动力,这为欧洲各国的人口跨国迁移提供前置条件,这一时期出现了欧洲各国涌向美国的移民大潮。

根据美国人口学家托依伯等人的估计,1820—1940年间迁往美国的人口大约为3260万人,1851—1941年迁往加拿大的人口约为460万人,1957—1940年迁往阿根廷的移民人口大约为660万人,1821—1940年迁往巴西的人口约为420万人,1801—1935年迁往澳大利亚和新西兰的人口约为230万人。从19世纪初至20世纪40年代,迁移到新大陆的欧洲人大约为5030万人。在这些国际移民人口中,英国人和爱尔兰人占70%~90%,其次是德国人。但到了19世纪末20世纪初的时候,东南欧外迁的国际移民人口已经接近西北欧的迁出人口。以迁往美国的欧洲人为例,从19世纪50年代到80年代,西北欧的国际移民比东南欧的国际移民多几倍甚至十几倍,但从19世纪末起,后者日益超过前者,这种情况一直持续到第二次世界大战前夕。

这一时期的亚洲人口外迁的主要是中国、日本和印度。根据联合国的数据估计,第二次世界大战前亚洲人口跨国迁移的规模为1000~2000万人。中国大约有几百万人迁往东南亚各国,印度有几百万人迁往马来西亚、缅甸、斯里兰卡等国。1833年英国在印度废除了奴隶制以后,有一部分印度人迁移到了西印度群岛以及南非、毛里求斯等地。

二、国际人口迁移的现状

20世纪国际移民因第一次世界大战而中断,虽然战后有所回升,但规模仅为战前移民潮时期的1/3左右。20世纪30年代美国遭遇严重的经济危机,加之美国采取了限制性移民政策,20世纪20年代之后迁移到美洲的国际移民数量锐减。随后,第二次世界大战爆发,再次阻止了正常的国际人口迁移。战后,一批新的资本主义国家兴起,国家发展的不平衡被打破,国际人口迁移开始进入了新的历史时期,出现了一些新特征。

(一) 从经济性迁移转向政治性迁移

政治性的国际迁移比第二次世界大战前规模更大、更复杂,并且持续时间也更久。从19世纪到20世纪的国际人口迁移基本上是为了经济目的而迁移,且多数出自移民本身的意愿。从20世纪20年代开始,国际人口迁移不再是纯粹的个人意愿和为了经济目的迁移,而是具有政治性的国际迁移。其中包括:战争中被德国、意大利、日本等国强行迁移作苦役的劳动者在战后返回祖国,这部分人口在欧洲约有150万,亚洲约有120万;战败士兵和贫民从占领区遣返回国;战后欧洲重新划定国界,从而导致人口相互迁移,如1945—1946年间大约有150万波兰人和犹太人迁往苏联,而1945—1948年间有50万人从苏联迁往波兰;战后一批无家可归者需要各国安置,形成又一种国际迁移;印度分裂成印度和巴基斯坦两个国家,形成了一次国际迁移,1951年,印巴双方各交换720万人口,形成了1 440万人口的国际迁移。

(二) 外籍劳工的国际迁移

二战后国际移民中,外籍劳工占据很大比例。外籍劳工是指到国外谋生、寻找工作、获得收入的人。外籍劳工在他国居住的时间往往与工作和收入的稳定性相关,很少真正永久定居,获取国籍。外籍劳工往往工作一段时间后返回自己的祖国,这是不同于其他类型国际移民的重要特征。外籍劳工人数增加是战后社会经济发展和人口增长的必然结果。从经济上来说,战后资本主义国家经济发展不平衡,有些国家经济获得了较快发展,但劳动力不足,需要其他国家提供廉价劳动力。而那些能提供廉价劳动力的国家往往是经济发展缓慢,劳动力有剩余的国家。劳动力过剩形成了推动人口跨国流动的推力,经济发达国家的劳动力不足和更好的工作机会也对跨国劳动形成引力,在双重力量的作用下,跨国劳工成为这一时期国际移民人口中的重要组成部分。

(三) 战后国际移民的迁移流向

战后国际人口迁移除了政治性迁移和外籍劳工迁移两种形式外,传统的国际人口迁移仍占有一定的比例,共同构成了国际迁移的复杂图景。

1. 欧洲由人口迁出地区变成人口迁入地区

新大陆的移民以往主要来自欧洲各国,但20世纪起,尤其是第二次世界大战以后,情况发生了很大的变化。20世纪50年代,比利时、法国、德国等都成了国际人口净迁入国,其中德国人口净迁入达到254.6万,法国为108万。

2. 拉丁美洲由净迁入地区变成净迁出地区

拉美地区在历史上曾是大批接受国际移民的地区。移民除了有来自非洲的黑人之外,还来自南欧。接受欧洲移民的国家主要是巴西、阿根廷和委内瑞拉。战后拉丁美洲出现了两股向外迁移的流向,一是英属西印度群岛的人口向英国移居,二是拉美人口流向北美。美国和加拿大在20世纪50年代接受拉丁美洲地区的移民达到60万,60—70年代中期超过了200万,拉美地区成了美国最大的移民来源国。

3. 北美和大洋洲仍是最大的移民迁入地区

战后，北美和大洋洲继续保持大量迁入人口的态势，唯移民来源结构发生了很大的变化。历史上，美国、加拿大、澳大利亚和新西兰是最大的移民接受国，其中美国接受的移民经常占国际移民总数的60%，19世纪后半叶平均每年接受移民30～50万，20世纪开始增加到60万～100万。直到20世纪，美国移民人口的主要来源国是西欧、北欧等国家，后来转为东南欧国家。二战后，来自欧洲的移民有所减少，拉丁美洲的移民成为主要来源。

综上，战后国际迁移人口大多是从发展中国家向发达国家迁移。亚非拉国家向欧美发达国家迁移的现象比较普遍。1960年共有325万人从发展中国家向发达国家移民，到了1974年，这一规模增加到947.5万[①]。

（四）国际人口迁移新特征

随着全球化发展和交通、通信的便利性，跨国人口迁移或流动已成为一种常见的现象。有学者将当前这种跨国流动频繁的时期称为移民时代[②]。国际人口迁移也出现了一些新的特征，具体包括：(1) 国际人口迁移动机转变，需求越来越趋于多元化。与以往的政治避难、跨国劳工迁移不同，当前的国际人口迁移很大一部分是为了获得更好的教育或出国定居，跨国迁移的动机也越来越多元化。(2) 跨国移民人群趋向年轻化。以往移民群体的年龄大多在35～50岁之间，但随着时间的推移，移民群体也越来越年轻化，移民群体中除了有一部分是跨国求学的人群外，年轻一代对国际化生活模式的追求在很大程度上也推动了跨国迁移和流动。(3) 国际移民全球化。以往的移民输出国与接受国局限于某些国家，但随着全球经济发展和贸易往来，国际人口迁移越来越呈现出全球化态势，移民输出国与接受国也在扩展。(4) 女性移民人口越来越多。在国际移民多样化的背景下，女性移民人口不断增加。女性迁移人口的增加与现代家庭分工变化有关，还与国际劳动力市场的变化有关。例如，家务需求不断增长，这有利于女性劳动力人口的迁移。(5) 移民目的国"人才竞争"日趋激烈。世界主要移民目的国引智政策逐步升级，例如，日本针对高层次人才设立"高度专门职业(1—2)"签证，并通过构建高层次人才积分制度进一步扩大高层次人才的引进规模，提前完成其在《未来投资战略2017》中提出的在2022年底前引进2万名高层次人才的目标；英国则取消人才签证的每年度发放上限，推出全球人才签证、创业签证和创新者签证；多数欧盟成员国在2018—2019年间先后修改法律，放宽非欧盟科研人员及学生在欧盟成员国境内流动的条件；美国则将绿卡配额向职业移民转移，将高技能移民占比从12%提高至57%，通过《2019年高技能移民公平法案》，吸引科技人才[③]。

（五）后疫情时代的国际移民

1. 短期内国际人口迁移规模明显收缩

长期以来，由于国际人口的频繁迁移与生产要素的跨区域流通，世界早已联结成"地

---

① 数据来源：联合国《1950年以来国际移民的趋势与特征》，1979年。
② Castle S., Miller J. The Age of Migration: International Population Movements In the Modern World[M]. London: Macmillan, 1993.
③ 数据来源：王辉耀、苗绿.中国国际移民报告（2020）[M].北京：社会科学文献出版社，2021.

球村",但新冠肺炎疫情这一全球性公共卫生事件引发公众对于这种高度联结世界的重新思考。为抗击疫情,世界各国纷纷采取限制出入境等"封国""封城"措施,在短期内极大限制了国际人口迁移规模。

2. 反移民思潮在一些国家进一步强化

疫情严重冲击全球供应链,本土产业链安全再次回到经济发展的视域范围内,并受到各国政府的高度重视。"保护主义"抬头,逆全球化趋势似乎正在加速显现。而在此之前,世界各国为了抗疫,纷纷调整出入境与移民政策,移民问题成为一些西方国家政党转移疫情造成的社会矛盾的重要话题,"反移民"思潮进一步强化。在社会情绪因疫情和停工停产冲击而显著波动的情况下,这些国家的民众易于将这种指责投射到当地的亚裔移民。

3. 国际人才流动或开启新模式

有关报告分析称,受疫情影响,国际人才流动或开启新模式。尽管疫情期间人才难以在实体空间内进行国际迁移,但虚拟空间内的国际智力流动频率已大幅提升,如部分国际知名高校对外国留学生实施远程授课,许多国际科技、人才交流活动从线下转为线上开展,客观上为虚拟空间内的国际智力流动提供了新机会。

三、国际人口迁移的后果

国际人口迁移对各国的人口发展、经济增长、城市发展等产生了一系列的影响,这种影响因人口迁出和迁入而有所不同。国际人口迁移是一把双刃剑,在促进经济增长,繁荣国际贸易的同时,还有可能带来诸如犯罪、难民等负面影响。

(一) 对人口发展的影响

国际人口迁移对人口发展的影响主要体现在影响人口数量、人口性别和年龄结构,以及人口再生产等三个方面。

1. 对人口数量的影响

国际人口迁移对迁出国和迁入国的人口数量都会产生一定的影响,其影响程度取决于迁移的人口数量以及迁入或迁出国的人口基数。对于基数较小的国家,国际迁移可能会成为这个国家人口增长的主导力量。例如19世纪后期,澳洲的人口增长主要依靠欧洲的移民迁入。澳大利亚在1860年前和新西兰在1875年前都是移民迁入数量大于本国人口自然增长数量。国际人口迁移对迁出国的人口规模也产生一定的影响。19世纪到20世纪初欧洲人移民外迁对其总人数影响很大。以爱尔兰为例,19世纪的爱尔兰总人口数由1851年的500万减少到1926年的300万。在相同时期,德国和北欧国家的人口迁移分别是其自然增长人口数的1/7和1/3。

2. 对人口性别、年龄结构的影响

国际人口迁移对迁出国和迁入国的人口性别结构同样带来一定的影响,特别是对人口基数不大的国家影响显著。从迁入国来看,澳大利亚、新西兰以及阿拉伯石油输出国等都是男性比例高的国家,这种性别失衡现象有很多种原因,其中之一与其长期的国际人口迁移有关。同样地,国际人口迁移对人口年龄结构的影响更明显。因为迁移人口大多数发生在劳动力年龄时期,即18～60岁之间。由此可见,国际人口迁移对迁入国而言,大多数是增加了劳动力年龄人口数,对迁出国而言,情况正好相反,其劳动力年龄人口数量减少,比例也在同步缩减。

3. 对人口再生产的影响

由于国际人口迁移影响到人口规模和人口年龄结构,自然也会影响到一国的人口再生产。其影响程度同样也取决于该国的人口基数,对于人口基数大的国家,影响有限,但对人口少的国家这种影响显而易见。一般来说,国际人口迁移可以提高迁入国的人口自然增长率。对于迁出国而言,正好相反,因为生育年龄人口与劳动年龄人口很大程度上是重合的,因此迁出国因迁出生育年龄人口而导致生育率下降。战后南斯拉夫的生育率下降的一个很大原因就是人口迁出过多。

(二) 对经济发展的影响

国际移民对迁入国和迁出国的经济发展都会带来影响。国际移民对迁入国的经济增长促进作用更加显著。具体表现在三个方面:一是移民带来了充足的劳动力资源,弥补了迁入国的劳动力不足问题,降低了劳动力使用成本,从而促进了经济发展。二是附加在移民身上的人力资本创造价值。大多数情况下,迁移者往往都具有较高的教育水平和技能,是同类人群中的佼佼者,因此迁移者本身具有较高的人力资本价值,对迁入国的经济发展起到直接推动作用。三是促进了迁入国的科技创新和发展。一项针对美国的移民研究表明,合法和非法的移民非但不是美国的经济负担,相反他们每年还为美国经济增长做出巨大贡献[1]。数据显示,美国科技龙头企业美国硅谷公司里有许多来自印度和中国的移民,为美国的科技创新做出了贡献。印度每年都为近10万名从事信息产业的技术人员办理前往美国的工作签证。

(三) 对城市发展的影响

许多国际移民到了他国之后一般都居住在城市,因为城市能提供更多工作机会,移民的到来也会推动城市发展。以美国纽约为例,移民的到来对城市面貌的改善发挥了重要作用。一直以来,移民都是纽约城市化的重要推动力量。移民对城市发展的贡献体现在两个方面:一是移民的到来促进了城市面积的扩大,城区向外扩张。纽约城区从早期的曼哈顿南端一隅向北延伸至曼哈顿全岛,并进而扩展到曼哈顿周围4区。在100年内,纽约人口增加了近50倍,城市面积增加了80倍[2]。二是移民增加城市人口,促进了公共基础设施的扩建和完善。相关数据显示,1820—1920年间大约有1130万外国移民迁往纽约,高峰时期移民占整个纽约市人口的比例达到了50%。如此大规模人口的进入,对城市空间需求、公共资源配置造成了巨大的压力,为了满足人口增加的需求,城市管理者需要对公共基础设施进行扩建和完善,由此推动了诸如学校、住宅、车站等基础设施的扩建,同时也

---

[1] 刘军.移民对美国经济竞争力的贡献[J].财经问题研究,2003(05):82-86.
[2] 林广.移民与纽约发展[J].城市问题,1999(2):47-55.

促进了工厂、商店以及其他服务业的发展,进而吸纳更多劳动力人口,加速了城市资本积累和工业化进程。上述这些变化又反过来使得纽约这座城更具有吸引力,促使更多移民进入城市工作和生活,正是这种良性循环使得纽约成为全美最具吸引力的城市。

(四) 国际人口迁移的负面影响

国际人口迁移的负面影响主要在于两个方面:一是人才流失带来人力资本损失。对人口输出国而言,人口迁移导致了劳动力人口外迁,人力资源损失,进而会影响经济发展。根据数据统计,1994—1996年间,从俄罗斯去加拿大、美国等国的移民中拥有大学学历的移民分别占到50%和45%[①]。同样,今日中国移民美国的人口中大约51%的人有学士学位,54%的人是拥有专业技术的人口[②]。由此可见,对于移民输出国而言,国际移民将会带来不可估量的人力资本损失。二是国际移民对输入国的负面影响主要在于难民和犯罪率上升的风险。自1976年起,世界难民正以每年12%的速度增长,给难民输入国带来沉重的经济负担[③]。此外,非法移民的涌入也会带来就业、住房和公共资源的挤压问题,加剧社会矛盾,增加移民群体与本地居民之间产生冲突的风险。严重时还会对当地的治安、社会稳定产生影响,导致犯罪率上升。国际移民跨国犯罪引起国际冲突,直接威胁到世界和平。例如美国著名的9·11事件的元凶是通过非法途径进入美国的恐怖分子。

总之,国际人口迁移对移民输出国和移民接受国产生的影响是不同的,国际移民如同一把双刃剑,可能带来利益,但同时也有潜在风险,应理性看待国际移民问题以及可能产生的多重社会后果。

第四节 中国的人口迁移

一、中国历史上的人口迁移

中国人口迁移历史可划分为四个阶段:秦朝及以前的人口迁移、汉朝至民国时期的人口迁移、新中国成立至改革开放前的人口迁移、改革开放至今的人口迁移。

(一) 秦朝及以前的人口迁移

这一阶段的人口迁移大多属于被动的人口迁移,迁移的原因主要是战争、皇权更迭、自然灾害等。中国奴隶社会历经夏、商、周三代,都是从氏族部落发展而来,人们大多从部落发祥地向中原迁移。其间,夏朝、商朝因皇权更迭、自然灾害等原因多次迁都。史料记载:"汤灭夏建都亳,仲丁由亳迁往嚣,河亶甲迁相……帝乙末年迁沬[④]。"每一次迁都,都

---

① 李其荣.国际移民对输出国和输入国的双重影响[J].社会科学,2007(9):46.
② 数据来源:美国人口统计报告。https://statisticalatlas.com/United-States/Overview.
③ 朱其良.国际移民对世界政治经济的影响[J].广西社会科学,2002(5):50.
④ 沈益民,童乘珠.中国人口迁移[M].北京:中国统计出版社,1991:12-13.

伴随着人口大迁徙。

公元前221年,秦国建成了一个统一的封建王朝。秦始皇统一全国后,多次进行了大规模的移民。秦时期的迁移可概括为"徙天下豪富实关中",即将那些官宦、贵族、富豪之家迁徙至首都咸阳,在当时看来这种大规模迁徙有着政治、经济、社会和军事多方面的意义。从政治上看,迁往新地区后,在新政权治下旧有势力失去威力,减少暴乱的发生;从经济上看,通过迁徙来削弱六国豪富的实力,在一定程度上剥夺了豪富的经济能力;从社会目的看,主要通过人口迁移将首都咸阳尽快发展成为关中地区的政治中心;从军事目的来看,秦统一全国后将当时的冶铁等工业迁移入蜀,让其远离匈奴,免遭其侵袭。秦始皇统一六国后,紧接着北伐匈奴,南征百越,西服巴蜀,东降辽东,不断开拓疆土,设立郡县,为拓地戍边目的进行人口迁移。此外,秦朝对已降服的君臣、百姓以及不同政见者予以政治流放,让其迁往边远地区。例如《史记·秦始皇本纪》记载:"六年拔魏,迫东郡,其君角,率其支属徙居野王[①]。"秦王朝的人口迁移尽管大部分属于强制性迁移,对人民有压迫的一面,但客观上也起到了稳定边防、安定国家的作用。

(二) 汉朝至民国时期的人口迁移

秦朝之后,历经西汉、东汉、两晋、南北朝、唐、宋、元、明、清等朝代,每个朝代都经历过或大或小的人口迁徙,这里将其中比较有名的人口迁移做简要介绍。

(1) 安史之乱中的人口迁移。在安史之乱前,统治者汲取教训,采取"轻徭赋,使民衣食足"的做法,一度使得人口快速增长。安史之乱是唐朝由盛转衰的转折点,在这次大规模的战乱中,黄河中下游地区的老百姓惨遭荼毒,中原百姓为避战乱,争相向长江中下游地区迁移,这次迁移被称为中国历史上第二次大规模的人口迁移[②]。

(2) 北宋末年,金兵大规模入侵,靖康元年灭掉北宋政权,历史上称为"靖康之难"。此后,在金兵侵逼下,北方人口又一次掀起了向南方迁移的高潮。靖康之难后移民主要表现在"人口重心南移""文化重心南移""经济重心南移",两宋时期的移民标志着我国南方经济、文化和人口的空前发展,从而使我国人口进入了南盛北衰的新阶段。

(3) 元、明、清时期的迁移。元朝初、中期兴起土地兼并之风,到了元朝后期更为严重,造成了数以百万计的流民在全国各地游动谋生,对元朝统治政权构成了很大的威胁。明朝是人口迁移持续时间长、移民类型多、数量较大的一个朝代。清朝大量的人口以各种形式从内地迁往边疆,加速边陲地方发展,促进了各民族交往融合。

(4) 民国时期的人口迁移。由于这一时期人口快速增长,一些人口稠密的省份的土地承载率巨大,且同一时期外来资本大量涌入,无数的小农经济和手工业者纷纷破产,沦为乞丐流民。此外,派系军阀连年混战,土匪猖獗,民不聊生,再加上自然灾害多发等原因,导致流民四起,出现各种类型的移民。

---

① 石方.中国人口迁移史稿[M].黑龙江:黑龙江人民出版社,1990.
② 第一次人口大迁徙是在东汉末年到魏晋南北朝时期,也称为"衣冠南渡",是北方的一些游牧民族迁入内地,与汉族人杂居而住,一直到了西晋末年时期,因为北方大乱,所以北方的汉族就先行南下,到了长江中下游一带生活,后来根据历史学家考证,当时迁居到南方的中原人大约有70多万。

（三）新中国成立至改革开放前的人口迁移

1. 新中国成立初期的人口迁移

新中国成立初期，经济建设和生产得到快速发展，人口迁移流动也较为活跃。由于这一时期没有实施严格的户籍管理政策，也没有对农村与城市之间的流动迁移做过多限制，从而总体上呈现出人口自由迁徙和流动特征，城镇人口流动规模不断增加（如表5-3所示）。我们将这一段时期的人口迁移的原因概括为三个方面：一是国家政权建设带来的人口迁移，例如干部南下迁移；二是旧政权人员的遣返与安置；三是新中国成立后带动的工业农业生产发展，促进了人口从农村向城市迁移。

表5-3 新中国成立初期的人口流迁

年代	流入人口（万人）	流入率（%）
1949—1950	204.4	3.55
1951—1952	219.0	3.30
1953—1954	233.6	2.98
1955—1956	306.6	3.70
1957—1958	408.8	4.11

资料来源：任远，谭静.人口迁移流动与城镇化发展[M].上海：上海人民出版社，2014：37.

2. 20世纪60—70年代的人口迁移

20世纪60年代以后，中国人口迁移流动趋势发生了较大的变化。由于20世纪50年代"大跃进"国民经济发展受挫，对粮食供应造成了一定的压力。1962年国家开始实施"调整、巩固、充实、提高"的方针，依靠行政命令将几千万人重新迁回农村，并实施严格的户籍管理制度。这一时期的人口迁移主要有如下类型：一是国家"三线"建设引起的人口迁移。[①] 这类迁移始于1964年，一直持续到改革开放初期结束。该时期人口流向主要由东部沿海地区向西北、西南及内蒙古自治区转移；二是自发性垦荒引发的人口迁移。这一时期人口主要迁往我国东北、西北等土地资源相对丰富、生存条件相对优越的地方，其中，新疆、内蒙古、黑龙江是当时垦荒迁移的主要目的地。三是"上山下乡"运动引起的人口迁移。早在20世纪50年代中共中央政治局就在《1956—1967年全国农业发展纲要（草案）》中提出"城市中、小学毕业的青年，除了在城市升学、就业外，应积极响应国家号召，下乡上山去参加农业生产，参加社会主义建设的伟大事业"的口号。出台这一政策的目标一是为了解决城镇就业难的问题，二是为了促进边疆地区的发展。真正规模巨大的"上山下乡"运动发生在1968—1979年，大约有1 500万~2 000万的"知识青年"（初高中生、小学

---

① 三线建设，指的是自1964年起中华人民共和国政府在中国中西部地区的13个省、自治区进行的一场以战备为指导思想的大规模国防、科技、工业和交通基本设施建设。一线地区指位于沿边沿海的前线地区；二线地区指一线地区与京广铁路之间的安徽、江西及河北、河南、湖北、湖南四省的东半部；三线地区指长城以南、广东韶关以北、京广铁路以西、甘肃乌鞘岭以东的广大地区，主要包括四川（含重庆）、贵州、云南、陕西、甘肃、宁夏、青海等省区以及山西、河北、河南、湖南、湖北、广西、广东等省区的部分地区，其中西南的川、贵、云和西北的陕、甘、宁、青俗称为"大三线"，一、二线地区的腹地俗称为"小三线"。

高年级学生)从城镇迁移到农村、偏远山区和牧区。四是 20 世纪 80 年代初期兴起的"返城"迁移流。这一时期的主要迁移群体是"下乡的知青"和"下放的干部",他们或因返城工作而迁移,或因城市招工、报考大学而回城。

(四) 改革开放至今的人口迁移

20 世纪 80 年代以来我国经济体制改革和城市经济获得飞速发展,以乡—城人口流动为主的人口流迁是这一时期的主要特征。一方面,由于农村人口增长,农村土地的承载力有限,大量的农村剩余劳动力转向城市务工;另一方面,改革开放增强了人们的思想观念,一定程度上强化了迁移倾向。市场经济本身就是一种开放的经济模式,任何生产力要素(包括劳动力)都应自由进入市场,在流动中实现合理配置。此外,随着严格的户籍管理制度的放松,人口流动和迁移也逐渐增加,时至今日,城乡迁移已成为中国人口迁移的主要特征。

二、当代中国人口迁移

改革开放之后,国家经济体制改革与社会发展进入转型时期,人口迁移也呈现出了不同于以往的新特征。

(一) 20 世纪 80 年代的人口迁移

20 世纪 80 年代,我国人口迁移大概可以分两个阶段:一是 1978—1983 年,此阶段为人口迁移稳定发展时期。这一时期的人口迁移主要是"返城"迁移。从省级迁移数据来看,1979—1981 年三年间我国人口迁移总量为 626.3 万人[①],与 20 世纪 70 年代相比有了大幅增长。二是 1984—1990 年,国家放宽了迁移政策,允许农民在自理口粮的情况下在小城镇落户。这一时期的主要特征是人口省级迁移和省内迁移率都较高,都达到了 20‰~30‰,地区之间的迁移水平差异较大,总迁移率最高的北京达到了 74.3‰,而最低的河南只有 12.4‰。

(二) 20 世纪 90 年代的人口迁移

20 世纪 90 年代,城市经济飞速发展,同时人口迁移和流动也在不断增加。这一时期的人口迁移有一些新特点:一是迁移人口数量逐渐增加,非正式迁移逐渐成为人口迁移的主体。其中,1990 年户籍人口迁移为 265.39 万人,到 2000 年时这一数字增加到 1 088.39 万人,同期,流动人口从 2 135 万人增加到 10 229 万人。根据学者的测算,1990—2000 年间,非正式迁移的比重已经超过了户籍人口迁移的比重,2000 年时非正式迁移人口的比重已经达到了 70%[②]。二是人口主要集中向东南沿海地区迁移,同时东南沿海地区迁出的人口占比进一步缩小,而西部迁出比例则持续升高。三是 20 世纪 90 年代人口迁移增长是社会主义市场经济体制改革、户籍管理政策放宽和区域经济差异等原因共同导致的

---

① 李树苗.中国 80 年代的区域经济发展和人口迁移研究[J].人口与经济,1994(3):7.
② 杨云彦.中国人口迁移的规模测算与强度分析[J].中国社会科学,2003(06):97-107+207.

结果。

(三) 2001—2010 年的人口迁移

1. 2001—2010 年户籍人口迁移状况

2000 年后户籍人口迁移数量进一步增加,2001 年全国户籍迁移人数达到 1 701 万人,2007 年时则达到了 2 084 万人。到了 2010 年时,户籍人口迁移开始减少,人口迁移规模相对稳定(如图 5-1 所示)。户籍人口迁移存在区域差异,东部大多数省份都是人口净迁入省份,中部地区省份在户籍人口迁移上表现出一定的起伏,例如 2007 年净迁移人口达到峰值后,出现骤然下降的情况,到了 2010 年大多数中部省份的净迁移已经接近为 0。西部多数省份在此期间都是维持人口净迁出趋势。

2. 2001—2010 年流动人口状况

与户籍人口迁移不同,流动人口在 20 世纪 80 年代后经历了快速增长。特别是农村向城市流动务工人口占该部分群体的大多数。根据 1987 年 1‰人口抽样调查数据,流动人口数量在 1987 年已达到 1 810 万人。邓小平 1992 年"南方谈话"后,流动人口增长进一步加速,1995 年流动人口增加到了 7 073 万,比 1990 年 2 135.4 万人增长了 3 倍多。2010 年第六次人口普查显示,流动人口达到了 22 103 万人,这比改革开放初期的流动人口数量增长了近 34 倍。由此可见,经济体制改革为流动人口增长提供了巨大推动力。

图 5-1 2001—2010 年我国户籍人口迁移状况(单位:万人)

数据来源:公安部治安管理局.中华人民共和国分县市人口统计资料[M].北京:群众出版社,2001-2010.

(四) 2010 年后的人口迁移流动

2010 年以后,我国人口流动和迁移进一步增加,且呈现出一些不同于以往的新特征。通过比较 2020 年的第七次人口普查数据与以前的历次人口普查数据、人口抽样调查数据,我们对该时期的人口流动和迁移特征做如下简要概述。

1. 流动人口持续增长

全国第七次人口普查数据显示,到 2020 年我国流动人口规模已经达到了 37 582 万人,其中跨省流动人口为 12 484 万人。这说明当前我国人口流动与迁移仍然活跃。与

"六普"数据相比,"七普"时期流动人口规模增长了 1.548 亿。根据历次人口普查数据,我国乡—城流动人口是流动人口的主力。其中,2000 年乡—城流动人口占比为 52.2%,2010 年这一比例上升到了 63.2%,到了 2020 年这一比例进一步增长到了 66.3%。值得注意的是,尽管城—城流动在人口流动占比中偏低,但城—城流动人口规模仍呈增长趋势。2020 年城—城流动人口达到了 8 200 万人,比"六普"时期的城—城流动人口规模增加了 3 500 万人。

2. 短距离人口流动显著增加

根据 2020 年"七普"数据,2020 年省内流动人口规模达到了 2.51 亿人,与 2010 年的 1.27 亿人相比,增长近乎翻倍。除此之外,2020 年的市辖区人户分离人口规模显著提高,为 1.17 亿,比 2010 年增加了约 0.77 亿,而且这一增长率也高于 2000—2010 年间的增长率。这表明我国省内流动人口和市辖区内人户分离人口规模均呈现"爆炸式"增长,短距离人口流动性显著增强。

3. 向东部沿海地区流动趋势未变

通过对 2000 年、2010 年两次人口普查数据的分析发现,中国省级人口流动和迁移方向基本是从中西部地区向东部发达地区迁移,从而形成了"强者更强"的城市发展格局。2020 年第七次人口普查数据显示,人口向东部省份迁移和流动的趋势并未发生改变,特别是一些大城市放松户籍政策、降低落户标准以后,人口向大城市聚集的趋势持续增强。

思考题

1. 简述人口迁移的概念及类别。
2. 简述人口迁移相关理论。
3. 阐述国际人口迁移的现状与后果。
4. 简述当代中国人口迁移的基本特征。

第六章

人口转变

人口转变作为人类由农业社会向工业社会迈进的社会转型的一个组成部分,与工业化、现代化有着紧密的联系,它在人口研究的历史上具有重要的地位。

第一节 人口再生产与人口转变

人口再生产是人口新一代出生、成长和老一代衰老、死亡不断重复的世代更替过程。人口再生产意味着人口不断更新和世代更替,从而使得人类自身能够不断延续和发展。

一、人口再生产的概念与测量

(一)人口再生产的概念

人口再生产与物质资料再生产都是社会再生产的组成部分,但二者存在差异:一是两个再生产的最终成果不同。人口再生产的最终成果是人,而物质资料再生产的最终成果是物。人口再生产是人类世代延续的前提,而物质资料再生产是人口再生产的基础。二是两个再生产的"场域"不同。人口再生产的主要"场域"是家庭,即在家庭中通过婚姻关系得以实现,而物质再生产的"场域"是各种生产/工作的场所。三是两个再生产的复杂程度与周期不同。人口再生产远比物质再生产复杂得多,生产周期也更长。

(二)人口再生产的基本变量

从外部来看,人口再生产的结果是人口的世代延续,但从内部看是新生命的诞生。因此,影响人口再生产的基本要素涉及人口的出生和人口自然增长,也就是与人口出生率、死亡率和自然增长率有关。讨论人口再生产就需要讨论这三个变量及其关系。

当出生率大于死亡率时,自然增长率为正值,人口总量将会增加,这时人口再生产属于扩大化人口再生产。当出生率等于死亡率时,自然增长率为0,总人口数保持不变,属于静止型人口再生产。当出生率小于死亡率时,自然增长率为负值,人口总量下降,此时人口规模缩小,属于缩减型人口再生产。从三个变量的关系中可以看到,真正影响人口再生产的是人口出生率、死亡率,而人口自然增长率是由出生率和死亡率派生出的变量。

（三）人口再生产的测量

人口再生产的规模及其变动趋势可以通过某些指标来测度和分析。一个常用的指标就是人口再生产率。由于人口再生产主要涉及的是女性人口，因此人口再生产率的测量也主要以女性人口为对象。具体来说，人口再生产率是指女儿一代人口数同母亲一代人口数之比。人口再生产率可以分为总人口再生产率（GRR）和净人口再生产率（NRR）。总人口再生产率只计算平均一个母亲一生所生育的女婴数量，未扣除没到接替母亲生育职能的年龄就已死亡的人数。如果从出生的女婴中扣除未到生育年龄就死亡的人数，然后再计算人口再生产率，则称为净人口再生产率。总人口再生产率和净人口再生产率的关系可表达为：

$$NRR = GRR \times \frac{I_n}{I_0}$$

其中，$\frac{I_n}{I_0}$ 代表能到达母亲一代平均生育年龄 n 的新生女孩的比例。

从理论上来说，人口自然增长率与人口再生产率的变动趋势应具有一致性，然而，由于受到年龄结构的影响和作用，人口自然增长率有时候与人口再生产率的趋势并不同步。为此，需要在计算中消除掉年龄结构的影响，再计算人口自然增长率。消除人口年龄结构影响后计算的人口自然增长率也称为人口内在自然增长率。

（四）人口年龄构成与人口再生产

人口年龄构成与人口再生产关系密切：（1）人口年龄结构是人口再生产的结果，而这一结果又成为后续人口再生产的条件。人口再生产与年龄结构互为因果关系。年龄结构特征影响人口再生产，反过来，人口再生产也会影响未来的人口年龄结构。要想优化人口再生产的规模和趋势，就必须调整、优化和完善人口年龄结构。（2）人口年龄结构是决定人口再生产的重要因素。人口再生产主要取决于出生率，而出生率与人口年龄结构关系密切。15~49岁女性人口群体是生育的主体，而与其他群体没有直接关系。这就意味着不同类型的人口年龄构成可能会影响到人口再生产。通常将人口年龄构成划分为三种：年轻型、成年型、老年型[①]。成年型人口是增长型人口再生产的基础，年轻型人口为未来人口再生产保持增长提供了可能性，老年型人口结构更可能形成缩减型人口再生产（如表6-1所示）。

表6-1 联合国人口年龄构成类型及划分标准

人口类型	少儿系数(%)	老年系数(%)	老少比(%)
年轻型	>40	<4	<15
成年型	30~40	4~7	15~30
老年型	小于30	大于7	大于30

---

① 陆杰华，伍绪青.人口年龄结构变迁：主要特点、多重影响及其应对策略[J].青年探索，2021(04)：28-40.

二、人口再生产的类型与人口转变

人口再生产模式是指某特定时期,由人口出生率、死亡率所构成的人口自然增长率的稳定状况。人口再生产可以分为传统型、过渡型与现代型三种模式,这三种人口再生产模式与人类社会发展阶段相适应。

(一) 传统型人口再生产

传统型人口再生产是以高出生率、高死亡率为特征,两者相抵就形成了稳定的低自然增长率模式。此类人口再生产模式主要存在于前工业社会之中,人口总量呈现静止或缓慢增长。人类发展到现在,大概有四分之三时间是狩猎和采集型社会,抗拒自然环境能力很低,生命比较脆弱,死亡率较高。

(二) 过渡型人口再生产模式

所谓过渡型人口再生产模式,是居于传统模式与现代模式中间的人口再生产模式。它表现为人口出生率高、人口死亡率下降、人口自然增长率上升等特征。从历史来看,工业革命后或资本主义前期的欧洲属于过渡型人口再生产模式,另外,二战结束后的发展中国家人口再生产模式也属于此类。

(三) 现代型人口再生产模式

与前两个人口再生产类型不同,现代型人口再生产模式的特征是低出生率、低死亡率,人口出现零增长甚至负增长,人口平均寿命延长,世代更替缓慢。这一模式主要出现在生产力高度发达的现代资本主义国家,表现为人口出生率持续大幅下降,人口缓慢增长或零增长,甚至负增长。目前在西欧、北欧、东欧、北美以及日本等国出现了人口出生率接近或低于死亡率的状况,人口出现零增长或负增长态势。当下中国也属于这一人口再生产类型。

人口转变是指人口再生产模式由高死亡率、高出生率和低人口自然增长率模式经由低死亡率、高出生率和高人口自然增长率的模式,转变为低死亡率、低出生率和低人口自然增长率的模式的全过程。人口转变与人口再生产类型的转变是两个既有联系也有区别的范畴。两者的联系在于都以出生率、死亡率和自然增长率等指标特征变动来描述人口发展过程。二者的区别在于人口再生产聚焦于人口的更替与延续,而人口转变重点探讨人口发展演化过程及其发生机制。

第二节 人口转变理论

人口转变理论是 20 世纪人口学的一个重要理论,该理论自提出以来,不断被世界各国的人口发展所验证,在人口学研究中具有重要的理论地位。

一、人口转变理论的背景

人口转变理论的形成与西欧19世纪下半叶与20世纪初期的社会经济发展密切相关。特别是英、法、德等国的工业化和城市化迅速发展，使得人口过程也发生了相应的变化，即人口的死亡率持续下降，人口的出生率也出现下降，人口自然增长率维持在较低的水平。19世纪的法国人口率先出现了这种转变趋势。从表6-2可以看到，死亡率从1801—1810年的27.8‰下降到1891—1900年的21.4‰；出生率从1801—1810年的32.0‰下降至1891—1900年的22.1‰；人口自然增长率在1801—1810年间为4.2‰，上升到1821—1830年的5.9‰，此后开始下降，从1831—1840年的4.2‰下降至1891—1900年的0.7‰，接近于0。人口从出生率、死亡率到自然增长率逐渐转变的过程称为人口转变。人口转变并不是纯粹人口意义上的转变，而是与外部的社会经济发展变化密切相关。有学者也将人口转变的过程与社会现代化发展对应起来，将人口转变看成是人口从原始阶段向现代阶段转变与演进的过程。

表6-2　19世纪法国的出生率与死亡率变动趋势

时期	出生率(‰)	死亡率(‰)	自然增长率(‰)
1801—1810	32.0	27.8	4.2
1811—1820	31.9	26.1	5.8
1821—1830	31.0	25.1	5.9
1831—1840	29.0	24.8	4.2
1841—1850	27.4	23.3	4.1
1851—1860	26.3	24.0	2.3
1861—1870	26.4	23.2	3.2
1871—1880	25.4	24.1	1.3
1881—1890	23.9	22.1	1.8
1891—1900	22.1	21.4	0.7

资料来源：P. R. 柯克斯. 人口学[M]. 上海：上海译文出版社，1985：210.

除了法国之外，其后英国同样经历了类似的人口转变。如表6-3所示，英国的出生率在1856—1860年间为34.3‰，到1891—1900年间下降到了29.4‰，死亡率也是如此，在1856—1860年间的死亡率为21.7‰，到了1891—1900年间降低到17.8‰，自然增长率也同步从12.6‰下降至11.6‰。值得注意的是，英国、法国等国家的人口转变发生在经济高速增长时期，即在19世纪中叶到19世纪末，英、法等国的生活资料增长速度是人口增长速度的四倍，生活资料的增长，不仅没有促进人口同步增长，反而导致了人口自然增长率的下降。这与马尔萨斯的人口发展观是相悖的，按照马尔萨斯的观点，当生活资料增长时，人口也必然增长，但19世纪中叶至19世纪末的英、法两国的人口实践却得出相反的结论。

表 6-3　19 世纪英国的出生率和死亡率(抽样统计结果)

时期	出生率(‰)	死亡率(‰)	自然增长率(‰)
1856—1860	34.3	21.7	12.6
1876—1880	35.2	20.8	14.4
1896—1900	29.4	17.8	11.6

资料来源:P. R. 柯克斯.人口学[M].上海:上海译文出版社,1985:215.

为了对人口转变做出合理的解释,西方学者提出了各种理论。其中一个代表性理论来自阿森·杜蒙德(A. Dumont)的社会毛细管说。针对法国生育率下降和人口自然增长接近零增长的现状,杜蒙德认为个体向上发展的欲望与生育意愿成反比。尽管能从整体上解释人口总量变动,但该理论并未结合经济社会发展,也未考虑生育率、死亡率等指标变动说明其内在机制。因此,社会毛细管学说仍是理论演绎。

二、人口转变的代表性理论

人口转变论是以对欧洲国家在社会经济转变的同时发生的死亡率、生育率由高水平向低水平转变的经历的描述与概括为开始的,许多优秀的人口学家都为该理论的完善做出过贡献。本节将介绍人口转变的主要理论模型。

(一) 三阶段理论模型

1. 兰德里的三阶段理论

兰德里(A. Landry)是法国人口学家,他在 1909 年提出了与经济发展相适应的人口发展阶段或社会秩序。将人口转变过程划分为原始阶段、中期阶段、现代阶段[1]。1934 年他再次重申了人口转变的三阶段理论。他认为经济因素,特别是生产力是影响人口发展的主要因素[2]。

第一阶段:原始阶段。这一阶段生产力水平低下,经济发展缓慢,人口的生育行为不受人为因素干扰,但由于生活资料匮乏,生育力无法达到生理性上限,而且生活资料匮乏直接影响到死亡率,使得死亡率较高。换言之,这一阶段的出生与死亡都不受人的主观干预,但受物质资料的约束,自然维持在某种平衡状态。

第二阶段:中期阶段。这一阶段生产力有了一定的发展,人们的生活水平也有了一定的提高,社会提供的生活资料超过了生理性需求,从而在一定程度上改变了人们的生活、消费行为。人类为了维持这种生活习惯和消费模式,需要通过婚姻、生育来调节人口再生产。因此,这一阶段的生育特征是部分地受人为因素的调节,通过调节生育来达成或提高既有的生活质量。

第三阶段:现代阶段。这一阶段物质生产资料极大丰富,经济发展已经达到了很高的水平,人们的生活质量也达到了前所未有的高度,致使人们的生育观念发生根本性改变,

---

[1] Landry A. La Révolution Démographique[M]. Paris: Inedéditions, 1934.
[2] 李竞能.现代西方人口理论[M].上海:复旦大学出版社,2004:330-338.

自觉地控制生育。

兰德里将"现代阶段"的人口转变称为"人口革命",以此表达这一阶段与前几个阶段的不同。值得注意的是,尽管他的理论很好地契合了当时法国等西欧国家的人口转变,但并未阐明人口转变的具体原因和转变机制。

2. 汤普森的三阶段理论

汤普森(W. S. Thompson)是美国社会学家,他在欧洲人口发展的基础上讨论了人口转变问题[①]。他认为世界各国在人口发展阶段上存在着差异,并且按照死亡率、出生率变动趋势和发展水平,将世界分成三类地区,即三个阶段。

第一阶段(或地区):出生率和死亡率都很少受外在因素干扰,都保持在较高的水平。具体来说,这一阶段死亡率受到一定的干预,但出生率很少受到干预,仍维持在较高的生育水平,人口自然增长率上升,未来会出现急剧的人口增长。例如当时的亚洲、非洲和南美洲国家都属于这种类型。

第二阶段:死亡率和出生率都下降,且死亡率下降得更快。尽管这一阶段死亡率下降快于出生率,但后期出生率的下降速度逐渐增加,且超过了死亡率的下降速度,因而人口的增长是先快后慢。例如,这一时期的意大利、西班牙及中欧各国家都属于这一类型。

第三阶段:出生率和死亡率都快速下降,且出生率下降比死亡率下降更快,进而导致人口自然增长率也相应下降。这一阶段出生率和死亡率都受人为干扰,迅速下降至较低水平,人口处于稳定低增长甚至负增长状态。这一时期的西欧各国属于该类型的人口转变。

3. 诺特斯坦的三阶段理论

第二次世界大战以后,西方人口转变理论研究的主流趋势从原先的"总体人口理论"转向"探讨人口转变的影响因素理论"。美国人口学家诺特斯特(F.W. Notestein)最先对人口转变发生的条件与原因进行了分析。他认为已有的理论分析走入两个极端,一是将人口转变与外部经济发展独立开来,忽视人口转变的外部环境的影响;二是将人口转变完全视为外部社会经济发展变化的产物。在吸收了汤普森三阶段理论的基础上,诺特斯坦将社会经济发展纳入人口转变分析框架,提出一个新的三阶段模型[②]。新三阶段模型的理论要点如图 6-1 所示。

第一阶段:这一阶段死亡率和出生率均维持在较高的水平上,死亡率有时会在出生率曲线上下波动。此类特征的人口是人口转变尚未开始的人口,人口自然增长率相对较低。

第二阶段:死亡率和生育率均开始下降,但死亡率下降更快,生育率下降速度较慢,因此总体上人口自然增长率提高较快。这一阶段处于转变过程中的人口或称为转型

---

① Thompson W S. Population Trends in the United States [J]. American Journal of Sociology,1933,112(3):613-632.
② Notestein F W. Population: The Long View[M]//Schultz. Food for the Word. Chicago: Chicago University Press,1945.

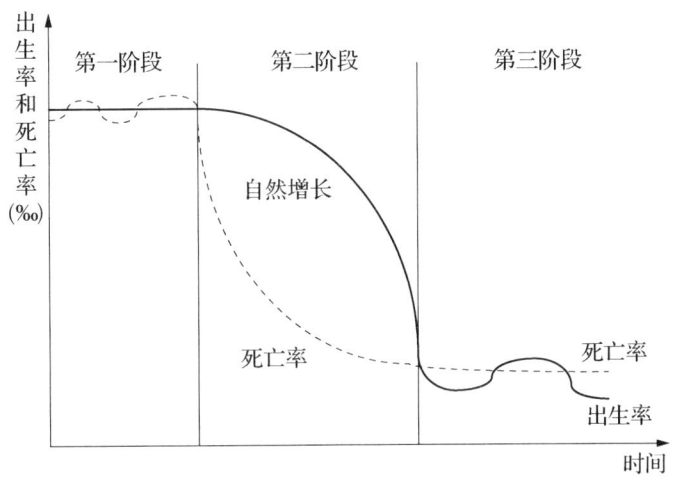

图 6-1 诺特斯坦三阶段理论

人口。

第三阶段:这一阶段属于人口转变完成阶段,死亡率和生育率已经降低到非常低的水平,且呈现相对平稳的态势,出生率接近更替水平,有时候甚至低于更替水平。

诺特斯坦的三阶段模型可以看成是对汤普森三阶段理论的补充,使得人口转变更接近于现实情况,但对于相关理论的探讨相对欠缺。可能正是意识到这种不足,诺特斯坦后期对三阶段模型进行了修正,提出了四阶段模型[①]。

(二) 四阶段理论模型

1. 诺特斯坦的四阶段模型

诺特斯坦四阶段模型是在三阶段理论基础上进行了修订,并将工业化、城市化、现代化等经济因素纳入理论之中。四阶段模型的理论要点如下:

第一阶段:与三阶段模型一样,第一阶段的特征是高出生率、高死亡率,且死亡率呈波动趋势,人口自然增长率很低。这一阶段可以称为工业化以前的阶段。

第二阶段:生育率基本维持不变,死亡率开始下降,并逐渐增速,人口自然增长率不断上升。这一阶段可称为工业化初期阶段。

第三阶段:死亡率继续下降,生育率也开始下降,但生育率下降之初的速度低于死亡率下降速度,人口自然增长率仍在提高。这一阶段可以称为工业化的发展阶段。

第四阶段:生育率和死亡率都下降至较低的水平,死亡率稳定在低水平,生育率在更替水平波动。这一阶段称为完全工业化阶段。

2. 柯尔-胡佛的四阶段模型

柯尔(A. Coale)和胡佛(E. M. Hoover)是美国人口学家,他们通过考察低收入国家

---

① Findlay, Allan &. Anne. Population and Development in the Third World [J]. Journal of Rural Studies,1988.

(主要是印度、墨西哥等国)的人口变化趋势提出了人口转变的四阶段模型①。

第一阶段：在农业低收入地区，高出生率和高死亡率并存为特征，生育率相对稳定，但死亡率随着社会财富的变化而波动，二者均在较高的水平上获得均衡，人口自然增长率有限。

第二阶段：受经济发展和医学知识的推广，死亡率开始下降，而出生率因为惯性的作用在死亡率下降一个时期以后才开始下降，两者之间有一个滞后时期。这一时期，自然增长率不断上升。

第三阶段：出生率继续下降，并缩小了与死亡率之间的差异，逐渐形成了同步下降趋势。

第四阶段：死亡率已下降至较低水平，生育率在低水平上波动并与死亡率实现均衡，人口自然增长率相对较低。

与以往人口转变模型不同的是，柯尔认为当生育率大大高于死亡率水平的时候，人口将迅速增长，从而削减整体经济发展水平。因此，在人口转变过程中，低经济增长水平的国度应有意识地控制人口增长。

3. 金德伯格-赫里克四阶段模型

金德伯格(C. P. Kindelberger)与赫里克(Brace Herrick)是美国经济学家，他们从经济发展约束与人口发展趋势的角度分析了人口转变过程，并同样将其划分为四个阶段②(如图 6-2 所示)。

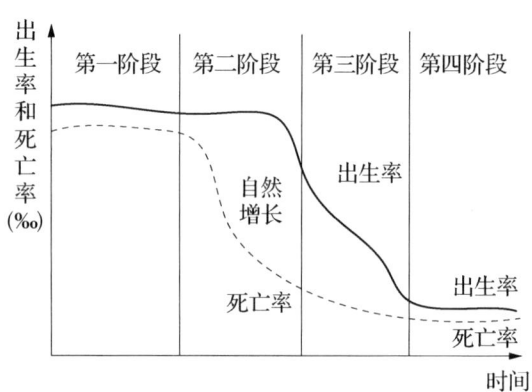

图 6-2　金德伯格-赫里克四阶段模型

第一阶段：出生率与死亡率都处于较高的水平，出生率高，死亡率也很高。尤其是死亡率的高低直接受这一期农业生产和经济发展的影响。因粮食歉收而导致的饥荒、营养不良会带来更高的死亡率。

第二阶段：由于经济发展、生活条件和卫生条件的改善，死亡率开始下降，但出生率仍保持在原先的水平上，这一阶段人口自然增长率迅速提高。

第三阶段：死亡率继续下降，但由于卫生支出的收益递减，死亡率进一步放缓。而这

---

① Coale A., Hoover. The Decline of Fertility in Europe[M]. Princeton: Princeton University Press, 1986.
② 金德伯克，赫里克. 经济发展[M]. 上海：上海译文出版社，1986.

一时期,得益于城市化、教育发展和避孕技术等因素,生育率出现下降,但综合来看,人口自然增长率仍维持在较高的水平。

第四阶段:低生育率与低死亡率并存阶段,两者相互作用,达到人口均衡,使得人口自然增长率维持在零增长点附近。

(三) 五阶段理论模型

1. 布莱克尔的五阶段模型

布莱克尔(C. P. Blacker)是英国人口学家,他率先提出人口转变五阶段模型[①]。该模型如图6-3所示。

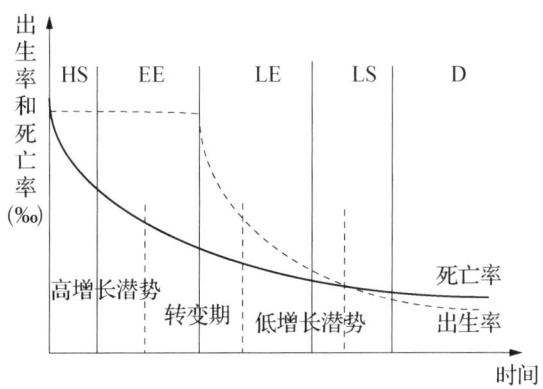

图6-3 布莱克尔五阶段模型

第一阶段:高死亡率、高生育率保持高位平衡阶段,又称为高位静止阶段(High Stationary,HS)。

第二阶段:生育率较高,死亡率开始下降,人口规模不断增加的阶段,该阶段又称为早期扩展阶段(Early Expanding,EE)。

第三阶段:死亡率快速下降至较低水平,生育率开始下降,且后期下降速度加快,导致人口自然增长率增速放缓,这一时期称为后期扩展阶段(Late Expanding,LE)。

第四阶段:低生育率与低死亡率相互平衡的状态,这一时期称为低位静止阶段(Low Stationary,LS)。

第五阶段:生育率与死亡率都很低,但生育率比死亡率更低,人口处于减少状况,称为减退阶段(Diminishing)。

从本质上来说,布莱克尔的五阶段模型是对以往第四阶段的进一步细化,将第四阶段人口转变进一步分为低位均衡与人口减少两个阶段。

2. 彼得-拉金五阶段模型

彼得(Carrie Peter)与拉金(Robert Larkin)是美国人口学者,他们共同提出了人口转

---

① Blacker C P. Stages in Population Growth [J]. The Eugenics Review,1947(39):88-101.

变的五阶段模型[1],理论要点如图6-4所示。

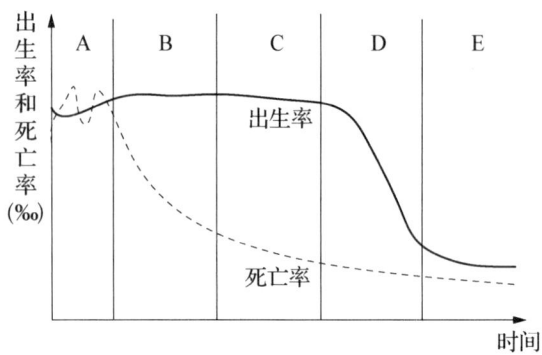

图6-4 彼得-拉金五阶段模型

第一阶段:高死亡率和高出生率阶段,在图6-4中的A区域。例如,工业革命以前的欧洲处于这个阶段。

第二阶段:出生率稳定在高水平,死亡率开始下降阶段,在图6-4中的区域B。

第三阶段:高出生率,低死亡率阶段,在图6-4中的区域C,人口增长相对较快。

第四阶段:死亡率处于低水平,同时生育率下降的时期,在图6-4中D区域。

第五阶段:低生育率与低死亡率共存阶段,在图6-4中的E区域。

总的来说,上述不同的人口转变阶段模型多属于对人口发展过程的描述分析,阶段划分的差异在于出发点和阶段的细分方面,总体上并无实质上的区分。

第三节 中国人口转变

新中国成立之前,中国人口基本上属于高死亡率、高出生率与低自然增长率模式,每年平均增长率大约为7.8‰[2]。新中国成立以后,我国人口规模迅速增长,随后受到社会经济发展和生育政策调整的影响,人口增长速度大大降低,并快速向现代人口增长模式转变。本节将介绍中国人口转变的历史及其原因。

一、中国人口转变的历史

表6-4是新中国成立以来,中国人口出生率、死亡率与自然增长率变动数据。从中可以看出,中国人口在经历了20世纪50年代初人口高速增长之后,在60年代中期达到了人口增长高峰,从70年代人口增长速度开始下降,人口自然增长率持续降低,到了2020年中国人口自然增长率仅为1.45‰。为了对中国人口转变过程做进一步分析,有学者将中国人口转变划分两个阶段,有学者划分为三个阶段。本书在参考西方人口转变理

---

[1] United Nations. The Determinants and Consequences of Population Trends [J]. Population Studies,1982(50):47.
[2] 彭希哲.六十年人口与人口学[M].上海:上海人民出版社,2009:36.

论的基础上,将中国人口转变划分为如下几个阶段。

表6-4 新中国成立以来的中国人口出生率、死亡率与人口自然增长率(‰)

时间(年)	人口出生率(‰)	人口死亡率(‰)	人口自然增长率(‰)
1949	36.0	20.0	16.0
1952	37.0	17.0	20.0
1955	32.6	12.28	20.32
1958	29.22	11.98	17.24
1961	18.13	14.33	3.8
1964	39.34	11.56	27.78
1967	34.12	8.47	25.65
1970	33.59	7.64	25.95
1973	28.07	7.08	20.99
1976	20.01	7.29	12.72
1979	17.82	6.21	11.61
1982	22.28	6.6	15.68
1985	21.04	6.78	14.26
1988	22.37	6.64	15.73
1991	19.68	6.7	12.98
1994	17.7	6.49	11.21
1997	16.57	6.51	10.06
2000	14.03	6.45	7.58
2003	12.41	6.4	6.01
2006	12.09	6.81	5.28
2010	11.9	7.11	4.79
2013	13.03	7.13	5.9
2015	11.99	7.07	4.93
2017	12.64	7.06	5.58
2020	8.52	7.07	1.45

数据来源:1. 国家统计局年度数据。1981年及以前人口数据为户籍统计数;1982、1990、2000、2010年数据为当年人口普查数据推算数;其余年份数据为年度人口抽样调查推算数据。总人口和按性别分人口中包括现役军人,按城乡分人口中现役军人计入城镇人口。2. 为节省篇幅,表中显示了间隔3年的人口数据。

1. 人口增长阶段(1949—1958年)

这一阶段中国人口变迁的特征是死亡率快速下降,从新中国成立初期的20‰,下降到1957年的10.8‰,几乎下降了一半。这一时期,虽然出生率呈现波动性变化,部分年份也呈现了下降态势,但总体下降幅度较小,平均来看人口出生率仍维持在较高的水平上。在此情况下,人口自然增长率呈现出上升趋势。具体来说,1949年人口自然增长率为16‰,到了1957年人口自然增长率提高到24.79‰。年均人口增长也从1949年的1 000

万人增加到了1957年的1 479万人。总人口规模从1950年的5.5亿人增长到1959年的6.7亿人,人口呈现出加速增长趋势。

2. 人口增长中断阶段(1959—1961年)

从图6-5中我们看到,1959—1961年这三年间的人口的出生率、死亡率和自然增长率都出现了断点式变化。在这三年,我国经济遭遇了历史上罕见的困难。从数据变化来看,出生率在1961年降到了18.13‰,人口自然增长率在1961年仅为3.8‰,同时,死亡率在此期间急剧上升,1960年的死亡率达到了25.43‰,为历年来的峰值。总之,这一时期中国人口增长率大幅下降。

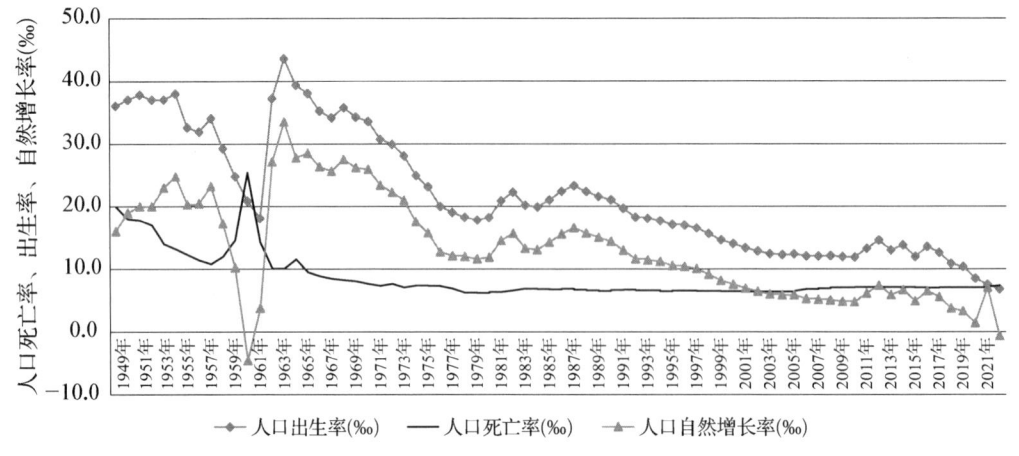

图6-5 新中国成立以来的人口自然增长率变动情况

3. 人口快速增长阶段(1962—1970年)

度过了三年困难时期之后,中国经济状况逐渐好转,人民生活水平也有了很大提升,出现了补偿性生育现象,生育率快速上升。1962年生育率达到了37.22‰,1963年更是达到了43.60‰。与此同时,死亡率快速下降,从1960年的25.43‰下降到1962年的10.08‰。人口自然增长率上升到1965年的28.5‰。从年均人口增长规模来看,1962年以后,每年出生人数都在2 700万以上,人口增长峰值出现在1963年,为2 954万人。总之,这一时期,我国人口属于快速增长阶段。

4. 人口增速放缓阶段(1971—1980年)

从图6-5中可以看到,1970—1980年这一时期人口死亡率基本稳定在一个较低的水平上,在一些年份有波动,但波动幅度极小。这一阶段人口出生率是下降的,因而人口自然增长率也处于下降阶段。从人口增长来看,与前一个阶段相比,这一段阶段的人口增长速度明显降低。具体来说,人口出生率从1970年的33.59‰下降到1980年的18.21‰,自然增长率从1970年的25.95‰下降至1980年的11.87‰。1970年人口净增长为2 321万人,到了1980年下降到了1 163万人。为了直观起见,我们将1970—1980年这一时期的人口净增长和总人口规模变动趋势绘制于同一张图中(如图6-6所示)。从图6-6中可以明显看到,年均人口增长量快速下降,人口总规模增速也在减缓。从各项人口指标的变化来看,这一时期的人口关键指标变化非常大。

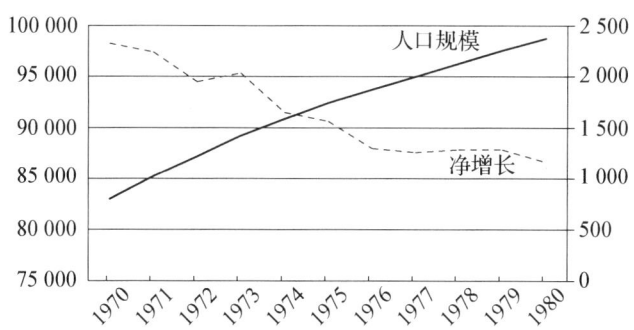

图 6-6　1970—1980 年间人口规模与人口净增长趋势比较(单位:万人)

5. 人口增速波动且缓慢回升阶段(1981—1988 年)

与前一阶段相比,这一阶段的中国人口处于稳定且缓慢地回升阶段,几项人口指标在个别年份出现小幅波动,但阶段幅度相对较小。具体来说,人口出生率从 1981 年的 20.91‰ 上升至 1988 年的 22.37‰。同样地,人口自然增长率指标在 1981 年时为 14.55‰,到了 1988 年时上升至 15.73‰。这一时期,死亡率一直处于 6.3‰~6.9‰ 之间,显著低于前一时期的死亡水平。值得注意的是,这一时期也是我国开始实行严格计划生育政策的年份,一些指标出现了小幅波动,但各项指标总体仍处于小幅增长状态。出现这种现象的主要原因是 20 世纪 60 年代初的生育高峰中出生的人口陆续进入婚育年龄,即便这一时期有严格的计划生育政策,但各项指标仍保持缓慢增长。

6. 人口增长速度缓慢下降阶段(1989—2010 年)

20 世纪 90 年代中国人口政策对人口的影响开始显现出来。人口各项指标在 1988—2010 年几乎都处于下降态势。其中,人口出生率从 1989 年的 21.58‰ 下降到 2010 年的 11.9‰,下降的幅度接近一半。人口自然增长率从 1989 年的 15.04‰ 下降到 2010 年的 4.79‰。值得注意的是,1989—2007 年这段时期死亡率维持在 6.5‰ 左右,但 2008—2010 年死亡率提高到 7‰ 以上,这主要是因为人口进入老龄阶段,老年人口死亡率相对较高所致。如表 6-5 所示,1989—2010 年,年均人口净增长量从 1 678 万人快速下降到 2010 年的 641 万人。

表 6-5　新中国成立以来人口规模与年人口增长量　　　　（单位:万人）

时间(年)	总人口(万)	净增长(万)	时间(年)	总人口(万)	净增长(万)
1949	54 167	—	1986	107 507	1 656
1950	55 196	1 029	1987	109 300	1 793
1951	56 300	1 104	1988	111 026	1 726
1952	57 482	1 182	1989	112 704	1 678
1953	58 796	1 314	1990	114 333	1 629
1954	60 266	1 470	1991	115 823	1 490
1955	61 465	1 199	1992	117 171	1 348

续 表

时间(年)	总人口(万)	净增长(万)	时间(年)	总人口(万)	净增长(万)
1956	62 828	1 363	1993	118 517	1 346
1957	64 653	1 825	1994	119 850	1 333
1958	65 994	1 341	1995	121 121	1 271
1959	67 207	1 213	1996	122 389	1 268
1960	66 207	−1 000	1997	123 626	1 237
1961	65 859	−348	1998	124 761	1 135
1962	67 296	1 437	1999	125 786	1 025
1963	69 172	1 876	2000	126 743	957
1964	70 499	1 327	2001	127 627	884
1965	72 538	2 039	2002	128 453	826
1966	74 542	2 004	2003	129 227	774
1967	76 368	1 826	2004	129 988	761
1968	78 534	2 166	2005	130 756	768
1969	80 671	2 137	2006	131 448	692
1970	82 992	2 321	2007	132 129	681
1971	85 229	2 237	2008	132 802	673
1972	87 177	1 948	2009	133 450	648
1973	89 211	2 034	2010	134 091	641
1974	90 859	1 648	2011	134 916	825
1975	92 420	1 561	2012	135 922	1 006
1976	93 717	1 297	2013	136 726	804
1977	94 974	1 257	2014	137 646	920
1978	96 259	1 285	2015	138 326	680
1979	97 542	1 283	2016	139 232	906
1980	98 705	1 163	2017	140 011	779
1981	100 072	1 367	2018	140 541	530
1982	101 654	1 582	2019	141 008	467
1983	103 008	1 354	2020	141 178	170
1984	104 357	1 349	2021	141 260	82
1985	105 851	—	2022	141 175	−85

注:(1) 数据来源:国家统计局。(2) 1981年及以前人口数据为户籍统计数;1982、1990、2000、2010、2020年数据为当年人口普查数据推算数;其余年份数据为年度人口抽样调查推算数据。总人口和按性别分人口中包括现役军人,按城乡分人口中现役军人计入城镇人口。

7. 低人口增长期(2011至今)

2011年以后中国人口发展进入了政策调整期。为了促使持续的低生育回升到更替水平,国家对生育政策进行了多次调整,其中2013年实施了"单独二孩"政策,但单独二孩政策效果并不明显。于是,国家于2016年实施"全面两孩"政策,但这一时期人口总体仍处于低增长态势,受到人口政策调整的影响,部分年份的人口指标出现了轻微波动。人口出生率总体在10‰左右波动,人口死亡率大概在7.1‰左右波动,人口自然增长率随年份在波动中出现下降趋势。与2010年人口自然增长率4.87‰相比,2016年和2017年这一指标上升至6.53‰和5.58‰,此后迅速下降至2020年的1.45‰。这说明一旦"潜在二孩生育者"生育势能释放完毕,生育率又重新回归到下降轨道。在这样的背景下,国家为进一步提升生育水平,于2021年提出鼓励"生育三孩"政策,但政策效果不佳,2022年人口比2021年减少85万,出现人口负增长,这是自新中国成立以来,在正常年份出现的人口负增长现象①。

二、中国人口转变的原因

我国人口变迁过程与西方人口转变理论所描述的情形有相似之处,但也有较大的差异。自1949年新中国成立以来的70多年里,我国人口增长方式实现了历史性转变:由传统的高出生率、高死亡率和低自然增长率过渡到高出生率、低死亡率、高自然增长率,再进一步转变为低出生率、低死亡率和低自然增长率。尽管人口转变起点与终点与西方人口转型具有一致性,但人口转型过程与推动中国人口转型的因素存在一定差异。

(一)人口转变阶段的划分

对中国人口转变阶段的划分问题,学界并未获得一致的意见。在这些研究中,大多数学者倾向于三阶段划分标准。借鉴兰德里和诺特斯坦的人口转型三阶段模型,将中国人口转变划分为相应的三个阶段②:第一阶段是高出生率、高死亡率和稳定的低自然增长率阶段;第二阶段是高出生率、低死亡率、高自然增长率阶段;第三阶段是低出生率、低死亡率和低自然增长率阶段。尽管人口转变三阶段模式是我国多数学者认同的模式,但对于具体转变阶段的时间节点有不同的意见。除了人口转变的三阶段划分外,也有一些学者提出了二阶段、四阶段和五阶段划分方式。例如有学者认为中国人口转变经历两个阶段,第一阶段(1949—1970年)属于人口死亡率变动主导型的人口转变模式,第二阶段(1970年至今)是人口出生率主导的人口转变模式。也有部分学者依据国际人口组织的划分标准,认为中国人口转变分为静止、初期增长、晚期增长和稳定等四个阶段③。此外,一些学者借鉴布莱克尔的五阶段模型将中国人口转型划分为五个阶段。

(二)中国人口转变的原因

西方发达国家的人口转型通常由工业化和社会经济发展所推动,然而中国人口转型

---

① 1960年、1961年也出现过人口负增长。这主要是因为"三年困难时期"造成的非正常死亡率偏高所致。
② 王胜今.人口社会学[M].长春:吉林大学出版社,1998.
③ 尹勤,高祖新.我国人口转变进程探讨[J].南京人口管理干部学院学报,1998(02):41-43.

除了工业化、城市化和现代化力量的影响之外,还受到人口政策调整的影响。具体影响因素如下:

(1) 社会经济发展的影响。中国的经济发展和生活方式的变化极大地影响到个体的婚育观念和生育决策,进而影响到中国人口变迁进程。尤其是改革开放以来,中国经济飞速发展和社会生活方式转变,进一步促使人们改变生育观念,推动家庭向"少子化"和"小型化"转型。

(2) 生育政策调整的影响。与西方大多数国家不同,生育政策也是影响我国人口快速转变的重要原因。尽管我国的人口转变的起点与终点和其他国家的人口转型没有本质的区别,但西方人口转变大多是在经济社会发展到一定阶段后才发生生育观念和行为上的改变,而我国工业化与生育观念几乎同步发生变化,大大缩短了人口转变的过程。许多学者都认为,这里最为重要的因素是中国实施了严格的生育政策,加速了中国的人口现代化转型。值得注意的是,许多学者对生育政策在多大程度上影响到中国人口转变持有不同看法,一些学者认为生育政策对人口转变的影响力在不同阶段的效应存在差异,随着时间的推移,生育政策的影响逐渐下降,而经济的影响将成为主导力量。

(3) 社会转型因素的影响。中国人口转变与社会现代化转型过程密不可分,人口转变过程是与社会现代化进程相伴而生,或者说正是由于社会现代化转型才会导致人口再生产模式从传统"多育"模式向现代"少育"模式转变。一些学者研究认为,社会现代化转型为中国人口转型提供了间接推动力,尤其是市场经济体制改革以及由此引发的相关改变都在一定程度上影响到中国人口转变。

(4) 社会文化因素的影响。随着市场经济发展和教育水平的提高,年轻女性独立自主意识的增强,以多子女和男孩偏好为特征的传统生育文化越来越失去存在的社会基础,以注重生育质量为特征的新型生育文化逐步建立,这也是我国人口转变的重要影响因素。

(5) 其他因素的影响。除了经济、社会与文化因素之外,医疗与科技的发展也对人口转变产生一定的影响。从既往的经验来看,人口政策之所以能促进人口增长模式发生改变,很大程度上也是因为便捷的避孕节育技术的推广与普及。

三、人口转变对中国社会发展的影响

中国人口转变意味着人口再生产类型从传统型向现代型转变,这对于中国社会经济发展产生深远的影响,且这种影响分为积极和消极两个方面。

(一) 积极影响

1. 创造了中国经济快速增长的条件

中国人口转变的速度非常快,在短短的几十年间就从传统型人口再生产类型转变为现代型人口再生产类型。一些学者认为,中国人口加速转变与20世纪70年代开始实施的计划生育政策有关。有研究认为,正是计划生育工作的有效开展,使得中国累计少生4

亿多人口[1],极大地缓解了人口增长的压力。更为重要的是,人口转变在降低人口抚养负担的同时,也开启了中国人口红利窗口,为中国经济飞速发展创造了条件。

2. 缓解了人口与资源环境的矛盾

尽管中国自然资源丰富,但由于我国人口总量巨大,使得人均资源在全球处于较低的水平。与此同时,人口多也是环境污染压力的重要因素。因此,人均资源少和环境压力成为我国经济发展的重大挑战。有研究认为,正是由于中国实施的计划生育政策实现了人口转变,使得耕地、粮食、森林、水资源、能源等消耗减少20%以上[2]。简言之,中国人口转变大大缓解了人口与资源环境之间的矛盾,有助于促进社会经济发展。

3. 提升了人口素质和人民生活水平

现代的经济发展实践和经济学理论早已证明,一个国家未来的发展快慢和程度高低,不取决于它人口规模有多庞大,而是取决于它人口素质有多高。人口素质可以从多个方面来衡量,包括健康、预期寿命、受教育水平等多个指标。目前,我国人均预期寿命从改革开放之初的68岁,提高到了当前的77.3岁,达到了中等发达国家水平。15岁以上人口的受教育水平从改革开放初的4.5年,提高到9.91年,文盲率下降到2.67%[3]。2020年,全国婴儿死亡率下降到5.4‰,5岁以下儿童死亡率下降到7.5‰,优于全球中高收入国家平均水平[4]。

(二) 消极影响

1. 加速了人口老龄化

20世纪末中国完成了第一次人口转变,即从高出生率、高死亡率向低出生率、低死亡率模式转变。然而,中国人口此后的发展不是停留在静止人口,而是出现了生育率的持续下降。据第七次全国人口普查数据,2020年我国人口总和生育率为1.3,属于超低生育率水平,远远低于学者预计的1.8这一数值。这不仅意味着人口将走向负增长之路,还会加速年龄结构老化,并形成当下的"少子老龄化"现状。过早到来的老龄化对于经济发展、科技创新等都将产生潜在负面影响。

2. 从人口红利到人口负债

在人口转变过程中,由于出生率与死亡率下降初始时间与速度不同步,后者先于前者发生。因而在人口转变的第一阶段容易出现人口年轻化趋势,儿童抚养比例高,在人口转变的后一阶段,容易出现人口老龄化倾向,老年人口负担比加重。这两个阶段与人口红利期正好相反,有学者将其称为人口负债。在人口负债期,总人口负担比加重,经济发展将会受到负面影响。值得注意的是,在人口转变的早期和晚期出现的人口负债,其性质是完全不同的。在人口转变早期出现的人口负债,可看作对未来的一种人力投资,是未来人口红利产生的基础与前提条件,而在人口转变晚期出现的人口负债,则可视为在偿还前期所

---

[1] 国家人口发展战略研究课题组.国家人口发展战略研究报告[J].人口研究,2007(01):1-10.
[2] 翟振武.中国人口发展:新的挑战与抉择[J].理论视野,2007(09):8-10.
[3] 数据来源:国家统计局第七次全国人口普查公报(第六号)。
[4] 数据来源:中华人民共和国国家卫生健康委员会官网。

享有的部分人口红利,因而可视作真正意义上的"负债"①。

思考题

1. 简述人口再生产的概念与内涵。
2. 简述人口再生产的类型。
3. 简述人口转变的代表性理论。
4. 简述中国人口转变的原因及其影响。

---

① 陈友华.人口红利与人口负债:数量界定、经验观察与理论思考[J].人口研究,2005(06):23-29.

第三编

人口结构

　　人口结构,又称为人口构成,是指依据人口的不同属性将人口总体划分为若干个部分,反映一定地区、一定时点人口总体内部各种不同质的规定性的数量比例关系。根据人口构成因素的特点和作用,可将人口构成划分为不同类型,常见的分类方式是划分为三大类:(1) 人口自然结构;(2) 人口地域结构;(3) 人口社会结构。人口结构是社会、经济、文化发展和人类自身发展的历史产物。了解人口结构变动趋势,对于人口预测、制定经济与社会发展规划、制定人口政策和社会经济政策等有着重要的意义。

第七章

年龄结构

二十大报告指出,我国十四亿多人口整体迈进现代化社会,规模超过现有发达国家人口的总和,艰巨性和复杂性前所未有。人口年龄结构不仅对未来人口发展的类型、速度和趋势有重大影响,而且对社会经济发展产生一定的作用。本章将从年龄结构及其测量指标、国内外人口年龄结构的变迁、人口老龄化问题四个方面展开。

第一节 年龄结构的概念及其测量指标

一、年龄结构的概念

(一) 年龄

年龄是一种具有生物学基础的自然标志,是指一个人从出生时起到计算时止生存的时间长度,通常用年来作为计算单位。一个人出生以后,随着岁月流逝,年龄也随之增长,这是不可抗拒的自然规律。一个人口总是由不同年代出生的不同年龄的个人所组成,各种人口现象,如结婚、生育、求学、就业、迁移、死亡等,都与人的年龄密切相关。

在人口统计中最常用的年龄计算方式是周岁年龄,又称实足年龄,指从出生到计算时为止,共经历的周年数或生日数。例如,2020年7月1日零时进行人口普查登记,一个2019年12月15日出生的婴儿,按虚岁计算是2岁,实际刚刚6个多月,还未过一次生日,按周岁计算应为不满1周岁,即0岁。周岁年龄比虚岁年龄常常小1~2岁。

实际使用过程中,年龄经常被划分为若干个阶段,且在各个专业领域内有较大不同。比如在医学领域,通常根据人的身心生长发育状况,将年龄划分为比较细的阶段,包括胎儿期(受精卵形成到出生)、新生儿期(出生到出生后28天)、婴儿期(出生后到1周岁)、幼儿期(1~3岁)、学龄前期(3~6/7岁)、学龄期(6/7岁~青春期前)、青春期(10~20岁)、成年期(20~60岁)、老年期(60岁及以上)等阶段。发展心理学将人的年龄分为婴儿期(0~3岁)、幼儿期(3~6岁)、童年期(7~12岁)、青春期(11/12~15/16岁)、青年期(17/18~35岁)、中年期(35/40~60/65岁)、老年期(60岁以上)。

（二）人口年龄结构

人口年龄结构，也称为人口年龄构成，是指一定时点、一定地区各个年龄组人口在总人口中所占的比重或百分比。任何一个人口群体都是由许多具有不同年龄的人所组成的，不同国家或地区在不同时点的人口总是从0岁组开始直到某个最高的年龄组为止。

人口年龄结构包括：(1) 现有人口中育龄人口与非育龄人口比例；(2) 劳动年龄人口与非劳动年龄人口比例；(3) 少年儿童人口与老年人口比例等。

二、年龄结构的测量指标

在人口社会学中，人口的年龄结构可以采取多种测量指标进行测量，如老年人口系数、少儿人口系数、老少比、抚养比、人口平均年龄、年龄中位数等。

（一）老年人口系数

老年人口系数也称为老年比（老年人口比例），通常是指60或65岁及以上的老年人口数量占总人口数量的比例，计算公式为：

$$老年人口系数 = \frac{60岁及以上老年人口数}{总人口数} \times 100\%$$

或者

$$老年人口系数 = \frac{65岁及以上老年人口数}{总人口数} \times 100\%$$

老年人口系数是考察人口年龄构成、反映人口老龄化的指标之一，其水平高低反映了一定时点人口年老或年轻化程度。根据联合国的统计标准，如果一个国家（地区）60岁以上老年人口达到总人口的10%或者65岁以上的老年人口达到总人口数的7%，那么这个国家（地区）就已经属于人口老龄化国家（地区）。

（二）少儿人口系数

少儿人口系数也称为少儿人口比例，是指14岁及以下的少儿人口数量占总人口数量的比重，其计算公式为：

$$少儿人口系数 = \frac{14岁及以下少儿人口数量}{总人口数量} \times 100\%$$

（三）老少比

老少比指老年人口（通常是60岁或65岁及以上的人口）与少儿人口（一般是14岁及以下人口）之比，用百分数表示。其计算公式为：

$$老少比 = \frac{60岁及以上老年人口数量}{14岁及以下少儿人口数量} \times 100\%$$

或者

$$老少比 = \frac{65 \text{ 岁及以上老年人口数量}}{14 \text{ 岁及以下少儿人口数量}} \times 100\%$$

老少比指标反映了人口年龄结构上下两端的相对变化趋势。该项统计指标可帮助我们了解老龄化进程是来自老年人口还是少儿人口的增减变化。

(四) 抚养比

抚养比又称为抚养系数,是指人口总体中非劳动年龄人口数量与劳动年龄人口数量之比。它表明整个社会中每 100 名劳动年龄人口负担多少非劳动年龄人口[1]。人口抚养比也可以进一步划分为少儿抚养比、老年人口抚养比和总抚养比。

$$总抚养比 = 老年人口抚养比 + 少儿人口抚养比$$
$$= \frac{(老年人口数量 + 少儿人口数量)}{劳动力年龄人口数量}$$

抚养比越大,表明劳动力年龄人口对应的非劳动力年龄人口数越多。老年人口抚养比度量了单位劳动力年龄人口对应的老年人口数。人口老龄化的结果将直接导致老年人口抚养比不断提高,这也是老龄化社会中关注的重点。

(五) 人口平均年龄

人口平均年龄等于所有个体的年龄总和除以总人口数,这个指标是在一定时间、地点条件下,某一人口年龄的平均水平。平均年龄是反映特定人口年龄集中趋势的指标之一,是人口年龄分布的重要特征值。其计算公式为:

$$平均年龄 = \frac{所有个体年龄总和}{总人口数}$$

$$平均年龄 = \frac{\sum (各年龄组的下限值 \times 该年龄组人口数)}{总人口数} + \frac{组距}{2}$$

平均年龄适用于同一时期不同人口或同一人口不同时期的对比。平均年龄下降,则意味着人口中低年龄组的人数增多,比重增加,人口在逐渐年轻化。平均年龄上升,则意味着高年龄组人数增多,比重增加,人口逐渐老化。

(六) 中位年龄

中位年龄即年龄的中位数,是指将全体人口的年龄按照大小顺序进行排列后,处于中间位置的人的年龄。将一个人口群体按年龄顺序进行排列,年龄中位数就是这个数列的中间值。年龄中位数将总人口分成两半,一半在年龄中位数以上,一半在年龄中位数以下。年龄中位数可以反映人口年龄的集中趋势和分布特征,是考察人口年龄构成的重要

---

[1] 林广志,李超.人口结构与经济转型:以近代澳门为例[J].华南师范大学学报(社会科学版),2017(01):13-26+189.

指标之一。年龄中位数可用于不同人口的对比分析,也可以用于同一人口在不同时期的对比分析。由于计算年龄中位数只需掌握各组下限值,而人口年龄最高组多为开口组。所以,在分析时通常多用年龄中位数,而不用平均年龄。其计算公式为:

$$中位年龄 = 中位数组的年龄下限值 + \frac{\frac{人口总数}{2} - 中位数以下各组人数累计}{中位数组的人口数} \times 年龄组的组距$$

(七)年龄众数

年龄众数又称众数年龄,是指人口总体中包含人数最多的那个年龄,可以用来反映人口结构的特点。

第二节 国内外人口年龄结构的变迁

一、人口年龄结构的分类

(一)桑德巴人口年龄结构

1900年,瑞典人口学家桑德巴(Sunndbarg)根据现有人口年龄构成与未来人口出生率、死亡率、自然增长率的关系,在《人口年龄分类和死亡率报告》一文中提出将人口划分为0~14岁、15~49岁、50岁以上三个年龄阶段,以当时瑞典人口结构作为参考,将人口年龄结构分为"增加型""稳定型"和"减少型",此后便被称为"桑德巴模式"。

20世纪50年代中期,人口老龄化现象在全球愈演愈烈。针对上述人口现象,联合国人口司在1956年发表的题为《人口老龄化及其社会经济含义》(*The Aging of Population and Its Economic and Social Implications*)的报告中,将人口年龄结构划分出三大年龄组,0~14岁人口为少儿组,15~64岁人口则属于成年组(劳动年龄组),65岁及以上人口归为老年组,也由此出现了≥65岁以上人口系数超过7%为老年性社会的界定标准。随着时间的推移,原本在发达国家和地区出现的老龄化现象开始扩展到发展中国家,而联合国初次划分的人口年龄组,尤其是关于老年人口起点年龄的界定是参照当时发达国家的人口条件确定的,因此用65岁的年龄界限来研究发展中国家的人口老龄化现象与发展中国家的人口现实状况不尽相符。为此在1982年召开的"世界老龄问题大会"上,将65岁的老龄起点下调至60岁,老年型社会的界定标准也调整为"≥60岁以上人口系数超过10%"。

至此,为学界一直沿用的"三大年龄组"正式形成,也就出现了学界在研究老龄化问题时,作为一个国家或地区进入老龄化社会(或老年型人口)的标准,会出现以60岁以上10%或者65岁以上7%两种衡量老龄化的标准,发达国家更偏向使用65岁及以上占总人口7%的标准,而发展中国家倾向于用60岁及以上的标准。

表 7-1 桑德巴人口年龄结构

类型	0~14 岁	15~49 岁	50 岁以上
增加型	40%	50%	10%
稳定型	33%	50%	17%
减少型	20%	50%	30%

数据来源:原载 G.C.怀特《人口统计》(第二版),转引自《近代中国人口统计的一项实验》中译本第 37 页。

桑德巴模式反映的是人口再生产类型。从人口再生产来看,年龄特征具有特别重要的意义。对个人来说,年龄是变动的,一个人随着时间的推移必然要从一个年龄组转到下一个年龄组。就整个人口来说,年龄构成则具有相对的稳定性,并对人口再生产有重要的影响。年轻型人口意味着少年儿童比重高,未来育龄人口多,出生率和自然增长率较高,人口规模趋于扩大,人口再生产属于增长型。老年型人口则相反,人口规模趋于缩减,人口再生产属于缩减型[1]。

(二) 人口金字塔

人口金字塔是用类似古埃及金字塔的形状描绘人口年龄和性别分布状况的图形,能表明人口现状及其发展类型。图形的画法是:按男女人口年龄自然顺序自下而上在纵轴左右画成并列的横条柱,各条柱代表各个年龄组。底端标有按一定计算单位或百分比表示的人口数量,其形状如金字塔。金字塔底部代表低年龄组人口,金字塔上部代表高年龄组人口。人口金字塔图反映了过去人口的情况、如今人口的结构,以及今后人口可能出现的趋势[2]。具体包括以下三种类型:

增长型:塔形呈上尖下宽,表明少年人口比例大,老年人口比例低,年龄构成类型属年轻型,说明未来结婚生育的人数多,人口发展呈持续增长趋势。

缩减型:塔形下部向内收缩,表明少年儿童比例低,中、老年人口比例大,年龄构成类型属老年型,说明未来年轻人越来越少,生育率低,人口发展呈减少趋势。

静止型:塔形上下差别不大,曲线比较平稳,少年儿童比例及老年人口比例介于前两种类型之间,年龄构成类型属成年型,说明未来结婚生育的人数不会有明显增加,人口总量变化不大。

---

[1] 吴忠观.人口科学辞典[M].重庆:西南财经大学出版社,1997.
[2] 财经大辞典委员会.财经大辞典[M].北京:中国财政经济出版社,2013.

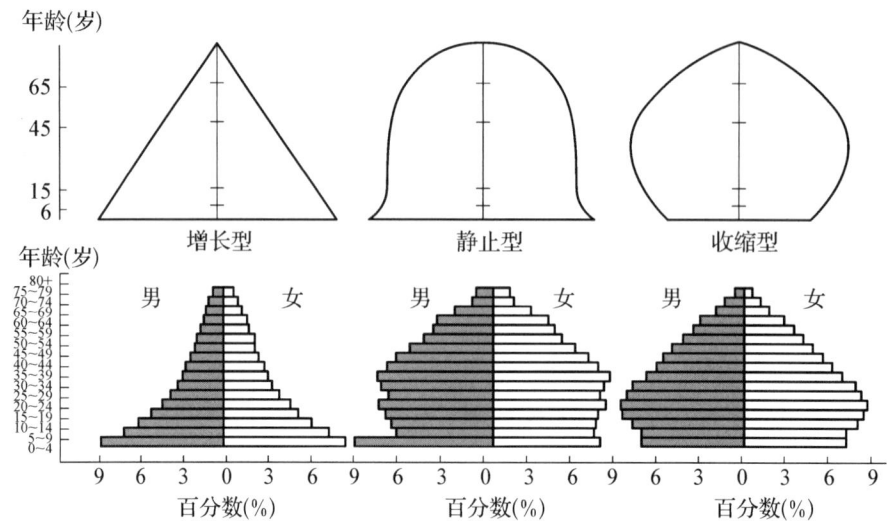

图 7-1 三种类型人口年龄金字塔的示意图与实际图

(三) 联合国人口年龄结构分类

联合国依据老年系数、少儿系数、老少比和年龄中位数等指标将人口年龄标准划分为"年轻型""成年型""老年型",如表 7-2 所示。

表 7-2 联合国人口年龄结构类型分类

	年轻型	成年型	老年型
老年人口系数	4%以下	4%~7%	7%以上
少儿人口系数	40%以上	30%~40%	30%以下
老少比	15%以下	15%~30%	30%以上
年龄中位数	20 岁以下	20~30 岁	30 岁以上

区分人口年龄构成类型具有重要意义。人口年龄构成类型不同,可能引发的社会经济问题也不同。年轻型人口面临的主要问题是少年儿童的抚养、教育、就业、住房等问题。老年型人口则主要面临老年人的照顾、赡养以及劳动力老化等问题。

人口年龄构成类型不同,对社会的需求也不一样,因此对社会生产也起着一定的影响作用。此外,人口年龄构成类型不同,今后人口再生产的规模和速度也不一样。年轻型人口意味着未来育龄人口比重大,在生育水平不变的情况下,未来人口增长速度必然较高。根据对当前人口年龄构成类型的分析,可预见未来人口发展的趋势和可能出现的社会经济问题,因此可提前采取对策和措施,协调人口经济与社会关系。

二、人口年龄结构的变迁

(一) 发达国家人口年龄结构类型的变迁

在资本主义生产方式出现之前,虽然各国之间存在社会经济发展水平的差别,但是生产方式依旧是以手工劳动为主,社会生产力水平低下,人们战胜自然灾害和疾病的能力很差。与此相对应的是传统人口再生产类型,主要是极高或较高的人口出生率和死亡率,极低或较低的人口自然增长率。人口年龄结构基本上是单一的年轻型,即使在个别时期由于自然灾害或者战争瘟疫的影响导致人口出生率下降,引起人口年龄结构的一些变化,但这些都是暂时性的,不会导致年龄结构发生质的变化。

资本主义生产方式出现以后,商品经济得到了快速发展,进而产生对劳动力的需求,这有效地刺激了人口的增长,处于资本主义发展早期的国家,在高出生率、高自然增长率人口的再生产模式下,呈现典型的年轻型的人口年龄结构。

资本主义产业革命之后,社会环境发生了巨大的变化,首先,科学技术的迅猛发展导致对于劳动力数量的需求转变为对劳动力文化科学素养提高的需求,从而使家庭更加重视孩子的教育问题,包括教育培养时间的延长和教育费用的增加,这些都迫使人们不得不重新考虑最佳的婚龄、育龄和家庭的人口规模。其次,由于医学技术和社会公共卫生事业的发展,许多恶性传染病得到控制,从而人口死亡率逐渐下降,人口平均寿命得到延长。最后,随着资本主义经济的迅速发展,社会保障制度的逐步建立与完善,解除了很多企业员工"养儿防老"的后顾之忧。与新的社会经济环境相适应,人们的生育观念和生育行为随之发生了改变,婚龄、育龄开始推迟,生育子女数量逐渐减少。因此从18世纪中叶开始,欧洲许多资本主义国家就出现了人口出生率缓慢下降的趋势。经过一个多世纪的发展,这些发达国家随着人口年龄结构的转变,人口老龄化也逐渐出现,法国在1866年65岁及以上人口比重已达7%,成为世界上第一个进入老年型年龄结构的国家。之后,瑞典、挪威也相继步入老年型国家的行列。在1940年之前,世界上10个老年型国家全部都在欧洲。20世纪60年代中后期,欧洲一些国家的人口出生率再度明显下降,人口老龄化进一步加深。20世纪70年代,欧洲发达国家的人口出生率为11‰~20‰,死亡率为9‰~14‰,自然增长率在6‰左右。20世纪90年代,一些欧洲国家出现了人口零增长或负增长。1990—1995年,人口零增长或负增长的欧洲国家有匈牙利(-0.49%)、罗马尼亚(-0.32%)、保加利亚(-0.2%)、德国(-0.1%)、乌克兰(-0.1%)、葡萄牙(-0.09%)、捷克(-0.02%)、意大利(0.06%)等10多个国家。受人口再生产惯性的影响,这些欧洲国家老年人口的规模和比重一直在增长。2015年发达国家60岁及以上人口达到3.0亿,65岁及以上老年人口达到2.2亿,80岁及以上老年人口也有5 879万,占发达国家总人口的比重分别为23.66%、17.47%和14.67%。

(二)发展中国家人口年龄结构类型的变迁

第二次世界大战后,许多发展中国家相继在政治经济上获得了独立,社会得以稳定发展,人们的生活水平得以改善,人口死亡率由此大幅度下降。20世纪中期以来,发展中国家的人口快速增长,人口年龄结构大都比较年轻,属于增长型。

到20世纪80年代之后,发展中国家人口年龄结构开始出现分化。基本上可以分为以下三种类型:第一,一部分发展中国家的人口出生率和自然增长率长期以来一直保持在很高水平,并且还有持续上升趋势,他们的人口结构依旧年轻,如坦桑尼亚、刚果、乌干达等;第二,有部分发展中国家随着社会经济的发展,已经意识到控制人口的重要性,人口的出生率和死亡率都有了明显的下降,人口年龄结构从年轻型逐渐转为成年型初期,如毛里求斯和一些拉丁美洲国家等。第三,有少部分发展中国家由于经济发展迅速,人民的文化教育程度已经达到一定水平,人口的出生率和死亡率经过一段时间的持续下降,人口年龄结构快速向年老型过渡,如中国、古巴等①。

2015年,发展中国家60岁及以上的老年人口达6.0亿,65岁及以上人口达3.8亿,80岁及以上人口达6583万。虽然发展中国家的老年人口整体规模上超过了发达国家,但是占发展中国家人口的比重还较低。

(三) 中国人口年龄结构类型的变迁

新中国成立70多年来,中国社会、经济的发展举世瞩目,人口数量和年龄结构的变化巨大。人口年龄结构的变迁由各年龄组人口及其相互关系决定,主要受人口的出生率和死亡率的影响。1953—2020年,我国人口年龄结构发生很大变化,从"正金字塔"变为"纺锤形金字塔",即少儿人口比例大幅缩减,青壮年人口比例稍有增加,老年人口比例明显增加,呈现老年型的人口年龄结构。

1953年我国第一次人口普查时,我国人口年龄段分布呈现明显的金字塔结构,未成年人口数量大,特别是0~4岁儿童人口数量庞大,少儿人口系数达到36.28%。

1964年我国第二次人口普查时,我国人口年龄分布呈现典型金字塔结构,0~14岁少儿人口系数达到40.4%。

1982年我国第三次人口普查时,我国人口年龄分布向成年型社会变化,0~14岁少儿人口系数为33.6%,老年人口系数为7.63%。

1990年我国第四次人口普查时,我国人口年龄分布开始向老年型社会转变,0~14岁少儿人口系数减小为27.96%,65岁及以上老年人口系数达到5.57%。

2000年我国第五次人口普查时,我国人口年龄分布非常接近老年型社会,0~14岁少儿人口系数减小为22.89%,65岁及以上老年人口系数达到6.96%。

2010年我国第六次人口普查时,我国人口年龄结构转变为老年型社会,0~14岁少儿人口系数减小为16.6%,65岁及以上老年人口为1.19亿,人口老龄化水平为8.87%。

2020年第七次人口普查数据显示,全国总人口②共144350万人,与2010年第六次全国人口普查的137054万人相比,增加7296万人,增长5.32%,年平均增长率为0.52%。数据表明,我国人口10年来继续保持低速增长态势。同时,第七次人口普查数据显示,我国0~14岁人口为25338万人,占17.95%;15~59岁人口为89438万人,占63.35%;60岁及以上人口为26402万人,占18.70%(其中,65岁及以上人口为19064万人,占13.50%)。与2010年相比,0~14岁、15~59岁、60岁及以上人口的比重分别上升1.35个百分点、下降6.79个百分点、上升5.44个百分点。数据说明我国人口老龄化程度进一步加深,未来一段时期将持续面临人口长期均衡发展的压力。

---

① 张桂荣.人口社会学[M].武汉:武汉大学出版社,2009.
② 全国总人口包括我国大陆31个省、自治区、直辖市和现役军人的人口,以及香港特别行政区人口、澳门特别行政区人口和台湾地区人口。

中国人口年龄结构与其他发达或发展中国家相比,既存在共性,也存在不同之处。其共性在于伴随着现代化进程的不断加快,老年人的比例都在不断提高,而由于社会、经济、政治、文化、医疗卫生水平等方面的差异,导致中国人口年龄结构又呈现出独特之处。按照联合国人口年龄结构的分类标准,新中国成立至今70多年,人口类型先后经历了"年轻型""成年型"和"老年型"(如表7-3所示)。

表7-3 中国人口年龄结构的类型

类型	年份	少儿系数(%)	老年系数(%)	老少比(%)
年轻型	1953年	36.28	4.41	2.44
	1974年	40.17	4.01	9.98
成年型	1975年	39.84	4.08	10.25
	1999年	25.40	6.90	27.20
老年型	2000年	22.90	7.00	30.40
	2019年	16.80	12.60	74.90

1. 年轻型社会(1953—1974年)

这一时期中国处于年轻型社会,少儿人口比重快速增长,这个阶段中老年人口数量增加缓慢,老年人口比重较低,这一时期也是人口总量增长最快的时期。

2. 成年型社会(1975—1999年)

该时期中国处在成年型社会,20世纪70年代开始实施计划生育政策,80年代经历了两次人口出生高峰后,出生率和自然增长率不断下降,各人群死亡率维持较低水平,基本完成了人口再生产类型的转变。各年龄组人数差别不大,只是在高龄人口部分才有比较急剧的收缩。

3. 老年型社会(2000年至今)

2000年至今中国属于老年型社会,受多种因素影响,人口生育水平迅速下跌到更低水平以下。随着医疗技术的进步,预期寿命的延长,老龄化程度的不断加深,预计到2035年左右,我国60岁及以上老年人口将突破4亿,在总人口中的占比将超过30%,进入重度老龄化阶段。到2050年前后,我国老年人口规模和比重、老年抚养比和社会抚养比将相继达到峰值。总体上,我国老龄化呈现出数量多、速度快、差异大、任务重的形势和特点。

第三节 人口年龄结构变迁对社会的影响

人口年龄结构的变迁不仅受到社会各要素的影响,同时也会反过来对社会各要素产生影响。

一、人口年龄结构变迁对经济的影响

改革开放以来,中国经济以年均约 10% 的速度高速增长,截止到 2010 年,成为世界第二大经济体;与此同时,计划生育政策的实行使中国迅速实现了人口由"高出生、低死亡、高增长"向"低出生、低死亡、低增长"转变,劳动年龄人口比重持续增加,人口抚养比下降。2010 年以后中国的人口结构发生了相应的转变,劳动年龄人口比重在 2010 年达到峰值之后开始下降,加之老年人口不断增加,人口抚养负担加重。

改革开放以来,中国的经济增长与人口结构变动几乎同步发生。中国经济增长的奇迹除了归功于国际环境、经济政策、社会制度、改革开放政策等条件外,还在一定程度上得益于人口结构变化所带来的人口红利。

人口年龄结构变动可能通过储蓄影响经济增长,不同年龄段人口比例变动会影响储蓄水平,从而对经济增长或延缓产生影响。当一个国家的非劳动人口即老年人口和少儿人口的比例增加,相对应的劳动人口减少,这就意味着为社会创造物质财富的人口减少,消耗物质财富并且无法从自身劳动产出进行补偿的人口增加,这种人口年龄结构变迁成为储蓄减少的一种原因,导致社会资本形成受限,进而阻碍经济增长。反之,则利于经济增长。

人口年龄结构变动通过消费影响经济增长。人口作为生产要素对经济增长的影响并不是一成不变的,不同年龄段人口的生产和消费行为是存在显著差异的。从生命周期来看,少儿和老年人口不处在劳动年龄期,但仍需要消费,因此目前衍生出了"朝阳产业""夕阳产业"和"银发经济"等概念。总体上,老年人的消费需求和能力与年轻人有着明显不同,在国家经济发展政策制定中,需要综合考虑各年龄人群的消费特点。

人口年龄结构变动通过人力资本影响经济增长。人力资本包括一个人的寿命、耐力、精力等身体机能和个人的生产能力和知识技能等。身体机能与个人的年龄关系比较大,个人生产能力和技术的提高来源于工作经验或者教育培训。随着我国国民身体素质的提高和教育程度的提升,人力资本结构得到整体改善,进而有利于经济增长。

二、人口年龄结构变迁对家庭的影响

人口年龄结构变化对家庭的影响主要表现在家庭规模和家庭结构两个方面。首先,人口年龄结构和家庭规模之间存在一种必然联系,它不仅对家庭的平均规模产生影响,而且对于家庭的结构也会产生影响。人口年龄结构与家庭平均规模之间是一种反向关系,即人口年龄结构越年轻,家庭规模越大;人口年龄结构越老,家庭规模越小。其次,人口年龄构成对家庭结构的影响主要表现在两个方面,在成年型的人口年龄结构中,核心家庭是社会的主要家庭形式;在人口年龄结构进入老年型时,单身家庭、丧偶家庭及其他家庭形式比例越来越高,并逐渐成为主要的家庭结构形式[①]。

三、人口年龄结构变迁对医疗保障的影响

人口年龄结构是影响国家医疗社会保障发展的重要因素。人在各个年龄阶段上有不

---

① 毛况生,周光复.人口年龄结构对家庭变化的影响[J].人口研究,1988(05):8-13.

同的医疗保障需求。首先从需求数量上看,老年阶段的医疗保障需求最高,少儿阶段的医疗保障需求较高,成年阶段对医疗保障的需求较低;其次从医疗保障的需求种类上来看,老年阶段的医疗保障需求与少儿阶段的医疗保障需求是完全不同的。因此不同年龄结构有着不同的医疗保障需求,从变动的角度看,人口年龄结构的变化必然会引起医疗保障需求在数量和结构上发生变化。特别是在人口趋于老龄化时,这种影响将更为明显。

四、人口年龄结构变迁对教育的影响

出生人口逐步下降,教育资源配置将从总量供给向结构性调整转变。2016年,"全面二孩"政策正式实施。当年,出生人口1786万,比2015年多131万。但是中国生育水平经过短暂回升后开始下降。2018年出生人口为1523万,比2017年减少200万;2019年出生人口为1465万,比2018年减少58万。受出生人口下降的影响,人口负增长时代即将到来,这就要求教育资源配置做出相应调整。近年来的人口出生高峰出现在2016年,因此,各级各类教育适龄人口将相继迎来短暂的高峰期后开启下降趋势。未来教育资源调整的方向将逐步从总量供给转向结构性调整。

劳动年龄人口数量持续下降,经济发展方式转变对劳动者素质提出更高要求。从目前到21世纪中叶,我国劳动年龄人口将持续下降。实际上,劳动年龄人口数下降早已开始。《2019年国民经济和社会发展统计公报》显示,2019年末,16~59岁劳动年龄人口为8.96亿,占总人口比重为64.0%,分别比2013年下降了2300万和3.6个百分点。从人口结构看,劳动年龄人口减少,对社会劳动生产率提出了更高要求。经济发展方式应逐步向资本和技术密集型方向发展,依靠创新和质量提升提高劳动生产率。以机器人、人工智能技术为代表的第四次工业革命,正在深刻改变着我国劳动力市场结构。中国社科院的研究认为,新技术的应用对我国制造业普通劳动力岗位的替代率是19.6%,同时会增加对"人机协作"等要求更高认知和技能水平的岗位需求。学校教育和培训体系应当高度关注这一影响,加强数学、科学、工程、技术等支撑新技术革命的基础教育和培训[①]。

五、人口年龄结构变迁对住房的影响

由于个人消费与储蓄倾向会随着年龄发生变化,包括个人对住房的投资或消费,显然,人口年龄结构的变动会影响房地产等资产的需求。一项美国人口年龄结构变动和住房需求关系的研究发现:"婴儿潮"一代步入婚育年龄带来的住房需求增加,与20世纪70年代美国房价的快速上涨相吻合,并预测"婴儿低谷"会导致未来房价下降[②]。

自20世纪80年代以来,中国政府对住房进行了一系列改革(如1986年左右开始进行住宅商品化改革,1990年左右开始进行住宅产权制度改革,1998年开始进行住房分配制度货币化改革),使住房成了独立的商品,也由此带动了经济的发展。受房价持续上涨的影响,学界对住房的研究逐渐增多。近些年,中国有些学者开始探讨人口年龄结构对住

---

① 梁彦,王广州,马陆亭.人口变动与"十四五"教育规划编制思考[J].国家教育行政学院学报,2020(09):86-95.
② 邓宏乾,黄冠,徐升.人口结构变动对住房需求的影响——基于2002—2016年省际面板数据的实证分析[J].华中师范大学学报(人文社会科学版),2019,58(03):51-59.

房的影响。有人通过分析 1995—2009 年的宏观数据发现：50～64 岁人口占总人口比重与住宅供给、消费及房价呈显著正相关；15～29 岁人口占总人口比重与住宅消费及房价呈显著正相关；65 岁及以上人口占总人口比重则与住宅供给呈负相关①。中国在计划生育政策的推动下，在短短几十年内完成了人口转变，重塑了中国各年龄人口占总人口的比重，这必将给中国住房的发展带来一些挑战。

六、人口年龄结构变迁对文化发展的影响

美国巴特尔研究所（Battelle Memorial Institute）的一项研究发现，人的年龄和智力之间存在着复杂的函数关系，综合能力的高峰在 45 岁之后就开始逐渐衰退。此外，通过对古今中外杰出的科学家的研究发现，创造和发明的最佳年龄在 20 岁、25～40 岁或 45 岁。由此可见，人口年龄结构类型较年轻的社会，其创新能力较强。

不同年龄人口的价值观念也存在差异。价值观念是人在与社会和他人交往过程中，为适应不同的时代、生活环境而形成的。人的价值观念总是相对稳定和持久的。老年人的价值观念建立在其长期生活经历的基础上，他们有丰富的人生阅历，形成一套较为规范的行为模式。而年轻人的价值观念则建立在当今的时代环境中，是对当下社会存在的价值判断。相对来说，年轻人的价值观念更能充分反映社会发展前进的方向。基于此，从人口年龄结构的角度来看，如果老年人口的比例较大，且他们的生活方式和价值观念又相对偏向固化、保守，创新性较弱，对新的文化不易接受，就可能影响思想文化的变迁，延缓社会发展过程②。

第四节　人口老龄化问题

人口老龄化是当今世界人口年龄结构变化最重要的一个趋势，它以总人口中年轻人口比例相对降低并伴随老年人口比例的相应提高为特征。长期以来，人们认为人口老龄化现象是发达国家所特有的，但自 20 世纪 70 年代以来，无论在发达国家还是在发展中国家，人口老龄化已成为世界范围所普遍关注的问题。

人口老龄化通常包含两个方面的含义：一是指老年人口在总人口所占比例不断上升的过程，二是指社会人口结构呈现老年状态，整个社会进入老龄化阶段。根据联合国标准，当一个国家或地区 60 岁及以上的人口占总人口比重达到 10%，或 65 岁及以上人口占总人口比重达到 7%，就意味着这一国家或者地区已进入老龄化社会。

人口老龄化是人口寿命延长的直接后果，它的深层次原因是生产力的发展。伴随生产力的发展和社会进步，死亡率先下降（或说人的寿命延长），接下来是出生率（生育率）的下降。二者从相对高的状况变到相对低的过程称为人口转变（Demographic Transition），人口转变的结果是人口趋向老龄化③。

---

① 李祥,高波.人口年龄结构对住宅市场的影响效应分析[J].经济体制改革,2011(06):38-42.
② 杨菊华,靳永爱.人口社会学[M].北京:中国人民大学出版社,2020.
③ 邬沧萍,杜鹏,等.中国人口老龄化变化与挑战[M].北京:中国人口出版社,2006.

一、我国人口老龄化的现状

20世纪90年代以来,中国的老龄化进程加快。1990年第四次全国人口普查数据显示,65岁及以上老年人口比重为5.6%;2000年第五次全国人口普查数据显示,65岁及以上老年人口比重为6.96%;2010年第六次全国人口普查数据显示,65岁及以上老年人口比重为8.87%;2020年第七次全国人口普查数据显示,65岁及以上人口占13.50%,与2010年相比,65岁及以上人口的比重上升了4.63个百分点(如表7-4所示)。由此可见,改革开放以后我国的人口结构由成年型向老年型转变,人口老龄化速度加快,人口老龄化程度也日益加深。

表7-4 中国人口老龄化的现状

普查年份	0~14岁(%)	15~59岁(%)	60岁及以上(%)	65岁及以上(%)
1953年	36.28	56.40	7.32	4.41
1964年	40.69	53.18	6.13	3.56
1982年	33.59	58.79	7.62	4.91
1990年	27.69	63.74	8.57	5.57
2000年	22.89	66.78	10.33	6.96
2010年	16.60	70.14	13.26	8.87
2020年	17.95	63.35	18.70	13.50

数据来源:中华人民共和国国家统计局,历年《中国人口普查资料》。

二、我国人口老龄化的特点

1. 老年人口数量多,老龄化速度快

2010—2020年,我国65岁以上的老年人口由8 811万增加至1.91亿,人口老龄化呈现出规模大、速度快的特点。我国人口老龄化速度远远快于欧美等国,我国老年人口(65岁及以上)的比重从4.91%上升到7.0%仅仅花了18年的时间,而瑞典老龄人口比重从5.2%上升到8.4%花了340年的时间,法国老龄人口比重从7%上升到14%花了115年,美国花了66年,我国老龄人口从7%上升到14%的速度与日本相当,这显示了我国人口老龄化速度之快前所未有(如表7-5所示)。

表7-5 若干国家人口老龄化速度

国家	65岁以上人口比例达到时间		所需时间(年)
	7%	14%	
日本	1970	1996	26
英国	1930	1975	45

续　表

国家	65岁以上人口比例达到时间		所需时间（年）
	7%	14%	
瑞典	1910	1975	66
德国	1890	1975	85
法国	1865	1980	115
中国	2000	2025	25

数据来源：邬沧萍，等.社会老年学[M].北京：中国人民大学出版社，1999：160.

2. 老龄人口高龄化趋势明显

随着人口老龄化进程，我国老年人口自身的老龄化程度也在加剧。20世纪80年代以来，中国的老年人口尤其是高龄老人的增长速度一直高于总人口的增长速度，60岁及以上的老年人口平均增长率维持在3%，80岁及以上高龄老人的年平均增长率超过5%，而总人口年均增长仅维持在1%。根据老年人口的细分标准，60~69岁为低龄老年人口，70~79岁为中龄老年人口，80岁及以上为高龄老年人口。根据人口普查数据计算，1982年我国80岁及以上的高龄老年人口为505万，占老龄人口总数的6.59%。2010年我国80岁及以上的高龄老年人口为2 099万，占老龄人口总数的11.82%。2020年我国80岁及以上人口为3 580万，占老龄人口的13.6%。可见，我国老龄人口有着高龄化趋势。高龄人口相较于中低老龄人口，具有更高的疾病风险和更高的社会保障和医疗需求，老龄人口高龄化将为我国的养老保障体系与医疗卫生体系带来严峻的挑战。

3. 人口老龄化与经济发展不同步

我国人口老龄化是20世纪70年代实行计划生育政策控制人口增长所形成的结果，且在经济不甚发达的条件下迎来了人口老龄化，属于典型的未富先老型国家。相关国际研究表明：瑞典、日本、英国、德国、法国等发达国家在进入老龄化社会时，人均国民生产总值已经达1万~3万美元。在全球72个进入老龄化社会的国家中，36%的国家人均国民生产总值在1万美元以上，28%国家人均国民生产总值达3 000~10 000美元[①]，2000年我国人均GDP为856美元。我国人口老龄化程度远超于社会经济发展水平，因此中国人口老龄化带来的挑战更大。

4. 地区之间人口老龄化发展不平衡

从人口老龄化的空间分布格局来看，尽管各地老龄化程度均在上升，但北京、河北、辽宁、黑龙江、山东、江苏、上海、安徽、湖北、湖南、重庆和四川老龄化程度上升较快，呈现出东南区域老龄化程度较高，而西北部较低的格局。中国人口老龄化程度地区差异较大，此种差异与各地区的地理位置、经济发展水平紧密相关。

5. 人口老龄化的城乡倒置

人口老龄化的城乡倒置，是指在一个国家或地区的农村经济发展水平远低于城镇的

---

① 彭希哲.六十年：人口与人口学[M].上海：上海人民出版社，2009.

情况下,农村老年人口比例大于城市老年人口比例的现象。

从人口普查数据来看,2000年,城镇老龄人口总量和老龄化系数均低于乡村地区,乡村老龄化程度高于城镇地区1.1个百分点。2010年,城乡老龄化人口差距逐渐缩小,但老龄化系数差距拉大,乡村老龄化程度严重,乡村人口老龄化程度高于城镇地区2.26个百分点。

乡村地区老龄化程度之所以高于城镇地区,是因为中国的城镇化速度较快,众多年轻人口逐渐向城市迁移,年轻人口向城市的流动稀释了城镇的老龄化人口,使得城镇老龄化程度有所下降。而农村地区由于众多年轻人和壮年劳动力离开农村,老年人口比重增加,使得乡村地区老龄化程度较为严重。因此,城乡人口老龄化倒置的根本原因在于城乡的二元经济结构和迅速的城市化进程①。

6. 人口老龄化性别差异明显

我国女性人口的平均预期寿命高于男性,因此女性的人口老龄化程度也高于男性。《中国妇女发展纲要(2011—2020年)》终期统计监测报告显示,我国女性平均预期寿命突破80岁。继2000年我国进入长寿国家行列之后,我国人均预期寿命持续提高,其中,女性人均预期寿命从2010年的77.37岁提高到2015年的79.43岁,2020年进一步提高到80.88岁。据联合国《世界人口展望》测算结果,2020年,我国女性的人均预期寿命水平在184个国家中位列第62位,比世界女性平均水平高4岁。2020年中国60岁及以上老年人口中女性占51.8%,男性占48.2%。在80岁以上的高龄人口中,男性人口所占的比例持续上升,但性别比例差异仍较大。

2023年3月30日,在《柳叶刀—公共卫生》(*The Lancet Public Health*)上发表了一篇题为《对中国到2035年时的预期寿命预测——一项模型研究》(*Projections of Future Life Expectancy in China up to 2035: A Modelling Study*)的研究论文。研究发现,中国人口出生时预期寿命将会进一步增长,从2019年的77.7岁稳步上升,预计到2030年,预期寿命将达到79岁,到2035年,预期寿命将达到81.3岁,女性平均为85.1岁,男性为78.1岁。

思考题

1. 我国人口老龄化的特点是什么?
2. 我国人口年龄结构的演变过程是什么样的?
3. 社会抚养系数的变化过程及其影响有哪些?

---

① 万春林,张卫,邓翔.中国人口老龄化的制度背景与时空演变[J].四川大学学报(哲学社会科学版),2020(05):140-152.

第八章
性别结构

人口的年龄性别结构是人口历史上生育率和死亡率变化的结果，也在很大程度上决定了未来的人口变化。一个国家的人口性别结构主要由出生人口性别比、死亡人口性别比、国际迁移人口性别比共同决定。影响性别结构变化的因素主要有生物学因素、人口学因素和社会因素三类。

第一节 性别结构的概念及其测量指标

一、性别结构的基本概念

人口的性别结构是指一个国家或地区两性人口数量的比例关系，通常用人口性别比来表示。一个国家的人口性别结构主要由出生人口性别比、死亡人口性别比、国际迁移人口性别比共同决定。

人口性别结构包含总人口性别结构、出生婴儿性别结构和婚育人口性别结构。

总人口性别结构是指总人口中男性人口和女性人口所占的比重。亦可用男女性别比（以女性人口为100）表示，它是最基本的人口性别结构。出生婴儿性别结构是总人口性别结构的自然基础，但总人口性别结构还要受到其他因素的影响，如人口的死亡与迁移等。总人口性别比平衡区间为96～106[1]，即男性人口所占比重在48.98%～51.46%，女性人口所占比重在51.02%～48.54%，性别比落在该区间之内的为性别结构正常或基本正常，落在该区间之外为不正常或性别比例失调。

出生婴儿性别结构主要由生物因素决定，大量人口统计数据表明，在无大规模人工干预的情况下，出生婴儿性别比一般在103～107之间摆动。有学者把103～107这个性别比值，称为出生婴儿性别比正常值范围。根据出生婴儿性别比正常值范围，可以分析研究一个国家或地区的出生婴儿性别比正常与否。[2]

婚育人口性别结构指的是20～49岁或15～49岁年龄组的人口性别构成状况或性别比例。由于人口的性别比有随着年龄组的提高而降低的变动趋势，男性与女性的性别比

---

[1] 王恩涌，赵荣，张小林，等. 人文地理学[M]. 北京：高等教育出版社，2000.
[2] 吴忠观. 人口科学辞典[M]. 重庆：西南财经大学出版社，1997.

在婚育时期会逐渐接近100。婚育人口中的两性平衡,是婚姻匹配、组织家庭和进行人口再生产的自然基础,关系到人口再生产和社会安定等问题,因而广受社会和学界关注。

性别结构除按总人口计算之外,还可以按不同特征的人口进行计算。随着社会经济的发展、城市的兴建、经济门类的增加,计算城市或农村人口的性别结构、某一行业或部门职工的性别结构越来越必要。

二、性别结构的测量指标

(一)性别比

总人口性别比的计算公式为:

$$总人口性别比 = \frac{某年该地总人口中的男性人口数}{某年该地总人口中的女性人口数} \times 100\%$$

(二)出生婴儿性别比

出生婴儿性别比指某一时期内每出生100名女婴所对应的出生男婴数。出生婴儿性别比的计算公式为:

$$出生婴儿性别比 = \frac{某年该地出生的男婴数}{某年该地出生的女婴数} \times 100\%$$

出生婴儿性别比属于时期指标。至于某次调查的出生性别比是否反映该人口的出生性别比,必须以统计学对观察量的严格要求来判别。

三、影响性别结构的因素

性别结构受多种因素的影响,主要包括生物学因素、人口学因素和社会因素[1]。

(一)生物学因素

生物学因素对人口性别结构产生的影响集中表现在新生婴儿的两性差异和人口死亡率的两性差异上。在没有人为干扰的正常情况下,新生婴儿的性别比一般稳定在103~107的范围之内,即每出生100个女婴的同时,会有103~107个男婴出世。出生男婴多于女婴的原因同人本身的生物因素有关,XY胚胎一般多于XX胚胎,但胎儿在胚胎发育过程中XX胚胎的自然淘汰率比XY胚胎低,因此,出生婴儿性别比虽然男性仍高于女性,但同胎儿性别比相比已有了大幅度的下降。

这种由性染色体所引起的死亡率的性别差异,不仅会在胎儿发育的过程中起作用,而且会影响人的整个生命周期,成为女性预期寿命普遍高于男性的主要生物学原因。除了生物学因素,在婴儿出生以后影响死亡率的性别差异中,还增加了大量社会因素。在多种因素的影响之下,同一年出生的人口群体在达到婚龄期间,其性别比会基本趋于平衡。待

---

[1] 刘长茂.人口结构学[M].北京:中国人口出版社,1991.

到老年时期,由于死亡率性别差异的作用,以及某些社会因素的作用,老年人口性别比会继续下降,从而出现女性老年人口多于男性老年人口的情况。

(二) 人口学因素

人口学因素对人口性别结构的影响有两个方面。一方面,如果低龄人口在总人口中所占的比重大,整个人口的性别比就会提高。发达国家由于人口年龄构成老化,青少年人口所占的比重偏小,因而人口性别比一般都处于较低状况。反之,发展中国家由于青少年人口占的比重相对偏大,因此,人口性别比偏高。

另一方面是妇女生育率和产次对性别比产生影响。以往研究认为,一般情况下妇女生育年龄越大,产次越多,婴儿的出生性别比就会越低。

(三) 社会因素

社会因素对人口性别结构影响的途径是多种多样的,如社会制度和经济发展状况、人口迁移、战争、生育观等。

1. 社会制度和经济发展状况

社会制度和经济发展状况对人口性别结构的影响是多方面的。一般来说,在男女平等的国家里,人口的性别比较低;在社会经济发达的国家里,人口的性别比低于社会经济落后的国家。

2. 人口迁移

人口迁移对人口性别结构产生的影响,需要与移民目的和移民政策联系起来加以考察。如移民是同经济建设所需劳动力相联系,则移民的性别往往以男性居多,这就会在一定程度上提高迁入地区人口的性别比。

3. 战争

战争会造成大量人口死亡,尤其是男性人口的死亡,从而会降低总人口的性别比。比如苏联在卫国战争期间死亡和伤残人数超过了 2 000 万人,致使女性人口多于男性人口,从而对人们的婚姻、生育产生很大影响。

4. 生育观

生育观对人口性别比的影响,比较明显地表现在一些传统生育观念和生育意识比较落后的国家。拥有顽固重男轻女思想的人甚至会通过胎儿性别鉴定技术,人为干预出生性别,导致出生婴儿性别比偏高现象的产生。

第二节 国内外人口性别结构的变迁

基于上述影响人口性别结构的因素,国内外人口性别结构在不同历史时期发生过较大变化。

一、国外人口性别结构的变迁

1950年世界总人口的性别比为99.6,女性人口数量略高于男性。自1965年起,总人口性别比上升到100.1,男性人口数量开始超过女性,这半个世纪以来的性别比增加需要从不同地区分别来看。

1950—2000年,拉美、北美和大洋洲的性别比基本呈下降趋势,亚洲总人口性别比一直稳定在较高水平,变化不大,主要是欧洲和非洲的性别在此前低于世界其他各洲,但在这50年间一直处于上升状态。欧洲在两次世界大战期间男性人口死亡较多,导致性别比偏低,半个世纪以来欧洲从战乱中恢复,性别比逐年增高。非洲性别比的上升与男性死亡水平下降有联系,男性存活人口的增加提高了其性别比。移民对人口性别比也会产生很大的影响。多数的移民都是比较年轻的男性,因此在一个外来移民较多的国家,性别比会随之提高。[①]

受不同时代因素的影响,每个国家的性别结构会发生不同的变化,本节选取具有一定代表性的两个国家,具体分析它们的性别结构是如何发展与变化的。

(一) 俄罗斯人口性别结构的变迁

1897年初俄罗斯帝国进行了第一次人口普查,数据显示欧洲部分城市人口和农村人口在性别上的差别较大,平均每1 000名男性对应1 042名女性,在城市为906名女性,农村为1 064名女性。除了城乡上的差别,俄罗斯部分地区人口性别分布也存在差异,这主要是由经济特点决定的,在俄罗斯的北部和东北部居民从事打短工、在地方工厂和手工业部门工作比较普遍,因此聚集了更多的男性工人,性别比相对偏高。到20世纪初,俄罗斯城市人口中男性占有优势,但从总体上看,女性数量稍高于男性。

经过第一次世界大战、国内战争和大饥荒,20世纪20年代俄罗斯的人口性别结构表现出新的特征:在发生国内战争的地区,如俄罗斯欧洲部分、克里米亚、东南地区,出现了明显的男性人口损失,这些城市的20~29岁年龄组的男性比重一度低至13%~14%。由于饥荒、农业全盘集体化和大规模镇压等原因,1937年苏联性别比例失衡出现加剧的趋势,女性比男性多850万人,女性占总人口的52.7%。[②] 这种性别失衡状况在"二战"后仍然存在,而且由于战争中死亡的人口多为青壮年男性,人口的性别结构遭到严重破坏,1946年苏联人口中的男性比重降至43%。

"二战"结束至苏联解体前,苏联人口进入了相对平稳的发展阶段,性别失衡状况逐渐改善,1989年男性人口在总人口中的占比达到46.8%,回升至战前水平。2017年,俄罗斯每100名女性对应的男性人口为86人,性别结构仍未回归均衡水平,而且由于俄罗斯的外因死亡率具有明显的性别和年龄差异,男性外因死亡人数和占比都显著高于女性,男女平均寿命差距较大,从而导致年龄组越大,性别失衡状况越严重。[③] 不平衡的人口性别结构进一步影响婚育模式和劳动力结构等,已经成为俄罗斯不容忽视的重要人口问题。

[①] 游允中.六十亿世界人口[M].北京:中国人口出版社,2001.
[②] 梅春才.20世纪上半期俄罗斯人口问题研究[D].长春:吉林大学,2010.
[③] 彭文进.俄罗斯人口危机视阈下的人口结构分析[J].新疆师范大学学报,2010(3):69-74.

(二) 印度人口性别结构的变迁

从印度历次人口普查的数据来看，20 世纪其人口性别比总体呈现上升趋势，从 1901 年的 102.9 上升到 1991 年的峰值 107.9。自 1947 年独立以来，印度女孩的出生率和存活率明显低于男孩，20 世纪 70 年代，印度男女性别比一度高达 100∶93，性别不平衡差距明显。失衡的男女性别比源于失衡的出生性别比，1981 年开始，印度 0～6 岁人口性别比就达到了 106.95，逼近正常值域的上限。到了 20 世纪 90 年代以后，这个数字更是一路飙升。印度 2011 年人口普查数据表明：6 岁以下儿童性别比为 109.41，为印度独立以来的最高值。情况最严重的马哈拉施特拉邦，0～6 岁年龄组儿童性别比严重失调，达到了 124.84。具体到全国，在 35 个邦和行政区中有 28 个地区的儿童性别比超出正常值域。[①]

印度性别结构失衡的根源在于印度妇女社会地位低下，普遍存在早婚甚至幼婚现象，男欢女悲的嫁妆习俗、性别不平等的政策规定等使得印度有着根深蒂固的男孩偏好，随着 20 世纪 80 年代 B 超技术的大量运用，胎儿性别鉴定和选择性堕胎更是层出不穷。印度在 1994 年颁布了《禁止性别检测法》，通过法律手段对扼杀女婴行为予以打击，但这并未有效解决出生性别比失衡的问题，有法不依、执法不严的现象泛滥。

直到 2011 年，印度出生人口性别比失衡的问题仍在加剧，但 21 世纪初的两次人口普查数据显示，总人口性别比已经出现缓慢下降的趋势，男女性别比从 2001 年的 107.2 下降到 2011 年的 106.4。根据印度在 2019—2021 年进行的第五次全国家庭与健康调查的结果，印度总人口性别比为 102∶100。这和印度在解决选择性堕胎、妇女社会地位低下等问题上采取的措施有一定关联，但目前推动性别结构均衡的主要原因是女性的平均寿命要长于男性，性别选择的实质问题并未根本消除，印度出生性别比（107.64）仍旧偏高。

二、国内人口性别结构的变迁

(一) 新中国成立初期到改革开放初期的人口性别结构[②]

新中国成立后，妇女在家庭和社会中的地位发生了根本变化，在政治、经济上享有同男子平等的权利。与此同时，由于医疗卫生条件的改善，妇幼保健得到重视，妇女的死亡率迅速下降。因此，新中国成立后全国人口的性别比逐步下降。

但在世界范围内，我国总人口性别比仍属正常范围内偏高。这段时期我国人口性别比偏高的原因，一是有旧社会性别比例失调的痕迹，这在 1953 年、1964 年、1982 年三次全国人口普查的中、老年组人口性别比中都有所反映；二是与我国出生婴儿性比例偏高有关，在人口年龄结构中，少年儿童人口组占的比重较大，因而在一定程度上提高了总人口的性别比。

新中国成立后，我国总人口的性别比在各省、市、自治区之间存在着明显的差别。但

---

① 刘中一.印度出生性别比治理成效不显著的原因探析[J].人口与经济，2013(1)：19-26.
② 刘长茂.人口结构学[M].北京：中国人口出版社，1991.

总趋势都朝着正常范围的方向发展,其中呈下降趋势的比呈上升趋势的要多。

(三) 1982 年以来的人口性别结构①

2020 年我国总人口规模为 14.12 亿人,虽然持续 40 多年的出生人口性别比偏高造成了大规模的男性"盈余"或女性"赤字",但是被数量庞大的总人口稀释,总人口的性别比虽略有偏高,但并不明显。"七普"数据显示,2020 年总人口性别比为 105.1,比 2010 年提高 0.2 个比点,低于 1982 年、1990 年和 2000 年人口普查时的总人口性别比,但高于世界总人口性别比平均水平(101.7)。事实上,总人口性别比基本正常的平均状态掩盖了不同年龄段人口性别比和不同区域人口性别比严重失衡的问题。

遵循人口发展的惯性规律,出生人口性别比偏高的出生队列所携带的信息将伴随年龄的推移不断传递,贯彻生命周期全程。长达 40 年的出生人口性别持续失衡信息,必然复制成相应年龄段的男性人口数量过剩的现象。虽然我国"盈余"男性数量(男性与女性人口数量之差)随着年龄的上升也呈现逐步下降趋势,但是在 50 岁之前明显偏离正常值,50~64 岁年龄段的男女人口数量趋于平衡,在 65 岁及以上年龄变为负值,呈现女多男少现象。

第三节 人口性别结构变迁对社会的影响

人口性别结构是最基本的人口结构,也是社会构成的一部分。原始社会妇女的高生育率、高死亡率,导致人口性别比偏低。现代社会,随着科学技术的不断进步,卫生条件不断改善,降低了妇女由于生育带来的死亡危险,延长了妇女的寿命,也加大了女性在人口中的比重。社会生活中性别参与结构的变化也反映了一种社会变迁。②

一、女权运动的兴起③

美国在第二次世界大战期间,作为参战国出现了劳动力短缺,促使社会动员女性参与就业,许多女性由此走出家门参与社会工作,出现了世界范围内的妇女社会参与的热潮,推进了两性关系的新格局和女权运动。

20 世纪 60 年代美国女权运动的出现,与妇女永久地进入劳动大军后经济上的转变相联系。在第二次世界大战以前,社会对妇女的文化标准依然是结婚居家生活,中产阶级的妇女结婚及生育后一般不离家外出工作。在第二次世界大战期间,由于 1 600 万美国男性出去打仗,美国经济的运行在很大程度上依赖于女性劳动。1941—1945 年期间,超过 600 万的妇女首次走上工作岗位。在战争年代,女性劳动力增长 57%。到 20 世纪 50 年代末至 60 年代末,在管理领域工作的妇女人数开始出现增长趋势。随后,从 1971 年起,在这个领域工作的妇女人数快速增加。在 20 世纪 60 年代中期,妇女中的上层蓝领开始增多。这个时期,社会对妇女组织的示威活动和女权运动的开展表现出了一定的赞成态度。

---

① 原新、吴京燕.中国人口性别比失衡态势、问题与治理[J].人口与健康,2022(4):36-40.
② 蔡玉春.社会生态视角下的出生人口性别比失衡研究[D].合肥:安徽大学,2011.
③ 王河江.20 世纪 60 年代美国女权运动研究[D].长春:东北师范大学,2010.

妇女从民权运动和平权运动中获得经验和资源,组成人际关系网,形成平等意识,促进了政治进步,这些因素决定了20世纪60年代女权运动到来的时机。一般来说,女权主义组织的目标尽管存在一定的差异,但其最重要的目标是性别平等,也可以表述为性别公正。女权主义主流的行动是在职业、教育、宗教等种种领域打破性别歧视,获得女性急需的经济独立手段以及自我尊重,让她们控制自己的身体和生育。

二、婚姻生态的改变[①]

社会的婚姻生态会随着婚龄性别结构以及社会文化条件的变化而发生改变。婚姻年龄段人口性别结构一般表示为婚龄性别比,它是一个区域内人口生育、死亡和迁移变动的结果。

社会文化理论认为,婚姻市场上人数占比低的性别,由于相对稀缺,因自身的比较优势而获得异性让渡的权力,并使用这种权力在婚姻关系中获得最大的回报。在性别比偏高(即男性显著多于女性)的情况下,女性将受到极大的重视。由于女性相对稀少,男性会尊重女性,理论上女性的权力和地位会加强。但是,男性也可能会利用自己的结构性权力来限制女性的行动。

随着中国近年来婚龄性别比失衡的加剧,婚龄性别比升高,女性婚姻行为的自主性和能动性大大提高。在一些农村地区,婚龄性别比失衡对夫妻之间的权力结构产生了微妙的影响,甚至在总体婚姻策略不改变的前提下影响了家庭的资源分配和夫妻权力结构。在一夫一妻的婚姻体制下,女性稀缺可能会使男性害怕婚姻失败,进而使得家庭内部的夫妻权力关系更有利于女方。[②] 同样因为女性的稀缺,离婚男性再婚的难度会显著增加。

婚龄性别比的失衡凸显了男性原生家庭的经济社会地位在婚姻缔结过程中的重要性。在偏远贫穷的农村,原生家庭的经济社会地位甚至成为决定婚姻成败的关键因素。在婚龄性别比失衡的情况下,为了争夺有限的婚姻资源,有的未婚男性的家庭往往通过抬高婚姻支付成本来增加子代在婚姻市场中的竞争力,导致高额彩礼现象。

三、社会风险的提升[③]

在人口性别结构变迁的过程中,性别偏好和性别选择会造成人口性别结构的失衡。性别失衡下人口数量和结构面临的风险,主要表现为女性缺失风险、男性过剩风险、人口数量风险、人口老龄化风险四个方面。社会风险由人口风险引发,主要包括失婚风险、非常态婚姻盛行风险、婚姻迁移风险、婚外性行为激增的风险、家庭暴力和违法犯罪率升高的风险和养老风险。

在性别失衡与婚姻挤压的宏观背景下,相关利益受损群体个人和家庭的脆弱性加剧,诱发个体行为失范[④]。这些微观层面的风险事件将通过传导和放大,使得利益受损群体

[①] 刘中一.性别失衡地区的婚姻生态:内卷与自洽[J].学术交流,2021(5):128-140.
[②] 郭志刚,邓国胜.婚姻市场理论研究——兼论中国生育率下降过程中的婚姻市场[J].中国人口科学,1995(3):11-16.
[③] 李树茁,果臻,尚子娟.中国性别失衡与社会可持续发展的理论、实践与政策创新——国家社科基金重大攻关课题"中国人口性别结构与社会可持续发展战略研究"成果概述[J].西安交通大学学报(社会科学版),2014(6):1-13.
[④] 舒星宇.茕茕孑立的人生:农村大龄单身男性的生活困境[M].南京:南京大学出版社,2018.

的规模不断积聚,矛盾不断积累,进一步诱发社区层面的群体性事件,加深宏观层面的社会与公共安全问题。一旦这些社会问题在其他社会风险的相互作用下被放大并形成规模,将给包括人口、经济、社会、文化、公共卫生等在内的公共安全造成不可估量的影响,阻碍人口社会的可持续发展。

第四节 人口出生性别比失衡问题

人口出生性别比失衡问题,是关乎人口安全和人口结构的问题,往往由于社会性因素导致,产生相对持久的影响。

一、出生性别比失衡概况

我国出生性别比长期持续偏高,成为人口发展过程中突出的人口结构性问题,对建设和谐社会产生影响。

我国从20世纪80年代开始,近40年出生人口性别比的动态变化曲线呈现"倒V型"。1982—2004年,出生人口性别比持续波动攀升,分别在1982年、1990年和2000年人口普查时点达到107.6、114.8和119.6,并在2004年达到峰值121.2。2005—2020年,出生人口性别比呈波动下降态势,2020年降至111.3。根据国家统计局年度出生人口数据,1980—2020年间累计出生人口7.79亿人,其平均性别比为114.4,以出生人口性别比105为正常水平推算,累计男性"盈余"出生3 347万人,由此形成等量的女性出生人口"赤字",并呈现先增后减的态势。

第七次全国人口普查结果显示,2020年中国出生人口性别比为111.3,较2010年下降了6.8。虽然这显示了我国出生性别比失衡现象得到改善,但尚未回落到正常范围。

(一)出生性别比的孩次特征与已有子女性别的关系

从孩次上看,出生性别比偏高从高孩次蔓延到低孩次。人口普查数据显示,1982年中国一孩、二孩出生性别比正常,但三孩及以上出生性别比达到110.1;1990年和2000年二孩和三孩及以上性别比均出现异常偏高的现象,其中,二孩出生性别比为121和151.9,三孩及以上出生性别比为127和159.4;但到了2010年,一孩出生性别比由2000年的107.1升至113.7,首次出现显著上升,而二孩和三孩出生性别比有所下降。[①] 这说明在低生育水平下,人们倾向于在首次生育中进行性别选择。

性别选择性人工流产不仅与胎次有关,也与已有子女的性别有关。没有哥哥姐姐或只有一个哥哥的孩子出生性别比基本在正常范围,有一个或多个姐姐的女胎最有可能被流产。[②] 只有姐姐的孩子出生性别比异常偏高,有两个姐姐的孩子出生性别比最高;有两个哥哥的孩子出生性别比显著偏低。[③]

[①] 原新.出生人口性别比最新动态及问题判断[J].西安交通大学学报(社会科学版),2016(6):122-124.
[②] 楚军红.中国农村产前性别选择的决定因素分析[J].中国人口科学,2001(1):61-66.
[③] 于弘文,邓胜国,王宗萍,等.透视出生性别比偏高现象[J].人口研究,2003(5):38-52.

(二) 出生性别比失衡的地域特征

出生性别比失衡受区域社会文化影响,可能出现不同情况。从城乡差异看,我国农村出生性别比持续偏高,20世纪90年代后城镇出生性别比迅速升高,城乡差异缩小。历次人口普查数据显示,农村出生性别比偏高态势严重,城乡出生性别比从1982年开始均有不同程度地上升,到2005年,城乡差异达到最大值[①];但2010年农村出生性别比由2005年的122.85降低至122.09,首次出现小幅下降,同时,城、镇出生性别比加速上升至118.33和122.76,城镇和农村出生性别比都严重偏高。

从区域上看,分行政区划制定的生育政策在一定程度上对出生性别比失衡起到了推动作用,出生性别比的区域差异明显,比如在执行一孩半政策的省份,即在农村地区第一个孩子是女孩的夫妻可以再生育一个孩子的省份,出生性别比较高。第七次全国人口普查数据显示,过半省份出生性别比已小于109,有6省已落入正常区间。海南、江西、福建是我国出生性别比最高的省份,都超过了118,最高的海南达到122。而2010年,全国最高的安徽已从131降至113,第二高的广东也从129降至116。

二、出生性别比失衡的原因[②]

(一) 直接原因

1. 女婴漏报、瞒报

20世纪90年代初,学界大多认为女婴漏报、瞒报是出生性别比异常的主要或第一位原因,不少学者通过对当时人口抽样调查和人口生育节育调查数据的分析,采用存活反推法,得出我国20世纪80年代出生性别比超出正常的部分中至少有二分之一至四分之三是由漏报女婴造成的结论[③]。

2. 选择性生育

出生婴儿性别比偏高并不能完全用女婴的漏报来解释,选择性别的生育可能是我国出生性别比异常的重要原因。产前胎儿性别鉴定技术的不断普及为选择性别的人工流产提供了技术上的可能,有明显男性偏好的人群中进行的选择性人工流产可导致人口的出生婴儿性别比升高。

(二) 深层原因

1. 强烈的男孩偏好

生育行为中对男孩强烈的性别偏好深深积淀于人们的意识深处,并慢慢地发展成为一种具有强大生命力的心理习惯和社会习俗,这种偏好使得人们采取各种方法生育男孩。当人口趋势随着社会经济发展倾向于小家庭形式时,子女的性别偏好依旧强烈。与此同

---

① 李树苗,果臻.当代中国人口性别结构的演变[J].中国人口科学,2013(2):11-20.
② 孙琼如.中国出生人口性别比:三十年研究回顾与述评[J].人口与发展,2013(5):95-109.
③ 张震,马茜.中国出生性别比转变的人口老龄化后果:前景与对策[J].人口研究,2022,46(01):3-18.

时,测定胎儿性别的技术逐渐普及,在这种情况下,这些因素会作用于人们的生育意愿和生育行为,造成出生性别比上升的现象。

2. 计划生育政策

多数学者认为我国计划生育政策对出生性别比有影响,但这种影响是复杂的、有条件的,并非简单的直接关系。研究表明实行一孩半生育政策的地区,出生性别比相对更加严重,而实行较为宽松生育政策的地区出生性别比则接近正常,但这种差异的前提是男孩偏好。我国的生育政策通过对生育数量、条件的控制对其产生影响,它不是出生性别比失衡的必要条件,但在一定程度使这种失衡更为严重。① 我国出生性别比失衡是多因素综合作用的结果,男孩偏好的传统文化和社会经济现状是基础,胎儿性别鉴定和性别选择技术是手段,少生孩子是动因。计划生育政策是促使少生孩子的重要因素,但不是唯一的因素。②

三、出生性别比失衡的后果

(一) 性别结构失衡,婚姻挤压形势加重

出生性别比失衡将导致婚育人口性别结构失衡。随着近 30 年的高出生性别比队列陆续进入婚姻市场,中国男性婚姻挤压问题日益凸显。当前中国男性婚姻挤压主要表现为农村地区的超低初婚水平的挤压模式,实际婚姻挤压程度十分严重。此外,中国男性婚姻挤压区域分布相对集中但已出现扩散趋势。③ 受婚姻挤压影响的未婚男性将面临更高的老年独居风险和更严重的养老问题。

(二) 女性的权利与利益受损

出生性别比偏高问题直接关系到女性的权利与利益,有学者指出研究出生人口性别比异常应以女性为关注的中心和研究的重点。

女性是出生性别比升高的最大受害者,出生性别比异常升高的实质是对女性生存权的剥夺。产前性别鉴定和性别选择性人工流产牺牲了妇女生殖健康,严重侵犯了女婴的生命权,是重男轻女、男女不平等的集中体现;缘于"男孩偏好"的出生性别比失常损害女孩的生存权和发展权;男多女少带来复杂的婚姻家庭问题,对女性造成直接和潜在的多重伤害。④

(三) 人口问题加重,社会风险升高

出生性别比失衡导致女性缺失,而女性的缺失则往往伴随着下一代人口总量的削减,这不仅会加快我国老龄化的进程,加重整个社会面临的养老负担,同时,适婚女性数量短

---

① 张二力.从"五普"地市数据看生育政策对出生性别比和婴幼儿死亡率性别比的影响[J].人口研究,2005(1):11-18.
② 原新,石海龙.中国出生性别比偏高与计划生育政策[J].人口研究,2005(3):11-17.
③ 果臻,李树茁,Marcus W. Feldman.中国男性婚姻挤压模式研究[J].中国人口科学,2016(3):69-80.
④ 刘爽.男多女少无助于妇女地位的提高[J].人口研究,2003(5):44-47.

缺致使男性面临强烈的婚姻挤压和失婚风险,继而可能引发非常态婚姻、买卖婚姻、强制婚姻和人口拐卖等违法犯罪行为,社会风险升高,对人口健康、社会安全和经济社会发展产生全方位的影响。

四、出生性别比失衡的应对措施[①]

1. 严禁胎儿性别鉴定和性别选择性人工流产

20世纪80年代以后由于中国妇幼保健和计划生育技术服务的改善,作为诊断手段的B超在中国城乡被普遍使用。应用B超分辨胎儿性别后,一部分妇女会因胎儿不是自己满意的性别而选择终止妊娠。因此,国家首先采取的应对措施是严禁利用技术手段进行非医学需要的胎儿性别鉴定和性别选择性人工流产。1986年9月卫生部和国家计划生育委员会联合印发《关于不得任意进行胎儿性别预测的通知》,严禁非医学需要的胎儿性别鉴定和性别选择性人工流产;1989年卫生部印发了《关于严禁用医疗技术鉴别胎儿性别和滥用人工授精技术的紧急通知》;1993年卫生部和国家计划生育委员会再发通知重申了严禁进行胎儿性别预测。

2. "关爱女孩"专项行动

政府明令禁止胎儿性别鉴定是完全必要的,但要解决出生性别比失衡的问题,关键在于改变重男轻女的生育文化和产生这种生育文化的社会经济环境,提高妇女地位,于是综合治理出生性别比失衡的政府行动于21世纪初正式开展。

2003年,相关部门选取了出生性别比最高的24个县区,开展了旨在治理出生性别比偏高、改善女孩生活环境、促进性别平等的"关爱女孩"专项行动。基于试点的成功经验,国务院办公厅转发了国家人口计生委等12个部门联合发布的《关于广泛开展关爱女孩行动,综合治理出生人口性别比偏高问题的行动计划》,将"关爱女孩行动"扩展为全国性的战略行动和公共政策。此外,中国政府针对出生性别比失衡问题先后颁布了一系列促进性别平等的相关法律法规,旨在各领域推动性别平等,从根源上消除男孩偏好。

3. 提高对农村大龄未婚男性的社会支持[②]

大龄未婚男性作为婚姻挤压的后果,具有被迫性、聚集性和脆弱性的特征,是社会中的新生弱势群体。受中国普婚文化的影响,大多数男性和女性都希望能够成婚并组成家庭,但女性数量的缺失会导致一部分男性无法找到匹配的女性而被迫失婚,成为大龄未婚男性,他们主要集中在偏远贫困地区,往往社会经济地位较低,在收入、就业、居住、健康等方面存在明显劣势[③]。国家通过施行农村五保供养、农村医疗救助、最低生活保障政策,以及新型农村社会养老保险、新型农村合作医疗制度,从社会救助和社会保险两个层面使包括农村大龄未婚男性在内的性别失衡弱势群体在一定程度上得到公共服务均等化所供给的制度性保障,改善和促进他们的生活福祉。

---

① 郑真真.人口现象中的社会问题——对出生性别比失衡的再认识[J].山东女子学院学报,2022(3):20-28.
② 李树茁,孟阳.改革开放40年:中国人口性别失衡治理的成就与挑战[J].西安交通大学学报(社会科学版),2018(6):57-67.
③ 舒星宇.贫困农村大龄单身性生活、情感困境及其社会失范行为研究[D].南京:南京大学,2022.

思考题

1. 导致我国出生性别比失衡的原因有哪些?
2. 我国出生性别比失衡会导致哪些社会后果?
3. 简述我国女性社会地位的提升过程。

第九章
婚姻与家庭

婚姻和家庭与我们每个人的人生轨迹息息相关。从本质上讲,婚姻与家庭具有密切的关系。婚姻是家庭形成的前奏,婚姻关系是家庭关系的本质,家庭又是社会的基本单位。婚姻与家庭社会学,即是运用社会学的理论和方法来研究婚姻和家庭及其演化的客观规律,研究家庭和社会的各种关系,研究家庭在社会中的地位和作用。

第一节 婚姻与家庭的概念及其测量指标

一、婚姻与家庭的概念

(一) 婚姻的概念

1. 婚姻的定义

"婚姻"一词,即古文中"昏因""昏姻"的通假词。旧时习俗新郎于昏时迎娶新娘,新娘因新郎而来,由此定下夫妻关系和称谓。因此,婚姻的含义别无其他,仅仅是男女通过合法手续明确关系,得到家庭成员的认可,成为一员。

俗话说:"男大当婚,女大当嫁。"古代社会,婚姻的主导动机源于妇女是创造财富的活动工具,娶妻是为了增加劳动力,人的性欲在婚姻之外可以得到满足。人类婚姻史的第一时期是乱婚或杂婚阶段。第二时期,妇女劳动范围逐渐变小,财富及继承问题日趋突出,于是关于个人至亲骨肉的后代观念便成了婚姻的主导动机。婚姻是为了生育合法的儿女和照管家室。第三时期,妇女社会地位发生了变化,个人自由成为社会生活的基本准则,其次才是生儿育女和权衡经济。现代社会,经济和子女这两个因素在婚前考量和婚后占有的比重仍然占重要地位。

婚姻,指的是男女双方依据一定的法律、伦理和风俗所结成的夫妻关系。婚姻从表现形式上是男女两性的生理结合,从本质上是男女的一种特定的社会关系,婚姻标志着一个新家庭的诞生[①]。因此,婚姻事件既具有个人特性,又具有社会特性。

从社会学角度看,婚姻具有以下两个方面的特征:一是夫妻二人需要按照社会法律

---

① 目前,有一些国家和地区已经将同性婚姻合法化,说明婚姻形式的多样性。

和习俗所要求的契约关系共同生活;二是夫妻双方都与对方原来的家庭结成确定的关系。

2. 婚姻制度

婚姻制度是社会赋予婚姻关系的一整套社会规范,是社会对婚姻关系的一种规范。不同时代、不同国家和地区有着不完全相同的婚姻制度。我国的婚姻制度由国家法律确定,先后经历了四次制定和修订。新中国成立后,颁布的第一部法律即是《中华人民共和国婚姻法》(1950),此后该法在1980和2001进行了两次修订。2020年5月28日,十三届全国人大三次会议表决通过了《中华人民共和国民法典》,自2021年1月1日起施行,由于对婚姻制度的规定被纳入其中,原《中华人民共和国婚姻法》同时废止。

《中华人民共和国民法典》中的第五编是"婚姻家庭",共5章79条,详细规定了有关我国国民婚姻与家庭方面需要遵守和遵行的规范和要求。其基本原则是:"婚姻家庭受国家保护。实行婚姻自由、一夫一妻、男女平等的婚姻制度。保护妇女、未成年人、老年人、残疾人的合法权益。"其中,结婚方面确定了包括"结婚自愿、法定结婚年龄、禁止结婚的情形、结婚登记、婚后双方互为家庭成员、婚姻无效的情形、隐瞒疾病的可撤销婚姻、婚姻无效和被撤销的法律后果"等具体准则和要求。

在《中华人民共和国民法典》中,明确规定:"结婚应当男女双方完全自愿,禁止任何一方对另一方加以强迫,禁止任何组织或者个人加以干涉","结婚年龄,男不得早于二十二周岁,女不得早于二十周岁","禁止有配偶者结婚","直系血亲或者三代以内的旁系血亲禁止结婚"。

以上这些要求和规范,就是用法律形式来规范婚姻关系,这也说明了婚姻的社会属性。

(二) 家庭的概念

1. 家庭的定义

家庭是指在婚姻关系、血缘关系或收养关系基础上产生的,由法律和习俗规定的享有特殊权利与义务的一些人组成的基本社会单元,家庭成员之间的情感纽带是维系家庭成员关系的基础。

有些学者认为家庭主要是人与人的生理结合,比如奥地利心理学家弗洛伊德认为:"家庭是肉体生活同社会机体生活之间的联系环节。"有些学者认为家庭主要是由婚姻形成的,比如社会学家罗威认为:"家庭是以婚姻为根据的社会单位。"马克思和恩格斯认为家庭是由婚姻和血缘关系形成的:"每日都在重新生产自己生命的人们开始生产另外一些人,即增殖。这就是夫妻之间的关系,父母和子女之间的关系,也就是家庭。"还有学者认为家庭是由婚姻、血缘、家庭生活确定的。比如中国社会学家孙本文认为:"家庭是夫妇子女等亲属所结合的团体。"费孝通认为:"家庭是父母子女形成的团体"。随着时代的发展,家庭成员的组成更加复杂,有部分家庭成员由收养关系进入家庭,成为家庭的一员。美国社会学家伯吉斯(E.W. Burgess)和洛克(H.J. Locke)在《家庭》(1953)一书中提出:"家庭是被婚姻、血缘或收养的纽带联合起来的人的群体，各人以其作为父母、夫妻或兄弟姐妹的社会身份相互作用和交往，创造一个共同的文化。"中国著名心理专家郝滨认为："人类的家庭是由婚姻、血缘或收养等关系所组成的社会生活的基本单位。"

2. 家庭制度

家庭制度是关于家庭的性质、关系、功能、权利和义务的一整套规范体系，是整个社会制度的重要组成部分。家庭制度包括婚姻制度与相应的习俗礼仪、生育制度、父母与子女的权利和义务、家庭财产继承制度等。在人类社会中，家庭制度既有法律的明文规定，又包括不成文的、约定俗成的习惯和各种传统礼仪。比如，《中华人民共和国民法典》规定："禁止家庭暴力"，"禁止家庭成员间的虐待和遗弃"，"家庭应当树立优良家风，弘扬家庭美德，重视家庭文明建设"，"夫妻应当互相忠实，互相尊重，互相关爱；家庭成员应当敬老爱幼，互相帮助，维护平等、和睦、文明的婚姻家庭关系"。在生活中，我们也常常以"尊老爱幼"来规范家庭行为，用"家和万事兴"来倡导家庭成员构建和谐的关系。

二、婚姻与家庭的类型

（一）婚姻的类型

1. 婚姻制度的类型

历史上，婚姻制度包含了以下几种类型。

（1）群婚制。又叫杂婚制，是人类社会在蒙昧时期由于生产力低下、寿命短暂形成的，在婚姻关系方面较少明确血统和辈分方面的限制，是一群男子和一群女子互为夫妻的集团婚姻形式。

（2）血缘群婚制。指按照辈分划分婚姻集团，同辈的男女之间可互为夫妻，从而排除了不同辈分之间，即长辈与晚辈、父母与子女之间的性关系。比如我国汉族民间传说中伏羲与女娲的通婚，就属于兄妹婚。

（3）亚血缘群婚制。指排除了兄弟姐妹之间性的结合，某一个血缘氏族的一群男子与另一血缘氏族的一群女子才能互相发生性关系的婚姻制度，形成的家庭也称为"普那路亚"家庭。"普那路亚"为夏威夷土著语，意为"亲密的伙伴"。通婚的男子与女子之间不再互称兄弟姐妹，而称普那路亚。

（4）对偶婚制。指在原始社会时期，不同氏族的成年男女双方，在或长或短的时间内实行以女子为中心，由一男一女组成配偶，关系不是长久固定的一种婚姻形式。对偶婚是从多偶婚（群婚）向单偶婚过渡的一种形式，比如纳西族的走婚形式。

（5）一妻多夫制。指一个女子同时与几个男子保持夫妻关系的婚姻制度。这种制度曾盛行于爱斯基摩的某一部落，现在仍盛行于印度南部。

（6）一夫多妻制。是指一个男人可以同时和2个及以上女人结婚。它的产生，是父系制下生产资料私有制的结果，是由对偶婚向一夫一妻制过渡的产物。现今的许多非洲国家和一些亚洲国家（如泰国）实行一夫多妻制。

（7）一夫一妻制。又叫专偶婚、单偶婚、个体婚，指一男一女结为夫妻的婚姻形式。

专偶制是世界上实行最广泛的婚姻制度,是人类婚姻制度从低级到高级演化的结果,现在已成为世界上最被人们广泛接受的婚姻制度。

2. 婚姻状况的类型

婚姻状况是一国或一地区在一定时期内年满15岁及以上的人口在婚居方面所处的状态。婚姻状况一般分为未婚、已婚(有配偶)、丧偶、离婚四类。

(1) 未婚。指某人尚未结婚,也从未结过婚。

(2) 已婚。指某人已结婚,且配偶存活。已婚根据其婚姻具体情况,又可以分为初婚有配偶、再婚有配偶、复婚有配偶等。

(3) 丧偶。指某人结过婚,但配偶已死亡,本人没有再婚。

(4) 离婚。指某人已经与原配偶依照法律程序解除了婚姻关系,并且没有再婚。

(二) 家庭的类型

家庭可指根据家庭关系或家庭结构进行分类。划分家庭的类型,可以根据不同的需要,采用不同的标准划分家庭类型。具体包括以下分类:

(1) 按家庭的权力结构划分,可分为父权制家庭、母权制家庭、夫妻平权制家庭等。

(2) 按家庭所在社区的性质划分,可分为农村家庭、城市家庭等。

(3) 按家庭主要人员的职业属性划分,可分为工人家庭、农民家庭、干部家庭、军人家庭、知识分子家庭等。

(4) 按家庭生育功能划分,可分为已生育家庭、非生育家庭等。

(5) 按子女数量划分,可分为无子女家庭、独生子女家庭、多子女家庭等。

(6) 按家庭成员居住地划分,可分为从夫居家庭、从妻居家庭、单居制家庭等。

(7) 按家庭的结构和规模进行划分,这是家庭类型划分最主要、应用最广泛的一种分类,可以分为联合家庭(大家庭)、核心家庭(小家庭)、主干家庭(直系家庭)、单亲家庭、重组家庭、丁克家庭、单身家庭、隔代家庭等家庭类型。

第一,联合家庭(大家庭)。指由有血缘关系的两个或多个性别相同的人及其配偶和子女,或者两个以上同辈兄弟姐妹结婚后组成的家庭类型,或有父母长辈,或没有,如图9-1所示。联合家庭的特点是人数多、结构复杂,家庭内存在一个主要的权力和活动中心,几个权力和活动的次中心。目前,此类家庭形式已经比较少见。

第二,核心家庭(小家庭)。指的是一对已婚夫妇及其未成年或未婚子女组成的家庭,如图9-2所示。核心家庭的特点是人数少、结构简单,家庭内只有一个权力和活动中心。家庭成员间容易沟通、相处,夫妻关系密切,家庭成员较少依赖亲属关系。核心家庭更适合现代工业都市社会,已成为我国主要的家庭类型。

第三,主干家庭或(直系家庭)。是指在核心家庭基础上演化的直系双偶家庭,是由父辈和子辈两代已婚夫妇组成且中间无断代的家庭,又称直系家庭,如图9-3所示。主干家庭的特点是家庭内不仅有一个主要的权力和活动中心,还有一个权力和活动的次中心存在。多代家庭(如三代、四代同堂)、隔代家庭(如祖孙隔代,如图9-4所示)都是直系家庭的特殊情况。在我国,主干家庭曾为主要家庭类型,但随着社会的发展,此家庭类型已不再占主导地位。

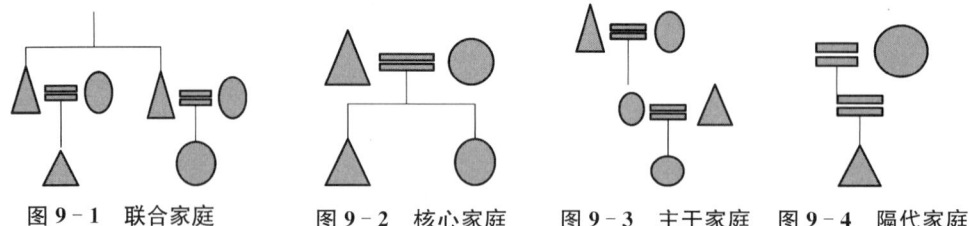

图 9-1　联合家庭　　图 9-2　核心家庭　　图 9-3　主干家庭　　图 9-4　隔代家庭

注：家庭结构类型示意图中，△表示男性，○表示女性，＝表示婚姻关系，｜表示生育关系，—表示同一代际关系。

第四，单亲家庭。是指由离异、丧偶或未婚的单身父亲或母亲及其子女或领养子女组成的家庭。单亲家庭的特点是人数少、结构简单，家庭内只有一个权力和活动中心，但可能会受其他关系的影响。此外，经济来源相对不足。

第五，重组家庭。指夫妇双方至少有一人已经历过一次婚姻，并可有一个或多个前次婚姻的子女及夫妇重组的共同子女。重组家庭的特点是人数相对较多、结构复杂。

第六，丁克家庭。是指由夫妇两人组成的意愿性无子女家庭和因为不孕不育形成的非意愿性无子女家庭。丁克家庭的特点是人数少、结构简单。丁克家庭的数量在我国逐渐增多。

第七，单身家庭。指只有一个人单独生活的家庭，严格讲不是通常意义上的"家庭"，因为此类家庭中不存在婚姻关系和血亲关系，是一种不完整的特殊的家庭形式。单身家庭可以是过渡性的，只要独居者结婚或再婚，或者收养了子女，单身家庭即转变为其他类型的家庭。目前我国的单身家庭数量也在逐渐增多，通常认为其为"单身户"。

三、婚姻与家庭的意义及关系

（一）婚姻的意义和作用

婚姻，在现代意义上理想的状态是男女双方在平等自愿的基础上建立的一种契约关系，是两个人一起生活的合法结合。因此，婚姻的意义和作用至少包括以下几个方面：

（1）从表现形式上看，婚姻是双方生理、心理和财富的结合。

（2）从本质上看，婚姻是一对男女以夫妻名义在经济生活、物质生活等方面的平等自愿结合。

（3）婚姻使得配偶双方取得医学、公序良俗、政治、民法等层面的认可，并以一种亲密的或性的表现形式被承认，形成人间亲属关系的社会结合或受到法律约束。

（4）婚姻是组成家庭的基础和根据。

（5）婚姻从表象上看是个人行为，在本质上是社会行为。

（二）家庭的意义和作用

家庭是最基本的社会单元。从功能来说，家庭是儿童成长、老人供养、夫妻经济合作的基本单位。家庭是社会最基本的细胞，家庭的健康、可持续发展，与各种社会政策和社会条件密切相关，家庭的变化反映出社会的变化，社会的变化影响家庭的变化。因此，家庭是研究和认识社会的窗口，而社会则是观察家庭的背景。

家庭的意义和作用，指家庭在人类生活和社会发展方面所起的作用，其内容受社会性质的制约。不同的社会形态，构成不同的家庭职能，有些职能是共同的，是任何社会都具有的，有些职能是派生的。家庭功能基本上分为性与生育功能、经济功能、抚养功能、赡养功能、教育功能、感情交流功能、生活和休息娱乐功能、宗教功能等。

1. 性与生育功能

性与生育功能是家庭的生物功能。性生活是家庭中婚姻关系的生物学基础，性生活和生育等行为密切相关，社会通过一定的法律与道德使之规范化，使家庭成为满足两性生活需求的基本单位。从人类进入个体婚制以来，家庭一直是一个生育单位，是保障种族延续的载体。但近现代以来，生育已并非家庭的必要功能。

2. 经济功能

家庭的经济功能包括家庭中的生产、分配、交换、消费。家庭作为经济生产的单位，在农业社会承担着主要的经济生产作用。随着机器化生产取代农业手工业生产，家庭不再是生产的主要单位。家庭的生产功能外移，在家庭之外获得收入并组织消费是家庭存在的物质基础。

3. 抚养功能/抚幼功能

家庭通过抚养和教育儿童，使之适应社会。家庭是个人早期社会化的主要场所，儿童在家庭环境中，接受父母的抚养和教育，获得基本的社会化知识，了解基本的社会规则和规范，习得早期的适应社会的基本能力。家庭的抚养功能重在对家庭子代、孙代的身体素质的培养，抚养功能历来是家庭的基本功能之一，即使在后期儿童进入学校接受进一步的社会化，家庭的抚养功能也在持续发挥作用。

4. 赡养功能/养老功能

赡养功能主要指的是家庭对于老年人的供养和帮助。尤其是在中国社会，历来有"养儿防老""养老送终"的传统。在农业社会阶段，"孝"文化主要主张的就是在家庭中下一代对上一代的供养。进入现代社会，随着家庭规模、家庭结构和居住方式的变化，尤其是家庭成员之间经济关系的变革，传统的家庭赡养功能出现"淡化"趋势，比如独居老年人、空巢老年人增加，但是传统的家庭赡养仍然在中国人的养老方式中占据主导地位。

5. 教育功能

家庭的教育功能指的是包括父母教育子女和家庭成员之间相互教育两个方面，其中父母教育子女在家庭教育中占有重要的地位。家庭的教育功能重在对子女智力素质、品行道德、社会规范等方面的培养，比如良好家教、家风的建设与传承。随着老龄化社会的来临，家庭的教育功能出现了"教育反哺"的现象，尤其是年轻一代对老年人在智慧化、数字化时代的知识和技术方面的培训与教育，发挥着非常重要的作用，体现出了家庭教育功能的另一方面。

6. 感情交流功能

家庭的感情交流功能主要指的是家庭成员之间由于血缘和亲缘关系,能够在日常生活中彼此通过情感交流,增进亲情和感情。我们经常说"家庭是避风港",意思是家庭成员能够在家庭环境中,得到来自家庭成员各方面的支持和帮助,尤其是精神和情感方面的支持,对于现代的"陌生人"社会,尤其显得弥足珍贵。

7. 生活、休息和娱乐功能

除了上述提到的各种功能表现外,家庭成员在日常生活中还存在大量属于生活、休息和娱乐方面的形式多样的行为。比如家人一起聚餐、看电影、打球、郊游、旅游……这些生活、休息和娱乐活动在现代家庭中比例增加、范围拓宽、时间增加。

8. 宗教功能

由于家庭成员长期近距离生活在一起,因此某些信仰宗教的家庭成员的行为,会导致其家庭生活与其宗教仪式融合在一起,也可能导致在家庭范围内传播宗教,形成全家信仰某种宗教的情况。这种情况,尤其是在宗教信仰比较普及的国家和地区比较常见。

(三) 婚姻与家庭的关系

婚姻和家庭的关系极其密切、不可分割。从前述关于婚姻和家庭的定义当中,可以发现,家庭的成立以婚姻为基础,而婚姻的结果就是组建新的家庭。配偶双方以婚姻为起点和基础,繁衍后代,构建血缘关系和亲缘关系,组成家庭关系;也在此基础上,通过姻亲关系,构建起大家庭甚至家族关系。同时,家庭也可以在婚姻、血缘基础上合理延伸,比如通过领养关系进行构建。

社会学家费孝通先生说:"婚姻关系和两性关系没有绝对的联系,婚姻是社会为孩子们确定父母的手段。"从根本上来说,人类之所以要有婚姻,要有家庭,社会要用法律、道德、风俗来规范它、限制它,主要不是为满足人的两性生活的需要,而是要确立一个基本单位去完成一种基本功能——生儿育女、传宗接代,以使人类社会不致中断(费孝通称之为"生育制度")。实践证明,通过婚姻结成的家庭是完成这一功能的最有效的单位,这是婚姻与家庭的本质所在,也是它一直受到社会保护,源远流长的根本原因。

因此,婚姻与家庭的关系密不可分,家庭始于婚姻,而婚姻制度保证了家庭的存在,保证了人类的自身繁衍,这是婚姻与家庭存在的基本根据。

四、婚姻与家庭的测量指标

(一) 婚姻的测量指标

婚姻状况通常指一个国家或地区15周岁及以上人口的婚姻构成情况,通过结婚率、平均初婚年龄、离婚率等指标进行度量。

1. 结婚率

结婚率是指一定时期内(通常指1年)15周岁及以上人口每千人中结婚事件的发生

数。这里需要特别注意的是，计算公式的分子部分是结婚对数，不是人数。其计算公式为：

$$结婚率 = \frac{该年度该人群结婚事件发生数}{某年某地 15 周岁及以上人口数} \times 1\,000‰$$

也有学者提出在计算相关指标时，可以用总人口作为分母。该指标表明结婚频繁的程度。一定时期结婚人数的多少，同人口年龄、性别结构有着密切关系，社会经济条件的变化以及人口政策等对结婚状况也有很大影响。

2. 平均初婚年龄

平均初婚年龄是指某一时期（通常为 1 年）初次结婚者的平均年龄。由于男子初婚年龄一般略大于女子，故此指标男女应分别计算。平均初婚年龄可以反映人口婚姻年龄的高低，用于不同人口或同一人口不同时期的对比分析。其计算公式为：

$$平均初婚年龄 = \frac{\sum 该年度初次结婚者的年龄}{某地某年初次结婚者的人数}$$

平均初婚年龄的高低，受多方面因素的影响，包括：（1）政治因素。如国家法律政策。（2）经济因素。如经济发展程度，尤其是工业化和城市化的程度。一般经济发达、工业化程度高的地区平均初婚年龄较高。（3）文化因素。如历史传统、风俗的影响，以及妇女的受教育水平。一般文化素质越高，平均初婚年龄也就较高。（4）社会因素。如妇女的就业程度，一般在女性就业率高的地区，女性平均初婚年龄较高。

3. 离婚率

离婚率是指一定时期内（通常是 1 年），每 1 000 名 15 岁及以上人口中离婚事件发生率，又叫作粗离婚率，可用于衡量和评价某个国家或地区的婚姻稳定程度。也有学者提出在计算相关指标时，用总人口作为分母。该指标同样受到人口年龄结构的影响，区域对比时需要进行标准化。这里需要特别注意的是，计算公式的分子部分是离婚对数，不是人数。计算公式为：

$$离婚率 = \frac{该年度该人群离婚事件发生数}{某年某地 15 周岁及以上人口数} \times 1\,000‰$$

4. 离婚结婚比

离婚结婚比是指某年内某地区离婚对数与结婚对数之比，简称离结婚比，通常以百分数表示。这一指标说明某一时期内与结婚相对而言离婚的多少。它把离婚数与结婚数直接相比，只考虑二者关系，而不考虑人口总数多少。同时分子中的离婚者与分母中的结婚者并不一定是同一些人，而且基本上是无关的。这些都是在使用"离结婚比"这一指标时要注意的。计算公式为：

$$离婚结婚比 = \frac{某年某地离婚对数}{某年某地结婚对数} \times 100\%$$

5. 不婚率

不婚率是指已达到育龄期末仍未结婚的人数占相应年龄组总人数的百分比。不婚率的统计一般是针对年龄在 50 周岁以上没有结婚的人进行的,反映了不婚的强度。其计算公式为:

$$不婚率 = \frac{该年度该人群未婚人数}{某年某地 \geq 50 周岁人口数} \times 100\%$$

(二) 家庭的测量指标

1. 家庭规模

家庭规模指现有家庭所拥有的家庭成员数量,通常为时点指标,根据具体研究内容和观测目的定义家庭成员属性为常住人口数量或者户籍人口数量。家庭规模主要受两个方面的影响,一方面受家庭生育量的影响,另一方面受家庭结构的影响。根据家庭规模,一般将家庭分为大家庭与小家庭,通常主干家庭或者联合家庭等为大家庭,家庭成员数量在 4 人以上;核心家庭称为小家庭,家庭成员数量在 4 人及以下。

2. 家庭代际数量

家庭代际数量指家庭成员间不是同辈人的辈数,包括亲子、婆媳、翁婿、叔侄等,有几辈人就是几代人家庭。根据家庭内部代际数量,可以将家庭分为一代户家庭、二代户家庭、多代户家庭等。

3. 家庭关系数量

家庭关系数量指所有家庭成员之间的人际互动或联系,包括代际内的平行关系和代际间的垂直关系两种,其计算公式为:

$$家庭关系数量 = \frac{N^2 - N}{2}$$

其中,N 表示家庭成员数量。

第二节 婚姻与家庭理论

婚姻家庭社会学作为人口社会学的重要分支,历来受到很多研究者的重视,因此相关研究也逐渐形成了较为丰富的婚姻家庭理论。

一、婚姻相关理论

(一) 父母偶像理论

心理学精神分析学派创始人西格蒙德·弗洛伊德(Sigmund Freud)提出了俄狄浦斯情结(恋母情结)和那勒克特拉情怀(恋父情结),他认为人们由于潜意识当中存在恋父或者恋母情结,所以在选择婚配对象时,总是选择那些和自己的父亲或者母亲在相貌、性格、气质和行为上相似的配偶,这其实是"同质婚"的一种原因解释。

(二) 同类匹配理论

美国社会学家古德于1986年提出同类匹配理论,他认为人们都是理性的经济人,因此寻找到的适合自己的配偶大多是与自身在经济上或社会地位上大致相当的人,类似于中国传统社会在婚姻择偶中讲究的"门当户对"。同类匹配理论认为人们在婚姻择偶时,总是倾向于选择与自己的社会阶层、教育程度、年龄、居住环境、种族、价值观、生活方式等大致相同或者相近的配偶。

(三) 择偶梯度理论

择偶梯度理论也称为婚姻梯度理论(Marriage gradient),这一概念最早由美国社会学家巴纳德提出。他认为在大多数社会中,人们在选择配偶时存在"男高女低"的现象,比如年龄上男大女小,学历上男高女低,职业上、经济条件上男优于女等。该理论主要反映了传统婚姻模式中男性在婚姻中的优势地位,是指男性倾向于选择与自己社会地位相当或者比自己地位稍差的女性为伴侣,而与此相反,女性往往更多地要求配偶在受教育、收入和职业阶层等方面高于自己。

(四) 社会交换理论

社会学的交换理论假定配对双方都觉得联姻的收益要大过独身的收益,择偶行为才能发生,婚姻才能维持,这一理论突出体现了婚姻择偶过程中的"逐利"目的,即人们结婚的目的在于通过婚姻获得对方能够提供给自身的独特利益、价值或者资源。比如古时的"和亲""交换婚"等。

(五) 互补需求理论

美国西北大学终身社会学教授罗伯特·温奇提出了婚姻过程中的互补需求理论,这一理论与同类匹配理论不同,主要用来解释人们在婚配过程中存在的"异质婚"现象。该理论认为,在选择婚姻伴侣时,有些人更加看重的是那些与自身在社会背景和性格方面存在较大差异的配偶,比如外向的人希望选择内向的配偶,好动的人希望选择安静的配偶。

二、家庭相关理论

(一) 家庭生命周期理论

家庭生命周期(Family Life Cycle)指的是一个家庭诞生、发展直至消亡的运动过程,反映了家庭从形成到解体循环运动的变化规律,其概念源自发展学理论,用来描绘多数家庭从结婚、子女出生到子女独立与终老的全过程,其中家庭人数的变化是划分家庭生命周期不同阶段最重要的标志。

家庭生命周期理论中被普遍接受的关于家庭生命周期阶段的划分,是格利克在1949年的一篇论文中提出来的,他根据标志着每一阶段的起始与结束的人口事件,将家庭生命周期划分为形成、扩展、稳定、收缩、空巢与解体等六个阶段(如表9-1所示)。

表9-1 家庭生命周期阶段的划分

阶段	起始	结束	家庭中的角色	家庭发展任务
形成	结婚	第一个孩子的出生	妻子 丈夫	● 发展相互满足的婚姻生活 ● 怀孕和将成为父母的适应 ● 适应彼此亲戚网络
扩展	第一个孩子的出生	最后一个孩子的出生	妻子 丈夫	● 发展相互满足的婚姻生活 ● 怀孕和将成为父母的适应 ● 适应彼此亲戚网络
稳定	最后一个孩子的出生	第一个孩子离开父母亲	妻子—母亲 丈夫—父亲 女儿—姊妹 儿子—兄弟	● 适应新生子女的诞生、成长 ● 充沛的精力适应抚养子女需求,父母因此缺乏隐私 ● 有学龄子女的家庭以建设性方法适应社区的生活 ● 鼓励子女教育上的成就 ● 青少年在自由及责任之内取得平衡 ● 发展中年父母(子女已成年)的兴趣和工作
收缩	第一个孩子离开父母亲	最后一个孩子离开父母亲	妻子—母亲 丈夫—父亲 女儿—姊妹 儿子—兄弟	●成年子女离家就业、服兵役、上大学、另组新家庭等
空巢	最后一个孩子离开父母亲	配偶一方死亡	妻子—母亲—祖母 丈夫—父亲—祖父 女儿—姊妹—姨、姑 儿子—兄弟—舅、伯叔	●维护支持性家庭关系 ●新的婚姻关系重建 ●维护老的及年幼的亲属关系 ●适应退休生活
解体	配偶一方死亡	配偶另一方死亡	寡妇—鳏夫 母亲—祖母 父亲—祖父	●适应丧偶及独处 ●亲近家人或适应老年生活

家庭生命周期包含了人口变动的主要内容,从结婚、生育、抚养未成年子女,直到衰老和死亡,并且把这些人口学因素有机地综合在家庭的发展过程中进行考察,而不是把这些因素分割开来孤立地分析,从而使得对人口变动过程及其运动机制的研究更加系统、深入和全面。另外,家庭生命周期也反映了一个家庭从形成到解体循环运动的过程,强调家庭随时间出现的各种变化,并解释家庭在不同时期的变迁,以说明家庭在不同发展阶段上的各种任务和需求。家庭生命周期的概念在社会学、人类学、心理学乃至与家庭有关的法学研究中都很有意义。例如,对家庭生命周期的分析,可以更好地解释家庭财产权、家庭与家庭成员的收入、妇女就业、家庭成员之间的关系、家庭耐用消费品的需求、处于不同家庭生命周期的人们心理状态的变化等。

（二）家庭系统理论

医学博士莫瑞·鲍恩（L.Murray Bowen）开创了家庭系统的概念，鲍文用所有生命形式的相同科学原则为指导，将家庭视为一个系统。家庭系统理论认为家庭是相互关联的，每个成员都会影响家庭中的其他成员，而我们从家庭中学到的技能在家庭之外也可以发挥作用。家庭在沟通、互动、分离、联系、忠诚、独立、适应压力这些领域的表现是独一无二的。

鲍恩认为，当夫妻或家庭成员由于情绪黏缠，内心经验高度的焦虑，害怕被排斥、被操控、被吞噬，因而产生各种情绪反应及行为纠缠，包括夫妇间长期激烈冲突，将问题转移给孩子，以及夫妇其中一方罹患身心病或情绪病等。父母本人自主相系的成熟程度，会直接或间接投射到下一代身上，影响孩子的成长历程。个人在家庭的出生顺序十分影响他的成长经验和个性发展，家庭中最早出生或者最晚出生的个体，容易成为父母特别关注的对象，因而大量吸收父母过度的情绪焦虑。同时，关系亲疏合适、松紧自如的家庭抚养的下一代较少吸收焦虑的情绪投射，在父母示范和安全气氛下，发展出较理想的自主相系成熟人格。

（三）家庭沟通理论

家庭沟通理论认为沟通有利于家庭成员化解家庭冲突和紧张，促进家庭成员角色的实施和家庭功能的正常运转。随着社会生活内容的丰富，各家庭成员在家庭中所担当的角色也不仅仅是单一的，比如对一个男性而言，他可能是丈夫、父亲、儿子等多种角色的综合体。社会生活的紧张和角色承担者对角色把握的能力，影响着家庭成员的角色认同、角色扮演和角色实现，而沟通有助于家庭成员的角色认同、角色扮演和角色实现。比如夫妻沟通对于提高婚姻质量具有十分重要的意义。

家庭沟通理论认为家庭成员通过沟通，能把冲突的消极功能降到最低程度。沟通方式除了语言，还可以用表情、动作、声调，甚至文字交流、符号暗示等，因为他们都在表达信息传递者的意思。不同场合与不同身份的人交往时，沟通的方式会有所不同。但是在家庭的沟通中，应当注意不要随心所欲，不计后果，把家庭当作自己所有的不良情绪和不当行为的倾诉站，这会使家庭无法承载如此巨大的负面压力而出现冲突和危机。

（四）家庭教育理论

狭义的家庭教育是指在家庭生活中，由家长，即由家庭里的长者（主要是父母）对其子女及其他年幼者实施的教育和影响。广义的家庭教育既包括家长对孩子的教育，又包括孩子对家长的影响。

家长教育与家庭教育的区别主要体现在以下方面：

首先，目标不同。家庭教育与学校教育、社会教育并列，是家庭中以提高儿童基本思想道德素质、科学文化素质和身体心理素质为目标的教育形式；家长教育是以提高家长家庭教育胜任力为主要目标的成人教育形式。

其次，主体与教育对象不同。狭义上，家庭教育的主体是家长，对象是家庭中的未成年子女或其他被监护人；家长教育的主体是家长教育相关专业人员，对象是家长。

再次，内容不同。家庭教育主要是家长围绕日常生活和人类基本的知识经验对孩子开展教育;家长教育的主要内容是家庭教育、家庭管理等方面的知识技能。

家庭教育从本质上看具有私人教育、非正式教育和终身教育的特点。目前,关于家庭教育的方法理论有很多,如"激励理论""惩罚理论""情感教育理论"等。

第三节 国内外婚姻与家庭的变迁

由于不同国家和地区的婚姻与家庭制度具有较强异质性,同时随着时间的推移,影响婚姻与家庭的各种因素也发生了明显变化,导致国内外婚姻与家庭形成了不同的表现形式。

一、国外婚姻与家庭的变迁

(一) 国外婚姻的变迁——以美国为例[①]

当代美国人的婚姻发生了较大的变化,具体表现在:

1. 愿意结婚者数量减少

1960年以来,15岁以上的美国男、女性在婚者(指处于正常婚姻状态的人)比例有较大幅度下降;而15岁以上的美国男、女性无婚史者的比例则呈上升趋势,虽然20世纪90年代这一趋势稍有减缓,但2003年仍分别达到28.0%和21.2%。

2. 晚婚趋势

自20世纪后期以来,美国人的初婚年龄呈上升趋势。美国男、女性初婚年龄中位值在1947年分别为23.7岁和20.5岁,1959年分别降至22.5岁和20.2岁。此后该中位值一直稳步上升,1990年分别为26.1岁和23.9岁,2003年分别为27.1岁和25.3岁。

3. 离婚率逐渐上升

由于妇女经济能力的增强、社会对离婚现象的逐渐接受、1970年出台无过错离婚法律以及人们对心理和感情的强调等因素,美国人的离婚率呈上升趋势。1950—2003年,美国人中已离婚而暂时未再婚者(divorcee,以下简称"离婚者")从250万人增加为2 170万人,其中女性离婚者更是从140万人猛增到1 270万人。在美国中,亚裔的离婚率最低,而黑人的离婚率最高。

4. 族裔间通婚

自20世纪60年代以来,美国人的族裔间通婚现象逐渐增多。1960年,不同族裔的夫妇总数仅有14.9万对,到1980年增长到65.1万对,而2000年和2003年分别增长到146.4万对和209.4万对。总体而言,少数族裔更容易与他族通婚。

5. 非婚同居者增多

在20世纪60年代以前,婚前性行为还作为越轨行为受到研究和分析,社会把性仅

[①] 陈奕平.当代美国人家庭与婚姻模式的演变及其影响[J].世界民族,2006(02).

仅限制在婚姻关系之中。但此后随着嬉皮士"自由之爱""性解放"观念的流行,非婚同居现象在美国迅速蔓延。1970年美国非婚同居户(unmarried-couple household)为52.3万户,1994年增长到370万户。2000年的美国人口调查显示,非婚同居户达到380万户。而该数字可能远低于实际数字,因为很多户主不愿意承认非婚同居。另外,美国的非婚生育尤其是少女怀孕现象也日趋严重。1950年非婚生育只占生育总数的4%,但到1996年所有生育中有1/3属于非婚生育。1970—1994年,美国15~19岁少女的生育比例增长一倍多。

6. 同性恋婚姻合法化

在20世纪60年代以前,很长一段时间同性恋在美国被视为一种精神变态,许多同性恋者不敢公开自己的身份。到了20世纪60年代,同性恋者建立起自己的组织,通过斗争来争取自己的平等权利。20世纪70—80年代,随着同性恋权益运动的发展,美国公众对同性恋者的看法趋于宽容,在各地方、各州和联邦政府的反歧视政策、法律中,都加进了反对歧视性倾向的条款。20世纪90年代以来,虽然美国宗教和政治保守力量一致谴责同性恋并阻止将同性恋置于各州反歧视法的保护之下,但同性恋者的维权斗争仍然取得了重大胜利。1993年,美国军方针对同性恋者采取了"不要问,不要说"的避讳政策。1996年,美国联邦最高法院在"罗默诉埃文斯"(Romerv.Evans)一案中宣布同性恋者享有受宪法保护的权利。2000年,佛蒙特州允许同性恋者组成名义上的家庭。

(二)国外家庭的变迁——以美国为例

20世纪60年代以前,美国人的家庭经历了从大家庭(extented family)到核心家庭(nuclear family)的演变。大家庭是北美殖民地开发初期到19世纪工业化这段时间的主要家庭模式。19世纪中后期,随着工业化、城市化的迅速发展和人口流动的加速,核心家庭如雨后春笋般出现,逐渐取代了大家庭的主导地位。

进入20世纪60年代后,美国人的价值观偏向于个人主义和性开放,加上反传统、反权威、反理性风潮抬头和女权运动的兴起,美国核心家庭受到巨大的冲击,家庭模式趋向于多元化,具体表现在以下方面:

1. 双亲家庭(即核心家庭)比例下降

以前作为主体的双亲家庭在所有家庭类型中的比例在近几十年里急剧下降。具体地说,亚太裔和白人中的双亲家庭所占比例较高,西班牙语裔(以下简称"西裔")、印第安人与阿拉斯加土著(归为一种类型,后同)中的双亲家庭所占比例次之,黑人中的双亲家庭所占比例最低。

2. 单亲家庭数量增多

单亲家庭尤其是女性单亲家庭数量明显增长。在各族裔中,黑人单亲家庭比例最高,其女性单亲家庭比例高达45.1%;印第安人与阿拉斯加土著、西裔次之;亚太裔和白人单亲家庭比例最低。

3. 单身户增多

自20世纪60年代以来,美国单身户数量不断增加,40余年间增长了3.27倍。1960

年,美国的单身户为689.6万户,占总户数的13.1%;到1980年和2003年,美国的单身户分别增长到1 829.6万户和2 943.1万户,分别占总户数的15.4%和17.7%。

4. 家庭户和非家庭户的规模日益缩小

1970—2000年间,美国5人及5人以上的住户所占比例从20.9%减少到10.4%,而1人和2人的住户所占比例却分别从17.1%和28.9%增长到25.5%和33.1%。各族裔的家庭规模又有所不同。美国少数族裔家庭的成员普遍较多,只有黑人家庭的成员较少,接近白人家庭的平均人数。2000年,亚裔、夏威夷土著与其他太平洋岛屿人(归为一种类型)、印第安人与阿拉斯加土著、黑人的家庭户平均人数分别为3.61人、4.05人、3.58人、3.03人,非家庭户平均人数分别为3.11人、3.60人、3.09人、2.49人;非西班牙裔白人的家庭户和非家庭户平均人数分别为3.02人和2.48人;西裔的家庭户平均人数为3.60人。

二、国内婚姻与家庭的变迁

家庭在中国文化中极受重视,了解中国家庭及其变迁是认识中国式现代化道路的重要方面。从20世纪初到改革开放前,尽管受到国内外各种环境因素的影响,但以农村为代表的高结婚率、低离婚率和多代同堂大家庭为特征的传婚姻家庭模式,并未发生根本改变。改革开放40多年来,伴随中国式现代化进程,传统婚姻家庭模式受到冲击,许多新的婚姻家庭类型出现。①

(一) 国内婚姻的变迁

过去几十年中,我国的婚姻变化是空前的,既不同于西方国家的婚姻变迁轨迹,也异于与我国相邻的日本与韩国。中国的婚姻转变既具有一般规律性,也表现出独特性。20世纪90年代之后,我国的婚姻发生内生性推迟,特别是2010年以来,婚姻推迟进入快车道,正在迎来一场快速变革。

1. 初婚年龄推迟

新中国成立之初,颁布的第一部《中华人民共和国婚姻法》直接规定了初婚年龄的下限,要求女性的法定结婚年龄不小于18周岁,男性不小于20周岁。20世纪70年代,计划生育政策全面推行,国家力图通过倡导晚婚来实现晚育,鼓励城市男青年28岁、女青年25岁,农村男青年25岁、女青年23岁以后结婚。这一时期,我国男性的平均初婚年龄提高到将近25岁,女性超过了23岁,城市地区的初婚年龄更高。1980年新《中华人民共和国婚姻法》规定女性的法定结婚年龄不小于20周岁,男性不小于22周岁,使得我国的平均初婚年龄在80年代经历了短暂下降。20世纪90年代,我国的平均初婚年龄进入持续提高的快车道,婚姻变革拉开序幕。1990—2000年,全国男性的平均初婚年龄从23.57岁增长至25.11岁,女性从22.02岁增长至23.17岁。特别是2010年以来,初婚年龄每增一岁所用的时间越来越短。"六普"数据显示,在2010年,男性和女性平均初婚年龄分别为25.86岁和23.89岁。2020年的"七普"数据显示,我国男性和女性的平均初婚年龄提升至

---

① 麻国庆. 当代中国家庭变迁:特征、趋势与展望[J]. 人口研究,2023(1):43-57.

28.43 岁和 26.30 岁,初婚年龄进一步推迟。

2. 结婚率下降

中国结婚率从 2000 年的 6.7‰ 上升到 2013 年的 9.9‰,随后逐年下降,2014 年为 9.6‰,2015 年为 9‰,2016 年为 8.3‰,2017 年再降到 7.7‰。到了 2018 年,中国的结婚率仅为 7.2‰,2019 年我国登记结婚人数仅为 947.1 万对,比上一年减少了 63 万对,同比下降 6%,而 2019 也成为近 10 年来首次结婚数量低于千万对的一年。到 2020 年,结婚率更是下降到 5.8‰,如表 9-2 所示。

表 9-2 2010—2020 年我国结婚率情况

年份	结婚登记对数	结婚率
2020 年	814.3 万	5.8‰
2019 年	947.1 万	6.6‰
2018 年	1 013.9 万	7.2‰
2017 年	1 063.1 万	7.7‰
2016 年	1 142.8 万	8.3‰
2015 年	1 224.7 万	9.0‰
2014 年	1 306.7 万	9.6‰
2013 年	1 346.9 万	9.9‰
2012 年	1 323.6 万	9.8‰
2011 年	1 302.4 万	9.7‰
2010 年	1 241.0 万	9.3‰

3. 离婚率上升

在结婚率下降的同时,离婚率也在一直上升。有关数据统计显示,从 2010 年到 2019 年这 10 年间,我国的离婚率持续上升,如表 9-3 所示。2010—2019 年,我国离婚登记数量从 268 万对增加到 415 万对,增长了 54.8%,2019 年前三季度全国平均离婚率高达 43.53%。到 2019 年底,全国离婚登记达到了 415.4 万对,比 2018 年增加 35 万对,同比增长了 9%。截至 2020 年,我国离婚率为 3.09‰。据民政部数据,2022 年前三季度我国有 544.5 万对人登记结婚,这个数据同比 2021 年下降了 7.49%;同时有 164.3 万对夫妻登记离婚,同比增加 3.72%。

表 9-3 2010—2020 年我国离婚率情况

年份	离婚率
2020 年	3.09‰
2019 年	3.36‰
2018 年	3.20‰
2017 年	3.15‰
2016 年	3.02‰

续 表

年份	离婚率
2015 年	2.79‰
2014 年	2.67‰
2013 年	2.57‰
2012 年	2.29‰
2011 年	2.13‰
2010 年	2.00‰

(二) 国内家庭的变迁[①]

我国家庭变迁的特点,主要包括以下几个方面:

1. 家庭规模日益小型化

改革开放后,在计划生育政策实施、人口迁移流动日益频繁等因素的影响下,中国家庭户规模呈现小型化发展趋势。1982年第三次人口普查时平均家庭户规模约为4.41人,2000年、2010年、2020年平均家庭户规模分别为3.44人、3.1人和2.62人。改革开放后城乡家庭户规模的缩减趋势趋同,城镇从2010年的2.71人缩减至2020年的2.57人,农村相应数据分别为3.34人和2.70人,农村家庭户规模的收缩趋势更为明显。从家庭户结构看,2020年我国1人户和2人户在全部家庭户中的占比合计已超过半数,达到55.1%。2020年第七次人口普查数据显示,我国家庭的平均人口为2.62人,比2010年第六次全国人口普查的3.10人减少0.48人,这意味着传统三口之家的结构正在崩塌,我国家庭的类型进一步小型化、微型化。

2. 家庭代际结构转向以一代户为主

1982—2020年历次全国人口普查数据显示,一代户和二代户占比变化明显,其中一代户占比从1982年的13.9%提高到2020年的49.5%,二代户占比从1982年的48.2%下降到2020年的36.7%,转型社会中受住房条件改善、家庭观念转变等因素影响,中国家庭中夫妻户和单人户数量增长迅速。

从家庭代际结构看,首先,城市、镇和乡村都呈现一代户占比上升、二代户占比下降、三代及以上户占比相对稳定的趋势,这三类地区的家庭代际结构都由以二代户为主转变为以一代户为主。但城市一代户占比最高,乡村三代户占比最高。其次,城市三代户占比呈持续下降趋势,而镇和乡村三代户占比则呈现先上升后下降趋势。再次,乡村一代户占比提升幅度最大。

家庭户类型的多样化趋势以及家庭代际结构的明显变化,意味着在生育率持续走低、人口老龄化加速、人口频繁迁移流动的大背景下,非传统家庭类型大量涌现(如图9-5所示)。

[①] 宋健,李建民,郑真真,等.中国家庭的"转变"与"不变"[J].中国社会科学评价,2020(03):50-58.

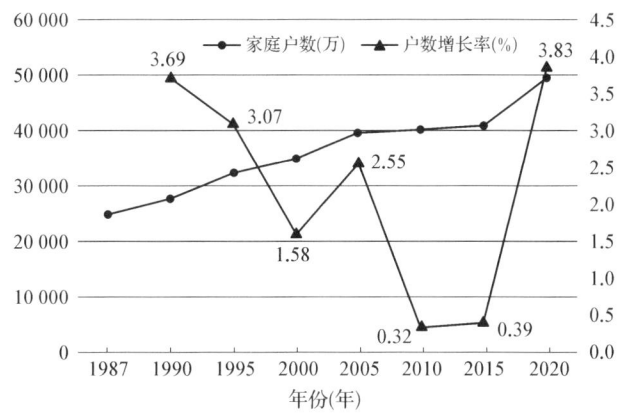

图 9-5　我国家庭户数变化情况

3. 家庭类型多样化且以核心家庭为主

改革开放后,我国家庭类型由以核心家庭和主干家庭为主转变为核心家庭、主干家庭以及单人户家庭多样化并存。第七次全国人口普查数据显示,我国目前有家庭 4.94 亿户,其中"一人户"家庭超过 1.25 亿,占比超过 25%。预计 2030—2035 年,我国家庭规模将降至 2.45 人。

4. 家庭关系呈现多种变化

一方面,传统社会中的"男尊女卑""男高女低"的性别秩序和权力关系发生重大变化,夫妻关系从"夫主妻从"向"夫妻平权"转变。中国男女两性社会劳动参与的"外—外"格局业已形成,但女性依旧未能相应卸下繁重的家务负担,反而从过去主要"主内"转变为肩负家务劳动和社会劳动的双重责任。

另一方面,人口迁移流动改善了家庭的经济状况,也弱化了家庭成员间的联系和父母对子女的掌控,改变了民众的婚姻和家庭观念,加速了子女的独立过程,代际关系变得疏远、代沟加深。亲代逐渐丧失了教化的绝对权威,而子代获得了"反哺"能力,文化反哺已经成为亲子传承的新特征,这也是改革开放以来我国家庭代际关系的一个新走向。

5. 家庭赡养和抚养功能发生明显变化

伴随家庭结构的转变和劳动力的大量外流,农村家庭出现大量留守老人和留守儿童,导致农村养老问题和儿童教育问题日益凸显。一方面,为了不给外出务工的年轻人增加过多负担,农村老年人在进行自我养老的同时,兼顾养育第三代,形成"隔代家庭",出现隔代教育问题、留守儿童问题。另一方面,大量农村青壮年劳动力进城务工削弱了农村家庭赡养功能,使得农村老年人面临着较大的养老风险。而城市中的老年人则面临着以居家养老(依靠子女照顾、夫妻之间相互照顾、自我照顾)为主、社区养老和社会养老(老年公寓、养老院、护理院)为辅的多种养老方式并存的情况。

第四节　婚姻与家庭的变迁对社会的影响

时代的发展导致婚姻与家庭的一系列变迁,这些变化也会给社会各个方面带来直接或者间接的影响。

第一,促进社会的平等和多元化发展。婚姻观念的变迁是社会进步发展的必然结果,也是中国社会转型期的重要表现之一。近年来,随着社会经济的发展和人们思想观念的转变,中国的婚姻观念发生了很大变化。现在的年轻人更愿意自主选择伴侣,相较于以往"父母包办婚姻"或者"门当户对",现代人的婚姻更注重感情的和谐和双方价值观、生活观的统一,男女两性在家庭乃至于社会层面的平等性不断提高。同时,人们对其他婚姻、家庭形式,比如同性婚、重组家庭等了解程度和容忍度不断提高。

第二,高离婚率导致儿童健康发展问题。以往许多国内外研究都证明了家庭破碎、夫妻离婚可能对孩子的健康发展存在深刻影响,许多社会学家和政策制定者认为,幸福美满的伴侣关系能够带给孩子十分正面的影响,而父母离婚、非婚同居会影响孩子的学习成绩、身心健康[①]。当然,父母离异之后孩子在挫折中自强不息、奋发有为的案例也有很多,问题的关键在于孩子能否持续获得父母的关爱,即使夫妻已经"分道扬镳",如能注意继续对子女关心爱护,也会将离婚事件对孩子的心灵创伤和不良影响减少到最低程度。

第三,重新制定婚姻家庭相关法律制度。新中国成立后,1950年5月1日,《中华人民共和国婚姻法》正式实施,成为新中国第一部法律。《婚姻法》明确宣布实行婚姻自由,废除包办强迫婚姻,禁止童养媳,实行一夫一妻制,坚持男女平等,保护妇女和子女的合法权益。1980年的新《婚姻法》重申了婚姻自由、一夫一妻、保护妇女和子女合法权益以及禁止重婚和包办婚姻等原则和制度,并根据时代特点和需要,增加了实行计划生育、保护老年人权益、夫妻约定财产制等新规定。2001年的《婚姻法》增设了无效婚姻、可撤销婚姻条款,增加了重婚和离婚无过错方损害赔偿请求权的规定,完善了对家庭暴力受害者、受虐待者、被遗弃家庭成员的救助制度,在建立和维护平等、文明的婚姻家庭关系等方面发挥了积极作用。2021年,我国《民法典》生效,原《婚姻法》失效,其内容被融入新的《民法典》当中,具体体现在婚姻家庭编,包括了结婚、家庭关系、离婚、收养等内容。其中比较引起大众关注的是《民法典》中关于"离婚冷静期"的规定。"婚姻家庭编"第一千零七十七条规定:"自婚姻登记机关收到离婚登记申请之日起三十日内,任何一方不愿意离婚的,可以向婚姻登记机关撤回离婚登记申请。前款规定期限届满后三十日内,双方应当亲自到婚姻登记机关申请发给离婚证;未申请的,视为撤回离婚登记申请。"

第四,"儿童经济"兴起。所谓"儿童经济",是指以3～14岁儿童为消费主体的经济形式,其中包括儿童用品、儿童玩具、亲子娱乐、亲子服务、亲子教育等多种类型的儿童产品及服务。由于我国低生育社会的形成,家庭资源相对集中于抚育较少的孩子,同时随着多胎政策的逐步落实,我国儿童基数可能不断提高。2021年第七次全国人口普查结果显示,我国0～14岁人口为2.53亿人,占全国总人口的17.95%。需求主体数量的扩增,在一定程度上带动了儿童经济市场中零食、玩具、教育等各细分领域的进一步发展,"儿童经济"可能成为新的经济增长点。

第五,"银发产业"发展。随着老龄化社会的到来,老年人口增多,以老年人为目标客

---

① 穆光宗.离婚率增长背后,折射了什么社会问题——提高新生代中国人"爱人"之能力[J].人民论坛,2019(23):62-64.

户的产业——"银发产业"开始发展起来,涉及的产业包括养老设施和机构、老年房地产、老年护理服务业、老年服饰、老年食品、老年医疗等;还有来自老年人深层需求的娱乐、学习、旅游、医疗保健、营养保健、心理咨询等;衍生产业包括老年储蓄投资理财产品、老年地产的倒按揭等金融产品、寿险产品的证券化产权产品、长期护理保险产品、老年融资等。我国也不断出台政策规划,引导和推动老龄产业各领域的健康、高质量发展,这些政策的出台拓宽了老龄产业的发展领域,为培育银发经济注入新的活力。

第六,养老方式转变。中国传统社会,一直奉行"养儿防老"的观念,但随着时代的变迁,家庭日趋核心化和小型化,人口流动增强,导致老年人群的养老需求不得不越来越多地依赖于社会和市场化供给。第七次人口普查显示,我国60岁及以上人口占比已达到18.7%,老龄人口越来越多。同时,中国家庭的结构日益变小。"七普"数据显示,每个家庭平均人口2.62人,"一代户"(小两口、老两口、空巢、独居、丁克家庭等)占到家庭结构的近50%。在这种家庭结构的变化下,把养老寄托在配偶或子女身上的传统居家养老观念势必要改变,探索实践新的更符合我国实际的养老模式势在必行。

第七,生育水平提高困难。根据第七次人口普查结果,我国目前总和生育率在1.3左右,处于很低水平。因此,一方面国家出台了"三孩"生育政策,另一方面出台了完善生育政策落实的各项社会配套政策。但是,就目前情况来看,提高生育水平仍然存在较多困难,其中一个方面就来自结婚年龄的不断推迟。初婚年龄的推迟,导致生育年龄的推迟,也会引起生育数量的减少,这对提高生育水平也是一种障碍。

第八,给政府工作带来压力。婚姻与家庭模式演变给政府工作带来一系列新的挑战,集中体现在福利开支方面。2013年以来,根据我国人口与家庭形势的变化,相关领域的国家部门规划和政策密集出台。这些聚焦养老托育的重要政策,一方面出台级别高,仅中共中央、国务院出台的就有3件,国务院或国办印发的有15件;另一方面政策涉及范围广,涉及婴幼儿照护、优化养老服务市场环境、解决老年人运用智能技术困难、优化生育政策、发展银发经济等[1]。国家养老抚幼服务体系建设围绕保基本、促普惠、市场化展开,持续发挥中央预算内投资的撬动作用,积极引导社会资本投入,重点支持社区居家服务网络、专业化服务机构、服务能力提升等建设内容。总体来看,目前我国养老服务政策体系已经基本建立,托育服务政策体系正在加快健全完善,未来这两方面的福利开支还将进一步增加。

第五节 单身、不婚与高离婚率问题

随着时代的不断发展,婚姻家庭领域也引起了相应的变化,主要表现在与既往婚姻家庭形式迥异的其他婚姻家庭形式的出现和增多,以及各种婚姻家庭问题的社会化。

一、单身、不婚问题

前文提到当代中国单身不婚人群的相对比例和绝对数量都很高,这些人在适宜结婚

---

[1] 胡祖铨.我国"一老一小"服务体系建设成效及总体部署[EB/OL].(2023-01-12)[2023-06-03].http://sic.gov.cn/News.

的年龄,因为各种个人、家庭、社会因素的影响,没有顺利进入婚姻,导致形成数量庞大的单身人群,造成一系列"单身问题"。

从类型上来看,选择单身生活主要有主动和被动两个形式。前者主要是因为某些原因不愿意寻找伴侣,主动选择单身生活。比如一些人对走进婚姻、组建家庭、维持长久的婚姻关系没有足够的信任和信心;一些人觉得生活节奏快、经济压力大,不再把婚姻当作唯一必选项,宁愿独立生活,一人住、一人吃、一人游;一些人受到自由主义、享乐主义的影响,觉得单身生活能充分享受自由。后者主要是因为一些综合原因,导致自己在婚姻市场上缺乏竞争优势,而被动成为"单身"。比如个人方面的一些因素,如外貌、身材、健康、职业、收入等个人条件问题,不能在婚配市场形成足够的竞争力;家庭方面的一些因素,比如家庭贫困、抚养负担重、家庭名声被"污名化"等,导致其在婚姻市场处于劣势竞争地位;社会方面的一些因素,比如高离婚率、高生养成本、巨额彩礼的负面影响,还有以往的高出生性别比导致婚配市场男多女少,造成适婚男性在婚姻市场受到"挤压"。

对于单身产生的原因,有研究者发现,男孩偏好导致了出生性别比偏高和女孩死亡率较高,当性别比失衡的儿童长大成人到婚龄时,婚姻市场中就出现了男性多于女性的状况。"男大女小"的年龄梯度婚姻习俗与不断下降的出生率使得男性可选择的低龄女性较同龄女性更少,这加剧了男性婚姻挤压。对中国婚姻挤压的测度显示,中国婚姻市场中出现明显的男性多于女性。对1995、2000与2005年中国女性的规模和结构进行测算,结果显示,女性在各年龄组及受教育程度下都基本处于短缺状态。

相比较而言,主动单身的人主要是受其思想意识方面的影响,他们的生活观、价值观主导了生活样态;而被动单身的人则主要是受到多方面综合因素的影响,在打算结婚的过程中遇到了困难和挫折,不得已维持着目前的"单身"状态,一旦有可能,还有"脱单"的可能。

在中国,已有超过两亿人单身,他们已经聚合成一股庞大的消费新势力,并催生出新的消费观和新的消费业态。如此庞大的单身人群,对当前的生育、养老等方面都会带来较大的负面冲击。

对于大量单身人群产生的影响,有人认为,单身与晚婚问题会推迟家庭的生成,甚至延缓家庭更替进程,影响社会的稳定。余练(2010)认为,农村的"光棍"问题体现了婚姻市场中的结构性矛盾,是一种社会问题。张艳娥(2013)通过调查研究发现,为了应对"娶妻难"的问题,农村男性采取了诸如支付高价彩礼,同《婚姻法》禁止的、医学规定不适合结婚的人结婚、买婚等方法,给婚姻和下一代生活带来巨大的不稳定因素。陈友华和苗国(2016)认为,普遍的晚婚、不婚和离婚,是导致生育率下降的原因之一。

二、高离婚率问题

随着改革开放的进行,人们的经济状况和生活水平都得到明显的改善,对于家庭和婚姻的看法也发生了改变,结婚率和生育率不断下降,而离婚率一直处于较高的比例。具体而言,我国的离婚现状呈现出以下特点:

第一,女方主诉离婚案件增多。女性对于自我权益保护意识的增强,导致其在婚姻家庭生活中越来越重视自己的权益保护。传统社会中忍气吞声、忍辱负重,甚至在遭受家庭暴力的情况下也鲜少出现女性反抗的情况一去不返。不论是遭遇家庭暴力,或者是遇到配偶不忠的情况,现代女性通过法律手段来捍卫自己的权利的案例越来越多,女性群体开始有勇气摆脱传统观念的束缚,自由选择婚姻关系的存续与否,从侧面也反映出社会的进步。

第二,中青年人离婚居多。有关调查数据显示,在2020年的离婚人群中,90后占了45%的比例,年轻人的离婚率高达56.7%,处于25~40岁之间的人提出诉讼离婚的人数占整体诉讼离婚人数的65%。杭州市民政局公布的2022年全市婚姻登记数据显示,2022年杭州市男性平均离婚年龄为40.9岁,女性38.5岁。这说明我国离婚事件以中青年人为主,这一部分人群刚好处于"上有老、下有小"的时期,同时也是事业发展的重要时期,因此可能在学习、工作、生活等压力面前,遭遇婚姻的挫折。另外,社会观念解放,外界诱惑增多,公众对婚姻神圣性淡漠,导致进入21世纪以后我国社会家庭婚姻问题频发,在婚姻出现困境时,往往会优先选择结束婚姻关系。

学术界对离婚率成因的研究比较丰富,刘嘉毁(2000)认为影响离婚率的主要因素是个人经济状况、选择配偶自由度及对婚姻的态度。徐安琪和叶文振(2002)认为,子女促进了父母婚姻的稳定。高梦滔(2011)运用村庄数据,发现农村人口外出就业增加了农村离婚率,性别比对离婚率也有明显的影响。杜凤莲(2010)在控制其他因素的情况下发现,城乡劳动力流动显著增加了离婚率。综合而言,导致现代人离婚率较高的原因包括以下几个方面:一是经济压力大,与理想生活差距甚远。真实的婚姻家庭生活是"柴米油盐酱醋茶",如果持续面临生活的重压,比如高房价、高教育支出、高医疗支出、高养老支出等,美好的婚姻生活往往会受到婚后的这些生活大事和琐事的影响,导致一些人在生活重压之下无奈选择离婚。二是家庭责任感缺失。"闪婚""闪离"是曾经吸引人眼球的社会话题,说明确实有一部分人的婚姻家庭责任十分脆弱,往往因为性格不合、简单吵架斗嘴就选择离婚。三是外界诱惑太多。社会交往网络的扩展、通信手段的先进以及婚姻家庭观念的淡化,导致"婚内出轨"现象时有发生,诱惑性离婚越来越多。

针对目前的高离婚率,2021年1月1日,《中华人民共和国民法典》正式实施,离婚登记设置30日的"冷静期"。因此,多地公布2021年婚姻大数据时,均将离婚登记减少的主要原因归于离婚"冷静期"的实施。但是,《民法典》的婚姻家庭编只是对离婚冷静期制度进行法律上的明确,而对于具体的适用方法和适用规则,并未有规范性文件对其规定,因此应该对该制度进行完善,来补足我国离婚制度的立法不足,切实减少冲动型离婚事件的发生。另外,对婚姻不忠方、过错方追责方面,应当进一步完善相关法律法规,以社会监督和法律约束的双重方式来真正限制婚姻不忠行为的发生。

思考题

1. 我国婚姻与家庭的变迁有哪些特征?
2. 我国婚姻与家庭变迁的主要影响因素有哪些?
3. 如何看待高离婚率时代?

第十章

社会分层

社会分层现象是普遍存在的,自社会学产生以来,社会分层一直是其研究的重要领域之一,也是公众较为关心的社会现象。本章在界定社会分层概念的基础上,归纳出划分社会层次的标准和方法,同时介绍不同理论流派、学者对社会分层问题的认识和理解,最后探究我国各阶层的变化情况。

第一节 社会分层的概念及其测量方法

一、社会分层的基本概念

"分层"一词最早出现在地质学中,是指对地层剖面的岩层进行划分。将分层概念引入社会学中,可用来比喻人类社会中各个社会群体之间的层化现象。通俗来讲,所谓的"层"就是一些社会群体,"分层"就是把所有社会成员根据拥有的资源不同划分为不同的群体,人们通常认为这些群体之间存在等级上的差异。有些群体的社会层次高于另一个群体,因为它拥有更多的资源——更多的财富、更高的收入、更多的权力和更高的社会地位等。从学术上对社会分层下定义的话,可以理解为:依据一定社会属性,把一个社会的成员划分为不同层级群体的过程和结果。所依据的社会属性可以是财富、收入、权力或者是社会地位等。

需要注意的是,"阶层"与"阶级"的概念是不同的。"阶层"的定义比"阶级"显得宽松,阶层是指经济地位或者社会特征相似的人所构成的社会群体。所以可以看出,虽然阶级和阶层是社会分层或社会或群体地位差异的一种表现,但是阶级是指社会生产体系中地位不同的集团,而阶层则是指社会群体间的地位差异。

二、社会分层的标准

社会分层的标准是多种多样的,对社会群体的分类也常是见仁见智。在社会学领域,社会学家最常采用的标准有经济地位、教育水平、社会地位、职业类别等。

经济地位:即根据一个人拥有的财富、收入等来划分社会层级。经济地位高的人通常具有更多财富和更高收入,拥有更多机会和资源,而经济地位低的人则可能面临贫困和资源匮乏的挑战。经济地位的差异会导致社会不平等,影响人们的生活条件、社会地位和社会流动性。

教育水平：社会分层的另一重要标准。教育水平反映了一个人所获得的教育程度，它在很大程度上决定这个人在社会中的地位、可获得的机会和收入。教育水平高的人通常具有更多的知识和技能，更容易获得高薪工作和社会认可。相反，教育程度低可能会导致一个人经济收入低和社会地位低。

社会地位：即根据一个人在社会中所拥有的声望、权力等来划分社会层级。社会地位高的人通常在社会中享有更多的权力和资源，而社会地位低的人则可能受到社会排斥和限制。社会地位的差异会影响人们的社交网络、社会声誉和社会交往机会。

职业类别：即根据一个人从事的工作类型和职业性质等来划分社会层级。某些职业被认为具有更高的社会地位和报酬，如医生、律师和企业高管等，而其他职业则可能被视为社会地位较低的职业。职业分层不仅影响个人的经济地位和生活条件，还可能影响其社交网络、自我认同等。

三、社会分层的测量方法

对社会分层的测量，实际上是对人们社会地位高低的测量。一个人可以拥有政治地位、经济地位、声望地位等多种地位，但是在所有的地位中经济地位是最核心、最基础的。所以在社会分层实证研究中，通过测量经济地位的差异划分社会层次是常用的方法，主要方法有不平等指数法、基尼系数法、五等份法、社会经济地位测量法、恩格尔系数法等。

（一）不平等指数法

不平等指数法通过测量不同群体之间收入相对比例的差异来衡量社会贫富分化程度。具体说，不平等指数是将最高收入者占总人口的比例与最低收入者占总人口的比例相加，两者之和代表不平等程度。在实际研究中，如果比较难确定最高和最低收入者的界限，通常把某地区设定的贫困线以下或者收入低于平均水平 50% 的社会成员视为最低收入者，把收入超过平均水平 2 倍以上的社会成员视为最高收入者。不平等指数高，意味着社会贫富分化程度高；不平等指数低，表明社会中间阶层占大多数，社会分化程度低。

（二）基尼系数法

基尼系数（Gini Coefficient）是意大利经济学家基尼于 1912 年提出的，基尼系数是国际上用来考察居民收入分配差异状况的重要指标。在社会分层研究中，基尼系数可以用来比较不同群体之间的收入或财富分配的不平等情况。与其他测量经济不平等程度的方法相比，基尼系数可以更加全面准确地评估不同社会群体之间的收入或财富差距，揭示社会经济分层状况。

如果社会每一个成员的收入相同，收入分配绝对平均，那么基尼系数为 0；如果全社会的收入都集中于一个人，基尼系数为 1。现实生活中，两种极端情况都不可能发生，基尼系数的实际数值只会介于 0~1 之间。每个人的收入有多有少，差距大时，基尼系数就高；差距小时，基尼系数就低。

2010—2020 年，我国全国居民基尼系数在 0.47~0.48 之间，反映出我国居民收入差距还是比较大的。2020年,全国城镇居民人均可支配收入43 834元,农村居民人均可支配收入17 131元,城乡差距有2.6倍,如表10-1所示。

表 10-1　我国2010—2020年全国居民基尼系数

年份	2010	2011	2012	2013	2014	2015	2016	2017	2018	2019	2020
基尼系数	0.48	0.48	0.47	0.47	0.47	0.46	0.47	0.47	0.47	0.47	0.47

基尼系数仅反映了收入或财产分配的不平等情况,而社会分层涉及更多方面,如教育、职业、社会地位等,这就需要其他度量方法。

(三) 五等份法

五等份方法最早是由英国学者佩什(F. W.Paish)在他的文章《个人所得税的实际发生率》里提出来的。通过收入五等份法,可以计算最富裕的20%人口相对于最贫困的20%人口的收入差距,以及整体收入分布的概貌。这种分类方法可以帮助我们更好地了解收入分布的情况,并提供一种简单而直观的方式来观察收入不平等和社会分层的程度。

我国居民五等份收入分组是指将所有家庭户按人均收入水平按照从高到低顺序排列,平均分为五个等份,处于最高的20%收入群体为高收入组,依此类推出中间偏上收入组、中间收入组、中间偏下收入组、低收入组。

由10-2可以看出,从2015年到2021年我国五个分组的人均可支配收入都呈现增长趋势,其中高收入组人群增长最多,增加最少的是低收入组人群。2021年我国低收入组约有3亿人,人均可支配收入为8 333元;中等偏下收入组人均可支配收入为18 446元。占人口总数20%的高收入组,人均可支配收入为85 836元。高收入组人均可支配收入是低收入组的十倍多。2021年,高收入组的总收入占中国收入总数的46%,而低收入组的占比仅为4.5%。

表 10-2　我国2015—2021年全国居民按五等份分组的人均可支配收入情况(元)

年份	高收入组	偏上组	收入组	偏下组	低收入组	高收入组在全国收入中占比	低收入组在全国收入中占比
2021	85 836	44 949	29 053	18 446	8 333	46.0%	4.5%
2020	80 294	41 172	26 249	16 443	7 869	46.7%	4.6%
2019	76 401	39 230	25 035	15 777	7 380	46.6%	4.5%
2018	70 640	36 471	23 189	14 361	6 440	46.7%	4.3%
2017	64 934	34 547	22 495	13 843	5 958	45.8%	4.2%
2016	59 259	31 990	20 924	12 899	5 529	45.4%	4.2%
2015	54 544	29 438	19 320	11 894	5 221	45.3%	4.3%

数据来源:根据历年统计年鉴数据计算汇总。

(四) 社会经济量表

社会经济量表(Socioeconomic Score, SES)由美国社会学家邓肯(O.D.Duncan)提出,

用作衡量个体或家庭社会经济地位。早在 20 世纪 40 年代,社会经济量表就引起学者们的重视,到了 20 世纪 50 年代,为了衡量一个人的社会经济地位,该量表纳入职业地位、教育水平和收入水平三个维度。

研究者可以根据教育水平、职业地位、收入水平等指标来计算 SES 得分,通过综合考虑这些指标,SES 可以提供一个相对综合的评估,反映出个人或家庭在社会经济层面的地位,研究对象也可分为不同的社会经济地位层级。这种分类可以进一步帮助我们探索社会经济地位与其他因素(如健康状况、教育成就、职业选择等)之间的关系,以及社会经济地位在社会流动性和机会不平等方面的作用。

如表 10-3 所示,研究者为了探讨家庭社会经济地位与特殊儿童家庭抗逆力的关系,设计了针对四川、重庆、贵州和云南四省家庭社会经济地位量表,量表采用父母受教育水平和家庭月收入两个指标,其中,1=初中及以下,2=高中中专,3=大专,4=大学,5=研究生(使用父母双方受教育水平的平均数作为受教育水平的指标);1=200 元及以下,2=2 001~4 000 元,3=4 001~60 元,4=6 001~8 000 元,5=8 001~10 000 元,6=10 000 元以上。计算家庭月收入和父母受教育水平总分构成家庭社会经济地位,得分越高代表其家庭社会经济地位越高。但由于我国不同地区之间收入、生活水平有非常大的差异,设计统一的量表似乎是不可取的,研究者需根据自身研究目的,选取适合的指标划分社会层次,这样才有利于研究的开展。

表 10-3 家庭社会经济量表[①]

	项目	评分
父母受教育水平	初中及以下	1
	高中/中专	2
	大专	3
	大学	4
	研究生	5
家庭月收入	1=2 000 元及以下	1
	2 001~4 000 元	2
	4 001~6 000 元	3
	6 001~8 000 元	4
	8 001~10 000 元	5
	10 000 元以上	6

(五) 恩格尔系数法

恩格尔系数法(Engel's coefficient)是一种用于衡量家庭消费结构的方法,它是根据

---

① 田波琼,申仁洪,黄儒军.家庭社会经济地位对特殊儿童家庭抗逆力的影响:社会支持的中介作用[J].中国特殊教育,2023(02):25-34.

恩格尔定律而得出的比例数。具体而言，恩格尔系数是将家庭食品支出与总支出相除得出的百分比。根据联合国粮农组织提出的标准，恩格尔系数在 59% 以上为贫困，50%～59% 为温饱，40%～50% 为小康，30%～40% 为富裕，低于 30% 为最富裕。

恩格尔系数法也可以在社会分层中运用，它常被用来分析不同收入群体之间的消费差异和生活水平。尽管恩格尔系数主要用于衡量家庭消费结构和生活水平的差异，但它也可以提供一些关于不同社会群体之间的消费差异和经济地位差异的信息。一般来说，通过比较不同收入群体的恩格尔系数，可以揭示不同社会层级之间的消费差异。低收入家庭的恩格尔系数较高，即食品支出占总支出的比例较大，意味着较低的经济地位、生活水平和较高的贫困风险；而高收入家庭的恩格尔系数较低，即食品支出占总支出的比例较小，表示较高的经济地位和更多的可支配收入。这是因为随着收入的增加，家庭往往会在食品以外的其他领域增加消费，如住房、教育、娱乐等。

1980 年我国城镇居民恩格尔系数为 56.9%，2010 年下降到 30.9%，2020 年进一步下降到 29.1%。1980 年我国农村居民恩格尔系数为 61.8%，2010 年下降到 37.9%，2020 年进一步下降到 32.7%（如图 10-1 所示）。恩格尔系数的下降，得益于我国经济保持长期持续稳定的增长。改革开放 40 余年来，我国经济保持了年均近 10% 的快速增长，经济总量由 1978 年 3 679 亿元增长到 2021 年的 114.4 万亿元。此外，40 多年来，我国的居民收入水平大幅提高，实现了年均超过 8% 的增长。居民收入水平的不断提高，也是恩格尔系数下降的主要推力。恩格尔系数的降低，也反映出我国居民消费升级的大趋势，随着经济社会的发展与居民收入水平的不断提高，今天中国人对消费已不满足于维持生活，而是向着享受生活升级。

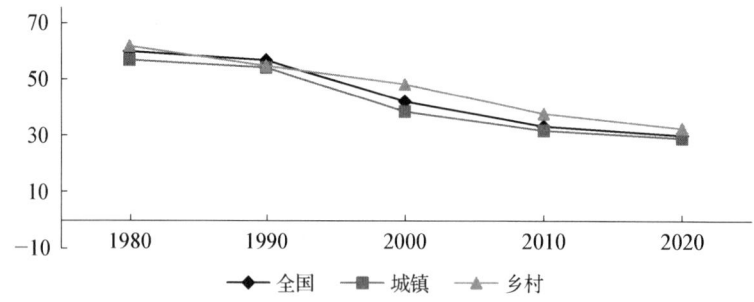

图 10-1 我国 1980—2020 年恩格尔系数变化情况

第二节 社会分层相关理论

社会学自出现开始，涌现出很多重要的社会学家，从孔德、斯宾塞、马克思、韦伯、涂尔干到帕克、帕森斯、米尔斯、吉登斯、布迪厄、福柯等，几乎每个重要的社会学家都从某个方面阐释了社会分层现象，形成了有关社会分层的若干理论。

一、涂尔干的社会分层理论

涂尔干是法国社会学家、人类学家,也是法国首位社会学教授。他的主要著作有《自杀论》《社会分工论》等。其中《社会分工论》一书集中体现了他的社会分层思想,在本书中,他详细研究了劳动分工、职业分化和社会分化的现象。

首先,涂尔干认为社会就像一个生物有机体,存在着不同的部分或器官。社会系统要良性地运行下去,各部分之间就要发挥好各自的功能。涂尔干认为社会是一个整体,各部分之间存在十分密切的联系,但是他忽视了不同部分或者不同群体之间的区分和利益差异。其次,涂尔干将社会的发展形容为机械团结社会到有机团结社会的过程。在机械团结社会,个人没有自主意识,人类的社会生活是通过一系列规定和集体规则来约束;到了有机团结的社会,现代工业社会带来高度专业化的劳动分工,社会上的个人被一系列社会秩序和道德规则整合在一起。社会系统中不断细化的劳动分工导致了许多的社会分层。涂尔干认为现代工业社会是需要社会差异和社会分工的,为了工业系统的发展,有能力的人就应该在适合的位置上发挥自己的作用。通过职业组织和职业指导,充分发挥职业群体的社会整合功能,是可以克服和纠正社会示范和道德沦丧现象的。

可以看出,涂尔干强调社会结构的作用与整合,强调职业在社会分层中的重要作用。但是他没考虑不同社会群体在分工中面临的利益诉求和不平等待遇,更多关注的是社会整合而不是群体之间的冲突,简化和忽略了社会分层问题的处理方式。

二、韦伯的社会分层理论

德国社会学家韦伯的社会分层思想对现代社会分层理论产生了巨大影响,其三位一体分层模式是西方分层研究的理论源头之一。韦伯在其论文《阶级、身份和政党》中阐述了他关于社会分层的观点。

首先,韦伯认为不能从单一角度考察社会分层情况,他主张从经济、声誉、权力三个角度综合考察社会分层与社会不平等。经济因素可以被用于阶级划分,韦伯给"阶级"的新定义是在经济状况和经济方面相同或相似的一群人。占有更多生产资料和财富的人也同时拥有更多的特权和利益,而劳动者在社会或劳动市场中则会陷入一个不利地位。其次,韦伯认为身份群体与阶级不同,阶级是由经济地位决定的,而"身份群体"则是由"社会评价"所制约的声望决定的。韦伯认为以政党为标志的权利也可以运用在社会分层中。如此一来,韦伯就建立了一套从经济地位、声誉地位和权力地位三个角度考察分析一个人口群体在经济、文化和政治三个层面的差异与分层的体系。

韦伯认为,这三个标准不是相互独立的而是相互交织在一起的关系。在一定情况下,三个标准可以相互促进、相互强化。这意味着一个人或一个群体的经济地位、权力和社会声望的变化可以相互影响。例如,经济地位的提升可能会带来更多的经济资源和向上流动的机会,进而增加个体或群体在权力和社会声望方面的地位。同样地,拥有更高的权力和社会声望可能会为个体或群体带来更多的经济资源和特权,从而提高他们的经济地位。

韦伯认识到社会不平等是以多种形式存在的,社会分层也是多维度的。韦伯的多元分层观对现代社会分层理论产生了重要的影响。当代研究社会分层的学者参照韦伯的经济、声誉和权力三位一体的分层模式，结合自身研究目的，不断拓展出其他维度，不断发展韦伯的分层模式。同时，这种分层模式也是定量的，比如用财富的多少作为经济地位的划分，用社会评价的高低区分声誉地位。最后，韦伯引入了主观分层标准，声誉和地位由人们主观评价，尽管这有可能是具有普遍性或一致性的评价结果，也依然是主观的。

三、马克思主义阶级理论

阶级理论是马克思主义理论的重要组成部分，也是马克思关于无产阶级革命学说的重要基础。列宁认为"阶级"就是这样一些集团，由于他们在一定社会经济结构中所处的地位不同，其中一个集团能够占有另一个集团的劳动①。马克思主义阶级理论有如下几个方面论述：

第一，在阶级理论中，马克思论述阶级产生、存在和消亡时指出：(1) 阶级的存在仅仅同生产发展的一定历史阶段相联系；(2) 阶级斗争必然导致无产阶级专政；(3) 这个专政不过是达到消除一切阶级和进入无阶级社会的过渡②。第二，马克思主义认为阶级现象是一定历史时期的产物。随着生产力和劳动分工的发展，剩余产品和生产资料私有制对剩余产品的剥削成为可能，阶级和阶级关系从而得以产生。第三，由于同一阶级成员之间经济地位相似，有共同的生活方式和利益，那么在社会表现方面就会趋于一致。相同的阶级意识和组织化程度会推动阶级从"自在"向"自为"发展。第四，马克思、恩格斯认为，社会化的大生产和资本主义私人占有是资本主义社会的基本矛盾，它表现在无产阶级和资产阶级的对立上。第五，马克思、恩格斯认为，无产阶级肩负着重要的历史使命，那就是推翻资本主义生产方式和最终消灭阶级。无产阶级在争取自身解放的斗争中，受到教育和训练，不断团结起来，在改造环境的同时也改变着自己。

马克思、恩格斯的阶级、阶层思想是一个完整严密的理论体系，从分析阶级的起源开始，到预言阶级会最终消亡，并指明了能够承担消灭阶级历史重任的社会力量就是无产阶级。他们的理论具有很强的批判性和革命性③。

四、帕累托的精英循环理论

意大利社会学家帕累托为了说明社会不平等现象而提出精英循环理论，该理论开创了研究社会流动的先例，为研究社会分层提供了新的视角，在西方社会分层研究中具有重要影响力。

通常而言，"精英"是指一个社会群体中具有特权、权力和影响力的少数人。这些人通常是在政治、经济、教育、文化或其他领域中占主导地位的人群。他们在社会中拥有更高的地位、权力和资源，能够对社会的发展和决策产生显著的影响。精英可以是企业家、高级官员、专家学者、名人等。然而，在帕累托看来，精英不是指某些拥有特殊资源的特定集团，真正的精英是那些拥有特殊的能力和才干的社会成员。他们可以在自己所从事

---

① 列宁专题文集 论社会主义[M].北京：人民出版社 2009.
② 中共中央马克思恩格斯列宁斯大林著作编译局.马克思恩格斯文集[M].北京：人民出版社，2009.
③ 社会学概论编写组.社会学概论[M].2版.北京：人民出版社，2021.

的领域或者对社会的某一方面做出突出的贡献。帕累托认为社会不平等是由人的自然差别所决定的,具体来说,是由人自身的身体差异所决定的。

帕累托认为,在工业社会个人更有机会打破阶级的禁锢,有才干的人可以向上层流动,稳定性不平等被暂时性不平等打破。天赋高的社会成员即使出身低微,也可以凭借自身的努力和智慧晋升到更上一层的社会阶层。而那些本来处于社会上层的统治者或达官显贵的地位也不是固定不变的,如果他们能力不够、笨拙懈怠,也将落入社会的下层。综上可见,帕累托认为精英系统是动态的、循环的。社会要想保持平衡就必须保证循环路线的通畅,让有能力的精英向上流动,使得精英在执政阶层中保持较大比例。

第三节 中国社会阶层的演变①

一、新中国成立之前的阶级、阶层状况

1840年鸦片战争是中国历史的转折点,是中国近代史的开端,中国逐渐沦为半殖民地半封建社会。外国资本主义的侵入对中国传统社会的自给自足经济起到很大的分解作用,传统社会阶层结构也发生重大变化。除了地主和农民两大社会阶级外,近代企业家、资本家开始出现,部分农民离开土地进入城市转变为工人阶级。1925年,毛泽东发表《中国社会各阶级的分析》,系统阐述了当时的社会阶级阶层状况,明确回答了谁是革命的敌人、谁是革命的朋友的问题。根据毛泽东的论述,当时中国社会各阶级阶层的情况体现在以下几个方面。

(一)地主阶级、买办资产阶级和官僚资产阶级

在毛泽东的论述中,地主主要指的是农村中的地主阶级,他们通过占有土地和剥削农民获得利益。在中国革命中,地主阶级是反动的势力之一,受到农民阶级和革命力量的斗争和打击。买办资产阶级是指与帝国主义紧密联系并依附于帝国主义并为其服务的阶级。他们通过对中国资源和市场的控制,与帝国主义国家建立经济和政治联系,损害了中国的独立和国家利益。官僚资产阶级是指占有垄断资本,掌握国家政权,同外国帝国主义、本国地主阶级密切结合的买办资产阶级。

(二)民族资产阶级

民族资产阶级是这样的中产阶级:产生于中国半殖民地半封建社会,受外国资本主义影响,但是与帝国主义联系较少。它是在外国资本主义入侵和封建主义解体的过程中,伴随中国民族资本主义的出现而产生的。半殖民地半封建社会中的民族资产阶级具有两面性,没有彻底的反帝反封建的勇气,兼具革命性和妥协性,大部分民族资本家是动摇不定的中间派。

---

① 社会学概论编写组.社会学概论[M].2版.北京:人民出版社,2021.

（三）小资产阶级

小资产阶级人数众多，如"自耕农"（中农）、手工业者、小知识分子阶级（学生、中小学教员、小事务员、小律师等）都属于这一类。这一阶级掌握少量的生产资料和专业技术知识，自己劳动，不被别人剥削，也不剥削别人。

（四）半无产阶级

所谓半无产阶级包含绝大部分半自耕农、贫农、小手工业者、店员、小贩等。而绝大部分半自耕农、贫农是农村中的一个数量庞大的群众。毛泽东认为，所谓的农村问题就是他们的问题[①]。毛泽东认为，贫农是农民中最艰苦的，最容易接受革命，是无产阶级最可靠的同盟者和中国革命的主力军。

（五）无产阶级

无产阶级的主体是工人无产阶级。帝国资本主义入侵、官僚资本主义和封建主义的压迫致使许多农民失去土地，小手工业者破产，他们成为工业无产阶级，主要是铁路、矿山、海运、纺织、造船五种产业工人。工人阶级虽然人数不多，但是他们大多数出身于破产的农民，与农民有天然的联系，是中国新生产的代表者，也是近代中国最进步的阶级，成为革命运动的领导力量。游民无产阶级是失去土地的农民和因为破产而没有工作的手工业者，其生活状况很不安定。一方面，这个阶层具有动摇性，他们往往容易被反动统治阶级和帝国主义利用和操控；另一方面，这些人也有参与革命的可能性，如果能够得到正确的引导，也能成为一种革命力量。

二、新中国成立初期的阶级、阶层变化

随着1950年《中华人民共和国土地改革法》的颁布，我国农村开始进行土地改革运动。土地改革法规定："废除地主阶级封建剥削的土地所有制，实行农民的土地所有制，借以解放农村生产力，发展农业生产，为新中国的工业化开辟道路。"同时规定，把过去征收富农多余土地财产的政策，改为保存富农经济的政策。贫农、中下农、雇农的经济、政治地位得到提高。在城市，消灭官僚资产阶级，利用、限制和改造民族资产阶级，工人队伍不断扩大，成为新中国领导阶级。这样就呈现出工人阶级、农民阶级、小资产阶级和民族资产阶级4个基本阶级共存的格局。

20世纪50年代初，新中国对农业、手工业和资本主义工商业进行社会主义改造，到1956年底"三大改造"基本完成。新中国形成了由工人阶级、农民阶级、知识分子等基本力量构成的新型社会结构。

三、改革开放以来的阶层变化

1978年以后，我国开始实行改革开放政策，经济社会发生了重大变化。单一的公有

---

① 毛泽东.毛泽东选集第二卷[M].北京：人民出版社，1991.

制计划经济开始向以公有制为主体、多种经济成分并存的社会主义市场经济体制转变;农村的人民公社体制开始向联产承包责任制转变。经过改革开放四十多年的发展,我国社会分层结构也发生了重大的变化,变得多样化、复杂化。这方面的变化可以从以下几个方面分析。

(一) 产业工人结构的变化

产业工人主要是指在工厂、矿山和工地等场所从事生产、制造、建筑等的劳动者,再宽泛地说,产业工人主要是指在第二产业就业的工人。我国劳动力从1978年的4亿人增长到2021年的7.5亿人,不仅数量在持续增长,其中产业工人在劳动力人口中的比例也发生了巨大的变化。

在1980年,我国有4亿多从业人员,其中第二产业从业人员有7 707万,占从业人员总数的18.2%,第三产业从业者有5 532万人,占13.1%。2000年,我国有7.2亿的从业人员,其中,从事第二产业的人员有1.62亿人,占总从业人员的22.5%,有1.98亿的第三产业从业者,占27.5%。这一时期产业工人数量变化受到多种因素的影响,一方面,20世纪90年代末,国有企业实行改革导致大量产业工人下岗;另一方面,大量的农村劳动力涌入城镇成为"新产业工人"[1]。从2000年到2020年,其间中国加入WTO,也遇到2008年全球金融危机,但中国始终持续融入世界经济体系,民营经济迅速发展,产业工人数量快速增长。到2020年,我国第二产业从业者已达到2.1亿,第三产业从业者近3.6亿人,分别占总从业人员的28.7%和47.7%,如表10-4所示。

表10-4 我国1980—2020年第二、第三产业从业人员数量(万人)

年份	第二产业	第三产业
1970	3 518	3 108
1980	7 707	5 532
1990	13 856	11 979
2000	16 219	19 823
2010	21 842	26 332
2020	21 543	35 806

数据来源:中华人民共和国国家统计局.中国统计年鉴2021[M].北京:中国统计出版社,2021.

产业工人的结构也发生了重大的改变。改革开放以前,中国产业工人队伍是由城市里面国营和集体企业的工人构成。农民受户籍制度限制,无法从农村进入城市转化为产业工人。随着社会主义市场经济的确立和发展,大量的农村劳动力开始向城镇流动,成为城镇企业中的产业工人。数据显示,2021年全国农民工(农村户籍产业工人)总量29 251万人,其中,外出农民工17 172万人,比上年增加213万人。分产业看,99.5%的农民工从事二、三产业,其中从事第二产业的农民工比重为48.6%,从事第三产业的农民工比重为

---

[1] 陈映芳."农民工":制度安排与身份认同[J].社会学研究,2005(03):119-132+244.

50.9%。在2021年7.4亿就业人员中,农民工占39.2%[1]。农民工已经成为产业工人队伍中的重要组成部分。

(二)农民分层结构的变化

户籍制度把全中国人口分为农业户口与非农业户口两类,户口成为社会身份的标签,非农户口与农业户口存在明显的差异[2]。从1978年开始,家庭联产承包责任制开始实行,城乡经济体制改革促进了农村个体私营经济的迅猛发展,城乡户籍制度也开始改革,这些变化极大地促进了农村经济社会的发展,中国农民阶层开始分化。

1978年,我国有9.6亿人口,其中农民有7.9亿人,占总人口数的82.1%。总人口中有4亿多的从业人员,从事第一产业(农业)的人口有2.9亿,占从业人员的70.5%。经过40多年的发展,到2021年,我国人口已经增长到14.1亿,农民(农村居民)有近5亿人,占35.2%。总人口中有7.4亿多从业人员,有1.7亿农民,占22.9%。可以看出,经过40多年的发展,我国人口总量增加了4.5亿,但是农村居民和第一产业从业人员的绝对数和比例都减少了,农民减少了2.9亿,农业从业人员减少了1.2亿。无论是农民还是农业从业者,在总人口和从业人员中的比例均减少了。在收入上,1978年,农村人均纯收入为134元,1998年,增长到2 161元。到2021年,我国农村居民人均可支配收入已经达到了18 931元,农民的经济地位得到了极大的提高。

表10-5 1978—2021年我国农村人口数量

年份	乡村人口(万人)	比重(%)
1978	79 014	82
1985	80 757	76
1993	85 344	72
2001	79 563	62
2009	68 938	51
2017	55 668	39
2021	49 835	35

数据来源:中华人民共和国国家统计局.中国统计年鉴2022.北京:中国统计出版社,2022年.

农民的职业分层可以概括为以下五种:一是乡镇企业农民工;二是流动到城市里工作的"城市农民工";三是农村的个体经营户;四是承包了村社企业的农民,到后来的私营企业主;五是除此之外的一些乡村教师、医生、农村干部等[3]。中国农民的社会分层呈现以下特点:一是农民社会分层呈金字塔形,即从高到低分别是农村干部、农村企业主、农村个体工商户、打工者、兼业务农、纯务农、无业;二是产生普遍的兼业态势,纯务农比例逐年减少,兼业务农群

---

[1] 国家统计局.2021年农民工监测调查报告[EB/OL]. https://www.gov.cn/xinwen/2022-04/29/content_5688043.htm
[2] 李培林.当代中国阶级阶层变动(1978-2018)[M].北京:社会科学文献出版社,2018.
[3] 社会学概论编写组.社会学概论[M].2版.北京:人民出版社,2021.

体不断扩大;三是代内流动具有向上的路径,即纯务农转化为兼业务农,进而转化为打工者、农村个体工商户或农村企业主;四是农村个体工商户和打工者向下流动相当普遍[①]。

(三)关于新社会阶层

1. 新社会阶层的含义

自1978年以来,中国社会阶层结构的一个重大变化是新社会阶层的出现,该阶层伴随我国改革开放的进程出现,并且随着市场化改革的持续深入而不断壮大。对于新社会阶层和社会群体的认识与界定,不同学者有不同看法。

有学者将新社会阶层称为"新富阶层",泛指收入或消费水平明显超出"大众平均线"的那一部分人[②]。有人认为,新社会阶层指的是社会中间阶层,确认这一阶层为社会的主体,不仅有利于促进经济的发展,同时可以推动社会阶层关系的整合[③]。2015年颁布的《中国共产党统一战线工作条例(试行)》正式将"新的社会阶层人士"作为统战工作的12个对象之一,明确了新社会阶层主要由私营企业、外资企业的管理人员和技术人员及中介组织从业人员、自由职业人员等群体组成,集中分布在新经济组织、新社会组织中。

2. 新社会阶层的特点[④]

第一,具有较强的经济活力,是我国经济社会建设的重要生力军。新的社会阶层的这一特征具体表现在两个方面:一是新的社会阶层普遍年龄较轻,以青壮年为主,数据显示,新的社会阶层中年龄在40岁及以下的比例为61.56%。二是新的社会阶层的受教育程度较高,学历在专科及以上的比例为45.77%,其中,大学本科占20.64%。而新的社会阶层之外的群体学历在专科及以上的比例仅为14.67%,其中大学本科占6.64%。

第二,受益于改革开放政策,对国家和个人未来发展有较强信心。调查显示,新的社会阶层收入相对较高,主观社会地位评价也较高。新的社会阶层中,中等收入群体所占比重为55.15%,高收入群体所占比重为8.27%,新的社会阶层的收入明显高于普通人群。数据分析还显示,新的社会阶层中认为10年后社会地位居于高分值5分及以上的比例为85.73%,而新的社会阶层之外群体占比仅为68.69%,新的社会阶层高出其近17个百分点。

第三,作为新生的职业力量,新社会阶层是推进中国经济社会发展、推进中国现代化的重要力量。伴随着中国产业结构调整,他们主要在新型经济组织和新型社会组织中就业,从事的大多是新兴职业,如管理人员、技术人员、民营企业负责人、律师、会计师等。新的社会阶层是非常有发展潜力和前途的职业群体,在工作中的奋斗进取精神非常强,是推进中国经济社会发展、推进中国实现现代化的重要社会力量。

---

① 李培林.当代中国阶级阶层变动(1978-2018)[M].北京:社会科学文献出版社,2018.
② 李培林."新富阶层"与社会公平[J].北京社会科学,1995(01):57-63.
③ 哈伯先,刘士卓.新社会阶层:社会中间阶层的主体[J].河北师范大学学报(哲学社会科学版),2008,136(05):38-42.
④ 李强,丁辉文,赵罗英.怎样理解和认识当前我国新的社会阶层?[J].学习与探索,2017,267(10):28-33.

第四节　社会分层相关研究

一、教育与社会分层

教育和社会分层之间存在紧密的关系。党的二十大报告指出，要"坚持以人民为中心发展教育，加快建设高质量教育体系，发展素质教育，促进教育公平"。教育长期以来被视为提升人力资本存量、实现阶层流动的催化剂。教育作为重要的人力资本增量机制，承载着提升人力资本、促进社会公平和稳定发展的重要功能，长期以来被寄予突破阶层壁垒、提升社会地位的期望[1]。许多学者的研究都显示出个人的受教育程度和水平能影响自身社会地位。有人指出，由于教育不平等，不同家庭背景的孩子在学习成绩、升学机会和综合能力等方面呈现出差异，这种差异不但体现了社会资源的分配情况，而且会进一步导致他们在进入社会后产生经济社会地位差距，复制原生家庭的路径[2]。还有人认为教育促进社会流动的功能是有限的、相对的，取决于以下影响因素：一是宏观的社会结构，个体地位提升是否依靠知识和能力而不是社会资本或上代权势的继承；二是教育市场化机制下的教育机会和教育资源是否公平地向每个阶层的人开放；三是教育结构是否与社会经济结构相匹配[3]。尽管不同学者认为教育影响社会流动和分层的程度、条件并不一致，但都没有否定教育对社会流动及分层的促进作用，认为教育确实是影响个人或群体社会地位的因素之一。

社会分层也会对个人或特定群体的教育情况产生作用。有研究者深入分析了不同年代家庭背景对个人教育获得的影响。虽然不同年代家庭背景的影响在变化，但是从总体上来说，阶层之间的差异会影响个体教育，当家长的职业地位、文化程度、家庭收入越高时，对个体的教育获得就越有利；反之，就越不利于个体的教育获得[4]。有人将研究重点放在教育不平等的问题上，指出自1999年高等教育扩招以来，社会阶层背景的影响出现了两种截然不同的变化态势：优势阶层的教育投资开始转向大学本科教育，因而他们在大学本科教育方面的机会优势则出现成倍扩大。同时，受过良好教育的体力劳动者的子代在获得各类高等教育机会时均保持并继续扩大着较高的机会优势[5]。

总的来说，教育和社会分层的关系是相互的。社会分层会对教育的获得等方面产生直接的影响；反过来教育又会对社会分层产生影响，具体表现为促进阶层流动。

---

[1] 张学敏,周杰.新时代教育突破社会阶层再生产问题研究[J].西南大学学报(社会科学版),2022,48(03):146-156.
[2] 李莉.教育对社会分层流动的影响——教育公平与和谐社会[J].现代教育科学,2007(3):5-7.
[3] 缪子梅.高等教育场域中社会流动和阶层固化的社会学思考[J].黑龙江高教研究,2015,259(11):14-16.
[4] 李春玲.教育不平等的年代变化趋势(1940—2010)——对城乡教育机会不平等的再考察[J].社会学研究2014,29(02):65-89+243.
[5] 刘精明.高等教育扩展与入学机会差异:1978—2003[J].社会,2006(03):158-179+209.

二、健康与社会分层

对于健康与社会地位之间关系的论述一直存在争论。健康选择论认为健康状况是人们在地位获得过程中的筛选机制之一,那些健康状况好的人才能够获得向上流动机会,而健康状况较差的人将会向下流动,因而表现为处于社会上层地位的人的健康状况要优于社会下层的人。社会因果论则认为人们在社会结构中的不平等位置导致他们的工作环境、接受医疗服务的机会、健康风险等方面都和上层地位的人有明显的不同,因而社会地位高的人健康状况会比处于社会地位低的人更好,所以不同社会阶层群体的健康水平存在差异。

研究普遍表明,不同个体的社会分层情况对自身健康水平存在影响关系。如有研究发现,中国居民的健康水平在城乡之间、地区之间以及不同收入组别之间都存在着较大的差异,居民的社会分层状况成为决定其健康水平的主要原因[1]。有人重点研究了社会经济地位对城镇劳动力健康状况的影响,发现城镇劳动力的社会经济地位越高,他们健康状况越好,同时41～50岁的劳动力随着社会经济地位的提高,健康状况也随之提高[2]。吴炳义、董惠玲等对我国老年人社会地位及其健康状况关系进行分析,分别从城乡、收入和受教育水平三个维度对我国老年人社会地位分层。那些社会地位越高的老年人平均预期寿命和健康预期寿命越长,而我国农村居民收入水平和受教育水平均低于城市地区,这样的刚性结构是形成健康不平等的重要社会因素[3]。

健康不平等普遍存在,是社会不平等的一个方面,社会经济快速发展造成社会贫富差距的扩大,社会分层会通过各种因素影响不同阶层群体的健康状况,上层社会人群通常拥有比下层社会人群更好的健康状况。想要解决健康不平等问题,仅仅依靠提高医疗水平和改善贫困是不够的,还应该从改善社会不平等处着手,才能达到减小健康不平等程度的目的[4]。

三、消费与社会分层

消费在社会分层研究中是一个重要领域,这方面的研究有助于我们理解社会经济地位与消费行为之间的关系。消费行为不仅是经济活动,也是社会身份、社会认同和社会关系的重要表达方式。

消费行为不仅是满足基本需求和个人欲望的一种方式,也反映了个体或家庭的社会经济地位和身份认同。所以有学者研究消费是否可作为多元分层的指标之一,分析消费是否也是主观阶层认同的重要影响因素。研究发现,从消费结构上看,享受型消费并不能对社会分层产生影响作用,我国社会对于消费的需求还停留在比较基础或中等层面,而生存型消费与发展型消费均对中产阶层的主观认同具有一定影响作用。具体来说,生存型消费支出比重越低,发展型消费支出比重越高,个人对于自己属于中产阶层的认同度越强[5]。

---

[1] 孙其昂,李向健.中国城乡居民自感健康与社会分层——基于(CGSS)2008年的一项实证研究[J].统计与信息论坛,2013,28(12):78-83.
[2] 黄洁萍,夏恩君.社会经济地位对城镇劳动力健康状况的影响分析[J].商业时代,2010,505(30):14-17.
[3] 吴炳义,董惠玲,于奇,等.中国老年人口健康预期寿命的社会分层分析[J].人口与发展,2021,27(05):2-11.
[4] 肖礼俸,张延玲.社会分层与健康不平等问题浅析[J].学理论,2015,727(13):14-15.
[5] 赵卫华,汤溥泓.消费对中国城镇居民阶层认同的影响研究——基于CSS 2013年数据分析[J].哈尔滨工业大学学报(社会科学版),2019,21(05):63-69.

此外,社会阶层地位对消费偏好存在影响,不同阶层群体消费模式和水平各不相同。高收入阶层通常具有更高的消费能力,可以购买更多奢侈品和高质量的商品和服务。相反,低收入阶层可能面临经济压力和有限的消费选择,他们更倾向于购买价格低的产品。有研究发现 2003—2013 年 10 年期间,中国民众在消费偏好上更加追求高端消费和高品质的生活。不同社会阶层之间的消费偏好存在差异,非体力工人阶层和体力工人阶层之间存在明显的消费不平等,形成了明显的阶层区隔,随时间的推移不同阶层之间的不平等反而得到强化,非体力阶层和体力阶层之间的边界变得更加巩固[1]。更为具体的,社会分层影响总体消费水平,同时也影响不同类型的消费行为。例如,有学者研究表明南京市中产阶层的体育消费水平普遍不高(500 元/年以下的最多,3 000 元/年以上的只占 5.2%),其中实物型消费为主,参与型消费为辅,观赏型体育消费仍有待进一步发展[2]。

思考题

1. 社会分层的标准和测量方法有哪些?
2. 简述社会分层相关理论。
3. 简述改革开放以来我国社会分层的情况。
4. 简述我国新社会阶层的特点。

---

[1] 王甫勤,章超.中国城镇居民的阶层地位与消费偏好(2003—2013)[J].社会科学,2018,452(04):655-76.
[2] 杨双燕.南京市中产阶层体育消费的调查研究[J].江苏商论,2011,316(02):141-143.

第十一章
人口就业结构与产业结构

人口结构是影响一个社会人力资源和劳动力资源的基础性因素,而人力资源和劳动力资源又会影响这个社会的就业情况和产业结构。反之,一个社会的经济发展情况和产业结构,也会影响人口的就业情况。经济的变革引导着产业结构的改变,而人口的变化也在一定程度上塑造着产业结构。人口就业结构和产业结构的相互作用,产生了许多开创性的观点和理论。

第一节　人口就业结构与产业结构的概念及其测量指标

一、人口就业结构

就业结构是指社会劳动力在国民经济各部门、各行业、各地区、各领域的分布状况。按照不同的分布方式,就业结构可分为就业的部门结构、城乡结构、所有制结构、地区结构、知识结构以及就业的性别结构、职业结构、技术结构等。根据一定的标准,就业结构还可划分成不同层次:宏观就业结构、中观就业结构和微观就业结构[①]。一般而言,就业结构具有如下特点:

1. 过程性

就业结构是由经济社会发展水平所决定的。尽管土地、资源、地理等条件可以对就业结构产生很大影响,但从根本上说,对就业结构有着决定性影响的是经济社会发展水平。经济发展水平相同的国家在就业结构方面的差异比在自然条件、社会制度相同但发展水平不同的国家差异小。事实上,就业结构无论是在世界范围内还是一国范围内,都有一个从低级到高级、从原始到先进的发展过程。

2. 功能性

就业结构和其他系统结构一样,都具有一定的功能。功能和结构是对应的,不同类型的就业结构具有不同的功能。在现代社会化的生产中,就业结构的严密性和有效性是趋向不断加强的,因此就业机构的变化会极大影响其功能的发挥。例如,就业的地区结构与

---
① 吴晓,王慧,等.我国大城市流动人口就业空间解析面向农民工的实证研究[M].南京:东南大学出版社,2015.

城乡结构的微小变化,会迅速引起各地劳动力供求关系的变化,处理不当就会导致对劳动力控制的功能失调。现代经济的复杂性也会将这种失调扩大,波及社会其他各个领域。

3. 复杂性

就业结构分层次与种类。从就业层次看,就业结构有宏观(国家)、中观(地区)和微观(企业)之分,虽然三个层次相对独立,但是各层次之间又有联系。从种类看,就业结构有部门结构(按照劳动力数量在国民经济各部门的分布划分)、城乡结构(按照城镇和乡村的分布划分)、所有制结构(按照不同所有制的经济单位的分布划分)和知识结构(按照劳动力文化知识的构成划分)等,此外还有就业的性别结构、职业结构、技术结构等[1]。

二、产业结构

产业结构也叫产业体系,是社会经济体系的主要组成部分。产业结构升级是通过产业内部各生产要素之间、产业之间的时间、空间、层次相互转化实现生产要素改进、产业结构优化、产业附加值提高的系统工程。[2]

在经济研究和经济管理中,常用的分类方法主要有:两大领域两大部类分类法、三次产业分类法、资源密集程度分类法、国际标准产业分类及我国经济行业分类。

1. 两大领域、两大部类分类法

这种分类法是按生产活动的性质及其产品属性对产业进行分类。按生产活动性质,把产业部门分为物质资料生产部门和非物质资料生产部门两大领域,前者指从事物质资料生产并创造物质产品的部门,包括农业、工业、建筑业、运输邮电业、商业等;后者指不从事物质资料生产而只提供非物质性服务的部门,包括科学、文化、教育、卫生、金融、保险、咨询等部门。

2. 三次产业分类法

这种分类法是根据社会生产活动历史发展的顺序对产业结构进行划分。产品直接取自自然界的部门称为第一产业,对初级产品进行再加工的部门称为第二产业,为生产和消费提供各种服务的部门称为第三产业。三次产业分类法是世界上较为通用的产业结构分类方法。我国的三次产业划分是:第一产业:农业(包括种植业、林业、牧业和渔业);第二产业:工业(包括采掘业,制造业,电力、煤气、水的生产和供应业)和建筑业;第三产业:除第一、第二产业以外的其他各产业。

3. 资源密集程度分类法

这种产业分类方法是按照各产业所投入的、占主要地位的资源的不同来划分的。根据劳动力、资本和技术三种生产要素在各产业中的相对密集度,把产业划分为劳动密集型、资本密集型和技术密集型产业。

劳动密集型产业是指进行生产主要依靠大量劳动力,而对技术和设备的依赖程度低的

---

[1] 杨清河.劳动经济学[M].3版.北京:中国人民大学出版社,2002.
[2] 陈世清.对称经济学[M].北京:中国时代经济出版社,2010.

产业。一般来说,劳动密集型产业主要指农业、林业及纺织、服装、玩具、皮革、家具等制造业。随着技术进步和新工艺设备的应用,发达国家劳动密集型产业的技术、资本密集度也在提高,并逐步从劳动密集型产业中分化出去。例如,食品业在发达国家就被划入资本密集型产业。

资本密集型产业是指在单位产品成本中,资本成本与劳动成本相比所占比重较大,每个劳动者所占用的固定资本和流动资本金额较高的产业。当前,资本密集型产业主要指钢铁业、一般电子与通信设备制造业、运输设备制造业、石油化工业、重型机械工业、电力工业等。资本密集型产业主要分布在基础工业和重加工业,一般被看作是发展国民经济、实现工业化的重要基础。

技术密集型产业是指在生产过程中,对技术和智力要素依赖大大超过对其他生产要素依赖的产业。技术密集型产业包括:微电子与信息产品制造业、航空航天工业、原子能工业、现代制药工业、新材料工业等。

4. 国际标准产业分类

为使不同国家的统计数据具有可比性,联合国颁布了《全部经济活动的国际标准产业分类》(ISIC)。这套标准将经济活动分为 A～Q 共 17 个部门,其中包括 99 个行业类别。这 17 个部门为:A、农业、狩猎业和林业;B、渔业;C、采矿及采石;D、制造业;E、电、煤气和水的供应;F、建筑业;G、批发和零售、修理业;H、旅馆和餐馆;I、运输、仓储和通信;J、金融中介;K、房地产、租赁业;L、公共管理和国防;M、教育;N、保健和社会工作;O、社会和个人的服务;P、家庭雇工;Q、境外组织和机构。

5. 我国经济行业分类

我国发布的《国民经济行业分类与代码》就是参照了《全部经济活动的国际标准产业分类》而制定的,因此产业划分与包括"经济合作与发展组织"(OECD)在内的大多数国家基本一致。

我国现行的《国民经济行业分类》(GB/T4754—2017)于 2017 年 6 月 30 日由国家质检总局和国家标准委联合发布,并于 2017 年 10 月 1 日起实施。共分为门类、大类、中类和小类四个层次,共包含门类 20 个(分别是农、林、牧、渔业,采矿业,制造业,电力、热力、燃气及水的生产和供应业,建筑业,批发和零售业,交通运输、仓储和邮政业,住宿和餐饮业,信息传输、软件和信息技术服务业,金融业,房地产业,租赁和商务服务业,科学研究和技术服务业,水利、环境和公共设施管理业,居民服务、修理和其他服务业,教育,卫生和社会工作,文化、体育和娱乐业,公共管理、社会保障和社会组织,国际组织),大类 97 个、中类 473 个和小类 1 380 个。

三、测量指标

1. 人口就业结构的测量指标

本书按照国际劳工组织(ILO)所提出的标准,从人口活动状态的分类、就业和失业统计三个方面进行有关人口就业结构测量指标的介绍。国际劳工组织通常将人口分为经济活动人口和非经济活动人口。经济活动人口实际上就是劳动力人口,是指总人口中已经参加或要求参加经济活动的人口,即从事经济活动的全部就业人口,加上要求从事经济活动而尚未获得工作职位的失业人口。非经济活动人口是指总人口中除去经济活动人口的其余部分,包括劳动年龄内(16 岁及以上)有劳动能力而未参加或不要求参加社会经济活动的人口,它实际上是除失业人口以外的各种不在业人口。

失业率是反映一个国家或地区劳动力资源利用状况的最重要的指标。

$$失业率 = \frac{失业总人数}{民用劳动力总人数} \times 100\%\;[1]$$

$$就业率 = \frac{就业人口}{民用成年人口总数} \times 100\%$$

目前,我国统计部门计算和公布的就业和失业水平方面的指标主要是城镇登记失业率。

城镇登记失业率=

$$\frac{城镇登记失业人数}{城镇单位就业人员+城镇单位中的不在岗职工+城镇私营业主+个体业主+城镇私营企业和个体就业人员+城镇登记失业人员}$$

我国的失业率和西方发达国家的失业率的含义和计算有很大差别,我国只计算城镇地区的失业率,而没有计算全国城乡统一的失业率;在计算城镇失业率时,主要是以是否具有城镇户口为标准,因此并不是真正的城镇地区的失业率。

2. 产业结构的衡量标准

产业结构是指农业、工业和服务业在一国经济结构中所占的比重。通常在经济成长的过程中,服务业的重要性与日俱增,比重日益扩大,从业者有较大的市场机会[2]。

产业结构高度化,也称产业结构优化,指一个国家经济发展重点或产业结构重心由第一产业向第二产业和第三产业逐次转移的过程,标志着一个国家经济发展水平的高低和发展阶段及方向。产业结构高度化往往具体反映在各产业部门之间产值、就业人员、国民收入比例变动的过程上。

产业结构高度化表现为一个国家经济发展不同时期最适当的产业结构,其主要衡量标准是:

(1) 收入弹性原则(所得弹性标准)。收入弹性是指每增加一个单位收入所能引起的对某商品需求的增加量。如果由于收入扩大而增加的需求能转化为收入弹性高的商品,出口增长率则可随之提高,对整体经济增长则较为理想。

(2) 生产率上升原则。为了让收入弹性高的商品能够出口,必须具备充分的国际竞争能力,因而最佳选择是把生产率上升高的产业或技术发展可能性大的产业作为重点。

(3) 技术、安全、群体原则。即从长远观点看,经济发展的动力是技术革新,从而对于能成为将来技术革新核心部门的产业,虽然处于比较劣势地位,也不能轻易放弃。为了一

---

[1] 该指标分母中不包含军事相关人员。
[2] 吴长顺.营销学[M].北京:经济管理出版社,2002.

国经济的稳定发展,要有某种程度的国家安全保障或能够保障国家威望的产业;为了产业部门之间的平衡发展,必须形成范围较广的产业群体。

符合上述三条标准的产业结构状态,就可称之为一定时期一国产业结构的最适状态,同时也表明该国在此阶段产业结构高度化达到水准。

第二节 国内外人口就业结构与产业结构的变迁

伴随历史进程,世界各国、各地区的人口结构都在发生着各种变化,这种变化与人口就业结构和当地的产业结构变化相互影响,尤其是在工业革命以后变化尤为明显。

一、国外就业结构与产业结构的变迁

在经济全球化背景下,产业结构的调整是经济全球化发展的必然结果。产业结构的变动为英国、德国等欧盟工业国家及美国带来了新的经济增长点,增强了这些国家的国际竞争力,以信息技术为核心的高新技术产业得到更大的发展。

(一) 英国

英国曾是历史上经济最为发达的资本主义国家,18世纪60年代,从新兴的棉纺织业开始,英国最先进行了产业革命。第一次世界大战之后,英国的工业生产明显走向衰落,并引发了经济危机。第二次世界大战期间,英国的工业生产更进一步下降,海外投资缩减,英国的经济地位大大削弱。第二次世界大战后,由于产业结构调整和经济政策的实行,英国经济平稳缓慢增长。第一、二产业的比重逐步下降,第三产业比重则逐步上升,如表11-1所示。

表11-1 1950—1984年英国国内生产总值三次产业构成(%)

年份	第一产业	第二产业	第三产业
1950	5.7	48.0	46.3
1960	4.0	47.5	48.5
1970	2.8	42.7	54.5
1980	2.2	40.2	57.6
1984	2.1	41.4	56.5

数据来源:方甲.产业结构问题研究[M].北京:中国人民大学出版社,1997.

从表11-1中可以看出,1950—1984年英国第一产业比重呈明显下降趋势,由1950年的5.7%下降到1984年的2.1%,下降了3.6个百分点;第二产业比重也明显下降,由1950年的48.0%,下降到1984年的41.4%,下降了6.6个百分点;第三产业则呈现出逐年上升趋势,由1950年的46.3%上升到1984年的56.5%,上升了10.2个百分点。

通过对表11-2中1950—1984年英国三次产业就业人数及比重的分析,可见各产业

就业人数及比重的变化趋势与国内生产总值产业构成的变化趋势大体相同。第一、二产业就业人口比重逐年降低,第三产业比重逐年上升。其中,第一产业就业人口减少了92.2万人,下降了4个百分点;第二产业就业人口减少了427.1万人,下降16.9个百分点;第三产业就业人口增加了380.8万人,上升了20.9个百分点。

表11-2 1950—1984年英国三次产业就业人数及比重(万人,%)

年份	第一产业		第二产业		第三产业	
	人数	百分比	人数	百分比	人数	百分比
1950	126.2	5.6	1 140	50.6	987.7	43.8
1960	106.2	4.4	1 174.9	48.6	1 136.2	47.0
1970	45.4	2.1	1 024.7	46.6	1 129.3	51.3
1980	36.1	1.6	891.8	39.4	1 336.0	59.0
1984	34.0	1.6	712.9	33.7	1 368.5	64.7

数据来源:方甲.产业结构问题研究[M].北京:中国人民大学出版社,1997.

20世纪90年代至今,英国的三次产业结构变化趋势仍是第一、二产业比重呈下降趋势,第三产业比重呈上升趋势,但是上升和下降的速度都在变缓,如表11-3所示。

表11-3 1990—2001年英国国内生产总值三次产业构成(%)

年份	第一产业	第二产业	第三产业
1990	1.9	35.0	63.1
1991	1.8	32.8	65.4
1992	1.9	31.8	66.3
1993	1.8	31.4	66.8
1994	1.8	31.6	66.6
1995	1.9	31.7	66.4
1996	1.8	31.5	66.7
1999	1.5	26.3	61.2
2000	1.5	25.9	61.6
2001	1.0	27.4	71.6

数据来源:(1) 中华人民共和国国家统计局.国际统计年鉴2003[M].北京:中国统计出版社,2003;(2) 中华人民共和国国家统计局.国际统计年鉴1999[M].北京:中国统计出版社,1999.

从表11-3中的数据可以看出,1990—2001年,英国国内生产总值第一产业下降幅度很小,仅下降了0.9个百分点;第二产业相对第一产业来说下降幅度较大,从35.0%下降到27.4%;第三产业经历了缓慢上升之后在高位波动。

从表11-4中可以看出,1990—2001年英国第一产业就业人口比重呈现下降趋势,但是下降幅度较小;第二产业就业人口比重是先上升后下降;第三产业就业人口比重在20

世纪 90 年代初呈现下降趋势后又逐年升高。

表 11-4　1990—2001 年英国三次产业就业人数比重(%)

年份	第一产业	第二产业	第三产业
1990	2.1	21.1	76.7
1998	1.7	26.5	71.8
1999	1.5	25.9	72.6
2000	1.5	25.3	73.2
2001	1.4	24.8	73.8

数据来源：中华人民共和国国家统计局.国际统计年鉴[M].北京：中国统计出版社，2003.

(二) 德国

第二次世界大战使德国①的经济遭受到重创。但是由于经济政策的改变，德国的经济开始逐步恢复。到 1950 年，德国经济大体上已经恢复到战前的最高水平。此后，至 1989 年，德国的经济又进一步发展，成为仅次于美国、日本的第三大经济强国。

德国的产业结构在战后的几十年中也经历了几番调整。1951—1973 年是德国经济迅速发展的阶段，新兴的工业部门相继建立并迅速发展，传统的工业部门及国民经济其他部门也按照现代化的要求进行改造并取得了显著成果。

从表 11-5 中可以看到，1950—1989 年间德国第一产业比重大幅度下降，从 1950 年的 10.4% 下降到 1989 年的 2.1%，下降了 8.3 个百分点；第二产业则经历了总体上先缓慢上升，再缓慢下降的变化过程；第三产业的比重则一直处于较快增长趋势，从 1950 年的 40.7% 增长到 1989 年的 57.6%，增长了 16.9 个百分点。

表 11-5　1950—1989 年德国国内生产总值产业构成(%)

年份	第一产业	第二产业	第三产业
1950	10.4	48.9	40.7
1960	6.8	60.7	32.5
1970	3.4	53.1	43.5
1980	2.2	44.8	53.0
1984	2.1	42.6	55.3
1989	2.1	40.3	57.6

数据来源：方甲.产业结构问题研究[M].北京：中国人民大学出版社，1997.

德国各产业就业人数比重的变化趋势与国内生产总值三次产业构成的变化趋势相同。第一产业就业人数比重一直处于下降趋势，1950—1989 年下降了 20.7 个百分点；第二产业就业人数先缓慢上升，在 1970 年达到最高，之后又开始下降；第三产业就业人数比重一直处于上升趋势，1950—1989 年上升了 23.9 个百分点，如表 11-6 所示。

---

① 此处 1990 年以前的德国是指前联邦德国，1990 年以后指东德与西德合并后的德国。

表 11-6　1950—1989 年德国第三次产业就业人数比重(%)

年份	第一产业	第二产业	第三产业
1950	24.6	42.9	32.5
1960	14.0	48.3	37.7
1970	8.6	49.7	41.7
1980	5.5	44.2	50.3
1984	5.5	41.3	53.2
1989	3.9	39.7	56.4

数据来源：方甲.产业结构问题研究[M].北京：中国人民大学出版社，1997.

德国三次产业结构的演变是多方面综合作用的结果。一是在经济迅速发展阶段，德国一向发展缓慢的农业实现了现代化，第一产业在国民经济中的地位逐步下降，其国内生产总值和就业人数比重下降。二是第二产业内部结构发生了深刻变化。采矿业、制造业发展速度缓慢，容纳不了更多的劳动力，因而比重下降。三是由于经济的发展，人均收入提高，劳动力开始从第一产业向第二产业转移，并逐渐向第三产业转移。

德国在 20 世纪 90 年代后三次产业的发展同 20 世纪 90 年代前的发展趋势基本相同，第一、二产业比重下降，第三产业比重上升，如表 11-7 所示。

表 11-7　1991—2001 年德国国内生产总值三次产业构成(%)

年份	第一产业	第二产业	第三产业
1991	1.4	56.7	41.9
1992	1.3	56.0	42.7
1993	1.2	54.6	44.3
1994	1.1	54.6	44.3
1995	1.0	54.9	44.0
1996	1.1	54.8	44.1
1999	1.3	28.2	60.9
2000	1.2	28.3	61.2
2001	1.3	31.0	67.7

数据来源：(1)中华人民共和国国家统计局.国际统计年鉴 2003[M].北京：中国统计出版社，2003；(2)中华人民共和国国家统计局.国际统计年鉴 1999[M].北京：中国统计出版社，1999.

由表 11-7 可以看出，20 世纪 90 年代以后，德国第一产业变化很小，以 0.1% 的水平波动，2001 年与 1991 年仅差 0.1 个百分点，这说明德国第一产业的比重已经很小了；第二产业有大幅度的下降趋势，1991—2001 年下降了 25.7 个百分点，特别是 20 世纪 90 年代后期的变化较大；第三产业则有较大幅度增长，1991—2001 年增长了 25.8 个百分点，也是在 20 世纪 90 年代后期增长速度较快。

从表 11-8 中可以看到，20 世纪 90 年代后，德国第一产业就业人数比重呈下降趋势，

2000年比1995年下降0.5个百分点;第二产业就业人数比重也呈下降趋势,2000年比1995年下降3.5个百分点;第三产业就业人数比重一直呈上升趋势,2000年比1995年上升4个百分点。

表11-8 1995—2000年德国三次产业就业人数比重(%)

年份	第一产业	第二产业	第三产业
1995	3.0	32.7	64.3
1996	2.7	31.8	65.5
1997	2.7	31.1	66.2
1998	2.6	30.6	66.8
1999	2.5	29.8	67.7
2000	2.5	29.2	68.3

数据来源:刘国平.世界经济统计[M].北京:经济科学出版社,2002.

(三) 美国

美国在第二次世界大战中获得了巨大的经济利益,也因此成为世界经济霸主。20世纪70年代后,美国经济开始缓慢增长,产业结构又进一步发生变化。20世纪80年代后随着第三产业比重上升,经济发展水平逐步提高。

从表11-9中可以明显看出,1950—1986年间美国国内生产总值三次产业比重的变化趋势与英国大体相同。第一产业比重下降,从1950年的7.3%下降到1986年的2.2%,下降了5.1个百分点;第二产业比重也呈下降趋势,从1950年的37.0%下降到26.4%,减少了10.6个百分点;第三产业比重呈上升趋势,从1950年的54.5%上升到1986年的70.6%,上升了16.1个百分点,并且美国第三产业的比重明显高于英国和德国。

表11-9 1950—1989年美国国内生产总值三次产业构成(%)

年份	第一产业	第二产业	第三产业
1950	7.3	37.0	54.5
1960	4.3	35.5	59.9
1970	2.9	32.2	64.7
1980	2.8	30.2	65.2
1985	2.3	27.5	69.3
1986	2.2	26.4	70.6

数据来源:方甲.产业结构问题研究[M].北京:中国人民大学出版社,1997.

从表11-10中可以看出,1950—1986年美国三次产业就业人员的变动趋势。第一、二产业就业人员比重下降,第三产业则逐年增加。美国第一产业就业人员的人数也是逐年减少的,1950年的人数是1986年的2.39倍;第二产业就业人员的比重虽然降低,但从业人数是逐年增加的,这与英国、德国有所不同;第三产业就业人数占所有就业人数的绝大部分,以1986年为例,第三产业就业人数是第一产业的24.6倍。

表11-10 1950—1986年美国三次产业就业人数及比重(万人,%)

年份	第一产业		第二产业		第三产业	
	人数	百分比	人数	百分比	人数	百分比
1950	755.1	12.8	1 967.7	33.4	3 177.1	53.9
1960	591.6	8.2	2 488.9	34.5	4 133.7	57.3
1970	346.3	4.4	2 608.0	33.1	4 913.5	62.5
1980	336.4	3.4	2 913.6	29.3	6 680.3	67.3
1985	317.9	3.0	2 880.5	26.9	7 516.6	70.2
1986	316.3	2.9	2 913.0	26.5	7 780.5	70.7

数据来源:方甲.产业结构问题研究[M].北京:中国人民大学出版社,1997.

随着农业技术的进步,美国农业机械实现了自动化,因而造成农业劳动力的减少。第二产业由于新兴生产部门对传统生产部门的替代,轻工业和重工业比重调整,总体上呈下降趋势。美国产业结构的演变除了需求拉动和科技进步两个内在的因素外,还受政府的自由就业政策及庞大的劳动力市场的影响。在美国,人们的职业很少受到固有行政区划的约束,人们可以在各产业间自由转移,因此大多数人会倾向于向第三产业转移,造成第三产业比重上升。

1996—2001年美国国内生产总值在三次产业间的比重延续之前的变化趋势。从表11-12中可以看到,1990—2001年美国第一产业所占比重变化很小,稳定中略有下降,从1990年的1.9%稳步下降到2001年的1.3%;第二产业所占比重从1990年的24.1%下降到1999年的21.8%,下降了2.3个百分点;第三产业的比重不断上升,尤其在1990—1991年期间,这一比重上升了1.5个百分点,在1995年以后,第三产业的比重继续不断上升,到2001年达到了79.6%。

表11-12 1990—2001年美国国内生产总值三次产业构成(%)

年份	第一产业	第二产业	第三产业
1990	1.9	24.1	73.5
1991	1.7	22.9	75.0
1992	1.8	22.2	75.4
1993	1.6	22.0	75.2
1994	1.7	22.5	75.0
1995	1.5	22.6	75.6
1996	1.7	22.2	75.6
1997	1.6	22.1	75.6
1998	1.4	21.8	77.0

续 表

年份	第一产业	第二产业	第三产业
1999	1.3	21.8	77.7
2000	1.3	21.5	78.5
2001	1.3	20.3	79.6

数据来源：根据美国商务部网上公布数据整理而成。http://www.commerce.gov.

1990年以来，美国就业结构变化主要发生在第二产业和第三产业之间。第三产业就业增长得非常迅速，1990年起，美国服务业的就业已经突破70%的比重。美国的第一产业就业比重到2001年微微下降，与1990年相比，下降幅度为0.4个百分点；第二产业的就业比重从1990年的26.1%下降到2001年的18.5%，下降了7.6个百分点；相应地，第三产业的就业比重快速上升了7个多百分点，从1990年的70.2%上升到2001年的79.2%，如表11-13所示。

表11-13 1990—2001年美国三次产业就业人数比重(%)

年份	第一产业	第二产业	第三产业
1990	2.7	26.1	72.2
1991	2.8	24.2	73.1
1992	2.8	23.5	73.8
1993	2.6	23.1	74.4
1994	2.6	22.9	74.5
1995	2.7	22.9	74.4
1996	2.7	22.3	75.1
1997	2.6	22.1	75.3
1998	2.4	21.2	76.4
1999	2.5	20.1	77.5
2000	2.6	18.9	78.4
2001	2.3	18.5	79.2

数据来源：根据美国劳工部网上公布的数据整理而成。Http://www.bls.gov.

二、国内人口就业结构、产业结构的变迁

(一) 国内人口就业结构的变迁

1949—1978年是我国计划经济体制形成和发展的时期，这一时期的就业制度经历了从适度宽松到高度集中的过程。初期的劳动就业制度相对宽松，劳动力可以在城乡之间、地区之间相对自由地流动。随着计划经济体制的逐步形成，就业制度也随着进行调整，建立了统一的劳动就业制度，实行了"统包统配"制度。改革开放后，1978—1983年我国就

业制度进入调整期,1984—1992年我国就业制度进入探索期。随着经济体制改革的进程加深,多种经济成分并存使得劳动就业制度改革也推进到企业的用工制度上。1992—1999年我国就业制度进入市场导向期。在国有企业改革的进程中,在"成本最小""利润最大"的经营目标导向下,国有企业为了实现"减员增效"而进行了大规模的裁员。2000—2007年我国就业制度进入城乡统筹建设阶段。

世界银行最新研究报告认为,中国用很短时间快速地完成工业化过程,工业部门创造的GDP在2006年达到42.2%,之后便开始逐步下降,就业结构变化的最重要特征表现为非农业就业比重提高。1978—2019年,我国从业人数从40 152万人增长至77 471万人,增长了37 319万人,平均每年增加910万人。非农就业人口从1978年的11 835万人增长至2019年的58 026万人,增长了46 191万人,平均每年增加1 127万人。整体上,我国人口就业结构变迁呈现以下特点:

第一,中国就业结构变动呈现出"就业正在升级"模式。2005—2010年间,最低收入岗位大幅减少5 000多万,中低和中等收入岗位分别增长约3 000万,中高和最高收入岗位分别增长约2 000万。大幅度减少的低收入岗位主要来自农业部门,大量农业劳动力转移到收入更高的非农业部门,这符合发展中国家的经济发展特征。非农业部门同样经历了一个就业升级过程,相对中高、高收入岗位,中低收入岗位数量增长更多,反映出这一时期中国经济和就业的质量在不断推进,符合发展中国家的经济结构变动特征。进入21世纪,数字经济蓬勃发展,推动各行业不断变革,也引起了就业方式和结构的变化。根据人社部的统计,我国2021年数字平台从业者已经达到2亿人,其中网约车司机309万人,邮政快递从业者超过400万人,外卖平台注册人数则超过1 000万人,围绕电商平台的自主创业者更是超过1亿人。

第二,就业结构变动呈现升级特征,但不同行业就业岗位变动存在一定差异。2005—2010年间,制造业中最低收入岗位出现绝对减少,中低收入岗位增长超过800万,中等收入岗位增长最多,接近1 300万,中高和高收入岗位数量也分别增长约500万。制造业正在经历一个明显的升级过程,这与现实中制造业产业结构调整与升级的趋势是一致的。建筑业的岗位增长集中在中等收入岗位,就业升级的质量相对较低。信息传输、软件和通信行业呈现出明显的就业升级特征,较低收入岗位增长很少或者没有增长,中间收入岗位增长明显,高收入岗位增长更多。2010年以来,服务业吸纳的16~24岁就业人口比例从44.9%大幅提高至68%,有约25%的青年就业人口从农业、工业撤出,其中大部分进入互联网、商务服务等新兴服务业(13.9%),以及教育、政府机构等公共服务业(8.5%)。

第三,中国不同地区的非农部门就业表现出显著的地区差异,这也显示出就业升级程度与升级结构的多样化。中国的东部、中部和西部不同经济发展地区也表现出就业升级特征,最低收入岗位的数量出现大幅减少或者增长很少,较高收入岗位的数量不同程度地增长。但对比来看,东部发达地区的就业升级质量相对更高,高收入岗位增长相对较多。从总体就业结构来看,绝大多数省份都正在经历一个就业升级过程,经济发展和城镇化推动劳动力从农业部门流向非农部门,以农业就业为主的最低收入岗位数量大幅减少,其他更高收入的岗位数量明显增加。但是,中国的地区差异很大,资源禀赋与经济结构不同,各省处在不同的经济发展阶段,就业结构变动特征也存在差异①。2010年以来,我国东北地区就业人口占比持续收缩,中部部分省市先收缩后扩张,东南沿海地区持续扩张但近十年来速度放缓,这与全国人口流动趋势基本一致。

(二) 国内产业结构的变迁

改革开放以来,我国三次产业结构的变迁遵循着从"一二三"到"二一三"再到"三二一"的发展轨迹。2016年三次产业的产值比重为8.6∶39.8∶51.6,基本实现了二、三产业的二元驱动发展模式。1978—2016年,第二产业增加值由1 755.2亿元上升为296 236.0亿元,增长了167.8倍,年均增速达到14.4%;第三产业增加值由905.1亿元上升为384 220.5亿元,增长了423.5倍,年均增速达17.3%;相比较而言,第一产业增长要慢一些,增加值从1 018.5亿元上升为63 670.7亿元,增长61.5倍,年均增速仅为11.5%。总体来说,改革开放40多年来中国产业结构的变迁可以归纳为三个阶段。

1. 产业结构调整的初期(1978—1984年)

1978年是中国改革开放的起始年,面对国民经济低迷的情形,产业结构调整升级是亟待解决的主要问题。为此,政府采取一系列积极的经济政策并同步开展经济体制改革,取得了显著成效,产业结构逐渐优化。这一阶段是第二产业占主导,第一产业次之的"二一三"阶段。改革首先在农业领域开展,家庭联产承包责任制和农产品价格体系改革,给中国农村释放了巨大的生产能力,第一产业得到了快速发展。1984年,第一产业在国民经济中的比重达到了31.5%,与改革开放之初相比上升了近4个百分点。同时,在区域产业布局上,开始加大开放步伐,实施沿海开放,建立了4个经济特区和14个沿海开放城市。在一系列政策的作用下,第一产业呈现先上升后下降的趋势。1982年,第一产业产值比重达到了历史峰值32.8%,然后持续走低,而第三产业比重经过短暂的下降后开始持续上升,产业结构"二一三"的局面直到1985年终于发生改变。中国产业结构经过这一时期的调整,步入了第三产业开始上升而第一产业稳定发展的良性发展道路②,如表11-14所示。

表11-14 1978—1984年国内生产总值及三大产业比重

年份	国内生产总值(亿元)	产业增加值(亿元)			三大产业比重(%)		
		第一产业	第二产业	第三产业	第一产业	第二产业	第三产业
1978	3 645	1 028	1 745	872	28.19	47.88	23.94
1979	4 063	1 270	1 914	879	31.27	47.10	21.63
1980	4 546	1 372	2 192	982	30.17	48.22	21.60
1981	4 892	1 559	2 256	1 077	31.88	46.11	22.01
1982	5 323	1 777	2 383	1 163	33.39	44.77	21.85
1983	5 963	1 978	2 646	1 338	33.18	44.38	22.44

---

① 屈小博,程杰.中国就业结构变化:"升级"还是"两极化"?[J].劳动经济研究,2015,3(01):119-144.
② 郭克莎.中国:改革中的经济增长与结构变动[M].上海:上海人民出版社,1996.

续表

年份	国内生产总值(亿元)	产业增加值(亿元)			三大产业比重(%)		
		第一产业	第二产业	第三产业	第一产业	第二产业	第三产业
1984	7 208	2 316	3 106	1 786	32.13	43.09	24.78

数据来源：国家统计局官网公布的数据整理而成。http://www.stats.gov.cn.

2. 产业结构调整的持续期(1986—2012年)

该时期最显著的特点是第三产业发展进入快车道，增加值比重超过农业，成为国民经济的第二支柱产业。1989年我国发布了《国务院关于当前产业政策要点的决定》，标志着我国第一个产业政策的实施，对国家未来产业发展方向和目标提出了基本要求。从此，产业政策在我国产业发展中开始发挥重要作用。这一时期我国逐渐建立起以市场经济为基础的产业政策体系，消费水平和结构的提升带动了基础设施建设，以及房地产、汽车、电子通信等产业的发展，这些产业也带动着能源、建材、交通等行业快速增长[1]。因此，该时期我国产业结构具有明显的工业重型化趋势。

1978—2011年期间，第二产业在国内生产总值中的占比变化甚微，但是在1985—2011年期间，第三产业占比不断增加甚至超过了第一产业占比，国内生产总值大幅增加，2011年国内生产总值分别是1978年的129.37倍、1984年的65.42倍。产业结构中第二产业收入高于第一产业收入，第三产业收入高于第二产业收入，产业结构不断调整优化。

改革开放释放了巨大的经济活力，极大地促进了人们的消费和投资需求。人们消费水平和生活质量的提高又为汽车、电子等高新技术产业注入了增长活力，更为能源、交通等行业创造了增长动力。从表11-15可以看出，在这段时期，第二产业作为国民经济的主导产业的地位始终未发生变化，其增加值基本保持在40%~50%，增长较为稳定，远远超过第一产业增加值。而第三产业的增长态势则表现得十分强盛，尤其自进入21世纪以来，二、三产业产值在GDP中的占比基本持平，均保持在40%上下，对国民经济共同发挥着重要作用，推动国民经济向高速发展时期迈进。

表11-15 1986—2012年国内生产总值及三大产业比重

年份	国内生产总值(亿元)	产业增加值(亿元)			三大产业比重(%)		
		第一产业	第二产业	第三产业	第一产业	第二产业	第三产业
1985	9 016	2 564	3 867	2 585	28.44	42.89	28.67
1990	18 669	5 062	7 717	5 888	27.12	41.34	31.54
1995	60 794	12 136	28 679	19 978	19.96	47.18	32.86
2005	184 937	22 420	87 598	74 919	12.12	47.37	40.51
2010	401 513	40 534	183 783	173 596	10.10	46.67	43.24
2011	471 564	47 712	220 592	203 260	10.12	46.78	43.10

数据来源：国家统计局官网公布的数据整理而成。http://www.stats.gov.cn.

---

[1] 刘伟，张辉.中国经济增长中的产业结构变迁和技术进步[J].经济研究，2008(11)：4-15.

3. 后工业化结构特征的发展期(2012年至今)

进入2012年,我国经济形势呈现出"新常态"特征,劳动力市场供给逐渐减少,资本投入增长速度日趋放缓,传统发展动力不断减弱,粗放型的经济增长方式不合时宜。此时,必须依靠科技进步来打造发展新引擎,为新的经济增长点提供动力[①]。

2012年开始,产业结构进入优化升级的新时期。这一时期最为显著的特征是第三产业的急速发展,尤其在互联网等高新技术产业的带动下,第三产业对国民经济的影响力逐步扩大,占国内生产总值中的比重持续上升,凭借其强大的发展实力超越了第二产业对国民经济的影响,在经济发展中发挥着举足轻重的作用。

表11-16中的数据显示,在2012年,二、三产业的增加值比重基本持平。但到了2016年,三大产业增加值比重发生重要改变,第三产业占比持续走高,上升到51.8%,超过了第一产业和第二产业的总和。截至2020年底,一、二产业占GDP的比重呈现不同程度的下降趋势,占比仅为至7.2%和37.8%。由此,我国产业结构进入具有后工业化特征的"三二一"阶段。

表11-16 2012年至今国内生产总值及三大产业比重

年份	国内生产总值(亿元)	产业增加值(亿元)			三大产业比重(%)		
		第一产业	第二产业	第三产业	第一产业	第二产业	第三产业
2012	538 580	49 085	244 643	244 852	9.1	45.4	45.5
2013	592 963	53 028	261 956	277 979	8.9	44.2	46.9
2014	641 281	55 626	277 572	308 083	8.7	43.3	48.0
2015	685 993	57 775	282 040	346 178	8.4	41.1	50.5
2016	740 061	60 139	296 548	383 374	8.1	40.1	51.8
2017	820 754	62 100	332 743	425 912	7.6	40.5	51.9
2018	900 310	64 734	366 001	469 575	7.2	40.7	52.2
2019	986 515	70 473	380 670	535 371	7.1	38.6	54.3
2020	1 015 986	77 754	384 255	553 976	7.2	37.8	54.5

数据来源:国家统计局官网公布的数据整理而成。http://www.stats.gov.cn.

第三节 人口就业结构与产业结构变迁对社会的影响

人口的就业结构和产业结构之间存在着相互影响的关系,同时二者又影响着整个社会经济的发展。当前,人口的就业结构问题、社会产业结构的发展动态,日益成为人口社会学关注的重点。

[①] 袁航.创新驱动对中国产业结构转型升级的影响研究[D].北京:北京邮电大学,2019.

一、人口就业结构对社会的影响

人口就业结构对社会的最显著影响,主要集中于社会经济层面。总体来说,就业结构是从属经济结构的,特别是产业结构对就业结构有着决定性影响,但不是唯一的因素。影响就业结构的各种因素,通过就业结构又影响到产业结构和其他经济结构。譬如,劳动力的供给充足程度是决定就业结构的一个重要方面。在劳动力供给十分充分时,资本密集程度高的部门不可能吸收全部或大部分社会劳动力,剩余的劳动力就要在劳动密集程度高的部门就业。反过来,在劳动力的供给紧缺时,资本密集程度高的部门就容易更快地发展。

就业结构不仅有经济意义,而且有重要的社会意义。就业结构作用于社会生活的诸领域,对社会生活可以产生重大影响。人们在成年之后一般都要就业,如果有较多的成年人就业需求得不到满足,社会的安定就会发生问题。各国经济学家、政治学家都很重视这一问题,希望能通过扩大就业规模保证社会的安定。扩大就业总规模有各种措施,而调整就业结构就是其中一项很重要的措施。

二、产业结构对社会的影响

(一) 产业结构变化对经济的影响

产业结构变化与经济周期性波动都是结构性变化,两者总是同时发生,目前研究普遍认为,产业结构变化与经济周期波动之间的关系非常密切。产业结构变化主要是由三次产业结构占 GDP 比重的变动所体现,而经济波动主要是指经济状况偏离长期趋势的程度。产业结构变化会导致结构效果发生改变,而这种改变会对经济增长速度产生影响,继而产生经济波动[1]。

产业结构升级就是经济增长方式的转变与经济发展模式的转轨。从微观来看,产业结构升级是指企业通过技术升级、管理模式改进、企业结构改变、产品质量与生产效率提高、产业链升级实现企业整体结构升级。从中观来看,产业结构升级是指一个产业中主要企业的技术水平、管理模式、产品质量、生产效率、产业链定位、产品附加值全部上升到一个新的层级,从而形成新的、更高级的产业结构。比如高铁的机车技术、铁路技术、管理模式、以运行速度为主要标志的运营效率等,对于经营者和社会的效益都比老式铁路要高出一个档次,就是铁路的产业结构升级。再比如智慧农业与传统农业,在土壤改良、农产品品种培育选择、生产过程可控性增强、成本降低、产量质量提高、产品有利于人体健康、可再生性和可持续性发展方面,智慧农业比传统农业全方位上升到一个新的档次,就是农业的产业结构升级。从宏观来看,产业结构升级是指一个国家经济增长方式转变,如从劳动密集型增长方式向资本密集型、知识密集型增长方式转变,资源运营增长方式向产品运营、资产运营、资本运营、知识运营增长方式转变,经济增长动力由要素驱动向投资驱动、创新驱动转变。

---
[1] 翁逸群.知识积累、经济增长与产业结构演进[J].预测,2002(1):37-40.

(二) 产业结构对居民收入的影响

产业结构的变动必然引起要素收入分配的变动。产业结构变动对我国城乡居民人均收入增长均存在显著的正向影响,但是其影响并不均衡,会引起城乡居民人均收入差距扩大。现代农业部门内部结构的优化更有利于农村居民人均收入的增长,从而有利于缩小城乡居民收入的差距[①]。

(三) 产业结构对就业结构的影响

在经济发展中,产业结构调整必然带来就业结构的变动。配第·克拉克定理最早揭示了经济发展过程中的产业结构演变规律和三次产业中的劳动力分布结构演变规律,即不同产业之间相对收入上的差异,必然造成劳动力向获得更高收入的部门转移[②]。产业结构和就业结构之间具有较强的相关性,特别是产业结构的优化调整对就业结构有较大的影响和正向促进作用,随着产业结构的优化升级,高技能劳动力需求增加,低技能劳动力需求下降,会出现结构性失业[③]。

第四节 人口就业结构与产业结构的影响因素

就业是最基本的民生。就业结构是一个十分复杂的社会和经济问题,影响就业结构的因素很多,涉及社会、经济、劳动力资源、劳动政策、文化、心理、观念等,以上这些因素分别从不同方面影响到劳动力供给、劳动力需求和劳动力资源的配置方式,从而进一步影响就业的状况。

一切决定和影响经济增长的因素都会不同程度上对产业结构的变动产生直接的或间接的影响。知识与技术创新、人口规模与结构、经济体制、自然资源禀赋、资本规模、需求结构、国际贸易等是一个国家产业结构演变过程中的基本制约因素。

一、人口就业结构的影响因素

(一) 劳动力资源因素

1. 劳动力资源数量与就业状况

劳动力供给与就业需求之间存在三种关系:一是供大于求。当劳动力资源数量增长过快,超过了社会对劳动力的需求,出现劳动力资源供大于求时,就会出现失业率增高和就业者收入增长缓慢甚至下降的现象。二是供不应求。从理论上讲,当劳动力资源的数量出现供不应求时,就业率就可能达到100%,当然这是十分理想的情况。然而,劳动力

[①] 魏君英,侯佳卉.产业结构变动对我国城乡居民收入的影响[J].农业技术经济,2015(08):118-126.
[②] 克拉克.工业经济学[M].袁毅军,译.北京:经济管理出版社,1990.
[③] 郭宇航,孔微巍.产业结构升级对就业结构影响效应研究——以北京市为例[J].哈尔滨商业大学学报(社会科学版),2020(03):117-128.

供不应求的情况是很少发生的。三是供求基本平衡。当劳动力资源的数量与社会对劳动力的需求基本适应,劳动力资源的质量此时也能满足需要,则不但可以实现充分就业,而且就业者的收入也可以随着社会生产力的发展有较快的提高。

2. 劳动力资源的质量与就业结构

就业结构是否合理的重要标志是劳动力资源的质量能否与国民经济产业结构、行业结构和职业结构的变化相适应。随着科学技术的发展,生产过程中脑力劳动的比重增加,技术人员、管理人员的比重增加,劳动力的科学文化素质对就业结构的影响日益突出。社会劳动力的素质越高,就业结构越趋于合理;反之,劳动力素质如果不高,难以满足产业结构、行业结构、职业结构的变化所引起的对劳动力的高要求,结构性失业就在所难免。

(二) 经济因素

经济因素是影响就业结构的决定性因素。经济对就业的影响主要是通过经济增长速度、经济增长方式、经济结构来实现的。其中,产业结构对就业结构影响巨大。首先,产业结构是就业结构的决定因素,就业结构反映了劳动力在国民经济各部门之间的分配比例,这种比例关系是由国民经济的产业结构决定的,有什么样的产业结构就会有什么样的就业结构,产业结构的变化必定引起就业结构的相应变化。其次,产业结构是就业容量的直接影响因素。由于各产业部门的有机构成不同,等量资金在不同产业部门所能提供的就业岗位的数量不同,如轻工业、商业、服务业吸收的劳动力远远大于重工业。因此,产业结构状况影响社会劳动力在各行业的分布。

(三) 就业观念

劳动者在特定的社会经济条件下形成的就业观念影响人们在劳动力流动、就业竞争、择业等方面的态度和行为,进而会影响个人甚至群体的就业倾向,对整个社会的就业实现带来一定的促进或阻碍作用。

(四) 社会保障因素

社会保障是一种影响就业的社会因素,组成社会保障体系的社会救助、社会保险、社会福利、社会优抚和医疗保险在不同程度上影响着就业。适宜的社会保障制度能够提高劳动者素质,为劳动力市场提供大量优秀的人才。并且,还为劳动者提供基本的生活保障,维护劳动力市场平稳运行。如医疗保险、生育保险和义务教育对于人口整体素质的提高起到了积极作用,为劳动者以后参与激烈的市场竞争、获得就业岗位打下了良好的基础;失业保险不仅能够保障下岗失业人员的基本生活需要,还具有促进就业的功能,可以为下岗失业人员提供职业培训和就业信息服务;工伤保险有利于保障劳动者权益,维护社会稳定。

二、产业结构的影响因素

(一) 需求结构

首先,产业结构调整和优化的初始动机源自适应消费需求侧的变化,因此在市场环境下,那些新兴的、能够极大满足消费者某方面需求的市场行为往往会成为行业、产业的热点、新增长点,继而促生消费供给侧为此而进行调整和变化。比如新能源汽车市场的兴起、光伏产业的兴起等。

其次,不同人均收入水平的个人消费结构也会对产业结构产生影响。当收入极为有限而不能满足所有层次的需求时,达到温饱就会放到首要位置,居民自然倾向于把有限的收入用于购买生活必需品,这会带动农业和轻纺工业的发展,这也是工业化首先从轻工业起步的原因。同时储蓄增量与收入增量的比例低,社会缺乏用于投资的资金,也决定了既无实力发展资本或技术密集型产业,也无资本对传统产业进行全面的技术改造,产业结构轻型化是这个时期的特征。在人均收入进入中等水平阶段,温饱问题基本解决,随着收入的增长,人们的需求由必需品扩大到非必需品,消费增量占收入增量的比例提高,使居民有能力把增加的收入用于购买高档耐用消费品,相应地,提供资本物品的产业也发展起来,推动农业和轻工业的生产效率大幅度提高,为主要提供耐用消费品和设备的重工业上升到主导地位提供资本,从而促进了产业结构高度化。在人均收入高水平阶段,不论从数量上还是档次上,物质享受已得到极大的满足,个人需求趋向多层次、多样化、个性化和时尚化,这样的消费结构必然带动多层次的产业结构递进升级。

再次,消费和投资的比例。在最终需求中的消费和投资的比例直接决定了消费资料产业同生产资料产业的比例关系,前二者比例的变动直接引起后二者的比例变动。

最后,投资结构。投资是构成现实最终需求,形成新的生产能力和实现产业扩张的重要条件。因此投资结构,即资金投向不同产业方向所形成的投资配置比例,是改变原有产业结构的直接原因。因此,政府为达到优化产业结构的目标,常常通过制定或修订投资政策,改变投资结构来贯彻调节产业结构的意图。

(二) 供给结构

首先,劳动力是最基本的生产要素,劳动力的数量和素质是产业结构演进的必要条件。一方面,在其他条件不变的情况下,只要固定资产的生产能力能够承受,中间产品供应能够保证,一个新的或扩张中的产业部门拥有的劳动力越多,该部门就能得到较快发展。另一方面,在技术结构不断变动的现实经济中,产业部门的更替变换需要以劳动力具有充分的产业间可转移性为条件,而这从根本上取决于劳动力素质。

其次,资金供应状况是通过资金总量和资金投向两方面影响产业结构变动的。在其他条件不变的情况下,一个产业部门拥有资金愈丰富,愈能够得到快速发展。随着技术创新和生产设备日益大规模化,没有庞大的资金支持就无法发展重工业和新兴产业。同时,资金在不同产业部门的投向偏好会改变现有产业的存量结构和形成新的增量结构,即投资结构变动影响产业结构变动。

再次,技术创新与技术结构变动是产业结构优化变动的决定性因素。技术结构是指先进程度不同的各种技术之间的组合与量的比例关系。从本质上讲,技术结构在同一产业内部反映了资源的组合方式,在产业间反映了资源的转换关系。推动技术结构变动的力量是技术创新。纵观世界产业结构演变的历史,技术创新在本产业内部的传递与在相关产业间的扩散,促进了技术结构的合理化与高级化以及产业结构的合理化与高度化。

最后，自然资源禀赋差异对不同的国家或地区的农业、采掘业、轻纺工业的发展有不同程度的影响。例如，资源匮乏的国家或地区不可能形成资源开发型产业，而应致力于构建资源加工型的产业结构。

(三) 国际贸易

一国产业结构的形成和调整不仅受国内市场需求结构和供给结构因素的影响，还受其国际贸易状况的影响，这种影响是通过国际比较利益机制来实现的。在国际交换过程中，出口产品通常是国内市场价格小于国际市场价格，在国际上具有比较优势的产品；而进口商品则相反。国际贸易开放程度越高，其国内产业结构与他国的产业结构关联程度也越高，这会在一定程度上改变国内产业之间的投入产出关系，使得本国产业既有可能利用他国产业弥补自身发展的不足，也有可能因依赖外向关联而抑制了本国产业的自身发展。

(四) 政策制度

经济体制模式决定了产业结构的调节或转换机制，并通过国家与企业的关系直接或间接地影响产业结构的变动。产业结构调节机制是指在经济系统内部，通过各产业部门间的相互联系和相互影响来实现产业结构从失调到协调、从低级状态向高级状态演进的手段和方法。现代经济史表明，任何一个国家的产业结构在横向（合理化）和纵向（高度化）演进过程中，产业结构调节机制都起着至关重要的作用，其性质、功能和效率在很大程度上决定着产业结构演进的方式和效果。根据体制因素可将产业结构调节机制分为政府调节机制和市场调节机制。

思考题

1. 我国人口就业结构、产业结构的变迁情况如何？
2. 人口就业结构、产业结构变迁对社会的影响有哪些？
3. 影响人口就业结构的因素有哪些？

第十二章
人口空间结构

在不同的国家和地区,存在着不同的人类文明,生存着不一样的人种。即使在同一个国家或者地区,由于地理风貌的极大不同,不同区域的人们也发展出不一样的语言、风俗、习惯和文化。人口的空间结构,即人口空间分布,是人类文明发展多样性的基础。

第一节 人口空间结构的概念及其测量指标

一、人口空间结构的概念和特征

(一) 人口空间结构的概念

人口空间结构是指一定时间内人口在一定地区范围的空间分布状况,也包括人口在地理空间由点及面的聚集、扩展与变动,以及各种人口现象在地理空间的组合与联系,亦即人口在地理空间的表现形式及其发展演变过程,也称为人口空间分布。除了人口数量分布,人口空间分布还关注人口质量、人口结构和人类居住地的区域组合与区际联系。

人口空间分布存在两种表现形式:一是静态分布,指某一时间点人口在一定空间的集聚状况;二是动态分布,指某一时段人口在一定空间的集聚状况,即人口迁移和定居的过程。人口静态分布是人口动态分布的结果,人口动态分布则是一定时期内人口静态分布变化的过程,必须通过比较该时期的起点和终点的人口静态分布才能显示出来。研究前者,有助于了解各国各地区人口的区域特征与区域之间的差异;研究后者,有助于认识各国各地区的人口分布在长期历史中的发展规律。

(一) 人口空间结构的特征

人口空间结构是人口发展过程的空间形式,因此,它的最基本的特征就是区域性。离开了地理区域,也就不存在人口分布问题了。

1. 区域性

人口空间分布的区域性表现为人口在一定区域内的相似性和区域间的差异性,主要表现为在地理、历史条件相似的特定地区内,人口发展过程具有相似的特征,但在两个及以上具有不同地理、历史条件的区域内,人口发展过程则存在明显差异。

人口分布的区域性特征突出表现为地带性,即人口分布在水平方向上和垂直方向上都具有明显的地带性规律。

纵观全球,在水平方向上,人口分布有两个突出特点:一是人口的纬度分布主要集中在北半球,特别是北半球的亚热带和温带地区,包括了约80%的世界人口。在南半球,人口也主要集中在热带高原到温带地区。这种分布状况同世界的历史发展有关,也反映了不同气候地带对人类居住的影响。二是人口分布有往沿海、近海地带集聚的趋势,主要表现为距离海岸越远,人口越少。

在垂直方向上,人口聚集程度一般会随海拔升高而逐渐减弱,大量人口集中居住在低海拔地区。超过一半的人口分布在海拔200米以下,只有极少数人口分布在海拔2 000米以上地区。但是在某些自然环境比较特殊的地区,比如南美洲和非洲的热带雨林,人口更多会居住在海拔较高的高原和高台地,地势低平的河流冲积平原和三角洲反而成为无人居住区。

2. 不均衡性

人口空间分布具有明显的不均衡性。从全球人口分布状况来看,世界上各大陆中尚有40%左右的土地无人居住;而那些已经有人类居住的土地上,约有50%的土地上人口非常稀少;人口比较稠密的地区,其面积不到世界土地总面积10%。

从历史发展角度看,人口分布是从极端不平衡逐渐趋向于平衡,现代人口分布较远古时代要更加均衡,但是这种均衡仍是相对的,不均衡性却是绝对的。这是因为地球上的自然环境存在极大的差异,许多地区恶劣的自然条件难以维持人类的生存所需;同时社会生产力的分布也不可能达到绝对的均衡,这使得人口的均衡分布受到限制。

3. 聚集与扩散

人口时空运动是通过人口的不断聚集与扩散进行的,这主要取决于生产方式的性质。在不同的生产方式下,有不同的人口分布特点,比如以小农经济为基础的农业社会,人口主要分布在农村,形成许多分散的居民点;而在工业化时代,大工业成为决定性生产部门,农村人口大量流入城市,城乡人口比例发生明显变化。在持续的人口聚集和扩散的活动下,不同历史阶段中的人口分布不断产生变化,表现出了不同的人口集中与分散分布的形式。研究人口分布的地区差异和演变过程,揭示其中的规律性,对国家制定区域经济发展规划具有重要的指导作用。[①]

二、人口空间结构的测量指标

(一) 人口密度

人口密度是指某一时间点单位土地面积上的人口数量,用以反映人口分布的稠密程

---

① 陈楠.基于GIS的人口时空分布特征研究[D].青岛:山东科技大学,2005.

度，通常使用的计量单位是人/平方公里。其计算公式为：

$$人口密度 = \frac{人口总数}{总面积}$$

人口密度越高说明这个地区的人口越稠密，人口密度越低说明这个地区的人口越稀少。由于地区内的人口总数经常变动，所以人口密度的计算需要针对一定地区和一定时点进行，以便进行相互比较。

通过人口密度的计算和比较，可以看到世界人口分布的情况：人口密度大于 100 人/平方公里的属于人口密集区，如中国、印度、韩国等；人口密度在 25~100 人/平方公里的属于人口密度中等区，如美国、南非、墨西哥等；人口密度在 1~25 人/平方公里的属于人口稀少区，如加拿大、澳大利亚、俄罗斯等；人口密度小于 1 人/平方公里属于人口极稀区，如格陵兰。

（二）人口集中指数

人口密度反映了人口分布的区域差异，但不能反映人口分布的集中程度。为了进一步分析人口分布是集中分布还是均匀分布，即从总体上分析人口空间分布集中或者分散的程度，需要使用人口集中指数[1]。其计算公式为：

$$C = \frac{1}{2} \sum |X_i - Y_i|$$

X_i 表示 i 地区常住人口占全国总人口的百分比，Y_i 表示 i 地区的土地面积占全国土地总面积的百分比。C 值越小，即越接近 0，则土地面积视角下的人口集中度越小，表示人口在各地区分布越均匀；相反，C 值越大，人口集中度越大，表示人口在各地区的分布越不均匀。

（三）人口分布结构指数

人口分布结构指数可以用来考察一个地区人口分布的集聚程度，通常由人口分布不均衡指数、集中指数构成[2]，二者的计算公式分别为：

$$U = \sqrt{\frac{\sum_{i=1}^{n} \left[\frac{\sqrt{2}}{2}(x_i - y_i)\right]^2}{n}}$$

$$C = \frac{1}{2} \sum_{i=1}^{n} |x_i - y_i|$$

其中，U 为人口分布不均衡指数，x_i 为第 i 个区域单元人口与所有考察区域总人口的比值，y_i 为第 i 个区域单元的土地面积与所有区域总土地面积的比值，n 为研究的区域单

---

[1] 黄荣清.地域分析方法[M].北京：中国人事出版社，2009.
[2] 肖金成，洪晗.城市群人口空间分布与城镇化演变态势及发展趋势预测[J].经济纵横，2021(1)：19-30.

元个数，C 为集中指数。U 和 C 的值越大，表明人口分布越不均匀，在个别区域内人口集中度越高。

三、影响人口空间结构的因素

人口的空间结构是人类在改造自然、发展生产过程中逐渐形成的，受自然、经济、社会、资源环境等多方面因素的影响。总体来看，自然因素奠定了人口空间分布的基本格局，经济发展不平衡与城市化成为人口集聚的动力，区域经济差序发展是人口空间分布及格局演化的关键性变量。

（一）自然环境

人类活动深受自然环境限制，尤其在远古时代，自然环境的优劣，包括气候、地势地形、自然资源等条件，都直接或间接地影响着人口分布。自然环境条件，即气候、水文、地形、土壤等自然因素的不同组合对人口分布所提供的条件表现出明显的地理差异性，这些自然因素往往相互联系、相互限制并综合发生作用，比如在高纬度地带，严寒的气候会导致土壤冻结、自然资源匮乏，土地无法开发利用，农业生产被严重限制，所以居住在该地区的人口会相对稀少。在农业社会，人口分布表现为土地依存型或农牧业依存型，相对分散而均衡。总之，自然环境对人及人口分布的影响是广泛而深刻的。

（二）社会经济条件

除了自然环境之外，人口分布的格局还取决于社会经济条件，即生产力发展水平与经济发展模式。商品经济的发展推动人口不断向城镇聚集。在工业社会，人口分布转为工业依存型。工业在城镇的集聚，会吸收大量劳动力人口和服务人口，使乡村人口源源不断地进入城镇，人口分布格局从散布型走向集中型。国际贸易的发展、全球化进程的推进带动了港口城市的发展，促进了沿海城市人口的集聚。

（三）历史条件

历史条件也是影响人口分布的一个重要因素。历史上人口长期居住的地方，由于开发较早、历史悠久，人口一般会较多且密集。人口分布的状况，也与历史上人口大迁移紧密相关，例如在远古时代，黄河古道的中下游地区是华夏文明的发源地，也是中国古代人口分布的重心所在。但在东汉末年，战乱频繁，民不聊生，很多人口不断涌入相对安定的南方，以致"中原户口，十不存一"。后来唐代的"安史之乱"同样造成了严重的社会动荡，大量人口南迁。在中国历史的发展进程中，原有的人口空间分布格局发生了巨大改变。

（四）其他社会因素

除了上述因素，科技、政治、军事、宗教及其他社会因素，也都直接或间接影响人口分布，灾害、战争和人口政策也会对人口分布产生重要影响。

第二节　国内外人口空间结构的变迁

人类历史源远流长,在百万年的沧海桑田中,不同历史时期的人口空间分布迥然不同。世界各地的人们因自然环境、粮食、安全、战争、瘟疫、饥荒等各种原因发生着规模或大或小的迁移和流动。

一、国外人口空间结构的变迁

人口的空间分布及变迁在每个国家及地区的演变方式不尽相同,但其中存在着共同的人口分布规律,以美洲的巴西、欧洲的俄罗斯和非洲的南非为例,这些国家的人口分布在空间上都呈现出自然条件限制人口、经济发展吸引人口、历史政策引导人口的特征。

(一) 巴西人口空间结构的变迁

巴西人口密度约25.6人/平方公里,人口分布在空间上非常不均衡。以巴西高原和圭亚那高原为主的内陆地区和北部的亚马逊热带雨林地区,人口相对稀疏,人口分布受自然地理环境的影响比较大,而东部沿大西洋一线的平原地区则集聚了大部分的人口,这使得巴西的人口分布呈现出东密西疏的空间格局,大量人口集中在东部地区,西部地区的人口非常稀疏,表现出人口密度从东向西逐渐减少的整体态势。

巴西人口空间分布的发展和形成,与自然地理环境、社会历史发展和现代的工业化进程密不可分。巴西曾是一个殖民地国家,从最早的葡萄牙殖民者扩张时期,到独立后第二次人口发展时期,海外移民都是其人口发展的主要来源。由于移民来源的方向是大西洋,所以这部分人口会在东部的大西洋沿岸地区登陆,并逐渐向内陆地区迁徙,由此大西洋沿岸平原地区人口分布相对集中。

便利的海运交通条件推动了沿海平原的城市化和工业化进程,带来了城市的大规模发展,吸引了越来越多的人口向里约热内卢、圣保罗等沿海城市汇集。巴西东北部的几个州主要以农业经济为主,是殖民地时期最早开辟为种植园的地区之一,而后国际市场对咖啡、橡胶等经济作物的需求使这些地区得到了进一步发展,进而也推动了东北部地区的人口聚集[1]。

1960年,出于开发西部地区、促进均衡发展的考虑,巴西政府迁都巴西利亚,这座位于巴西高原上的城市由此成为巴西的政治中心,部分人口开始向内地转移,并形成以巴西利亚为中心的人口聚集区。

(二) 俄罗斯人口空间结构的变迁

自然地理条件及其所决定的农牧区分布是俄罗斯早期人口分布基本格局的最关键因

---

[1] 胡可.近十年来金砖国家人口地理特征比较研究[D].太原:山西师范大学,2012.

素。地形、气候的差异造成了不同地区间经济发展的不平衡,进而导致了人口分布的地域差异。俄罗斯西部的自然条件更适宜于农作,开发历史悠久,而东部大部分地区则截然相反,所以形成了俄罗斯东疏西密的人口分布基本格局[1]。

苏联时期实行的五年计划,有力推动了国家工业化进程,为促进西伯利亚及乌拉尔地区的开发,东部地区大规模建立新的工业城市。随着新兴工业城市的发展,人口也从欧洲部分大量迁移并集中到这些地区。俄罗斯的人口和工业比较集中地分布在欧洲部分和亚洲部分国土的南部,这种人口分布格局主要是苏联时期随着工业化发展变化而出现[2]。1991年苏联解体,俄罗斯远东地区本来依靠中央政府补助和津贴才得以勉强维持的各个地方政府和居民们,在苏联解体以后失去了中央的各种支持,变得难以为继。加之当时的苏联为了开发西伯利亚,往远东迁徙了大批居民,并且严格限制他们回迁。苏联解体,政令也就自然失效。所以有大批原先在西伯利亚工作生活的居民,在生存压力下逐渐向城市化水平更高、工业经济更发达的欧洲部分迁徙,人口空间分布的不均衡趋势加强。

21世纪以来,俄罗斯人口经历了先降后增的变化过程,中央区的人口上升幅度显著,西伯利亚、远东地区人口均处于下降态势;莫斯科、圣彼得堡、乌拉尔区联邦主体、北高加索区南端联邦主体的人口呈现显著的快速增加。空间上,俄罗斯人口重心不断朝西北方向迁移,其内部莫斯科市与圣彼得堡市的人口密度呈快速增加趋势,广袤的远东与东西伯利亚区的人口密度则缓慢降低,强化了人口分界线——"圣彼得堡—图瓦线"所显示的人口分布特征——"圣图线"西南侧的人口呈高密度集中,东北侧的人口呈低密度稀疏[3]。

(三) 南非人口空间结构的变迁

南非位于非洲南端,是非洲大陆具有较大影响力的地区大国。其内陆地区多有山地、丘陵,地形碎片化,土质条件较差,这些在自然上限制了人口向内陆的迁徙。另外,南非大部分地区属于亚热带和热带草原气候,东部沿海为亚热带湿润气候,南部沿海为地中海气候,降水量东多西少,相比而言,东部沿海地区的气候更适宜人类的生存发展[4]。

和巴西一样,南非也曾是一个殖民地国家,无论是早期的荷兰、比利时殖民者还是后来的英国殖民者,都是从海上登陆南非,然后由沿海向内陆逐渐扩张势力范围。这也就导致南非沿海地区经济比较发达,人口相对聚集,而内陆地区开发时间晚,人口分布相对稀疏。

20世纪初,豪登省的比勒陀利亚成为白人种族主义者统治的南非联邦的行政首府。豪登省位于南非的东北部,其周边拥有的大量优质矿产,使它成为南非的矿业中心,这个由殖民者构建的城市是南非经济最发达、工业化进展最快和城市建设最完善的地区,并由

---

[1] 韩光辉.近五十年来苏联人口的分布及其变迁研究[J].人口学刊,1992(1):47-52.
[2] 李莎,刘卫东.俄罗斯人口分布及其空间格局演化[J].经济地理,2014(2):42-49.
[3] 初楠臣,张平宇,吴相利,等.21世纪以来俄罗斯人口增长与空间分布格局变化[J].世界地理研究,2021(6):1115-1126.
[4] 高超,金凤君,傅娟,等.1996—2011年南非人口空间分布格局与演变特征[J].地理科学进展,2013(7):1167-1176.

此成为人口分布最密集的区域之一。

20世纪末,南非废除种族隔离制度,给国内移民带来了巨大的推动力,大量人口开始向工业化程度较高的大都市和沿海港口城市迁徙,尤其是向东北部的豪登省和东南沿海的东开普省不断聚集。总体人口分布东多西少,人口分布不平衡态势明显。

近年来,南非政府对中西部地区矿产资源进行了大规模开发,完善了西部地区的交通运输设施,使西部地区与东部沿海地区之间的经济交流和人口流动日趋频繁,加速了人口向这一区域的迁徙,使南非的人口重心向西北方向有所移动。

二、国内人口空间结构的变迁

中国古代的人口空间分布,是自然地理环境与经济政治因素共同作用的结果。自然地理环境的东西差异是影响中国中东部地区与西部地区人口空间分布不平衡的决定性因素,这种差异还造成了农耕与游牧两种不同的经济形态,进而影响了两个地区人口空间分布的形成。中国古代中东部地区的人口分布也经历了一个自南而北、自西而东的空间变化过程,这个过程与经济重心的南移、东移有着密切的关系。[①]

(一) 以黄河流域为重心的人口分布的形成

远古时期,中国人口主要集中在黄河流域,其余人口则广泛分布在长江流域。夏和商皆诞生于黄河流域,在这一时期中国其他各地相继出现了若干方国,它们以黄河流域为主,长江中下游部分地区次之,人口随着国家的建立而增殖并集聚。另外,西藏、内蒙古等农牧地区也聚集了很多人口,成为中国早期城市的诞生地之一。

周朝建立后,在三河地区(黄河流域的河东、河南、河内地区)建立大量城邑,主要分布在河南、山东、陕西等地。春秋战国时期,分封制名存实亡,形成了以各诸侯国为中心的多个权力中心,并在各自统治区域建立城池,人口集聚效应明显。而西北、西部和西南农牧地区发展相对缓慢,仍处于部落联盟时期,人口分布较为分散。

周朝至战国,黄河流域的国家有较大发展,生产力也不断提高,因而逐渐成为中国文明的中心地区,其物质文明、制度文明和精神文明程度远高于周边地区,这为黄河流域长期成为中国人口分布的重心奠定了基础。

(二) 人口空间分布重心的南移

从秦朝到魏晋南北朝时期,人口的空间分布逐渐由黄河流域向长江流域扩展,随着中央集权向周边游牧地区扩张,内蒙古、新疆地区的人口数量也有所增长。

秦朝结束了诸侯割据的局面,建立了以华夏族为主体,包括多民族的中央集权国家。秦朝的人口主要分布在陕西、河南、山东等三个地区。汉朝七成以上的郡县都集中在黄河流域,汉武帝曾强制人口迁移,将大批人口迁到今山西、河北一带,使得北方地区的人口数量远远多于南方。

但在秦汉之后,三国两晋南北朝时期,中国的政治格局发生较大变化,黄淮流域战乱

---

① 何一民,王立华.论中国古代城市空间分布的变化与特点[J].史林,2016(5):26-40+219.

频繁,人口大量死亡,经济出现衰退。与北方相比,南方地区的政治、经济形势相对稳定,吸引了大量北方人口南迁。据相关研究统计,从永嘉之乱至刘宋时期,北方人口南迁的数量达90万人,其中江苏、安徽、湖北等地是北方流民的主要迁入地,人口分布的重心开始向南方转移。

(三) 南多北少的人口分布格局

唐末及五代十国时期,长时间的战乱导致北方地区的经济衰退。北方地区的人口因战乱流入江南地区,战时黄河流域的人口仅有全国人口的三分之一,南方各省人口合占全国人口的三分之二。北宋时期,中国人口的地理分布重心转移到江南地区,南多北少的人口分布格局逐渐形成。南宋时期,南方地区的人口数量超过北方地区,成为南北人口分布重心的分界点。

唐宋时期,安西都护府的设立推动了西域政治环境的稳定和丝绸之路贸易的兴盛,中国西部农牧地区的人口数量出现一定程度的增长。吐蕃王朝的建立使得青藏高原地区的城市获得快速发展,以拉萨为中心的城市体系初步形成,在稳定的政治经济条件下,人口数量不断增长。

(四) 趋向平衡的人口空间分布格局

元代的城市仍然主要分布在农牧交错带以南、以东的地区,长城以北的内蒙古及东北地区城市数量较少,人口数量偏少。

相对于元代而言,清代每一个行省之间的人口体量差异减小,人口分布趋于平衡。除此以外,由于海运的兴盛以及东南沿海地区城市的快速发展,清代人口有向东南沿海地区集中的趋势,至清末,全国五分之三的人口集中在长江中下游一带及东南沿海地区,这成为清代人口分布的重要特征,并奠定了近代中国人口分布的基调。

元清时期,蒙古、新疆、西藏都纳入统一的行政区划范围之内,这些地区的农耕经济和商业贸易都有一定程度的发展,边疆地区人口也随之不断增加。

(五) 重心转移、人口集聚和均衡发展的人口分布变迁

1935—1964年,中原地区受连年战争和自然灾害的影响,大批人口流入东北地区。新中国建国初期,工业化建设在京津、东北地区重点推进落实,由此促进了当地人口的快速增长。1964—1982年,政府在中西部13个省、自治区进行"三线"建设,从一线迁移进了大批工矿企业、科研院所,带动了当地的工业建设和经济发展,中西部地区因此出现了较为明显的人口增长。1982—2000年,改革开放政策推动了东南地区省市的经济快速发展,大量劳动力向东南经济发展水平较高的区域聚集。2000年至今,人口向东部沿海地区集中的趋势持续加强,长三角、珠三角、京津冀等主要城市群吸纳了大量流动人口,多数省份出现了人口向省会城市集聚的明显趋势。

总体来看,东南地狭人稠、西北地广人稀的中国人口分布格局未发生明显转变,胡焕庸线至今仍能很好地描述中国人口空间分布格局,但是随着人口稠密区的不断增加,特别是甘肃、宁夏和内蒙古地区的人口分布密度持续增加,且空间上向西北地区不断扩张,中

国人口分布也在不断变化[①]。

第三节　人口空间结构变迁对社会的影响

人口空间结构(人口空间分布)为人口发展过程中在一定地理空间内的表现形式,一方面受自然和社会经济等因素的影响,另一方面也反作用于区域经济和社会的发展与演变。

人口的迁移流动导致了人口分布变化及整个空间发展格局,也体现了人口与经济社会发展的活力,大量人口的迁移流动对流出地与流入地的发展带来各种正反面交织的效应,在这种长期的迁移流动中,一个国家或地区内的人口空间分布会产生相应的变化,并由此导致结构性的变动和深远影响。

一、人口空间结构与经济发展

(一) 人口空间结构与经济协调发展的重要性

人口分布和经济发展之间的关系一直以来都是人口学、地理学以及经济学领域交叉研究的重点。内生增长理论认为,人口和经济发展之间存在相互交织的内生关系。人口作为经济增长重要的驱动要素,其在地区间的分布会对区域经济增长速度以及增长方式产生深远影响。同时,区域间经济发展水平差距也会导致人口分布进行自发性的再调整。

人口的空间分布与变动是区域社会经济发展的关键变量,通过区域内某个时间点人口的静态分布可推测出该区域此时的经济发展水平,而从某段时间人口分布的动态变化,亦可了解该区域在该时间段经济发展的变化。人口不仅是促进经济社会发展的主体,同时也是衡量经济社会发展的重要尺度。

人口在区域上的分布状况与该区域经济发展水平密不可分。一方面,经济发展水平限定了人类生存发展所必需的物质生活资料的数量与质量,对人口在区域上的分布起到决定性作用。另一方面,人口是经济活动和经济发展的生产者与消费者,为区域经济的发展提供源源不断的动力。二者之间是否协调发展关系到国家的秩序稳定和社会发展[②]。

(二) 我国人口空间结构与经济发展面临的困境

一直以来,我国人口分布与资源、经济之间的契合度均不大高,改革开放后,由于经济要素配置机制的改变,生产要素向沿海地区转移,但由于户籍制度的关系,人口聚集以人口向城市流动跨区域"打工"的形式出现,形成了特有的"民工潮"现象。这不仅形成城乡人口聚集上的差异,在经济、社会方面也产生了独特的现象,如劳动人口与抚养人口出现空间分离、公共服务供需差距加大等,致使某些经济发达地区的人口远超其资源、环境的有限承载能力,也使生态环境面临巨大的威胁。

[①] 杨强,李丽,王运动等.1935—2010年中国人口分布空间格局及其演变特征[J].地理研究,2016(8):1547-1560.

[②] 危城康.云南县域人口分布与经济发展协调度研究[D].昆明:云南大学,2020.

长期以来,我国人口空间分布"东多西少""南多北少",近几十年来,这种趋势有进一步加深的倾向,尤其是京津冀及东南沿海等"极化发展区域"仍然是外来人口迁入的首选地区。近十几年来,我国东中西部重大项目投资中,由于投资效益原因,中西部投资总额增长并未明显领先东部,同时中西部地区大多是基础设施投资,特别是铁路、桥梁、能源等项目,这些投资的回报率较低,且是一种长期投资,因而它所能带动的区域经济、就业增长近期难于发挥作用。东部地区主要是生产型、技术类项目,对区域经济的拉动作用相对较大,因而就吸引人口和就业而言比中西部优势更为明显,这又加深了人口空间分布和经济格局调整的难度[①]。

二、人口空间结构与人口老龄化

(一) 人口空间结构对老龄化的影响

在人口可以自由流动的区域内,除了出生和死亡以外,迁移是影响人口空间分布的重要因素,也是影响其人口年龄结构变动的主要因素。迁移行为并非均衡地分布于人的整个生命周期,而是具有明显的年龄选择性,通常青壮年时期的迁移率较高,这有助于缓解迁入地的人口老龄化压力,而对于迁出地而言,则会加剧其人口老龄化程度。

人口流动会影响区域间人口老龄化的状况。一般而言,大规模的、具有明显方向偏好性和年龄选择性的人口迁移是造成人口空间分布不平衡的重要原因,也导致了人口老龄化区域差异的演化发展。从本质上讲,这是由于地区资源配置和经济发展的失衡所导致的收入水平和就业机会的不均衡。当然,那些年轻人迁移到经济发达地区,可能对当地的人口老龄化有一定"缓冲"作用。

地区发展不平衡引发大规模人口迁移,进而重塑人口老龄化的城乡与区域差异,人口老龄化城乡与区域差异及其演化趋势又会加剧区域发展不平衡。此外,随着经济欠发达的农村地区老龄化程度的加深和年轻人口数量的减少,部分地方会出现因人口过少、人口老龄化形势严峻、基础设施缺少规模经济效应等原因而逐步萧条乃至废弃的现象[②]。

(二) 我国地区间人口老龄化的不平衡性

改革开放后掀起并持续至今的以青壮年劳动力为主体的规模巨大的国内人口迁移浪潮,对不同区域的人口老龄化程度和速度产生了不一样的影响,使中国人口老龄化的区域不平衡性呈现出更多新的特征。

除省市之间的差距,我国人口老龄化的不平衡性更聚焦在城市与农村之间。近几十年来人口由农村向城市大迁移后,农村地区老龄化水平普遍高于城市地区。"七普"数据显示,当前中国农村人口老龄化程度明显高于城镇,城镇老龄化程度为15.8%,而农村为23.8%,农村的老龄化程度比城镇高出50%以上。农村先于城市老龄化,所引起的问题更为严重,解决难度更为巨大,主要原因在于农村地区整体经济发展水平较低,社会服务能

---

① 曾明星,陈丽敏,丁金宏,等.中国人口发展中的区域均衡问题及破解思路[J].宁夏社会科学,2019(2):101-108.
② 陈蓉,王美凤.经济发展不平衡、人口迁移与人口老龄化区域差异——基于全国287个地级市的研究[J].人口学刊,2018(3):71-81.

力较弱,缺乏足够的人力资源和社会化服务力量。由于乡村青壮年人口大量流入城市,乡村成了"老、弱、病、残、幼"主要承载区,乡村在安全保护、养老服务及农村经济发展等方面面临着新的严峻挑战。

三、人口空间结构的优化

(一) 合理的人口空间结构

合理的人口分布是指人口与资源环境的关系协调,和经济发展保持均衡。人口分布伴随着城市化与工业化的推进而发生变化,人口分布的合理性表现为两个方面:一方面是人口分布与资源环境承载力的协调,生产资料较为丰富的区域聚集更多人口,而生产力较低的区域人口密度较低;另一方面是在一定空间内人口规模应当与经济规模协调发展,经济发展是提高人民生活质量的重要方式,合理的人口分布应实现人民能较为公平地享受社会发展的成果。

《全国国土空间规划纲要(2020—2035年)》是我国首部"多规合一"的国土空间规划纲要,编制的重点即为科学布局生产、生活、生态空间,整体谋划新时代国土空间开发保护格局。国土空间规划中的城镇空间、农业空间、生态空间的人口空间承载力,代表了区域能够协调发展的人口、资源与环境的最大协调能力,也是现阶段城市与区域发展的重要指导。人口均衡分布追求的不是绝对的人口密度的平均,而是结构性的平衡。国土空间规划能够推动人口流动并实现人口在城镇空间、农业空间、生态空间的合理分布,实现国土空间科学合理地优化发展[1]。

(二) 人口空间结构的优化路径

1. 正确评价人口空间分布的合理性,构建新型城镇体系

区域人口再分布或人口空间的重构主要是由经济、社会因素决定的,属于"发展式"理性,因而怎样从发展方式角度来评价我国人口分布的合理性,是至关重要的。在实施策略上,重点需要协调区域人口均衡发展和未来城镇化路径问题。当前,从人口承接区域而言,应适当减轻超大城市的人口接纳压力,重点是北上广深等城市;要更好地解决区域人口过度集聚、大城市病及农村贫困人口的城市转移等问题;更为重要的是,应从长远着眼,以疏代堵,构建起适应新时代发展的城镇化体系。

2. 构建区域协调、推进社会融合的人口均衡发展新机制

二十大报告指出要促进区域协调发展。推动西部大开发形成新格局,推动东北全面振兴取得新突破,促进中部地区加快崛起,鼓励东部地区加快推进现代化。我国幅员广阔,区域间差异显著可通过制定战略和规划引领,如深度推进西部大开发、振兴东北等老工业基地、推动中部地区崛起、实现东部地区优化发展、疏解北京非首都功能、支持资源型地区经济转型发展等策略。同时,通过国民收入再分配调节加快推进区域间基本公共服

---

[1] 张耀军,齐婧含."十四五"时期中国人口发展的重大问题[J].哈尔滨工业大学学报(社会科学版),2022(2):144-153.

务均等化,实施东部地区与西部地区对口支援。重点探索建立更加有效的区域人口均衡发展新机制,使各区域常住人口的数量、人口总抚养比和老年人口抚养比、劳动年龄人口的结构、人口文化素质和健康素质更有利于各大区域人口与经济、社会、资源、环境的协调发展,有利于减缓我国的区域不平衡发展状况。

第四节 人口城镇化与城市化

随着一个国家或地区社会生产力的发展、科学技术的进步以及产业结构的调整,其社会多由以农业为主的传统乡村型社会向以工业(第二产业)和服务业(第三产业)等非农产业为主的现代城市型社会逐渐转变。合理的城市化可以改善环境,例如通过平整土地、修建水利设施、绿化环境等措施,使得环境向着有利于提高人们生活水平和促进社会发展的方向转变,降低人类活动对环境的压力。作为区域发展的经济中心,能带动区域经济发展,而区域经济水平的提高又促进城市的发展,促使生产方式、聚落形态、生活方式、价值观等的变化。

一、基本概念和基本理论

(一) 人口城镇化与城市化

1. 城镇化与城市化的来源

城镇化一词来源于国外的"Urbanization",通常译为"城市化",在《牛津英汉双阶词典》中,原意指的是城镇居民日益增加的过程。在我国,更常见的叫法是"城镇化"。Urban通常包括城市(city)和镇(town),由于国外很多国家的人口规模较小,有的并没有镇的建制,Urbanization更多时候指的是人口向城市(city)转移和集中的过程,因此可称为"城市化"过程。但是在我国,幅员辽阔,人口众多,每个县(市)下面均有下辖镇,镇也是urban的一部分,因此,将我国的人口向城市转移和集中的过程称为"城镇化"更符合现实,这也体现了中国特色城镇化的特点。为了体现这种差异,辜胜阻把urbanization译为"城镇化",以示我国的城市化必须更注重中小城市特别是镇的建设。之后,这一译法被政府所采纳,国家的相关政策与文件中都使用"城镇化"一词,本质上国外所说的城市化与我国所提的城镇化并没有差别。

2. 人口城镇化的内涵

关于城镇化,不同学科领域的看法不尽相同。人口学认为城市化是农村人口转变为城市人口的过程;地理学认为城市化是农村地区转变为城市地区的过程;社会学认为城市化是由农村生活方式转变为城市生活方式的过程;经济学认为城市化则是由农村自然经济转化为城市社会化大生产的过程。[①]

[①] 张祥俊.人口城镇化对创业率的影响研究[D].深圳:深圳大学,2018.

总体而言,学者们的观点可以分为两派:一是狭义城市化的观点。该观点认为城市化就是农村人口向城市人口转化或农业人口向非农业人口转化的过程。如较早提出这一概念的埃尔德里奇就认为"人口的集中过程就是城市化的全部含义",克拉克也将城市化视为"第一产业人口不断减少,第二、三产业人口不断增加的过程"。在此认识下,日本的百科全书和大英百科全书采纳了此观点,认为城市化是一个社会城市人口与农村人口相比数量绝对增大的过程,是人口向城镇或城市地带集中的过程。这个集中化的过程表现为两种形式,一是城镇数目的增多,二是各个城市人口规模不断扩大。

二是广义城市化的观点。该观点认为城市化是一个系统的、综合的社会变迁过程,不仅仅只有人口从农村向城市迁移和转变,还涉及由于人口的迁移和集中而带来的一系列的生产方式、生活方式、经济布局、社会服务与管理、社会结构以及文化等由分散到集中、由单一到复合的转换或重组的动态过程。主要表现为人口的城市化、产业结构的城市化、地域的城市化、生活方式的城市化、文化的城市化等多个方面。弗里德曼认为城市化作为国家或区域空间系统中的一种复杂社会过程,包括人口和非农业活动在规模不同的城市环境中的地域集中过程,非城市型景观逐步转化为城市景观的地域推进过程,还包括城市文化、生活方式和价值观念向农村的地域扩张过程,这一论述体现了城市化系统性、综合性的思想。

国务院发展研究中心课题组在《中国城镇化:前景、战略与政策》中提出,城镇化的过程就是劳动力、资本等生产要素从生产率较低的传统农业向生产率较高的现代非农产业转移的过程,就是居民从农村分散居住向城市集中居住,获得更好的生活条件的过程,就是生产方式转变、人口素质提高和人类生活条件改善的过程,是现代化过程的主要表现形式和内容,这一论述也体现了广义城镇化的思想。

(二) 基本理论与假说

1. 空间循环假说

克拉森(Klaassen)和西门米(G.Scimemi)依据城市核心与外围人口变动的相互关系和强度特征,提出了"空间循环假说"(spatial-cyclical hypothesis)。该假说认为,城市中心人口快速增长而其外围区域人口下降的过程是城市化过程。当城市外围区域的人口增长快于城市中心的人口增长时,进入郊区化阶段;当城市中心人口的减少超过其外围区域人口的增加时,进入逆城市化阶段;当城市中心人口减少没有其外围区域那样严重,甚至出现城市中心人口增加而外围区域人口减少的情况,则进入再城市化阶段。人口城市化的空间路径就是沿着"城市化—郊区化—逆城市化—再城市化"这样四个阶段展开的。"空间循环假说"认为,信息技术、生活质量、政府政策、经济增长等因素都将影响人口城市化的空间路径,而交通等基础设施因素的影响尤为重要。

2. 区域城市化

受城市群理论的影响,麦基等人对新加坡、马来西亚、印度尼西亚等东盟国家的城市化进行分析时认为,"扩展的大都市区域"是这些国家人口城市化的高地。在全球化时代,这些国家的人口城市化在空间方面更多地表现为"区域城市化"(Region Urbanization)而非"城市城市化"的形态。他们认为人口"区域城市化"具有如下特点:郊区与大都市中心的经济联系较"城市城市化"更为丰富,"区域城市化"的动力不仅在于人口乡城迁移,也在于大都市外围区域就业非农化带动的郊区城市化等。"区域城市化"可以使人们清楚地获知,人口城市化是一个区域概念而非仅是城市概念,大都市与其外围区域的人口分布变动是一个相互影响、相互作用的动态过程。

3. 差别城市化理论

受理查德森(Richardson)关于极化反转概念的启发,以及钱皮恩(Champion)关于反城市化阶段在某些国家或地区只是一个短暂现象等研究的启发,格耶等人提出,不同国家之间以及同一国家的不同区域之间,由于经济发展状况有显著差别,其人口城市化的空间路径可能会出现多种情况。他们采用人口净迁移流数据来确定人口城市化空间演进的不同阶段,建立了"差别城市化理论"。"差别城市化理论"认为,都市圈和城市群区域人口城市化一般会经历"城市化(大城市 primate city)阶段—极化逆转(中等城市 intermediate city)阶段—反城市化(小城市 small city)阶段"的循环。

现代社会影响人口流动迁移的因素更加多元化、复合化,不同国家、不同区域之间城市化的空间格局都各有不同,"差别城市化理论"由于更加细分了人口城市化的空间路径,因而在不同发展水平的国家以及同一国家内处于不同发展阶段的区域之间都有其适用性。①

二、中国现代城市化

(一) 中国现代城市化进程

关于中国城市化的起点,学术界目前比较推崇的是以高珮义为代表的观点,即中国城市化始于新中国成立之后。此观点判断城市化的起点有两个因素,一是城市人口占总人口的比重通常在10%以上;二是城市化持续较快发展的起步时间,城市化持续快速发展一般都伴随重大的政治、经济事件发生或结束,如产业革命兴起、政权更替。1949年中国市镇人口占总人口比重是10.6%,高于10%,且当年新中国成立,随后开始工业化建设,符合上述两个条件,因此以新中国成立后作为中国城市化的起点。

新中国成立后,开始进行大规模、有计划的社会主义工业化建设,与之相伴的城市化悄然起步。新中国成立70多年,城市化像中国的经济、社会发展一样,走过了艰难曲折复杂的过程,但也取得了巨大的成就。纵观70多年的发展历程,以诺瑟姆城市化阶段划分为依据,我国城市化可分为以下几个阶段。

1. 1949—1960年:城市化起步阶段

总体来看,这一时期中国城市化处于起步阶段。其中市镇人口由5 765万增加到13 073万,平均每年增长约664万人。人口城市化比例由新中国成立初期的10.6%上升到1960年的19.7%,平均每年增长0.83个百分点,平稳上升。城市数量也随着城市化推进不断增加,1949年我国有136个城市②,到1960年增加到199个③,共增加63个。由于

---

① 毛新雅,翟振武.人口城市化空间路径的理论与研究及其启示[J].西北人口,2012(3).
② 宋俊岭,黄序.中国城镇化知识15讲[M].北京:中国城市出版社,2001:115.
③ 中国社会科学院人口研究中心.中国人口年鉴1986[M].北京:社会科学文献出版社,1987.

这一时期对人口流动政策相对宽松,城乡之间人口迁移约束条件少,因此这一阶段人口城乡迁移较多。虽然1958年《中华人民共和国户口登记条例》的出台,逐渐限制农村人口流入城市,依然没能阻止城镇人口的机械增长。

1958年之前中国城市化正常发展,速度均衡,没有出现大起大落。1958年之后中国城市化水平迅速提升,3年之内从16.25%增加到19.75%,城镇人口也达到新中国成立后的最高水平13 073万人,三年城镇人口净增加3 124万人[①],形成了中国城市化的第一次"大起"。这一时期城市化的快速发展主要是人为干预的结果,农村人口大量涌入城市,城市化高速运转。

2. 1961—1977年:城市化曲折发展阶段

这一阶段我国城市化水平总体呈下降趋势,其中1961年城镇总人口12 707万人,城镇人口占总人口的比重达到19.29%,到这一阶段末的1977年,城镇总人口是16 669万人,而城镇人口占总人口的比重却降至17.55%。这一时期农村人口增加远超城镇人口,城镇人口增加3 962万,农村人口增加25 153万人,是城镇人口增加数的6倍多[②],这不仅缘于农村人口基数大,自然增长人口多,且从城市迁往农村的人口也大量增加,据统计,仅20世纪60年代约有5 000万市民前往农村。[③] 而人口迁移政策逐渐收紧,农村迁往城市的人口大量减少,城镇人口机械增长减少,城镇总人口的增加只能依靠自然增长。但从1971年计划生育政策在城市实施,人口出生率降低,城镇人口增长缓慢,城市化水平缓慢上升甚至停滞,一度出现"逆城市化"现象,城市化曲折发展。

3. 1978—1995年:城市化稳步推进阶段

总体上看,这一阶段的城市化摆脱了前一阶段的曲折发展,进入了稳步推进阶段。城镇人口由1977年底的16 669万人,增加到1995年的35 174万人,共增加18 505万人。城镇人口占总人口的比重由1977年的17.55%增至1995年的29.04%,即将进入诺瑟姆的城市化加速发展时期。

1978年下半年,十一届三中全会召开,国家的工作重心转移到以经济建设为中心的现代化建设轨道上来,各项工作开始恢复正常,城市化也逐渐走上正轨。1985—1992年是城市经济体制改革的集中期,改革出台了一系列政策措施扩大地方财政自主权和企业自主经营权,城市第三产业迅速发展,劳动力需求大增,对农村剩余劳动力形成拉力。1984年10月,中央颁布新户籍管理政策,允许农民自带口粮进入城镇务工、经商、落户,同时农村家庭联产承包责任制的落实,使农村出现了大量剩余劳动力,形成了城市化推力。1992年党的十四大召开,确立了社会主义市场经济体制的总目标,为城市向市场化方向发展提供了合法基础,以城市基础设施建设和房地产开发起步的开发区建设成为推动城市化进程的新动力。自1992年以来,中国农村剩余劳动力进入了全方位大规模转移的阶段,沿海许多地区城镇人口机械增长率达50%～90%[④],城市化发展即将进入快车道。

---

① 刘传江.中国城市化的制度安排与创新[M].武汉:武汉大学出版社,1999:100.
② 姚新武,尹华.中国常用人口数据集[M].北京:中国人口出版社,1994:8.
③ 郭书田,刘纯彬.失衡的中国:农村城市化的过去、现在与未来第1部[M].石家庄:河北人民出版社,1990:22.
④ 朱英明,姚士谋.我国城市化进程中几个需要正确认识的问题[J].城市开发,1998(6):19-22.

4. 1996—2011年：城市化快速发展阶段

1996—2011年是中国城市化发展速度最快的时期，也是城市化问题的集中形成期，这一时期经历了"九五""十五""十一五"三个五年计划，这三个五年计划是我国城市化发展的黄金时期，在这三个五年计划期间我国城市化水平年均增长速度分别为1.44%、1.35%和1.39%。1996年中国城镇人口占总人口的比重达到30.48%，超过诺瑟姆划分的城市化高速推进的临界线，进入快速增长阶段。1996—2011年，中国城市化水平由1995年末的29.04%快速增至51.27%，城市化率提高22.23个百分点。到2011年底中国有超过一半的人生活、工作或居住在城市，标志着中国从名义上进入了城市社会，开始由一个以农村生产生活方式为主导的国家向以城市生产生活方式为主导的国家转变。

这一时期城镇总人口由1995年末的35 174万人，增至2011年末69 079万人。城市数量经过快速增长后逐渐稳定，并形成了基本的框架，2011年末城市数量达到657个。城市建设用地面积大幅增加，1995年末城市建设用地面积为22 064平方公里，到2011年底增加为41 805.3平方公里[1]，土地城市化速度远高于人口城市化速度，造成城市化进程中土地和人口的严重不匹配。

5. 2012年至今：新型城镇化阶段

2011年之后，中国城市化水平稳步上升，同时更加注重质量提升。2012年12月，中央经济工作会议指出："要积极稳妥推进城镇化，着力提高城镇化质量"，"把有序推进农业转移人口市民化作为重要任务抓实抓好，走集约、智能、绿色、低碳的新型城镇化道路"。农业转移人口市民化是提升城市化质量的重要方面，农业转移人口市民化的顺利推进有利于城市化质量提升，否则只是停留在重视速度忽视质量的半城市化阶段。2014年中共中央、国务院印发《国家新型城镇化规划（2014—2020年）》，指出根据国内外形势的变化，中国城镇化"必须进入以提升质量为主的转型发展新阶段"，"坚持以人的城镇化为核心，有序推进农业转移人口市民化"，走中国特色新型城镇化道路。同时，国家中心城市扩容，各大城市纷纷放开落户条件，吸引人口进城落户，城市化发展取得了巨大成就。到2020年底，全国常住人口城镇化率为63.89%，比2010年提高14.21个百分点。与上一个十年相比，城市化率上升了0.62个百分点。从发达国家的发展历史来看，我国未来城镇化仍有很大空间。《中华人民共和国国民经济和社会发展第十四个五年规划和2035年远景目标纲要》中明确提出，至2025年常住人口城镇化率提高到65%，差值不足1.2个百分点。

（二）中国现代城市化的基本特征[2]

1. 城乡二元结构长期存在

二元结构是所有国家工业化进程必须处理的问题，是发展中国家普遍存在的基本特征之一。中国的二元结构自产生至今仍广泛存在，并形成了以一系列制度为约束的城乡

---

[1] 国家统计局城市社会经济调查司.中国城市建设统计年鉴（2016）[M].北京：中国统计出版社，2017.
[2] 王加利.中国人口再城市化研究[D].北京：中共中央党校，2020.

二元机制,固化了城乡二元社会结构。二元社会结构是中国在计划经济体制下形成并发展起来的相对独立的两大社会单元——城市居民和农村人口,他们在劳动、收入、消费、教育、生活等方面存在巨大差异。

中国城乡二元机制始于20世纪50年代后期,伴随计划经济的确立,国家在薄弱基础上选择"优先发展重工业"的工业化战略,要求农业全面支持工业。1958年,《中华人民共和国户口登记条例》明确将人口区分为"农业户口"和"城镇户口",并严格限制城乡人口自由迁移,城市和乡村割裂成两个完全不同的封闭系统。同时以户籍制度为基础的其他社会制度逐渐衍生出来,共同组成城乡二元机制。

2. 土地城市化快于人口城市化

西方发达国家的城市化多在工业化的强力作用下将人口的职业转移和地域转移相结合,土地城市化和人口城市化保持相对适应。中国与西方发达国家城市化的不同在于人口职业转移和地域转移分开进行,先职业转移,后地域转移,且人口城市化在国家政策干预下受到限制,但土地的城市化却在土地财政的刺激下不断推进。从直观表现来看,土地城市化快于人口城市化。一方面体现在城市建成区面积不断增长,且远高于城市居住人口的需要。根据中国历年城市统计年鉴分析,1990—2006年全国非农业人口的增长速度为4.56%,相应的建成区土地面积扩张速度则达到7.77%[1],城市土地面积增长速度远高于城市人口的增长速度,土地城市化明显快于人口城市化。

另一方面表现为以农民工为主的农村流动人口大量存在。从2008年中国有农民工统计数据起,农民工总数一直处于上升趋势,2008年农民工总数为22 542万人,到2018年增长到28 836万人,10多年间增长6 294万人次。很多城市外来务工人员在城市化过程中多数只实现了职业转换,没有实现户籍和人的城市化,没有实现身份转化,形成大量半城市化人口。1998—2018年中国人口城市化水平从33.35%上升到59.58%,上升了26多个百分点,但户籍人口城市化水平远低于这一比例,也就是说实际实现城市化的人口远少于这一水平。

3. 城市化发展地区差距大

由于工业化和地区经济发展水平不同,加上国家政策的地区偏向,导致中国城市化水平和城市分布的地区差距大,东、中、西部分别处于不同的城市化发展阶段。改革开放后,国家将重点放到社会主义现代化建设上来,各地区凭借自身优势结合国家政策飞速发展,地理条件优越的东部沿海地区和已经有一定基础的东北地区城市化水平突飞猛进,而中西部地区由于区位优势不明显,资源优势不显著,交通状况不好,经济发展落后于东部和东北地区,城市化水平也在其之后。

除此以外,中国的大城市分布不平衡,由东向西逐渐减少,其作用的发挥也逐渐降低。国家级城市群的分布,也呈现地区差异,东多西少,东密西疏。城市空间分布的地区差异既有城市自身的原因,包括城市的区位优势、自然资源拥有量等,还有人为政策干预的作用。

---

[1] 陆铭.大国大城[M].上海:上海人民出版社,2016.

4. 城市化集群发展明显

中国城市群的兴起,是改革开放以来区域经济与城市化发展的一大产物。新中国成立到改革开放前是中国城市化的缓慢发展阶段,城市空间集聚现象出现萌芽。20世纪80年代初期,国家调整城市政策,提出以大城市为中心组织跨行政区域的经济活动,鼓励以大城市为核心,发展横向经济联合,出现了一批不同层次的区域联合与横向协作群,中心城市的辐射带动作用凸显。到20世纪90年代,随着市场化改革,城市间及城市与农村间联系加强,城市化进程加快,大城市的辐射带动作用加强,出现了区域一体化的态势,并形成一批初具规模的城市群和形成中的大城市群雏形。

当今京津冀、长江三角洲、珠江三角洲三大城市群以2.85%的国土面积积聚了18%的人口,创造了36%的国内生产总值,成为带动中国经济快速增长和参与国际经济合作和竞争的主要平台。发展至今,城市群集聚效应和规模效应越来越强,成为国家经济发展的战略核心区,主宰着国家经济发展的命脉。

思考题

1. 我国人口空间分布的特点有哪些?
2. 我国人口空间分布的历史变迁如何?
3. 我国城镇化的特点有哪些?

第四编

人口与社会发展

　　正如第一编中所说,人口是社会的一部分,也与社会其他方面的发展密切相关、相互作用。在人口过程(第二编)和人口结构(第三编)部分,我们已经不断提及不同人口要素与社会发展的关系与作用。本编中,将选择新中国成立以来,学界和社会都高度关注的人口与社会发展议题,对人口文化、区域人口与社会发展、人口安全进一步予以介绍。

第十三章
人口文化

本章首先对人口文化的定义、特征及类型进行阐述,接着介绍人口文化的相关理论、人口文化发展的影响因素及目前国内外人口文化发展现状,最后对如何促进我国人口文化发展提出相应的策略和措施。

第一节 人口文化的基本概念

20世纪90年代初,在总结人口计划生育理论和工作实践的基础上,中国政府和学界创造性地将马克思主义人口理论与中国人口事业相结合,率先提出"人口文化"一词。在1993年"中国人口文化促进会"成立会上,"人口文化"作为一个新的概念正式登上历史舞台。在此之前,国内外的各种人口研究成果虽然或多或少涉及人口文化问题,但从未有学者提出要将"人口文化"作为一个新的学科领域进行系统研究。

一、人口文化的定义

人口文化与人类文化、人的文化不同,它是在长期的人口变动和发展过程中形成的社会规范、伦理制度、道德习俗、行为规范、价值观念、思维方式及审美情趣等,即反映人口变动和发展过程中形成的意识形态以及这种意识形态的物化形态[①]。该定义包含三层含义:第一,人口文化立足于人口的变动与发展,而不是抽象的单个人或人类的变动与发展。第二,人口文化中的"文化"主要定位在制度文化、行为文化及观念文化三个层面,其核心是观念文化。第三,人口文化关注的是人口与文化的相互作用,而不是人口与文化的简单相加,是由人口与文化相互渗透、有机结合而形成的产物。人口文化不能被理解为人口的文化,人口不是文化的定语,二者是一个完整的词组,人口文化的本质在于人口变动、发展与文化变动、发展之间形成的内在联系[②]。

新中国成立以来对于人口文化的研究,标志性事件是1993年"中国人口文化促进会"的成立和"人口文化"概念的提出,其目的是"要在更高层次上从人们的道德观念、心理、行为方式、生活方式和文明强度上解决人口问题"。

---

① 田雪原.人口文化通论[M].北京:中国人口出版社,2003:7-9.
② 肖子华.人口文化学[M].北京:中央广播电视大学出版社,2012:6-7.

二、人口文化的特征

人口文化具有不同于其他文化的特征,主要包括:

(一) 普遍性

人口文化是普遍存在的,不同时代、不同地区、不同民族及不同阶层都有对应的人口文化,他们有着自己的人口观、生死观、婚恋观。虽然人口文化在具体内容和形式上因时间、地区、群体而异,但人口文化在世界范围内均普遍存在。

(二) 差异性

人口文化因时间、地域、民族、阶层等的差异而呈现出不同的内容与特征。如我国的人口文化,封建时期的生育文化中,从生育目的、生育数量到对孩子性别的偏好,均与当前的生育文化有着巨大的区别;而从世界范围来看,西欧国家18世纪以来自行抑制生育的行为与中华民族传统人口文化中的早婚早育、多子多福观念形成了强烈对比。

(三) 多样性

人口文化的存在方式和表现形式丰富多样,可以通过不同形式表现出来。如中国传统的生育文化,主要通过神话故事、风俗习惯、语言文字等流传至今。而在现代社会,政策法令、规章制度、影视作品、广告标语、短视频等,都常常有着生育文化蕴含其中。

(四) 继承性

人口文化在发展过程中,不可避免地会传承既有人口文化。人口文化作为文化的一种类型,在人类社会形成之初就已经产生,后续不断发展的各类人口文化,有相当一部分是从以往的人口文化发展演变而来的。以婚姻文化为例,从原始群婚、对偶婚、多妻制发展到今天的自由婚姻、一夫一妻、男女平等,其间经历了一个不断发展和转变的过程。

(五) 潜伏性

人口文化常常不是以十分明显的方式存在,而是以一些隐含的方式存在,或是存在于其他文化之中,内容比较分散。如人口文化中的某些内容往往存在于一些神话故事、民间风俗中,已经潜移默化地内化为人的思想观念及行为习惯,人们却习以为常,很大程度上没有认识到人口文化在其中所扮演的"导演"角色[①]。

三、人口文化的类型

由于人口文化的内涵丰富、范围广阔,可以从不同的标准进行划分。

---

① 梁济民,王洪春.论人口文化[C]//中国人口文化促进会.人口文化论.北京:大象出版社,1996:43-44.

（一）按涉及的人口内容划分

人口文化按涉及的人口内容划分可以分为人口变动文化、人口结构文化、人口特征文化三个基本组成部分。其中人口变动文化主要包括人口生育文化、人口死亡文化、人口迁徙和流动文化三个子系统；人口结构文化主要包括人口年龄文化、人口性别文化、民族人口文化、地域人口文化、职业人口文化等；人口特征文化主要包括人口婚姻文化、人口家庭文化、人口代际文化、人口姓氏文化等。随着研究的不断发展，人口素质文化、人口生态文化、人口法律文化、人口边缘文化等被纳入其中，人口家庭文化与人口代际文化边界处的人口养老文化/人口老年文化近年来更是引起了学者的广泛关注。人口文化体系结构如图 13-1 所示。

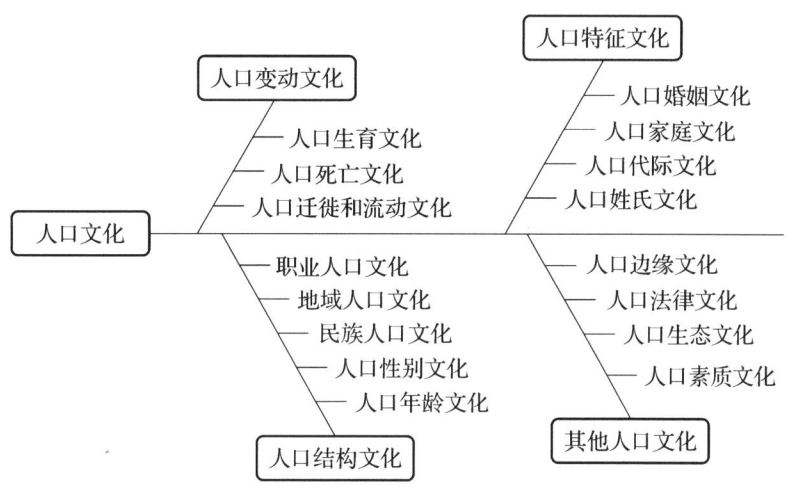

图 13-1 人口文化的体系结构

（二）其他划分

按人口文化的产生时间分，可以将人口文化分为传统人口文化、现代人口文化、后现代人口文化三大类，三大类人口文化相互影响、相互依赖[1]；按人口文化的内涵可将人口文化划分为人口数量文化、人口素质文化、人口结构文化及人口边缘文化[2]等。

第二节 人口文化相关理论

人口文化，是中国人口转变和计划生育实践的创造，是对人口与文化交叉研究的新贡献。本节主要介绍国内三个影响相对较大的人口文化理论观点。

---

[1] 李新建.对人口文化的理论内涵和人口文化学体系的理解与探讨[C]//人口文化论集.北京：中国人口出版社，1999：95-99.

[2] 路遇.论人口文化[C]//人口文化论集.北京：中国人口出版社，1999：107-109+113.

一、大人口文化论

20世纪90年代,江泽民提出要"发展人口文化事业,促进社会文明进步",将人口文化建设当作一项事业来抓;李鹏则提出要"提高人口素质,促进民族文化",赋予人口文化以重任。在此背景下,王夫棠[①]、辛鸣[②]、谭志湘[③]等人开始提出大人口文化论的观点。该理论认为"人口文化"是个大文化命题,强调从宏观、整体、实践及发展上定位人口文化,把握人口文化现象[④]。概括而言,主要包括以下两点:

第一,人口文化内涵外延大,涉及范围广。与人口文化理论相关的学科众多,如人口学、社会学、文化人类学,等等,这些学科或多或少都涉及人口文化现象,但未能对其研究领域中的人口文化做出具体专门的研究。人口文化学正是在各学科的交叉处开辟了属于自己的研究领域,因此相较于单纯的家庭文化、婚育文化等,人口文化研究的范围更为宽泛,它力图以马克思主义的观点将各个历史时期的人口文化因子、人口文化意识、人口文化现象等进行系统化、理论化的归纳和梳理。

第二,人口文化研究价值高,实践意义大。人口文化最先是以计划生育宣传工作的侧面出现,紧密联系"控制人口数量,提高人口素质"这一基本国策,但在实践过程中又不仅仅局限于人口与计划生育。实践证明,人口文化在促进人类全面发展、社会高度进步、人民生活质量提高等方面具有极其重要的作用,人口文化是宽阔的大文化,人口文化事业是造福千秋万代的宏伟事业。

人口文化是大文化命题,而非泛文化现象。大人口文化论强调从宏观上把握人口文化,以人口的变动与发展中所蕴含的文化现象、文化要素及文化成果为研究对象,而非所有的人类文化现象。

二、人口文化发展论

马克思主义认为文化在继承的基础上发展,在发展的过程中继承。人口文化既具有历史的延续性,又不会停滞、僵化于不变的模式之中。田雪原从唯物辩证法的角度提出了人口文化发展论,认为人口文化作为一门新兴的交叉学科,同发展紧密联系在一起,两者不可分割,人口文化处在不同的变动发展过程中。该理论认为[⑤]:

第一,人口和文化的发展,决定着特定时空的人口文化。在不同的历史发展阶段,人口文化的核心内容与表现形式各不相同,但不乏某些继承之处。在人口再生产"高—高—低"模式(分别指人口的出生率、死亡率和自然增长率的水平)的采集、狩猎时代,高生育率在种族繁衍发展上发挥过巨大作用,此时以"生殖崇拜"为代表的人口文化居统治地位;在人口在生产"高—低—高"模式的农业经济时代,手工劳动需要大量的劳动力,此时以追求人口数量为代表的人口文化占据主导,具体体现在"多子多福""重男轻女""一夫多妻"等方

[①] 王夫棠.以奉献精神开创中国人口文化事业[C]//中国人口文化促进会.人口文化论.北京:大象出版社,1996:7-8.
[②] 辛鸣.人口文化的理论与实践初探[C]//中国人口文化促进会.人口文化论.北京:大象出版社,1996:71-72.
[③] 谭志湘.人口文化探源[C]//中国人口文化促进会.人口文化论.北京:大象出版社,1996:141-142.
[④] 杨军昌.文化、人口文化与民族人口文化研究刍论[J].西北人口,2008(06):44-49+53.
[⑤] 田雪原.关于人口文化[C]//中国人口文化促进会.人口文化论.北京:大象出版社,1996:33-39.

面;在人口再生产"低—低—低"的社会大生产经济时代,工业革命带来了社会劳动生产率的大幅提高,此时以追求生育质量为代表的人口文化占据主导,形成了"少生、优生、优育"的新型人口文化。

第二,作为意识形态的人口文化一经形成,又能反作用于人口和文化,对人口和文化的发展产生重大影响。如人口科学文化素质的提高通常意味着生育率的降低,并与人口城市化、人口职业构成、家庭规模等具有密切联系。又如"多子多福""重男轻女"的生育文化、"葬之以礼"的死亡文化、"男尊女卑"的性别文化、"门当户对"的婚姻文化等,不可否认其在历史某一阶段发挥过一定的积极作用,而当今却成为阻碍人口良性发展的惰性力。而"男女平等"和"既要活得久,又要活得健康"等新型人口文化对于人口结构优化、人口数量控制、人口素质提高有积极促进作用,能为人口生产现代化创造条件。

三、和谐人口文化论

和谐人口文化论是杨军昌教授在研究我国西南民族地区人口文化发展和建设方向时提出的新型人口文化理论,是当代人口文化建设实践的重要理论支持。杨军昌教授认为:"和谐人口文化是以崇尚和谐、追求和谐为思想内核和价值取向,以倡导和谐人口理念、培育和谐人口精神、营造和谐人口氛围为主要内容的人口文化,是和谐文化的重要组成部分,体现着和谐文化的精神与价值追求。"[①]

该理论认为和谐人口文化应包含以下五层含义:一是人口自身和谐发展的文化;二是人口与资源环境和谐(可持续)的文化;三是男女平等、性别和谐的文化;四是与社会经济发展相适应、相协调的文化;五是与国家政治进程及法律法规和谐的文化,从这五个方面着手建设和谐人口文化[②]。建设和谐人口文化以培育人口精神、树立人口理念为目标,其基本原则是"三个坚持"——坚持社会主义先进文化前进方向、坚持以人为本、坚持把社会效益放在首位。通过走事业化、产业化、体制化的发展道路,大力发展公益性人口文化事业与产业,加快人口文化体制的建设与创新,以顺应和谐人口文化的建设需求。和谐人口文化论的提出不仅为我国西南民族人口文化指明了发展方向和发展目标,也为新时代中国特色社会主义人口文化建设提供了参考。

从宏观层面讲,以上三种理论及其他国内学者提出的各类人口社会学理论都属于中国特色社会主义人口文化论的理论范畴。这些理论以马克思主义人口理论为基础,立足当代中国人口、文化发展国情,以促进社会主义建设为目标,服务于国家人口政策制定,具有鲜明的科学性、民族性和人民性[③][④]。如何将人口文化建设融入社会主义核心价值体系建设当中,以促进中国人口文化建设与时俱进、不断发展,是诸多学者一直关注的中国特色社会主义人口文化论重要命题[⑤]。

---

① 梁军昌.西南民族人口文化研究[M].北京:中国社会科学出版社,2015:490-491.
② 梁军昌.传统与跨越:贵州民族人口文化研究[M].北京:知识产权出版社,2013:296-298.
③ 路遇.论人口文化[J].东岳论丛,1999(05):113-116.
④ 周毅.人口文化释义[J].西南民族学院学报(哲学社会科学版),2003(01):78-86+2.
⑤ 贾丽萍.中国人口文化变迁:总结与展望[J].西北人口,2013,34(06):8-12.

第三节 人口文化发展的影响因素

人口文化是社会政治、经济的反映,是人类社会文明进步的产物。人口文化随着社会经济的发展而发展,随着社会制度、生存环境的变化而变化。影响人口文化产生和发展的因素有很多,其中主要包括经济、政治和社会因素等。

一、经济因素

经济基础决定上层建筑,人口文化属于意识形态的一种。因此,从根本上来说,人口文化的产生和发展是社会经济整体发展的结果,经济因素是影响人口文化产生、发展的根本因素与最终根源。

在原始社会,人类的生产力水平低下,以本能的形式维持着人口繁衍,普遍产生了以"生殖崇拜"为代表的简单人口文化,此时大多数国家是鼓励生育的。进入农业社会以后,人类生产力得到提高,人的基本生存得到一定保障,手工劳动的不断发展要求增殖人口,逐渐形成人口文化观念、习俗、制度及政策。在农业社会,传统农耕经济对人口文化的变动、发展产生了重大影响。第一,小农经济的长期存在使我国的人口文化得以长期延续,一方面赋予了我国人口文化强大的愈合力、抗压力及凝聚力,另一方面也在一定程度上造成了人口文化的守旧。第二,小农经济的多元性赋予了我国人口文化的包容性,不同地区的人口文化彼此融合,最终形成了丰富多彩的传统人口文化。在小农经济的长期影响下,我国逐渐形成了鼓励生育、多子多福的传统生育文化。而在同时代的西方,尤其是欧洲,其人口文化与中国有很大差别。由于受到城邦经济下形成的以柏拉图、亚里士多德的适度人口思想的影响及中世纪基督教"禁欲"倾向的影响,西方一直有着禁欲和适度人口的传统。到中世纪末期,西方进入封建社会后,生产力的进一步发展才使"多产"思想占据主导地位。

人类社会步入工业社会以来,工业革命带来的生产力大幅度跃迁造成了社会生产方式的彻底革新,社会对人口的需求产生了巨大的变化。17—18世纪资本主义萌芽,欧洲许多国家逐步建立起开放的经济体系,产生了"重商主义"思潮,人口与国力、财富挂钩,其人口文化的基本趋向是鼓励生育、支持生育。随着资本主义经济的不断发展,人口产能的过剩又导致控制生育思想的不断上升,产生了以马尔萨斯为代表的抑制人口增长的思想,西方渐渐步入低生育时代。在资本主义经济高度发达的今天,低生育已经成为许多发达国家面临的重要人口难题。而在中国,在传统人口思想及新中国成立初期国家经济发展需要的双重作用下,直到我国严格实施计划生育政策前,主流的人口思想都是以鼓励生育为主。随着社会主义市场经济体制的建立,我国的经济迈向高速发展阶段,人们对生育的需求渐渐从数量转移到质量,也开始迈入低生育时代。中西人口文化产生、发展的差异在很大程度上是由经济发展快慢及水平高低所决定的,事实上就连国内也不例外,在我国东部发达地区,其人口文化与西部偏远落后地区就有很大的差异。

值得注意的是,经济发展并不直接决定人口文化的产生和发展,而是通过家庭、个人两组中间因素对人口文化产生作用。因经济发展而发生变化的家庭和个人因素,会带来价值观、人生观的根本性变化,进而使得人口文化发生变化。

二、政治因素

从人口文化的产生和发展历程来看,政治因素所起的作用是非常大的。影响人口文化的政治因素主要表现为国家制定的政策、制度及法律等。

从世界范围内看,古代西方以古希腊为代表的城邦国家在人口文化方面取得了巨大成就。作为一个土地资源有限并遭受外部威胁的城邦国家,古希腊对人口生育、迁徙、教育等十分重视。为了国家的强大,人口与政治的关系被提升到治国的高度,以柏拉图、亚里士多德为代表的学者提出的人口质量受到了统治者的关注。柏拉图在《理想国》中主张国家严控婚姻与生育,开展优质人口结合,淘汰劣质儿童并实施强制性移民等。16世纪开始,随着国力的不断发展,欧洲国家逐渐走上了对外扩张的道路。在此背景下,增加人口数量上升到了国家强大的高度,许多国家纷纷制定鼓励生育的政策。以法国为例,在婚育方面,当时有法令规定,对早婚、多子女的人免交租税并发放抚恤金,对独身者征税;在人口迁徙方面,奖励迁入移民;在人口职业上,鼓励劳动,取缔流浪者和乞丐,对从事宗教、金融、法律方面的人群加以限制,促使其在工商业、农业和军事方面就业[①]。1798年,马尔萨斯的《人口原理》发布后,对西方乃至世界的人口文化都产生了巨大的影响,并影响到了之后的西方国家人口政策。到19世纪末,西方各国的人口出生率基本下降,有些国家开始接近零增长。到20世纪,人口的零增长甚至负增长现象已经成为不可逆转的趋势。西方国家纷纷采取"育儿津贴""生育假""亲子假"等福利政策与制度,对现代西方人口文化的形成产生了巨大影响。

从中国来看,古代中国的宗法制度及君主专制制度对人口文化的影响是十分深刻的,一方面极大地增强了民族凝聚力,促使人们重视家族发展,有利于人口变动和持续发展;另一方面,以"三纲五常""多子多福""重男轻女"等为代表的传统人口文化与伦理说教成为阻碍人口文化健康发展的重要因素。新中国成立之初,出于国家发展的考虑,并未明确制定有效控制人口的政策,传统的人口文化思想得以延续下来,为后续出现的人口增长过快问题埋下伏笔。改革开放以后,我国工业化的快速发展和现代化建设要求人们的生育进行变革,这时传统人口文化思想摇身一变,成为阻碍人口文化发展的"破坏者"。我国为控制人口过快增长,制定了计划生育基本国策,颁布了《人口计划生育法》,并形成了完善的地方各级计划生育条例,为新的人口文化产生和发展提供了制度保障和法律基础。同时,婚前自愿检查制度、义务教育制度、养老金制度等人口政策也大大加速了人口文化与经济发展的适应过程。

新的人口文化的产生和发展是一次意识领域中移风易俗的变革。国家通过政治上的奖励与处罚,让人们接受先进的、符合社会发展的观念与行为。政策、制度及法律共同构成了人口文化产生和发展的政治基础及实施保障,政治因素的推动,促进了新的人口文化的产生和发展。

---

① 田雪原.人口文化通论[M].北京:中国人口出版社,2003:252.

三、社会因素

人口文化的产生和发展需要一定的经济条件、政治条件,也需要一定的社会条件。从人口文化的产生和发展的社会因素来看,主要分为外在因素和内在因素两种。

从人口文化产生和发展的外在因素看,人口的受教育程度、就业水平、社会保障制度、妇女就业参与等都能影响人口文化的产生与发展。众多学者的研究显示,人口的受教育程度越高,生育的子女数量越少,对子女的培养质量越重视。就业水平的高低和社会保障的完善程度对人口生育也有类似影响。在就业水平较低、社会保障制度不完善的时代,子女通常是父母的晚年保障,"养儿防老""养老送终"是父母对子女的期望,"多子多福"成为中国父母的普遍追求。随着社会不断发展,就业水平开始提高,社会保障水平不断上升,人们的晚年生活有了更多保障,转变了传统的"孩子=长期投资=养老"的生育观念。妇女作为生育主体,女性是否就业对家庭的生育决策有着很大的影响。在"男尊女卑"的封建社会,妇女更多在家庭内工作,常常沦为丈夫的附庸或家庭的生育机器,以"三纲五常"为代表的封建伦理将妇女约束在生儿育女的牢笼中。进入现代社会,男女平等成为社会主流,妇女有了更多的机会走出家庭,去接受教育,参加工作,从而提高了妇女的家庭经济地位,现代社会的妇女已经普遍接受婚姻自由、性别平等观念,对生育的看法也转向了优生优育。

从人口文化产生和发展的内在因素看,语言文字、风俗习惯及宗教信仰等都会对人口文化产生影响。语言文字是人口文化传播、发展的必备工具,一项新的人口文化必须通过语言文字才能在社会中进行传播,拥有完善、先进的语言文字工具对新型文化的传播、发展十分重要。人是社会性生物,所处的群体环境对人口文化的发展有重要影响。群体环境中的风俗习惯、伦理要求及舆论风气可能会对人口文化的产生、发展起到很大的促进或抑制作用。因此,在发展新的人口文化时必须重视群体环境的建设。宗教信仰对人口文化的影响主要体现在婚育方面,在一些宗教国家尤为突出,例如中世纪欧洲的婚育行为曾受到基督教教义的强烈影响[①]。

第四节 国内外人口文化发展现况

一、国际人口文化发展现况

与我国人口文化相比,国外人口文化发展有着较大的不同。了解国外人口文化发展现状,学习国外优秀人口文化发展成果,对于我国人口文化事业有一定的借鉴意义。

在人口生育文化上,西方社会更多追求的是个人自身价值的实现,民众普遍生育意愿不强,人口再生产类型以"三低"为主,有些国家陷入低增长甚至负增长的困境;而广大的发展中国家人口增长率明显升高,迎来了人口爆炸式增长。以美国为例,美国政府自 20 世纪 70

---

① 肖子华.人口文化学[M].北京:中央广播电视大学出版社,2012:45-50.

年代开始推行节制生育计划并得到了美国人民的普遍拥护,很多家庭目前已不再多生孩子,独身家庭和一子女家庭在美国比较常见。而在俄罗斯,虽然一直有鼓励生育的政策传统,但在经济问题和西方文化的双重影响下,更多的俄罗斯年轻人不愿意多生孩子或生育孩子,近年来俄罗斯无孩家庭大量出现。在南亚的印度,由于一直有大家庭模式的习惯和生育多孩的传统,加之本土宗教印度教教义中崇尚多育的影响,直到今天,印度的生育观念也没发生太大的变化,其人口增长率排在世界前列,人口总量世界第一。

在人口迁徙流动文化上,随着城市化水平的不断上升,更多的人开始转变生活方式以适应城市生活,城市人口文化对人的影响愈发突出,传统的人口文化走向衰落。此外,发达国家国内人口流动现象普遍,国家间的人口迁徙也十分频繁,在移民为主的美国,人口文化就带有明显的移民文化特点,在不同的移民群体中存在不同的人口文化观念,多样人口文化观念的碰撞融合成就了美国人口文化的多姿多彩。

在人口婚姻和家庭文化上,世界范围内的离婚率开始上升,家庭规模日趋小型化、核心化。尤其是西方各国,其家庭观念淡薄,离婚率久居不下,不婚主义者和"丁克家庭"增多,长此以往对社会的发展和稳定会造成威胁。以法国为例,社会的自我中心意识强烈,爱情和婚姻是两个彼此独立的概念,未婚同居现象屡见不鲜,但实际上年轻人的结婚意愿并不高,而且社会上结婚人数正在大量减少,离婚人数不断增加。而在美国,家庭观念的淡化现象突出,不管是老人对子女,还是子女对老人,其抚养、赡养义务都比我国淡薄,但这也从侧面推动了美国社会保障制度的发展与完善。

在人口性别文化上,追求男女平等、妇女解放已成为国际社会的共识。西方国家的女权运动正愈演愈烈,甚至一些发展中国家也出现了规模宏大的妇女解放运动,妇女的地位和权利得到很大改善,为世界范围内性别平等的发展做出了大量贡献。比如在法国,男女双方在家庭内部决策中的地位完全平等,妇女在家庭中拥有极大的自主权;但在一些宗教色彩浓厚的国家和地区,妇女受到宗教教义迫害现象十分严重,妇女依然被视作生儿育女的工具,社会地位难以提高,这类现象的继续存在会对这些国家整体的人口文化进步与发展产生较大的负面影响,必须采取措施加以改善。

二、我国人口文化发展现况

新中国成立后,中国人民在中国共产党的领导下已经探索出了一条具有中国特色的人口文化建设道路,新型人口文化在中国已经基本建立起来。下面主要从人口生育文化、人口死亡文化、人口迁徙及流动文化、人口婚姻文化、人口家庭文化、人口性别和年龄文化等方面对目前我国新型人口文化进行介绍。

生育文化属于人口文化的核心内容,是人口文化的主体和基础,在人类繁衍过程中具有非常重要的作用。计划生育工作的开展推动了现代生育观念和避孕节育方法在我国的广泛传播,一些传统的生育文化得以转变或消失,初步形成一个具有中国特色的新型生育文化体系①。在生育目的上,传统生育以传宗接代、养儿防老为目的,而现在以爱情、责任等为特征的现代生育目的被更多人认可,更多的父母对育儿的情感需求上升,索取"回报"的需求下

---

① 潘贵玉.中华生育文化导论[M].北京:中国人口出版社.2001:641.

降。在生育偏好上,越来越多的父母开始接受"生男生女一样好"的观点,社会整体文化氛围正在由有男孩性别偏好向无性别偏好良性转变[1],甚至部分地区出现女孩偏好逐步增强的趋势[2]。一些传统生育观念被赋予了更多的时代内涵,比如"养儿防老"的"儿"已不分性别,女儿也可养老被更多的父母接受。在生育数量上,随着计划生育政策的实施,传统的"多子多福"观念已经得到彻底转变,"少生、优生"已经被绝大多数人所接受。在长期的人口政策惯性下,我国的人口生育水平已经出现了根本性的变化,即使是"全面二孩"政策实施后,2020我国总和生育率也只有1.3的水平,中国目前意愿生育水平已显著低于更替水平[3],因此国家选择实施"三孩政策",刺激人口生育。在生育质量上,现代遗传学和生育科学的进步对提高生育质量起了重要促进作用,越来越多的夫妻了解到近亲结婚、父母疾病对生育质量的影响,自觉参与婚前检查、优生筛查,配合出生缺陷干预已经成为年轻父母的共识。随着育儿成本的不断上升,人们清楚地认识到要生育、培养高质量的孩子必须减少生育数量,进一步加剧了意愿生育数量的减少。

人口死亡文化、人口迁徙流动文化与生育文化同属于人口变动文化,也是人口文化的重要组成部分。中国的人口死亡文化历史悠久,有着"视死如生"的复杂丧葬礼仪,"人死为大""入土为安"是传统人口死亡文化的核心理念。随着社会文明的不断进步及中国丧葬改革的推进,人们对于"死亡"的认知更科学,对火葬、遗体捐献等行为的接受度不断增加。尤其是在满足"老有善终需求"方面,以"自然死""安乐死"为代表的新的死亡观慢慢被更多的人接受,社会开始重视对老年人的临终关怀,这些都是对人生死问题理性反思的结果。在人口迁徙流动文化上,传统社会中的人口迁徙流动对迁入地的社会文化、民俗文化的发展影响巨大,而在当代社会,现代媒介传播人口文化的广泛度、影响力及持续性已经远远超过了迁徙流动的文化传播效果。与此同时,随着城市化进程的不断深化,越来越多的人开始适应现代生活,文化与生活的"西化"淡化了传统文化的传承,这种变化在传统节日上的表现更为突出。

在人口婚姻文化上,传统的婚姻文化中存在很多的陋习,比如被人熟知的"一夫多妻制""表亲制""包办婚姻"等,又比如一些偏远地区的"定小亲""交换婚"等风俗。新中国成立以来,政府一直为改变婚姻文化而努力,目前已经形成科学、文明、进步的婚姻观念。如今,婚姻自由已经被绝大多数人接受,晚婚现象普遍,婚姻中男女地位更加平等。离婚现象被视为人类文明进步的表现,可以避免某些家庭悲剧的发生。另外,国内也出现了一批不婚主义者,社会对同性恋的包容度也在不断上升。不过,目前社会的未婚同居现象、婚外恋现象不断增多,对婚姻和家庭建设产生了不利影响,值得关注。在人口家庭文化上,多生多育不再被当作家庭幸福的标志,夫妻关系渐渐成为家庭关系的重心,家庭成员追求自我价值实现的意愿和行为增多。近几年,政府和社会各界开始重视优秀家风、家教对家庭发展的作用[4],掀起了家庭文明建设的高潮,在很大程度上也是对优秀传统人口家庭文

---

[1] 侯佳伟,顾宝昌,张银锋.子女偏好与出生性别比的动态关系:1979—2017[J].中国社会科学,2018(10):86-101+206.
[2] 洪秀敏,朱文婷.二孩时代生还是不生?——独生父母家庭二孩生育意愿及影响因素探析[J].北京社会科学,2017(05):69-78.
[3] 王军,王广州.中国低生育水平下的生育意愿与生育行为差异研究[J].人口学刊,2016,38(02):5-17.
[4] 任嘉蕊.立德树人必须注重家庭、家教、家风建设[J].中国高等教育,2021(15):3.

化的继承与发扬。

在人口性别文化上,随着社会生产力的不断发展,原本以"男尊女卑""重男轻女"为代表的性别不平等已经被社会摒弃。当代中国充分保障妇女的人身权益与发展权利,将男女平等定为基本国策,越来越重视女性对社会发展的作用。不过在一些偏远地区,不平等的性别文化依然存在,职场上的性别歧视也不容忽视。在人口年龄文化上,尊老爱幼的传统年龄文化得到了很好的继承,国家为老年人、儿童的各项权益提供了完善的法律保障及制度保障,这对于促进家庭发展、社会和谐有重要意义。在民族人口文化上,中国政府和社会各界充分尊重和保护少数民族优秀的传统人口文化,积极引导少数民族人口学习先进人口文化,既实现了少数民主人口文化的传承与发展,又保留了中国人口文化的多样化活力。

综上所述,目前中国已经形成了一系列新型人口文化,包含各种先进、科学的人口文化制度和思想。中国的新型人口文化既有现代人口文化的趋同性,又有中国特色的地域性与民族性,对清除旧的人口文化观念影响,提高全民族文化程度具有重要作用,是实现中华民族伟大复兴的重要手段。但是,新人口文化的形成过程中,也滋生了一些负面的现象,需要多方面努力,予以充分的引导,以防形成人口文化糟粕。

第五节　促进我国人口文化发展的策略和措施

在对人口文化的基本概念、相关理论、影响因素及国内外人口文化发展现况进行了解后,我们对人口文化的产生、发展的全过程有了更深入的了解。当前,我国已经进入人口负增长时期,人口老龄化速度加快,亟须建立新型人口文化,以人口文化促进我国人口的高质量发展,支撑中国式现代化发展。为此,本节将就我国人口文化进一步发展的策略和措施展开讨论,主要分为以下几个方面:

一、顶层设计,推进人口文化建设

(一) 发挥政府主导作用,强化人口文化制度保障

人口文化发展是政府主导、部门联动、社会参与共谋发展的实践过程[①]。政府在人口文化发展中责任重大,是人口文化建设的第一推手。政府肩负人口文化发展的顶层设计及战略规划任务,在把握人口文化发展方向、整合社会人口文化资源、动员社会力量上具有先天优势。在我国的人口文化发展中,政府必须发挥自身的主导作用,从而推进人口文化建设。第一,政府要加强领导,加快人口文化主管部门建设,并建立完善的人口文化发展制度,将人口文化纳入社会大文化发展的总体规划中,统筹安排全国人口文化发展。第二,多主体要加强联合。人口文化发展是一项伟大的系统性工程,除了政府各级部门的通力协作外,还要求政府在社会动员端继续发力,形成全社会的人口文化建设合力。第三,

---

① 穆光宗,张团,张梦欣.家庭人口文化建设的框架和路径[J].人口与计划生育,2011(05):20-22.

完善经费保障机制。人口文化是一项周期长、工程大的社会事业,对发展经费要求很高,政府要继续加大人口文化专项财政资金支持力度,保障人口文化事业发展。通过以上措施,强化人口文化的制度保障,为人口文化发展建立完善的组织保障机制、社会联动机制及经费保障机制。此外,政府可以组织人口文化建设专项学习活动,总结人口文化发展模式,推广各地人口文化建设的有益经验。

(二)坚定科学发展理念,指引人口文化建设方向

传统人口文化的改变并非一朝一夕之工,人口文化的继承性、滞后性意味着人口文化的发展是一项长期性的工作,与中国特色社会主义新型人口文化建设对接的政府行政体制、国家政策与社会管理方面的变革也需要一个长期的过程。各级政府部门要继续保持对人口文化建设长期性、复杂性的思想准备,在制定人口文化发展战略时,不断探索,不断创新发展理念和思路,又不能急于求成或畏难不前。文化建设最重要的是抓方向,当代中国人口文化的发展必须遵循四项基本原则[①]:(1)要坚持常抓不懈、持之以恒的工作方针,以应对人口文化发展的长期性;(2)要坚持循序渐进、逐步突破的工作方法,以维护先进人口文化普及、过渡的稳定;(3)要坚持整体推进、分类指导的工作策略,以促进人口文化工作的差异化开展;(4)要坚持齐抓共管、综合治理的工作思路,以整合人口文化建设资源,构建完善的人口文化建设支持系统。在更广范围、更高层次看待人口文化事业,将人口文化发展纳入经济社会发展全局目标规划中是推进我国新型人口文化发展的应有之义。

(三)加强人口文化理论研究,丰富人口文化成果

人口文化理论对人口文化建设具有重要的指导作用,没有完备的人口文化理论体系,我国人口文化事业发展过程中会遇到很多阻碍,甚至陷入发展误区。纵观国内外以往研究,各种人口理论层出不穷,虽在某些方面涉及人口文化思想,但从未有人将"人口文化"作为一个理论概念进行系统研究。"人口文化"理论概念于1993年由我国学者正式提出,在近三十年的理论探索中,我国学者相继提出了"大人口文化观""人口文化发展论""和谐人口文化论"等理论,这些理论对我国的人口文化发展做出了巨大贡献。我国的人口文化发展在这全新的时代里,日益显示出它前所未有的特殊社会地位和重要作用。人口文化迅速发展迫切需要更为成熟的人口理论思想,然而一门完善的学科建设体系往往需要几十年甚至更多时间的反复实践与总结,近十年我国的人口文化理论研究似乎已经陷入发展瓶颈期,种种现象表明我国在人口文化理论研究领域还存在很大的进步空间。任何一门学科的诞生和成长,都离不开人类的社会需求和实践。我们应当抓住人口文化事业深入发展的大好时机,团结和凝聚热心于人口文化理论研究的机构和专家学者,深入调查研究,将长期实践中形成的好经验、好做法认真总结提升,加强人口文化的理论创新和人口文化的学科建设,以更好地为我国人口文化发展提供理论指导。

---

① 肖子华.人口文化学[M].北京:中央广播电视大学出版社,2012:45-50.

二、保障建设,促进人口文化宣传

(一) 创新人口文化宣传载体

人口文化宣传载体的多少、质量高低决定着一个国家人口文化宣传的广度、深度,进而影响到人口文化事业的整体发展。随着科技的不断发展,当今社会人们接触人口文化信息的手段、速度都发生了很大变化,接触信息的类型也变得更加多样。在人口文化的宣传载体上,我们可以通过人口文化宣传手册、折页的发放,让群众在家里就能学习先进人口文化;可以通过在报纸、广播等媒体上开设"人口文化"栏目,让群众接受更加系统的人口文化知识。更重要的是,在宣传载体上我们要充分利用现代化科技成果,通过电子图书、动漫游戏、数字化电视及互联网等多种现代技术和载体,增强人口文化的表现力,以逐步满足不同层次、不同群体的多元需求[①]。紧跟时代潮流,及时创新人口文化宣传载体,转变人口文化宣传方式已成为推进人口文化发展的重要考验。今后必须大力推动和创新高科技手段在人口文化领域的广泛应用,提高人口文化建设形式、方法的科技含量,努力提升新型人口文化建设的社会实效。

(二) 加强人口文化宣传阵地建设

人口文化宣传阵地是人口文化事业开展的基础性工程,没有合适的人口文化宣传阵地,我国的人口文化宣传工作效果会大打折扣。目前,我国已经在人口文化宣传阵地建设上积累了大量经验,比如在城区设立人口文化宣传长廊、特色公园;在公共场所、交通要道及公交站台等设立人口文化宣传语或播放公益广告等,这些都可以为新型人口文化的宣传提供借鉴。不过,这些措施一般都是在较为发达的城镇地区才有更多实现可能,而在我国人口文化宣传的重点地区,也是弱势地区的偏远农村地区则不适合。农村地区的人口文化宣传阵地的建设,今后更多要依靠新农村建设和农村管理体制改革提供的机遇,整合农村人口文化资源。通过加快人口文化室、人口文化学校等文化家园工程以促进村级人口文化阵地建设提档升级,通过开展人口文化下乡、人口文艺下乡以活跃农村人口文化氛围。同时,可加快人口文化示范村或先进村的建设,依靠榜样力量拉动周边村落人口文化建设。

(三) 加强人口文化人才培养及队伍建设

人才资源是第一资源,文化人才是文化建设、文化发展的核心竞争力。我国在长期的计划生育政策实施过程中,已经培养了大批专业计划生育人才,这些人才进一步培养可快速成为我国人口文化宣传的主力军。而从整体而言,我国人口文化人才正面临着人才老化、人才分布不均、缺乏拔尖人才和复合型人才的问题。因此要求政府必须制定科学人口文化人才队伍建设计划,不断完善人才政策并加大人才培养资金投资力度,以健全人才培养体系,打造高质量的人口文化人才队伍。事业成败,关键在人。在人口文化宣传的过程中,要把培养基层人口文化宣传队伍作为人口文化建设的基础性、战略性措施来抓,全面

---

① 孙慧.以改革创新推动人口文化事业发展[J].人口与计划生育,2012(04):24-25.

提高基层人口文化宣传队伍素质。此外,还要采取多种方式培养群众人口文化活动骨干,建设植根于群众生活的人口文化队伍,特别要重视发挥民间艺人的作用,在活跃农村文化生活、传承发展民间文化方面的同时,弘扬先进人口文化。从人口文化长远发展的角度来看,我国人口文化人才培养、人口文化队伍建设还有很长的路要走。

三、发扬优秀人口文化传统,打造优势人口文化品牌

(一)传承发扬优秀人口文化,增强人口文化自信

任何文化都有其深度和广度,有过去和未来,文化建设是在一个国家或民族固有的文化传统的基础上而进行的文化传承、变革与创新。在人口文化建设中,有破有立,对于传统文化中的消极因素,在理论上加以否定,在实践中加以破除,以破字当头,立在其中[①]。重要的是,在人口文化发展过程中,我们要以客观的态度对待传统文化,在传统文化中汲取有益营养。比如,我们可以将人口文化建设与传统节庆习俗相结合——在重阳节开展敬老爱老活动,通过活动开展向社会大众宣传优秀孝文化;在春节期间,制作新型人口文化内容的台历、年画等宣传品,以温馨形式传播人口文化知识,使人口文化宣传教育更具有趣味性等。甚至推广到现代节庆日,在妇女节、双亲节、儿童节及世界人口日等类似节日,举办多样化的、贴近实际的、群众喜闻乐见的人口文化活动。其实,在中华优秀传统文化中,如重视家风家教、重视家庭和睦、重视邻里关系以及追求人与自然和谐统一的思想等,本身就是一种优秀的人口文化,值得现代社会继续传承发扬。因此,对传统人口文化不能抱民族虚无主义的态度,而要实事求是地进行分析。

(二)加强人口文化再创造,打造优势人口文化品牌

人口文化需要发展,需要创造,一定的人口文化总是通过特定的形式或方法表达出来。当下,我国人口文化事业发展如火如荼,党和政府正积极动员社会各方力量参与人口文化再创造,促进人口文化融于文学、音乐、美术、曲艺、民间文艺等多种艺术形式。在此基础上,培育了一大批被群众所喜爱和接受的优秀人口文化产品。我们要继续实施人口文化精品战略,突出各地地域民间特色文化优势,将人口文化镶嵌进特色民间文化艺术中,打造人口文化特色品牌。近年来,我国在人口文化特色品牌上取得大量成就。比如江西宜春在袁州版画、樟树剪纸、万载花灯戏中融入人口文化内涵,形成了"一县一品""一地一品"的人口文化建设格局,积极创作一批思想性、观赏性相统一的人口文化精品佳作;江苏高邮文化汲取汪曾祺作品中的人口文化元素,建成了独具特色的大淖河人口文化广场;江西赣县通过挖掘本地东河戏曲的文化价值,创造了一批反映先进人口文化的新型戏曲。这些案例证明,我国有着丰富的人口文化再创造资源,利用好这些人口文化再创造资源,打造地方特色文化精品,不仅能使人口文化宣传更加充满生机,扩大先进人口文化的影响力,还能更好地满足人民群众日益增长的精神文化需求。

---

① 张敏才.人口文化的几个理论问题[J].人口研究,2001(05):60-64.

思考题

1. 什么是人口文化？人口文化有哪些具体特征？
2. 人口文化发展论有哪些核心思想？
3. 人口文化的发展受到哪些常见因素的影响？
4. 在人口进入老龄化和负增长时期，如何引导我国人口文化的发展？

第十四章
区域人口与社会发展

本章首先介绍乡村振兴战略和城市群发展中的人口问题,进而分析区域人口的社会治理问题。

第一节 乡村振兴战略中的人口发展

一、乡村振兴

2017年,党的十九大报告中提出了"乡村振兴"的国家发展战略,强调乡村振兴战略在新时代做好"三农"工作中具有重要理论价值和实践指导意义。具体来说,乡村振兴包括产业振兴、人才振兴、组织振兴、文化振兴以及生态振兴五个方面的内容,以产业兴旺、生态宜居、乡风文明、治理有效、生活富裕作为战略的具体内涵。乡村振兴作为解决"三农"问题的总抓手,优先发展农业农村以实现农业农村现代化。实际上,乡村振兴战略的提出有着丰富的理论基础,中国古代的重农思想、西方经济学对于乡村发展理论、马克思主义关于乡村发展理论以及我国历代国家领导人对于"三农"问题的重要思想等重要成果,都为乡村振兴战略提供了理论基础和实践经验。

中国城镇化与乡村振兴战略是影响城乡人口平衡发展的互补性战略。一方面城镇化是经济发展的必然趋势,这意味着人口迁移主要是"从乡村流向城市",人口发展水平也会出现明显的"城乡二元分化";另一方面,乡村振兴作为我国的一项重要政治战略,通过新农村建设可以在一定程度上改变单一向城镇聚集的人口流动现象,促进农村与城镇平衡发展。

二、乡城流动中的人口问题

我国人口流动已经迈入全方位、多层次、多元化流动时代。人口流动在促进区域经济发展的同时,也会催生生育、养老、照料及贫困等流动人口问题的区域转移,使人口问题趋于复杂化[①]。在充分肯定人口流动治理取得的良好成果基础上,继续关注和缓解人口流动带来的伴生问题,是区域社会治理创新依然面临的挑战。

---

① 曾明星,陈丽梅,丁金宏,张剑.中国人口发展中的区域均衡问题及破解思路[J].宁夏社会科学,2019(02):101-108.

流动人口政策已经进入了全面推进市民化的新发展阶段,流动人口共享改革开放成果理念深入人心。在流动人口社会保险上,2017年参加新型农村合作医疗保险的流动人口占总流动人口的比例已达63.3%;在流动人口健康教育上,2017年接受控烟、生殖健康与避孕等方面健康教育的流动人口占总流动人口的比例均已超过50%;在流动人口收入上,就业流动人口平均月收入呈现明显的增长趋势,从2014年的3 865元增加至2017年的4 872元,增长了26%;在流动人口子女教育方面,全国流动儿童义务教育状况得到普遍改善,以2015年为例,小学和初中学龄流动儿童的在校率分别达到94.4%和96.3%。此外,各地政府在流动人口子女入学上,大多都采取积分入学政策,并不断增加公办学位供给,在很大程度上缓解了流动家庭的子女教育问题[1]。

尽管持续增加的流动人口在优化城市资源配置,促进城镇经济社会的发展方面产生了重要作用,但流动人口与流入地户籍人口之间的"身份"差异引发的流动人口社会融合水平低、公共服务非均等化以及留守老人与留守儿童问题成为我国推进城镇化发展过程中的面临的诸多问题与困境。

(一)流动人口的社会融入水平有待提升

流动人口的社会融入是流动人口与流入地居民之间相互认同的过程。根据《中国城市流动人口社会融合评估报告》(蓝皮书),2017年度我国城市流动人口的经济融合、政治融合、心理文化融合以及公共服务融合(综合)得分分别为52.55%、47.13%、44.57%和57.29%[2]。从以上四个维度的社会融合评估结果来看,经济融合与公共服务融合发展成效较为显著,心理文化融合程度偏低,成为提高流动人口社会融合程度的关键性问题。从整体上来看,流动人口的社会融合水平有很大的提升空间。

(二)城乡二元制度区隔降低流动人口基本公共服务可及性

户籍制度是流动人口受到众多制度制约的核心,搭载其上的基本公共服务非均等化供给被认为是限制人口自由流动,制约我国城镇化发展的重要因素。改革开放后,随着城镇化的不断推进,城乡差距不断加大,城乡居民身份的"区隔"现象开始被放大。为缓解矛盾,政府治理主体已经尝试放开放宽除个别超大城市外的城市落户限制,试行以经常居住地登记户口制度。但居住证办理本身是存在一定限制条件的,附着其上的社会福利和公共服务越多,办理的门槛越高[3]。因此,虽然居住证制度的施行在一定程度上缓和了城乡矛盾,但未从根本上改变城乡二元户籍制度对于人口城镇化的制约效应。以教育为例,根据《2019年农民工监测调查报告》数据显示,50.9%的受访农民工反映随迁子女在城市上学面临本地升学难、费用高等突出问题。"进城农民"与"城里人"之间的区隔已经转化为

---

[1] 国家地球系统科学数据中心.中国流动人口数据及可视化分析专题库[EB/OL].http://www.geodata.cn/wjw/#/data/classify/subjectService/.
[2] 肖子华,刘金伟.流动人口社会融合蓝皮书:中国城市流动人口社会融合评估报告 No.1[M].北京:社会科学文献出版社,2018.
[3] 谭日辉,王涛.留下、离开还是等待——流动人口城市化的群体分异及其治理[J].北京师范大学学报(社会科学版),2019,(06):130-140.

城镇内部户籍居民与流动人口的新二元分割格局[①]。

(三) 留守老人与留守儿童照料问题

留守人口是与人口流动相伴而生的社会问题,根据《中国流动人口发展报告2018》报告,在流动人口的家庭中,留守老人与留守儿童是规模最大的两类留守群体。而根据贫困地区农村留守儿童健康服务需求评估调查,发现90%的祖父母是留守儿童的主要看护人,农村地区留守老人隔代照料留守儿童现象普遍,引发政府和社会对于留守老人与留守儿童照料的关注[②]。一方面,留守老人本来就是健康相对脆弱的群体,长期的重体力活和老年慢性病使其身体健康状况不断恶化,自我照料能力不足,更无力照料他人日常生活;另一方面,在缺少父母长期陪伴与教育的情况下,多数学龄期留守儿童基本要自我料理日常生活,甚至还要承担一部分家务和农活,影响学业,健康与安全面临更大的风险。

三、乡村振兴与农村人口问题

改革开放以来,我国形成了以城市为中心的发展策略,乡村人口大量流向城镇,形成所谓"愈发内卷的城市,逐渐掏空的乡村",具体则体现为城乡居民收入、社会福利保障以及公共服务均等化等方面的城乡发展不平衡、农村发展不充分等一系列社会问题。在面临乡村衰落和城乡发展不平衡的现实情境下,乡村振兴战略的提出对缓解农业、农村、农民发展问题来说无疑是一个崭新的发展机遇,也同样改变了长期城镇化影响下人口发展的格局。

(一) 人口是推动乡村振兴的重要动力

人口意味着人力资源,是推动社会经济发展的重要动力,事实上自十九大"乡村振兴"战略提出以来,"乡村人力资源"就受到格外重视。根据七普数据显示,我国有36.1%的人口居住在农村,这说明在我国社会中,至少三分之一的人口是农村地区社会经济活动的重要参与主体。总的来说,要想实现乡村振兴提出的产业兴旺、生态宜居、治理有效、乡风文明、共同富裕五个方面的总目标,除了需要政府的支持和市场的推动,还需要农村人口发挥主动性和创造性作用。

(二) 乡村振兴影响农村人口变动趋势

人口流动主要受自然因素和经济社会因素的影响,随着社会生产力的提升,后者逐渐成为人口流动的主导因素。实践表明,经济因素构成最为重要的"推-拉"力量,推动着人口从经济条件较差的乡村向经济条件优越的城镇涌动。然而,我国乡村振兴战略从两个角度改变了这一逻辑。一方面,乡村振兴战略的实施刺激农村经济生产力的提高,改善农

---

① 中华人民共和国国家发展和改革委员会."十四五"时期新型城镇化拓展投资空间的趋势和潜力[EB/OL]. https://www.ndrc.gov.cn/xxgk/jd/wsdwhfz/202109/t20210914_1296569.html?code=&state=123,2021-09-14.
② 中华人民共和国国家健康卫生委员会.国家卫生健康委员会2018年12月22日新闻发布会散发材料之八:《中国流动人口发展报告2018》内容概要[EB/OL]. http://www.nhc.gov.cn/wjw/xwdt/201812/a32a43b225a740c4bff8f2168b0e9688.shtml,2022-03-15.

村经济条件，从而进一步影响卫生、教育、就业等社会发展条件，这意味着"流向城镇"已不是乡村所有人的必然选择。另一方面，乡村振兴会刺激农村产生新的增长点，相比于城镇较高的生活压力与生活成本，乡村适度的经济收入与较高的生活舒适度会成为吸引人口流入的重要因素，随着乡村全面振兴，可能会出现一部分"乡贤"回归乡村①。在新的发展背景下，人口回流是否能有效重塑地区均衡的人口空间分布格局以及推动落实区域协调发展战略，成为当前政府以及社会各界关注的重要话题。

（三）乡村振兴需重视农村人口问题

随着我国经济社会的发展，人口也向低生育率转变，农村地区"空心化"、老龄化、"少子化"以及人口规模收缩等问题逐渐显现，乡村振兴过程中必须充分重视并解决好这些农村中的人口问题②。

1. 农村人口规模萎缩

新中国成立至今，我国农村人口规模总体呈倒"U"型特征③。根据人口普查资料显示，20世纪50年代初期，我国农村人口规模约为4.8亿人，占总人口数的90%。经过大约40年的人口爆炸性增长后，1995年达到了8.59亿的农村人口峰值。之后，我国农村常住人口总量开始下降并呈现出加速下降的趋势，到了2020年，我国仅有36.1%的人口居住在农村。总的来说，我国农村人口规模萎缩由以下几个原因叠加所致，第一是计划生育政策抑制了人口的增长；第二是城镇化进程不断加快，农村人口向城市迁移，从这个方面讲，未来城镇化趋势依然会导致农村人口的持续减少。

2. 农村人口老龄化加快

20世纪80年代以来，我国农村人口年龄结构已经完成了从少儿型到中度老龄化的"跨越"，如表14-1所示。根据国际定义的老年人口比重达7%的标准，我国2000年，65岁及以上人口比重达7.5%，标志着我国已经进入人口老龄化社会。到了2010年和2019年，该比分别增加到10.1%和14.7%，说明我国人口老龄化呈现出逐步加快的趋势。并且，人口抚养比的数据也表明，随着农村人口年龄结构的变动，未来农村的抚养负担将更多地集中于老年人群体。

表 14-1 我国农村人口年龄结构和抚养比变动（%）

指标	1982年	1990年	2000年	2010年	2019年
0～14岁占比	35.4	29.6	25.5	19.2	19.3
15～64岁占比	59.6	64.7	67.0	70.8	66.0
65岁+占比	5.0	5.7	7.5	10.1	14.7
少年抚养比	59.3	45.8	38.1	27.1	29.3

---

① 付翠莲.乡村振兴视域下新乡贤推进乡村软治理的路径研究[J].求实，2019(04)：76-83+111-112.
② 刘厚莲，张刚.乡村振兴战略目标下的农村人口基础条件研究[J].人口与发展，2021，27(05)：130-139.
③ 刘厚莲，张刚.乡村振兴战略目标下的农村人口基础条件研究[J].人口与发展，2021，27(05)：130-139.

续表

指标	1982年	1990年	2000年	2010年	2019年
老年抚养比	8.4	8.9	11.2	14.2	22.3
总抚养比	67.7	54.6	49.3	41.3	51.5

数据来源:历次人口普查资料,《中国人口和就业统计年鉴2020》。

3. 农村劳动力数量短缺

20世纪90年代中期后,随着我国城镇化发展到中期阶段,农村人口流动的规模快速增加,而这些农村青壮年劳动力流出,给城市发展注入活力的同时,也给农村地区人口发展带来了两个方面的问题:第一是青壮年人口进城务工破坏了农村相对平衡的人口年龄结构,使得老龄人口比重上升,更重要的是农村劳动力流失,劳动力短缺使得农业生产亟须改变传统模式;第二是由于农村中受教育程度较高的年轻人口流出,剩余人口文化程度会出现下降,农村劳动力质量也受到严重影响。

第二节 中国主要城市群人口发展

城市群是一个不断发展与演变的城市集群系统,在经济社会发展的不同阶段呈现出动态变化的特征,了解我国城市发展的历史脉络与演进逻辑,并基于不同类型城市群,从纵向与横向两个维度分析我国主要城市群人口及其发展情况,对于推动我国人口和区域社会可持续发展有重要意义。

一、城市群的定义、特征与识别标准

(一) 城市群的定义

城市群是城镇化发展到高级阶段的空间组织形式,是一个以1个或1个以上的国家级中心城市或区域性中心城市为核心,由一定数量的大城市或都市圈为构成单元,依托互联互通程度较高的交通基础设施网络所形成的各城市功能定位较为明确,城市间产业分工与协作体系较为完备和区域一体化程度较高的多城市组成的密集区域。

城市群的概念起源很早,1915年格迪斯提出了"组合城市"的概念,认为随着城市经济的发展,各个城市的辐射能力逐渐增强,规模不断扩大,相邻城市的边缘地区逐渐交织在一起,形成了城市密集的地域结构演化趋势。德国著名经济地理学专家克里斯塔勒提出:区域在经济发展的过程中形成不同规模和等级的中心地,即以提供不同服务为职能的城镇;中心地发展到高级形态,在服务的提供上提升了质量,提高了数量,形成了六边形的市场区;一个区域因为有着不同的市场、交通和行政环境,构成了严密的中心地等级体系,这就是著名的中心地理论。1957年,法国地理学家戈特曼首次提出了城市群的概念,他将城市群定义为在一定区域内利用区域基础设施条件产生经济联系的不同规模的城市构成的城镇体系。国内学者在20世纪80年代以后引入了城市群的概念并且从不同角度丰

富、完善了城市群相关的理论体系。

(二) 城市群的特征

1. 整体连续性

城市群不是随意划分的,是根据在一定地域范围内地理距离短、经济联系强、文化特征接近等原则筛选出的不同规模、类型的城市组成的。城市群强调整体连续性,在其城镇体系中,由经济发展规模不同、综合发展水平各异的城市跨越行政主体的限制,共同构成城市群,城市群内部相邻城市的边缘区大多交织在一起,形成一定地域范围内的经济一体化发展趋势。

2. 中心集聚性

城市群的发展一般都有一个或多个中心,经济要素在中心高度集聚促使这些区域优先发展成城市群的增长极。增长极是整个城市群经济发展的核心,它通过经济发展的溢出作用和扩散作用带动城市群内其他城市的发展,从而促进整个城市群的经济发展。

3. 有序分级性

在城市群内部,各个城市因自身的比较优势和经济基础的不同,经济的发展方向也不同,各个城市在城市群中具有各自的分工,彼此之间有着相对稳定的联系,整个城市群有着稳定的职能分配体系。根据城市经济发展水平、人口规模、基础设施建设等方面的差异,城市群内的城市被分成不同的等级,从大到小,从核心到边缘,共同构成城市群的等级体系。

4. 动态发展性

城市群的发展不是一成不变的,随着交通条件和通信技术的进步,城市之间的时空距离逐渐缩短,城市群的空间结构发生变化,城市之间的经济交流更加频繁,经济要素在各个城市之间的流动更加容易,城市群的职能分配体系随之产生变化。由于产业转型升级和经济发展模式的转变,整个城市群的等级结构也需要重新构建,各个城市的发展迎来新的契机,原来高等级的城市可能会由于主导产业的衰落而降为低等级的城市,而一些低等级的城市可能由于主导产业的兴起而跃升为高等级城市。因此,城市群一直处于动态的发展变化之中。

(三) 城市群划分与识别标准

我国城市群个数以及城市群中数量和范围的划分学术界已有较多研究成果,其中,最为权威且认同度最高的当属国家"十四五"规划纲要中的提法,延续了"十三五"规划纲要中对19个城市群的界定,包括长江三角洲、珠江三角洲、京津冀、长江中游、成渝、哈长、山东半岛、辽中南、海峡西岸、中原、关中平原、北部湾、天山北坡、呼包鄂榆、山西中部、宁夏沿黄、兰西、滇中、黔中城市群[1]。2022年,童玉芬等基于"十四五"标准,进一步以城市群人口规模等五

---

[1] 具体内容参见《中华人民共和国国民经济和社会发展第十四个五年规划和二〇三五年远景目标纲要》第28章第一节。

项人口发展特征指标将19个城市群系统地划分为以下五个人口类别[①]，如表14-2所示。

表14-2 基于人口特征的城市群分类结果及描述

类别	城市群	所处空间地域	主要人口特征描述
第一类	京津冀、长三角、珠三角	东部及南部沿岸	规模大、密度高、城镇化水平高
第二类	成渝、长江中游、海峡两岸、山东半岛、北部湾、关中平原	东、中部为主	增长率高、人口空间分布较合理
第三类	中原、哈长、山西中部、滇中、辽中南	中部、东北、西南	增长率低、城镇化水平低
第四类	兰西、黔中	西北、西南	规模小、城镇化水平低
第五类	天山北坡、呼包鄂榆、宁夏沿黄	西北	规模小、密度小、空间分布不均衡

我国城市地理学界的姚士谋教授在其1992年出版的《中国城市群》一书中提出了城市群空间范围识别十大标准[②]，后来中国科学院地理科学与资源研究所的方创琳教授在结合国内外研究成果和我国发展实际的基础上，系统分析并提出中国城市群空间范围识别的七大标准[③]：

1. 城市群内大城市数量3个及以上，其中至少有1个及以上的100万级城镇人口的特大或超大城市；
2. 城市群内总人口规模2 000万以上，而区域城镇化水平大于50%；
3. 城市群内人均GDP达300美元以上，工业化水平较高；
4. 城镇经济密度大于500万元/平方千米，经济外向度大于30%；
5. 城市群铁路网络密度为250～350千米/万平方千米，公路网密度为2 000～2 500千米/万平方千米，基本形成高度发达的综合运输通道；
6. 城市群非农产业产值比重超过70%；
7. 城市群内核心城市GDP的中心度大于45%，具有跨省级的城市功能。

由于城市群具有较强的历史阶段性和动态演进性的特征，进行空间范围的识别和划分是一个十分艰难与复杂的问题，使用何种识别标准和方法都无法划分出绝对明确的城市群空间范围。尽管如此，我们也必须保持对城市群空间范围识别标准的持续研究与探讨，因为确定相对比较明确的空间范围对于制定城市群经济社会发展战略和城市群区域规划，确保城市群健康持续稳定有序发展等都具有十分重要的现实意义[④]。

二、我国城市群发展

（一）中国城市群发展历程

政府治理主体制定的宏观政策不仅为我国城市群发展指明了方向和趋势，同时也为城市群发展提供了巨大的政治、经济、社会等制度支持。进入21世纪以来，随着我国区域

[①] 童玉芬,和明杰,杨欢,刘志丽.中国主要城市群的人口模式分类研究[J].北京行政学院学报,2022(01):114-121.
[②] 姚士谋,陈振光,朱英明,等.中国城市群[M].合肥:中国科学技术大学出版社,2006:5-7.
[③] 方创琳.城市群空间范围识别标准的研究进展与基本判断[J].城市规划学刊,2009(04):1-6.
[④] 方创琳.城市群空间范围识别标准的研究进展与基本判断[J].城市规划学刊,2009(04):1-6.

发展问题的不断凸显,城市群战略在实践中不断发展完善,通过对政府相关文件的整理,现将我国城市群发展政策历程分为以下三个时期:

1. 概念提出期(2005—2007年)

改革开放以来,我国对于城市建设和发展规划一直处于探索与徘徊阶段,直到2005年,《中共中央关于制定"十一五"规划的建议》提出"城市群"概念,才解决了城市走什么道路的问题。到了2007年,党的十七大报告再次强调,以大城市为依托,推动形成城市群,培育新的经济增长极,标志着城市群发展道路从此进入国家战略框架。

2. 初步发展期(2012—2017年)

2012年党的十八大报告和2013年中央城镇工作会议共同指出,要根据资源环境的承载能力科学规划城镇群的纵横与布局,以城镇群为主体形态促进区域合理分工、协调发展;并在有条件的中西部地区和东北地区,逐步发展形成城市群;经过近10年关于城市群建设的探索,"十三五"规划则明确地提出城市群发展要分层次采取提升优化、发展壮大以及培育发展的方式加快城市群建设;十九大报告则指出,以城市群为主体构建大中城市与小城镇协调发展的新型城镇格局。自此,我国城市群发展模式与基本风貌尘埃落定。

3. 快速发展期(2018年—至今)

2018年国务院《关于建立更加有效的区域协调发展新机制的意见》指出,以京津冀、长三角等城市群推动国家重大区域战略融合发展,建立以核心城市引领城市群发展、城市群带动区域发展的新模式,共同推动区域间融合互动发展;《2020年新型城镇化建设与城乡融合发展重点任务》指出,增强中心城市和城市群综合承载力,优化资源配置能力,加快发展重点城市群;国家"十四五"规划纲要指出,以促进城市群发展为抓手,全面形成"两横三纵"城市群战略布局,为城市群发展构建了一幅宏伟蓝图。

(二) 中国城市群发展现状

改革开放以来,在国家战略的指引下,我国城市群建设取得了世界瞩目的发展成果,初步形成京津冀协同发展、粤港澳大湾区建设、长三角一体化发展有序推进的发展战略;成渝、长江中游、中原、哈长、北部湾等跨省区城市群的工作机制更加健全,基础设施更加畅通,市场更加统一有序,公共服务更加互惠共享,城市群内都市圈发展步伐明显加快,城市群吸纳人口和发展经济的作用持续显现[①]。截至2020年,我国已经形成在建和拟建重点城市群19个,包括422个大中小城市,占中国城市总数的63.4%,其中,直辖市4个,地级市191个,占中国地级市总数的66.3%,县级市231个,占中国县级城市总数的62.8%,小城镇11 787个,占中国小城镇总数的60.1%[②]。以京津冀、长三角、粤港澳大湾区、成渝、长江中游为代表的5个城市群,凭借占地约10%的国土面积,集聚了全国约40%的人口,创造了超过50%的GDP,成为引领我国高质量发展的重要经济载体和着力点。

总的来说,我国城市群发展受地理区位、资源环境禀赋、经济社会发展基础等长期客

[①] 中华人民共和国国家发展和改革委员会."十四五"规划《纲要》解读文章之19|完善新型城镇化战略[EB/OL]. https://www.ndrc.gov.cn/fggz/fzzlgh/gjfzgh/202112/t20211225_1309707.html? code=&-state=123,2022-12-25.
[②] 杨孟禹,戴祎楠.中国城市群战略变迁逻辑与"十四五"深化方向[J].开发研究,2020(05):92-101.

观条件以及推进城市群建设的思路方法等主观因素的影响,不同地区城市群整体实力、合作成效、一体化水平仍有较为广阔的发展空间,未来仍需不断加强建设和发展[①]。

三、我国三大城市群的人口变动与发展趋势

《国家新型城镇化规划(2014—2020年)》指出京津冀、长三角、珠三角城市群已经成为我国经济最具活力、开放程度最高、吸纳外来人口最多的地区,应在我国城镇体系中起到重要支撑和引领作用[②]。

(一) 三大城市群基本情况介绍

1. 长江三角洲城市群

长江三角洲城市群位于中国东部沿海、长江入海之前的冲积平原,简称长三角城市群,包括上海、南京、无锡、常州、苏州、南通、扬州、镇江、泰州、杭州、宁波、嘉兴、湖州、绍兴、舟山、台州等经济发展水平较高的城市,总面积21.17万平方公里。长三角城市群是中国综合实力最强的城市群,城市群内的超大城市上海是中国四大直辖市之一,也是国际著名的金融、贸易、科教中心。江苏省省会南京是中国重要的区域性中心城市,矿产资源丰富,交通发达。浙江省省会杭州是长三角城市群的中心城市之一,是区域性的经济、文化、教育和交通中心。工业化进程的加快推动了长三角城市群的快速发展,从改革开放之初的乡镇企业到之后的对外贸易再到后来引进台湾地区的电子信息制造业,长三角城市群经历了快速的产业结构升级和城市化历程。长三角城市群交通运输条件优越,拥有上海港和宁波—舟山港两个吞吐量全球前十的港口。城市群内拥有复旦大学、浙江大学、南京大学等世界双一流建设A类高校,拥有强大的科研能力,是中国重要的金融中心和先进制造业基地。扎实的工业基础、合理的产业结构、发达的商品经济、雄厚的科研实力,这些优势使得长三角城市群成为中国发展水平最高、经济活力最旺盛的城市群,并且跻身世界六大城市群之列。

2. 京津冀城市群

京津冀城市群位于中国华北平原腹地,东临渤海,总面积21.8万平方公里,包括北京、天津、石家庄、唐山、秦皇岛、保定、张家口、承德、沧州、廊坊等中心城市。京津冀城市群是中国的政治、文化中心,是我国北方最重要的经济核心区,是备受世界瞩目的中国三大城市群之一。核心城市北京是中华人民共和国的首都,是全国政治文化中心,北京市常住人口超过两千万,是国家中心城市、超大城市。天津兴于漕运,位于海河五大支流交汇处,东临渤海湾,是四大直辖市之一,也是中国北方国际航运中心和经济中心之一。唐山是河北省经济第一强市,是中国近代工业的摇篮,是世界级新型工业化基地。京津冀城市群区域内有北京大学、清华大学等国内顶尖学府,是中国高等教育最为集中的地区,科研实力全国领先。由于综合承载能力的限制,北京市正在向外疏解非首都功能,三地联合开

[①] 陈迪宇,王政,徐颖,龙茂乾.我国城市群建设进展及任务举措[J].宏观经济管理,2021(11):18 - 20.
[②] 胡婧怡.三大城市群与"人口流动"视角城镇化格局研究[C]//中国城市规划学会、成都市人民政府.面向高质量发展的空间治理——2020中国城市规划年会论文集(14区域规划与城市经济).中国城市规划学会、成都市人民政府:中国城市规划学会,2021:22 - 31.

展交通基础设施建设、生态建设和环境保护。从地区生产总值来看,京津冀城市群地区生产总值落后于长三角城市群,和珠江三角洲城市群不相上下。

3. 珠江三角洲城市群

珠江三角洲城市群位于中国华南沿海、珠江三角洲地区,毗邻香港和澳门,包括广州、深圳、珠海、佛山、江门、肇庆、惠州、东莞、中山等综合发展水平较高的城市,总面积18.1万平方公里。珠江三角洲城市群是中国三大国家级城市群之一,是重要的科技创新与技术研发基地。珠江三角洲城市群所包含城市同属广东省管辖,避免了行政分割带来的恶性竞争等问题。广州市是珠江三角洲城市群的核心城市,是中国首批沿海开放城市,也是国际著名的商贸中心。深圳市是中国第一个经济特区,是中国对外开放的窗口城市,业已成为三大全国性金融中心之一。城市群内有中山大学、华南理工大学等重点高校,科研创新水平全国领先。城市群内高铁网络发达,公路网密集,有白云、宝安等国际机场,广州港和深圳港都是中国最繁忙的口岸之一,吞吐量连续多年位列全球前十。凭借其先进的制造业和现代服务业,珠江三角洲城市群地区生产总值稳步提升。

(二) 三大城市群的人口变动趋势

目前,京津冀、长三角和珠三角城市群已经发展为我国人口规模最大、经济活力最足和创新能力最强的城市群,明晰其人口变动及其发展趋势,对于政府主体进行有效区域社会治理具有重要意义。

相对于工业化、城镇化开始较早的老牌资本主义国家,当下我国城市群发展实际上处于一个追求高质量稳步发展的中期阶段,而这一阶段人口呈现总量增加和增速放缓两大特征。

1. 总人口规模呈现持续增长的态势

截至2018年,京津冀、长三角和珠三角三个城市群常住人口规模达到了2.9亿人,约占总人口的22.1%,2000—2018年,京津冀、长三角以及珠三角城市群中的常住人口共计增加了6 542万人,如表14-3所示,已经成为我国外来人口规模最大、人口流动最为频繁的三个城市群。城市群由于具有更多的就业机会、更高的经济报酬和更多的发展机会,往往吸纳外来人口工作和定居,我国长期"由外地涌向城市"的人口流动热潮,导致三大城市群成为人口最为密集的地方。同时,受城市群内部的"经济地图"的影响,一些更具优势的城市会吸纳更多的人口流动,成为城市群的"核心城市"。这一方面导致了各种优势产业和经济活动向核心城市集中的"集聚效应",而对于人口发展形成"辐射效应",即离核心城市越远人口规模与发展水平越低。

2. 人口增长速度逐渐放缓

从增速来看,在不同的时间段,京津冀、长三角与珠三角城市群人口数量变化呈现相似的特点:第一,2000—2010年城市群人口的年均增长率普遍高于2010—2018年;第二,2000—2018年城市群人口的年均增长率普遍呈下降趋势,如表14-3所示。而这种"放缓效应"几乎发生在世界所有国家的城市群演进过程中,往往是由于城市群经济发展的调整与社会结构的变化。一方面,中期城市群不再像早期城市群以劳动密集型产业为主,其更多发展高新技术等需要高质量人才的产业,这意味"外地涌入城市"变成"高质量流向城市",尽管依旧存在劳动力需求,但增长速度开始迅速减缓;另一方面,社会结构变化主要体现在贫富差距、知识鸿沟和就业壁垒等方面,这导致流向中期城市群的成本增加(如定居成本、教育成本),而收益增长却没有明显提升,这也导致大型城市群人数增长的稳定,人口更多流入发展水平相对较低的第二类、第三类城市群。

表 14-3 2000—2018 年 3 个主要城市群人口变化情况[①]

城市群名称	行政单元(个)	人口(万人)			年均增长率(%)	
		2000 年	2010 年	2018 年	2000—2010 年	2010—2018 年
长三角城市群	16	8 743.12	10 763.27	11 247.99	2.31	0.56
珠三角城市群	9	4 287.91	5 611.83	6 300.99	3.09	1.54
京津冀城市群	13	9 010.23	10 440.45	11 034.42	1.59	0.71

从全球范围来看,世界各国的城市群演进与人口发展呈现出"增—折—回"的历史逻辑,即早期城市群的迅速扩张与人口数量和质量形成同步"增长"的态势,中期随着产业更替、发展调整与社会关系变化,城市规模和人口发展曲线出现"转折点",出现"减速增长"现象,后期逆转"由外地流入城市"的人口流动曲线,城市群人口数量"回复式"减少。对于我国而言,当下依旧处于现代化与后现代交织的发展阶段,城市群作为现代化与经济、政治和文化中心,依旧会在很长一段时间内成为人口的"主要流入地"和"发展中心"。但对于自然、轻奢与生态的后现代需求,尤其是"共同富裕""乡村振兴"等一系列国家政策的施行,大型城市群与人口发展的互相绑定将逐渐"脱轨",小型城市群、中线城市甚至农村城镇也会成为人口的流动方向,逐渐形成"一点突破,多面开花"的人口发展局面。

四、城市群的经济协调发展

(一)城市群经济协调发展的相关理论

1. 区域经济发展理论

冈纳·缪尔达尔提出了区域经济发展的二元结构理论,他认为,投资收益率的高低影响资源在区域内的分配结构,资本、劳动力、先进技术等经济要素从低收益率城市向高收益率城市的流动,导致高收益率城市经济的快速增长和劳动生产效率的大幅度提升,引致了区域经济发展不平衡。而在其经济快速发展的过程中,经济活动不断从收益率低的地区向收益率高的地区集聚,基础设施条件的提升和更高的收益率导致经济要素的继续流入,这种累积循环效应进一步加剧了区域经济发展的不平衡。经济发展良好的地区和经济发展缓慢的地区之间的经济差距持续扩大,形成了经济发展的二元结构。

以哈佛大学弗农为首的支持技术生命周期理论的经济学家认为,各种工业技术均有其生命周期,工业技术的创新往往发生在经济较为发达的国家,然后经历起步、发展、成熟、衰落的阶段,而这些技术向发展中国家的转移一般发生在其成熟后期、开始衰落的阶

---

① 肖金成,洪晗.城市群人口空间分布与城镇化演变态势及发展趋势预测[J].经济纵横,2021(01):19-30+2.

段,然后在发展中国家中继续重复起步、发展、成熟、衰落的生命周期。而梯度推移理论正是基于技术生命周期理论的研究,认为产业结构决定了一个城市的经济发展水平,而经济发展水平决定了该城市在区域内所处的梯度,生产技术、管理方法、运行机制等方面的创新往往发生在较高梯度的城市,然后向较低梯度的城市转移,重新经历其生命周期。

2. 区际分工理论

亚当·斯密在其著作《国富论》中论述了分工对生产力提升带来的重大影响,劳动分工加强了手工业工人的劳动熟练程度,提高了生产效率。马克思系统分析了经济社会从简单协作发展到手工业生产再到机器大生产过程中劳动分工扮演的重要角色。随着每个城市发展规模的扩张,分工思想扩展到区域经济的发展,分工形成了地域职能专门化的局面,各地区由于要素禀赋的不同形成了区际分工。

区际分工理论伴随着社会经济发展的需要不断丰富,亚当·斯密提出了绝对优势理论,在全球贸易过程中,每个国家倾向于生产自身拥有绝对优势的产品,然后与其他国家交换其他产品,在这个过程中,各个国家的经济资源得到了充分利用,发挥了最大的生产优势,社会的整体福利增加。受亚当·斯密的影响,大卫·李嘉图提出了比较优势理论,他认为国家与国家之间进行贸易,应该选择生产相对其他国家具有比较优势的产品而与其交换自身没有比较优势的产品,在这个贸易过程中,每个国家都获得了利益,资源都得到了有效利用。

3. 集聚经济与扩散效应

新古典经济学深入研究了分工专业化和分工网络结构的拓扑性质,认为集中交易可以改进交易效率,而交易效率的提高促进了交换,扩大了供给与需求,使得从事特定行业盈利成为可能。随着交易效率的不断提升,分工更加专业化、精细化,非农工作从业者不断集聚在一起,形成城市。

集聚是区域经济发展的根本动力,波特认为"集群"是一个国家发展经济的核心竞争力,产业的集群使得优势企业聚集在一起,形成完整、高效的产业链条,极大地提升了经济的运行效率。一方面,交易成本的节约以及知识的积累为区域经济发展带来外部经济效应和品牌效应,更好地带动了区域经济的发展。另一方面,随着经济的不断集聚,也带来集聚成本的不断增加,降低了集聚的效用,造成"集聚不经济"。当集聚的不经济性超过集聚的经济性,经济的集聚超过了集聚中心的综合承载能力,集聚中心的经济活动便开始向周围扩散。经济要素的转移和经济活动的扩散进一步促进了周围地区的经济发展,人才、资本、技术等的引进使得这些地区的经济运行效率得到极大提升,同时也改善了产业结构,带来了经济的扩散效应。

(二) 城市群经济协调发展所面临的困境[①]

1. 不同区域城市群之间的发展差距相对较大

相比于东部地区快速发展的城市群,近些年来我国中西部地区和东北地区的城市群虽然在中部崛起、西部大开发、东北振兴等区域发展总体战略的推动下取得了一定的发展

---

① 陈鹏. 城市群协调发展问题研究[D]. 上海:华东政法大学,2020.

效果,但由于基础较弱、起步较晚,中西部地区和东北地区的城市群与东部地区的城市群在所处的发展阶段上的差距较为明显,而且在竞争力和综合实力上的差距也较为明显。

2. 中西部城市群内部各地区之间发展不平衡的问题较为突出

我国中西部地区城市群内部各地区之间经济社会发展不平衡的问题,主要表现在城市群内部省会城市一城独大,城市群中心城市与行政中心高度重叠,城市群基本公共服务不均等。中小城市集聚产业和人口不足,潜力没有得到充分发挥,小城镇数量多、规模小、服务功能弱。城市群中心城市与城市群内部的其他城市之间的发展差距不断拉大。

3. 城市群产业布局不合理和地区间低水平同质化竞争问题日渐凸显

城市群内部各地区间的产业分工和协作体系不太完备,群内地方政府在制定各自发展战略和产业政策时,更倾向于支持那些盈利水平高的行业发展,最终会形成城市群内各个城市产业发展的同质化现象①。城市间分工协作不够,低水平同质化竞争严重,城市群一体化发展的体制机制有待进一步完善。

4. 推动城市群协调发展的体制机制不尽完善

在我国的经济发展格局由传统的省域经济、市域经济等行政区经济向城市群经济转变的同时,与行政区经济格局相适应的行政管理体制和运行机制却并未随之发生相应的变革,主要表现为城市群发展规划在推动城市群协调发展方面所发挥的作用有待强化,城市群区域性公共事务治理机制尚未得到有效的构建,城市群内生治理机制在推动城市群协调发展上所发挥的成效较为有限等问题。

(三) 城市群经济协调发展的路径选择

1. 城市群府际协作治理

城市群府际协作治理是一种以城市群范围内的各地方政府为核心治理主体,各地方政府在不断沟通和充分协商的基础上达成协作的共识,并采取相应的府际协作行动来化解城市群治理难题和推动城市群协调发展的城市群治理模式。

作为理性的利益主体的城市群范围内的各地方政府,在参与府际协作能够使其获得更多收益的动机的驱动下,愿意让渡出自身部分的经济社会事务管理权限和经济利益以换取更多的和更为长远的府际协作收益,这有利于化解城市群内部的区域性公共事务治理难题,弱化地区间的政策壁垒和利益藩篱,不断发展完善城市群府际协作治理机制,推动城市群协调发展水平和质量的不断提升。

2. 城市群经济成果转移与利益补偿机制

在当前行政区划分割的情形下,核心城市在向城市群内其他城市转移经济资源和要素、让渡部分权利时难以得到相应的利益补偿,城市群内缺乏合理的利益分享机制,这些极大地限制了城市群经济的协调发展,降低了经济效率。政府可以利用财税手段,建立合理的激励机制,进行城市群市场整合,基于城市群内的职能分配和各城市群在产业链中的

---

① 任维德,乔德中.城市群内府际关系协调的治理逻辑:基于整体性治理[J].内蒙古师范大学学报(哲学社会科学版),2011,40(02):50-55.

定位,建立切实可行的、制度化、规范化的利益分享和补偿机制,只有这样才会促进核心城市自觉向外扩散其经济成果,带动周边城市共同发展,推动城市群经济的协调发展。

第三节 区域治理视域下的人口长期均衡发展

政府作为区域社会治理的主体,在区域人口均衡发展战略和新型城镇化过程中如何进行人口调适,如何通过社会治理手段创新人口发展的区域治理路径,成为新时代区域治理的重要话题。

一、区域治理与人口长期均衡发展的内涵

区域治理是指为实现公共利益的最大化,政府与非政府组织、社会组织以及利益相关者之间相互联合、协作,共同处理公共事务的过程[①]。在经济全球化的发展背景下,区域治理已经被运用于我国生态治理、环境保护以及公共建设等诸多方面,如何从区域治理的视角来研究我国人口发展问题,构建新时代区域人口发展与社会治理框架,还是具有实践性与创新性的课题。

人口长期均衡发展是我国人口发展战略规划导向的基本点,其相应的内涵随人口与经济社会的发展发生动态变化。翟振武教授认为,人口均衡是指人口发展与经济社会发展水平相协调,与资源环境承载能力相适应,人口总量适度、人口素质全面提升、人口结构优化、人口分布合理及人口系统内部各个要素之间协调平衡发展[②]。人口均衡包括两层含义:第一,人口作为一个整体,应该与外部各方面因素的发展相平衡;第二,在人口内部,各要素之间要维持平衡,各要素自身也要保持理想状态[③]。

二、新型城镇化进程中的人口再布局

面对我国人口均衡发展的战略要求,在新型城镇化进程中如何真正体现人的内涵,实现人口的合理调适和科学再布局,是一个重要机遇与重大治理挑战并存的时代课题。

(一)积极引导人口城镇化

按流动的空间距离不同,我国农业转移人口大致可以分为三个不同群体,对这三个群体需要制定不同的政策引导实现不同的城镇化。

一是对于县域内流动的人口,在遵循农业转移人口知情、自愿的前提下,创新运用城乡资产置换、"宅基地换住房"、"城乡用地增减挂钩"等机制,推动就近就地城镇化,用政策引导和鼓励农民向当地就近县城或城市就业和安居。

二是对于流出县域以外、在省域之内流动的农民工群体,应该充分考虑地域间情况的

---

① 张车伟.区域治理视域下人口发展策略研究[J].南京社会科学,2016(04):154-156.
② 王钦池.促进人口均衡发展 建设人口均衡型社会——中国人口与发展咨询会(2010)观点综述[J].人口与计划生育,2010(07):4+6.
③ 翟振武.建设人口均衡型社会[J].求是,2013(23):57-59.

差异性,在市级范围内使用城乡资产置换等政策工具,从就业的稳定性、居住时间长短,以及社保缴纳的情况来综合考虑给予农民工城镇户籍,帮助其成为真正的城市人。

三是对于省际流动的农民工群体,要注重创新居住证、社会保障以及公共服务等相关制度,并且加大对其进行职业技术培训和就业指导。另外,根据不同城市和行业发展情况,针对先进企业的产业工人、自主经营达到一定纳税额度的从业人员等,采取不同的落户政策。

(二) 实施不同的人口城镇化战略

"胡焕庸线"是我国人口密集和稀疏的分界线,在某种程度上也成为我国城镇化水平的分割线,其东西部间经济发展与人口分布的差异性决定了不同的城镇化道路。

"胡焕庸线"以东的地区工业化、城镇化水平较高,人口密度大,但大城市发展也面临着资源、环境与人口等各方面的压力。未来一段时间,一方面要加大东部地区产业、人口向中西部开放和转移,推动大城市和城市群转型升级,参与全球竞争,将成为该地区新型城镇化进程中的主要工作任务。另一方面,东部地区需要充分关注流动人口基本公共均等化服务问题,保障流动人口的基本权益,促进社会公平与共同富裕。

"胡焕庸线"以西的地区,大部分面临地广人稀、生态脆弱、经济发展滞后、资源丰富、边疆及民族问题复杂等诸多特殊情况,必须探索与东部地区不同的城镇化发展策略,因地制宜、特色突出、规模适度、精准扶植应当是该地城镇化发展的主导模式。一是在确保资源、环境和生态安全的前提下,对资源、能源合理开发,形成因地制宜的以资源能源开发、生活配套、旅游为主要功能的现代化小城镇。二是对资源能源缺乏、不利于生产性经营活动的区域给予特殊政策支持,例如国家审批自贸区、大型免税店;支持利用地形地貌、自然特征建设汽车拉力赛场、影视城、大型创意游乐园等;同时,以优惠政策鼓励酒店旅游业配套开发,形成特色突出的西部现代服务业小城镇,吸纳国际、国内就业与消费人口,有效带动区域间人口与经济的均衡发展。三是推进民族地区和边境地区人口较少的县域、城镇就近集聚、集中发展,形成适度规模。一方面,有利于提高公共服务的供给效率和供给水平,改善西部地区人口生活质量;另一方面,有利于推进民族融合、近域融合,集中多元文化形成发展合力;同时还有利于重点建设边贸口岸城镇、内陆门户城镇,强化特色辐射和富民兴边的战略意义。

(三) 激励县域自主发展,加速本地城镇化进程

中国现有的治理体系下,县域不仅是统筹城乡一体化发展的重要空间载体,更是推进就近就地城镇化的最合理单元。其在有效促进产业空间布局和劳动力空间布局的科学合理、高效契合,降低全社会城镇化成本,便于农民工就业安家,优化人口空间分布等方面都具有无可比拟的天然优势。为了切实促进就近就地城镇化、实现城乡一体化,需要采取一系列实际举措:

一是创新治理理念,变革现有机制,赋予县级单元更多的自主发展权利。使县域经济在优先获得财政、土地、外资、项目、基础设施等资源方面有更多的自主权限,保障县级单元和中心城镇有更多的政策性优先权利。

二是分类对接和支持,繁荣县域经济,提高县域单元的吸纳能力。结合产业向中西部转移的大势,加强对不同地区、不同类型的县级单元分类指导,必须进一步注重大力推进西部地区新型城镇化进程中的"产城同步",要做好"产城同步"的科学定位,根据自身的资源要素情况,合理谋划特色产业。要注重发挥区域协作的重要作用,利用西部地区的资源、能源和市场优势,推进跨区域资源与产业、产品与市场、人才与资源、资本与资源的链接互补,促进西部县域尽快形成特色优势产业。西部县域、中心城镇还要充分发挥原有迁移到东部地区的回迁人员智慧,充分利用其在原工作地的资源、技能、信息优势,在返乡发展中发挥创业带动就业的引导示范和带动作用;并注重吸纳本地籍的大学生回乡发展,为产业发展加大人才基础,实现以特色产业为支撑、以就业为先导的就近就地城镇化。

三是消除县域、中心城镇准入门槛,吸纳本地农业转移人口进入。近年来,省内流动的农民工群体逐年增加,其数量远远超出省际流动的农民工。特别是市域内流动人口,具有就近就地城镇化的物质基础、发展基础和文化习俗、家庭迁入、子女入学的优势。同时,生活宜居、价格合理的县域及中心城镇已经成为大部分农民工群体购房安居的首选,因而,应该加快县域、中心城镇户籍及相关公共保障政策的改革步伐,消除迁入门槛,吸纳更多的农业转移人口就近就地城镇化。

四是提升县域、中心城镇的养老服务水平,以老年人力资源和养老产业推动新型城镇化发展。县域与城镇普遍具有物价、房价生活成本较低且舒适宜居的特点,特别是一些生态环境好、自然环境优美、有鲜明特色的县域、古镇,更是适合大力发展养老产业。一方面,吸引城市老年人口移居养老、候鸟式养老,这不仅可以带来各项资源,还可以带来消费需求,可以带动县域及城镇的发展;另一方面,吸纳原有外出的部分中老年农民工返乡回到原籍,鼓励本地农业转移人口进县域、城镇落户养老,使其中相对年轻的群体经过培训转向老龄护理领域,促进县域、城镇养老产业发展的同时,还有利于提高集聚养老的效率,减轻农村养老资源不足的压力。

三、区域人口发展的治理路径

(一) 关注区域人口发展战略管理政策创新

当前,党和国家的政治引领作用,在区域人口治理中发挥着主导性作用。人口发展政策的创新主要体现在制定科学的人口发展规划,营造有利于人口生存和发展的良好政策环境,制定有利于促进人口长期均衡发展的法律制度等方面。

首先,结合区域经济条件、人口状况、自然地理条件等特征,因地制宜地制定人口的就业、户籍制度、社会福利与保障制度、公共服务供给和基础设施建设等配套政策。特别要注重在有效利用居住证制度促进区域人口、产业、资源与环境良性发展方面的政策创新。

制定完善的促进区域间开展顺畅合作的法规政策,也是促进人口发展的区域治理重要内容之一。区域协调发展是区域治理的目标,但也是一个难点。竞争中合作、合作中竞争是长期存在的,只有制定规范的法规制度,才能使区域间开展良性的人口、资源与环境方面的互补合作,避免重复建设与恶性竞争。

（二）构建人口区域治理协调机制

区域人口发展战略的制定、实施与协调是一个关系区域经济、社会、资本、环境等诸多方面的综合性举措。区域内部治理需要政府各部门之间、政府与市场、社会组织以及其他利益相关者之间相互协调；而外部治理则是指区域之间的协调。只有建立科学的区域治理内外部协调机制，才能有效避免人口发展战略与区域经济、社会、资源、环境之间的矛盾与冲突，形成区域间优势互补的良性局面。

从区域内部协作来看，政府相关部门如果各自为政，不仅会造成人口管理混乱与资源浪费，更无法贯彻人口发展战略规划，实施有效的区域治理。另外，从人口发展规划和相关政策制定的层面来看，由于各部门职能的不同，对于人口发展问题的关注点也不同，使得各自政策的制定和管理方式容易缺乏总体性，而这些都不利于实现区域人口与经济社会的均衡发展。

从区域外部来看，如果缺乏有效的区域间人口发展的协作机制，固然有政府主体的宏观管理，也无法完全避免"公地悲剧""集体的行动"等制度经济学中常说的这些问题。竞争与利益分配可能会导致区域间人口发展面临诸如城乡壁垒、劳动力与人口流动受限、生态污染和产业同构等问题。

建立人口发展战略管理的区域治理协调机制，对内部形成区域政府各部门、市场、公民、社会在人口发展方面信息共享、目标一致的协同效应；对外部加强区域协作，统筹实现区域之间人口协同发展、产业互补、资源环境共享的"大人口"发展战略目标。

思考题

1. 乡镇振兴中需要重点关注哪些人口发展问题？
2. 京津冀、长三角和珠三角三大城市群发展中人口发展有哪些基本特征？
3. 我国区域人口发展主要有哪些治理路径？

第十五章

人口安全

人口安全是一个国家最基本、最重要的安全问题之一,它直接关系到国家的主体安全,以及社会的持续稳定和健康发展。本章将介绍人口安全的定义及内涵、人口安全的主要理论和思想,以及当前我国的主要人口安全问题。

第一节 人口安全的基本概念

尽管人口安全相关的思考与讨论一直存在,但明确提出人口安全的概念,并对其定义及内涵进行系统讨论与界定则是在 21 世纪有关中国人口的研讨中。2003 年 6 月,中国人民大学人口与发展研究中心和中国人口学会联合举办"人口、社会与 SARS"学术研讨会。时任国家人口与计划生育委员会主任的张维庆,在会上做了题为《坚持以人为本,全面建设小康社会》的报告,其中明确提出了"人口安全"概念,随后张维庆又撰写了《关注人口安全,促进协调发展》[1]的文章,系统阐述全面建设小康社会进程中我国所面临的人口安全和应对措施,引起了广泛的社会影响。北京大学人口研究所在首届人口问题高级资讯会召开后,推出了以"聚焦人口安全"为主题的论文集,比较系统地从各个方面论述了当时的主要人口安全问题[2]。

一、人口安全的定义

有关人口安全的定义,多位国内学者对其进行了探讨。陈功教授[3]将学者们的观点概括为六种。

(一) 状态论

学者秦生认为人口安全指的是一个国家或地区人口规模适度、人口结构合理以及人口流动有序的一种状态,这种状态不但可以充分满足该国或该地区经济、社会可持续发展的需要,也有利于实现该国或该地区的社会、政治稳定[4]。林盛中等则认为人口安全是指

---

[1] 张维庆.关注人口安全 促进协调发展[J].市场与人口分析,2003(05):1-6.
[2] 金小桃,郑晓瑛.聚焦人口安全[M].北京:中国人口出版社,2004.
[3] 陈功,刘菊芬,蔡春光,纪颖.安全与人口安全:概念的发展与讨论[J].市场与人口分析,2005(02):1-12.
[4] 秦生.世界人口安全问题综述[J].国际资料信息,2003(12):34-39.

人口数量、素质和结构处于最佳完好状态,其发展趋势有利于人与自然和谐发展并对国家安全形成强有力的支持[①]。

(二) 集合论

李小平认为人口安全基本可以视为"个体生命安全"的一个集合术语,也就是说可以将"人口安全"视为由许许多多个体组成的一个人口群体的生命安全问题[②]。

(三) 发展论

李涌平认为人口安全是一种历史发展观。不同社会有不同的人口安全观,人口发展的社会历史就是人口安全观发展变化的历史。现行的计划生育政策是人口安全国情的需要,是在特定历史条件下所采取的应对人口安全的手段[③]。

(四) 问题论

穆光宗认为人口安全是涉及人口这个特定领域的发展风险问题。安全的人口是指人口的结构和功能处在平衡、稳定、健康的发展状态中,天然具备协调发展和持续发展的能力。人口的安全性就要看人口的结构和功能状态。人口安全是人口系统健康运行的底线[④]。

(五) 协调论

陆杰华等认为人口安全可以界定为在一定时期内人口要素之间以及人口要素相关的社会、经济、资源、环境等方面相互协调,以利于国家综合实力的提升以及确保国家的整体安全。从另一个角度上讲,国家综合国力的提升以及国家安全,不因人口问题而受到根本性的损害,以避免或化解人口方面可能出现的局部性或全局性危机,确保国家长期社会经济发展目标的顺利实现[⑤]。

(六) 特征论

周广华认为人口安全是国家安全的重要组成部分。它具有社会性、区域性、驱动性和继承性等特点[⑥]。

总结不同学者的观点,可以看出,大部分学者主张将人口安全的讨论与国家安全挂钩,即从国家安全的角度,思考人口是否安全,安全的人口是国家安全的一部分,也是国家安全的基础性支撑,但同时也受到其他方面的国家安全要素的影响。这与 1994 年联合国开发计划署在主题为"人类安全的新领域"《人类发展报告》中提出的"人类安全"(human security)概念有着显著的不同。人类安全是指人们能够安全地、自由地实现人的发展,而且能够确信他们今天所拥有的机会不会在明天失去。在《人类发展报告》中具体列出了涉及人类安全的七

---

① 林盛中,曲秀琴.人口安全在人与自然和谐发展中的作用[J].人口与计划生育,2004(06):4-6.
② 杨文庄,于学军,李小平等.专家笔会:人口安全纵横谈[J].人口与计划生育,2004(02):19-26.
③ 杨文庄,于学军,李小平等.专家笔会:人口安全纵横谈[J].人口与计划生育,2004(02):19-26.
④ 杨文庄,于学军,李小平等.专家笔会:人口安全纵横谈[J].人口与计划生育,2004(02):19-26.
⑤ 陆杰华,傅崇辉.关于我国人口安全问题的理论思考[J].人口研究,2004(03):11-15.
⑥ 周广华.人口安全的特征[J].人口与计划生育,2004(02):8.

个方面,即经济安全(基本收入有保障)、粮食安全(确保粮食供应充足)、健康安全(相对免于疾病和传染)、环境安全(能够获得清洁水源、清新空气和未退化的耕地)、人身安全(免遭暴力和威胁)、共同体安全(文化特征的安全)和政治安全(基本人权和自由得到保护)。与我国学者所讨论的人口安全有着显著的不同,人类安全更为强调个人的权力与安全问题。

二、人口安全的内涵

对于人口安全的具体内涵,从近二十多年学界对人口安全的定义讨论和所讨论的具体人口安全问题看,目前学者们还没有达成一致,争议主要集中在两大方面:

一是人口作为安全的主体还是客体。陆杰华、秦生等学者的讨论中更多将人口作为安全的客体,即关注人口对国家安全的保障性,将因为人口要素而导致的国家社会、经济、交通、国防等方面的安全形成的威胁,称为人口安全问题。而穆光宗等人的研究更多将人口作为安全的主体,即强调人口自身的存续和发展风险,关注人口自身的安全问题。而翟振武教授则认为:如果把人口安全仅仅定义为主体安全或是客体安全都有失偏颇。人口安全的内涵中,一方面应包括对主体(人口)的保卫,指人口的规模、结构和分布的状态与变化,不会使人口自身受到严重损害,不会影响人口自身的存续和发展;另一方面,也应包括通过人口因素来保障另一客体——国家和社会的安全,使这另一客体的安全不因人口的种种问题而受到威胁。两者的结合才是人口安全的完整内涵。因此,人口安全应该是指人口本身或国家社会不因人口问题而受损害和威胁,能够避免或化解人口方面可能出现的局部性或全局性危机[①]。

二是人口安全的阈值。即什么样的人口问题才算是人口安全问题? 部分学者倾向于将人口问题与人口安全问题等同,强调人口数量、结构和分布等各方面"最佳完好""协调""有利于""平衡、稳定、健康"等才是人口安全,阈值较高,对应的人口安全问题也比较多。也有部分学者认为应该区分人口问题与人口安全问题,人口问题达到"损害""危机"和"威胁"的时候,才可被称之为人口安全出现问题。人口安全应该是一种最高层次的人口问题。只有当某些人口问题的影响膨胀到足以严重威胁到人口自身的生存与发展或威胁到国家和社会的继续存在与发展时,才会被认定是一种安全议题。安全是风险和危机的反义词。人口安全是一种程度已经严重到威胁损害人口自身生存发展或国家社会生存发展的最高层次的重大人口问题[②]。

三、人口安全的特征

相对于其他国家安全的要素,尤其是传统国家安全,人口安全具有社会性、区域性、双向性和长期性等基本特征[③]。

(一) 社会性

人口安全的社会性主要表现在以下几个方面:一是人口是生产者和消费者的统一体。人与动物不同,动物靠大自然的恩赐,获取自然界现成的食物而生存,而人是靠从事生产

---

① 翟振武,明艳.定义"人口安全"[J].人口研究,2005(03):40-43+96.
② 翟振武,明艳.定义"人口安全"[J].人口研究,2005(03):40-43+96.
③ 周广华.人口安全的特征[J].人口与计划生育,2004(02):8.

活动来满足自身的需求,在与大自然做斗争、征服大自然中生存和发展。二是人口安全受社会经济因素的影响。社会政治及上层建筑影响人们生育观的变化,文化教育影响人口素质的提高,经济条件决定人口发展趋势,军事战争直接威胁人们的生命安全,医疗卫生为人们身体健康提供了物质保障,资源环境是人类生活资料和生产资料的物质源泉,上述各种因素都直接或间接地影响人口要素的内部均衡发展,决定着人口的安全程度。三是人口安全受国家法律政策的保护。国家对人们的生育权、人身权、财产权、名誉权都颁布了相应的法律法规,为人口安全奠定了法律基础。

(二) 区域性

人口是生活在一定地域范围内的社会群体,人口的变动不仅要受地理环境和资源分布的影响,而且还要受社会生产力发展水平和社会经济发展程度的影响,人口的社会构成随着社会经济条件的变化而发生变化。在一个地区范围内,若人口密度过高,出现人口压力,劳动力过剩,从而引起就业困难问题,人民的生活水平得不到提高,也会带来治安、交通等社会问题;若一个地区环境恶化或传染病流行,造成人口大量伤亡,人口安全受到威胁,人口问题将制约这个地区社会经济的发展。因此,人口安全具有地域性的特征。

(三) 双向性

双向性指人口和国家安全之间作用的双向性。人口对社会发展起到促进或延缓的作用。当劳动者的数量和质量能与生产资料有机地结合时,人口处于安全状态,将推动社会经济、科学技术的迅速发展;当劳动者的数量和质量不能与生产资料有机地结合,人口与经济发展的比例失调时,人口问题将阻碍和制约社会经济的发展。

(四) 长期性

由于人口再生产本身具有惯性作用,现在的人口状况是过去人口的结果,也是未来人口发展的基础。人口问题的出现,不可能在短时间内一下子得到解决,必然要延续一定的时间,从而必然会呈现出人口安全的长期性。

第二节 人口安全思想

人口安全的思想自古就有。以孔子、孟子为代表的儒家学派主张增殖人口以强国。孔子提出"地有余而民不足,君子耻之",而孟子认为"诸侯之宝三:土地、人民、政事"。西方社会则早在古希腊时期,就主张人口的规模要适度。柏拉图认为国家应该对人口进行调节,指出"一个城邦最适当的人口限度应该是足以达成自给生活所需要而又是观察所能遍及的最大数额"。但是,人口研究至今,尚没有能够提出系统的人口安全理论,有关人口安全的主张更多是在人口与社会、经济、环境关系的讨论中被提及。同时,由于不同国家的不同历史时期所面临的人口问题有较大的差异性,有关人口安全的思想和主张也有不同的侧重点。本节将主要探讨当代的人口安全思想,聚焦梳理马克思主义人口安全思想、习近平人口安全思想和西方人口安全的相关理论。

一、马克思主义人口安全思想

马克思、恩格斯对人口问题的讨论虽然没有形成专门的著作,但他们对人口问题的阐述内容十分丰富。从人的本质、人口范畴的讨论,到人类自身生产与物质资料生产"两种生产"关系的原理分析;从对人口数量、质量、构成与人口、经济、资源环境协同发展的关注,到不同社会人口问题性质的科学揭示,可以说,马克思、恩格斯的人口思想已经构成了一个科学的人口理论体系,国内学者和中国共产党执政过程都高度重视对马克思主义人口思想的学习与中国化发展。在此,将对其中主要的人口安全思想进行简单介绍。

(一) 人口过剩理论

在恩格斯的第一篇经济著作《政治经济学批判大纲》中,他揭露了资本主义社会生产力压迫人口的现象:"在生产发展过程中就必然会出现这样一个阶段:在这个阶段上生产力大大过剩,结果,广大人民群众反而无以为生,人们恰恰因过剩而饿死[①]。"恩格斯认为资本主义社会人口过剩的原因是:"人口过剩或劳动力过剩始终是同财富过剩、资本过剩和地产过剩相联系着的。只有在生产力过大的地方,人口才会过多[②]。"马克思在1853年的《强迫移民》中,通过对古代移民形式和资本主义时期移民形式的对比分析,发现不同的历史时期都存在着过剩人口的现象,但是"由变成移民的自由雅典人构成的过剩人口,同收容在贫民习艺所里的工人构成的过剩人口极不相同",前者是在失去可以占有生活资料的条件与生产力极不发达的前提下,现有的土地容纳不了过剩的人口,这种人口过剩是"人口压迫生产力",是人口的绝对过剩,可以通过移民、扩大对土地的占有的方式来解决;而后者属于"同再生产条件相联系的过剩",造成这种过剩的原因是,失去可以占有的生活资料与资本主义生产方式发展要求,不是人口压迫生产力,而是生产力压迫人口[③],马克思认为解决此种过剩人口的手段只能是通过革命,即消灭私有制。这里可以看出,资本主义产生以前也存在过剩人口,但二者产生的原因极为不同,得出的解决方法也是不同的,前者靠发展生产力,后者靠改变生产关系。但人口过剩显然是人口与生产的互动过程中所形成的人口安全风险,需要采取策略进行改变,进而形成新的平衡。

(二) 两种生产理论

两种生产理论是马克思主义人口理论的核心内容。马克思在《政治经济学批判》的导言中表述了两种生产的思想。马克思认为:在物质资料生产过程中,人和物的消耗都需要得到补偿,所以"消费也是生产,正如在自然界中元素和化学物质的消费是植物的生产一样。例如,在吃喝这一种消费形式中,人生产自己的身体,这是明显的事。而对于以这种或那种方式从某一方面来生产人的其他任何消费方式也都可以这样说"[④]。这种生产就是两种生产中

---

① 马克思,恩格斯.马克思恩格斯全集(第1卷)[M].北京:人民出版社,1956:644.
② 马克思,恩格斯.马克思恩格斯全集(第1卷)[M].北京:人民出版社,1956:618.
③ 马克思,恩格斯.马克思恩格斯全集(第46卷下)[M].北京:人民出版社,1965:107.
④ 马克思,恩格斯.马克思恩格斯选集(第4卷)[M].北京:人民出版社,1995:8.

的人类自身的生产。"在第一种生产中,生产者物化",即通过劳动再生产出物质资料;"在第二种生产中,生产者所创造的物人化",即人通过消耗生活资料再生产出自己和生育新的一代。

两种生产的最终表述是由恩格斯完成的。在《家庭、私有制和国家的起源》第一版序言中,恩格斯对两种生产的阐述如下:"根据唯物主义观点,历史中的决定性因素,归根结底是直接生活的生产和再生产。但是,生产本身又有两种。一方面是生产资料即食物、衣服、住房以及为此所必需的工具的生产;另一方面是人自身的生产,即种的繁衍。一定历史时代和一定地区内的人们生活于其下的社会制度,受着两种生产的制约:一方面受劳动发展阶段的制约,另一方面受家庭发展阶段的制约。劳动越不发展,劳动产品的数量、社会的财富越受限制,社会制度就越在较大程度上受血族关系的支配。"[1]恩格斯在两种生产理论中,揭示了人类自身生产与物质资料生产的对立统一关系,二者此消彼长,最终统一于整个人类历史的进程中,两种生产是人类历史发展的决定性因素。

(三) 人口与经济发展的相互作用

对人口问题的研究中,马克思和恩格斯比较注重对人口与经济之间相互关系的分析。

首先,明确了人口在社会经济中的地位。马克思认为,人口是"全部社会生产行为的基础和主体"[2]。他认为,没有一定数量的人口,就没有人类社会,就不会有任何的社会活动和社会行为,从而也就谈不上社会的生产、分配、交换和消费等经济活动,也就没有社会的发展。可以说,一定数量和密度的人口是经济活动的物质前提。

其次,人既是生产者又是消费者,是二者有机统一体的观点,并重视人口质量与经济的关系。人正是通过这种双重属性与经济活动发生密切关系的。马克思、恩格斯在《德意志意识形态》中指出,人类的第一个历史活动就是生产满足吃喝住穿等需要的物质资料,"这是人们从几千年前直到今天单是为了维持生活就必须每日每时从事的历史活动,是一切历史的基本条件"[3]。在《资本论》中,马克思分析了资本主义以前的漫长时代里,物质资料的发展主要依靠劳动者数量,人口质量并没有得到足够重视。资本主义生产方式发展以后,随着机器大工业时代的来临,劳动者的质量逐渐受到重视。为了能够承担复杂劳动,就要"改变一般人的本性,使它获得一定劳动部门的技能和技巧,成为发达的和专门的劳动力,就要有一定的教育或训练"[4]。

关于人口分布与经济发展,恩格斯也有相关讨论。他认为:经济因素对人口分布的影响可以沿着向外扩展和向内聚集两个不同方向来进行。一方面,随着生产技术水平的不断提高和交通工具的改进,生产的发展就会逐渐摆脱自然条件的制约,使人口分布随生产发展不断在原有范围内向外扩展;另一方面,随着商品生产的发展和日益集中,逐渐形成了以手工业和商业贸易为中心的城市,使得人口在城市中聚集起来,造成人口分布状况的改变。此外,恩格斯还进一步认识到了人口大量聚集在城市中的消极影响,他指出:"第一次大分工,即城市和乡村的分离,立即使农村居民陷于数千年的愚昧状况,使城市居民受

---

[1] 马克思,恩格斯.马克思恩格斯选集(第4卷)[M].北京:人民出版社,1995:2.
[2] 马克思,恩格斯.马克思恩格斯文集(第8卷)[M].北京:人民出版社,2009:24.
[3] 马克思,恩格斯.马克思恩格斯文集(第1卷)[M].北京:人民出版社,2009:321.
[4] 马克思,恩格斯.马克思恩格斯文集(第5卷)[M].北京:人民出版社,2009:200.

到各自的专门手艺的奴役。它破坏了农村居民精神发展的基础和城市居民肉体发展的基础"①。他在预见未来人口流动和分布时,提出"只有使人口尽可能地平均分布于全国,只有使工业生产和农业生产发生紧密的联系,并适应这一要求使交通工具扩充起来——同时这要以废除资本主义生产方式为前提——才能使农村人口从他们数千年来几乎一成不变地在其中受煎熬的那种与世隔绝的和愚昧无知的状态中挣脱出来"②。

(四)人口与自然的关系

人类作为自然界的一分子,其生存和发展离不开自然环境。在《1844 年经济学哲学手稿》中,马克思分析道:"人直接地是自然存在物。人作为自然存在物,而且作为有生命的自然存在物,一方面具有自然力和生命力,是能动的自然存在物;这些力量作为天赋和才能、作为欲望存在于人身上;另一方面,人作为自然的、肉体的、感性的、对象性的存在物,同动植物一样,是受动的、受制约的和受限制的存在物③。"在这里,马克思深刻揭示了人与自然界之间的辩证统一关系。人作为有生命的自然存在物,既具有能动的改造自然的一面,同时也具有受制的一面,要受到自然环境的影响和制约。

在阐明人和自然环境的关系时,马克思、恩格斯认为这种关系并不是孤立存在着的,而是和人的社会关系紧密联系在一起的,是要受到特定的社会关系和社会制度制约的。"自然界起初是作为一种完全异己的、有无限威力的和不可制服的力量与人们对立的"④,随着人们开始逐渐能够征服自然、驾驭自然,在此过程中,人们之间也建立起了某种关系,即社会关系。人与自然界的关系同人与人之间的社会关系交织在一起,并受到社会关系的影响和制约。

在利用自然和改造自然的过程中,恩格斯特别强调要严格遵循自然规律,在正确认识和运用自然规律的基础上,为人类服务。他对人们提出忠告:"不要过分陶醉于我们人类对自然界的胜利。对于每一次这样的胜利,自然界都对我们进行报复。每一次胜利,起初确实取得了我们预期的结果,但是往后和再往后却发生完全不同的、出乎预料的影响,常常把最初的结果又消除了⑤。"

二、习近平人口安全思想⑥

截至 2023 年 5 月,习近平总书记在人口安全方面的重要论述和战略举措可以概括为三个方面:

(一)人口高质量发展与中国式现代化

习近平总书记在参加第七次全国人口普查登记时,提出了人口高质量发展的概念。

---

① 马克思,恩格斯.马克思恩格斯文集(第9卷)[M].北京:人民出版社,2009:308.
② 马克思,恩格斯.马克思恩格斯文集(第3卷)[M].北京:人民出版社,2009:326.
③ 马克思,恩格斯.马克思恩格斯文集(第1卷)[M].北京:人民出版社,2009:309.
④ 马克思,恩格斯.马克思恩格斯文集(第1卷)[M].北京:人民出版社,2009:534.
⑤ 马克思,恩格斯.马克思恩格斯文集(第9卷)[M].北京:人民出版社,2009:563.
⑥ 说明:本部分内容根据中华人民共和国中央人民政府网站 http://www.gov.cn/和学习强国网站 https://www.xuexi.cn/及《习近平著作选读(第一卷)》《习近平关于国家粮食安全论述摘编》资料整理而成。

对此，人民日报评论："要更好统筹人口与经济社会、资源环境的关系，优化区域经济布局和国土空间体系，优化人口结构，维护人口安全，促进人口高质量发展。"①其后，习近平总书记多次论述人口高质量发展与国家发展的关系。

2022年10月16日，习近平在中国共产党第二十次全国代表大会上的报告中指出："中国式现代化是人口规模巨大的现代化。我国十四亿多人口整体迈进现代化社会，规模超过现有发达国家人口的总和，艰巨性和复杂性前所未有，发展途径和推进方式也必然具有自己的特点。我们始终从国情出发想问题、作决策、办事情，既不好高骛远，也不因循守旧，保持历史耐心，坚持稳中求进、循序渐进、持续推进。"②

2023年5月5日二十届中央财经委员会召开第一次会议，会上习近平强调："人口发展是关系中华民族伟大复兴的大事，必须着力提高人口整体素质，以人口高质量发展支撑中国式现代化。"③会议指出，当前我国人口发展呈现少子化、老龄化、区域人口增减分化的趋势性特征，必须全面认识、正确看待我国人口发展新形势。要着眼强国建设、民族复兴的战略安排，完善新时代人口发展战略，认识、适应、引领人口发展新常态，着力提高人口整体素质，努力保持适度生育水平和人口规模，加快塑造素质优良、总量充裕、结构优化、分布合理的现代化人力资源，以人口高质量发展支撑中国式现代化。要以系统观念统筹谋划人口问题，以改革创新推动人口高质量发展，把人口高质量发展同人民高品质生活紧密结合起来，促进人的全面发展和全体人民共同富裕。

（二）人口与粮食安全

粮食安全是习近平总书记一直关注的非传统安全问题之一。他多次在中央会议和地方考察讲话时强调人口大国的粮食安全问题。

2012年12月15日，在中央经济工作会议上，习近平说："手中有粮，心中不慌。我国有十三亿人口，如果粮食出了问题谁也救不了我们，只有把饭碗牢牢端在自己手中才能保持社会大局稳定。因此，我们决不能因为连年丰收而对农业有丝毫忽视和放松。"④"我讲过，中国人的饭碗要牢牢端在自己手中，我们自己的饭碗主要装自己生产的粮食。解决十三亿人吃饭问题，必须长期坚持立足国内实现粮食基本自给的方针。我们国家这么多人口，保障粮食安全是一个永恒的课题，任何时候都不能放松。"⑤

2023年4月10日至13日在广东考察时，习近平指出："中国是一个有着14亿多人口的大国，解决好吃饭问题、保障粮食安全，要树立大食物观，既向陆地要食物，也向海洋要食物，耕海牧渔，建设海上牧场、'蓝色粮仓'。"⑥

---

① 新华社.以人口高质量发展支撑中国式现代化[EB/OL].(2023-05-08)[2023-12-21].http://www.xinhuanet.com/mrdx/2023-05/08/c_1310716860.htm.
② 习近平.习近平著作选读(第一卷)[M].北京：人民出版社，2023：18.
③ 新华社.习近平主持召开二十届中央财经委员会第一次会议[EB/OL].(2023-05-05)[2023-12-21].https://www.gov.cn/yaowen/2023-05/05/content_5754275.htm.
④ 中共中央党史和文献研究院.习近平关于国家粮食安全论述摘编[M].北京：中央文献出版社，2023：3.
⑤ 中共中央党史和文献研究院.习近平关于国家粮食安全论述摘编[M].北京：中央文献出版社，2023：3.
⑥ 人民日报.推进中国式现代化，必须全面推进乡村振兴[EB/OL].(2023-04-16)[2023-12-21].https://www.gov.cn/yaowen/2023-04/16/content_5751713.htm.

(三) 积极应对人口老龄化战略

习近平 2016 年 5 月 27 日在十八届中央政治局第三十二次集体学习时,指出"人口老龄化是世界性问题,对人类社会产生的影响是深刻持久的。我国是世界上人口老龄化程度比较高的国家之一,老年人口数量最多,老龄化速度最快,应对人口老龄化任务最重。满足数量庞大的老年群众多方面需求、妥善解决人口老龄化带来的社会问题,事关国家发展全局,事关百姓福祉,需要我们下大气力来应对"。①

面对我国快速且规模巨大的人口老龄化,以习近平同志为核心的党中央采取了积极应对的战略。2019 年 11 月,中共中央、国务院印发《国家积极应对人口老龄化中长期规划》,将应对老龄化上升为国家战略,明确了积极应对人口老龄化的战略目标,即积极应对人口老龄化的制度基础持续巩固,财富储备日益充沛,人力资本不断提升,科技支撑更加有力,产品和服务丰富优质,社会环境宜居友好,经济社会发展始终与人口老龄化进程相适应,顺利建成社会主义现代化强国,实现中华民族伟大复兴的中国梦。

习近平总书记在不同场合多次对积极老龄化国家战略实施做出具体部署。2021 年 10 月 13 日(重阳节前夕),习近平强调要"满足老年人多方面需求,让老年人能有一个幸福美满的晚年,是各级党委和政府的重要责任。要推动养老事业和养老产业协同发展,发展普惠型养老服务,完善社区居家养老服务网络,构建居家社区机构相协调、医养康养相结合的养老服务体系"。② 2023 年 1 月 18 日(春节前夕),习近平在视频连线看望慰问基层干部群众时的讲话中再次强调:"我国社会老龄化程度越来越高,一定要让老年人有一个幸福的晚年,要大力发展养老事业和养老产业,发展公办养老机构和普惠型养老服务,特别要强化对特困、低保、高龄、失能老年人的兜底保障。"③

三、西方人口安全相关理论

西方学者在人口问题的探讨中,虽然没有形成专门的人口安全理论,但有不少学者在人口与经济、社会、资源及环境关系的研究中,潜含着人口安全的思想。这里主要介绍人口过剩理论和适度人口理论。

(一) 过剩人口理论

英国资产阶级经济学家托马斯·罗伯特·马尔萨斯 1798 年发表《人口原理》④,创立了被后人称之为"马尔萨斯主义"的人口理论体系。在《人口原理》中,马尔萨斯着重分析探讨了人口与生活资料之间的关系问题,系统阐述了人口过剩理论。他从两条公理出发,"第一,食物为人类生存所必需;第二,两性间的情欲是必然的,且几乎会保持现状",提出了人口增

---

① 新华社.中共中央政治局就我国人口老龄化的形势和对策举行第三十二次集体学习[EB/OL].(2023-05-28)[2023-12-21].https://www.gov.cn/xinwen/2016-05/28/content_5077706.htm.
② 人民日报.老有所养——让老年人拥有幸福美满的晚年(新时代画卷)[EB/OL].(2023-05-12)[2023-12-21].http://paper.people.com.cn/rmrb/html/2023-05/12/nw.D110000renmrb_20230512_1-08.htm.
③ 新华社.习近平春节前夕视频连线看望慰问基层干部群众[EB/OL].(2023-01-18)[2023-12-21].https://www.gov.cn/xinwen/2023-01/18/content_5737809.htm.
④ 马尔萨斯.人口原理[M].朱泱,胡企林,朱和中,译.北京:商务印书馆,1992.

长与生活资料增长的两个级数的理论。他认为人口增殖力比土地生产人类生活资料能力更为巨大。"人口,在无所妨碍时,以几何级数率增加。生活资料,只以算术级数率增加。"这就是马尔萨斯的"人口法则"。根据两条公理和两个级数理论,马尔萨斯推论出三个命题:第一,人口增加,必须受到生活资料的限制;第二,生活资料增加,人口必增加;第三,占优势的人口增加力为贫穷及罪恶所抑压,致使现实人口得与生活资料相平衡。为了避免多过剩的人口,达到人口与生活资料之间的平衡,他提出了"积极抑制"和"预防抑制"两种手段。积极抑制是指通过疾病、战争、瘟疫、饥荒等方式,减少现存人口。预防抑制,是指通过晚婚、禁欲、不育等方式预防人口增加。在第二版《人口原理》中,他又提出"道德的抑制",主张那些无力赡养子女的人不要结婚,并且在婚前要保持贞操。在此基础上,马尔萨斯得出结论:他所述的"人口法则"是永恒的绝对的法则,适用于一切社会,而且由于"人口法则"的作用所造成的失业、贫困和罪恶是不可避免的,任何社会改革都会因"人口法则"的作用而导致失败。

马尔萨斯提出人口过剩理论之后,在英国又出现了一批主张通过避孕方法来限制人口增长的学者,他们的理论被称之为新马尔萨斯主义,代表人物是英国社会学家普雷斯。第二次世界大战以后,马尔萨斯主义又发展演变成为现代马尔萨斯主义。现代马尔萨斯主义人口理论所讨论的内容,已不仅仅是人口与食物等生活资料的关系问题,还广泛探讨了经济增长速度缓慢、社会生活和福利水平下降、自然资源短缺、生存空间有限、生态环境恶化等一系列人口和经济、资源、环境的关系问题。现代马尔萨斯主义的主要代表人物和著作有:威廉·福格特《生存之路》、赫茨勒《世界人口的危机》、保罗·艾里奇《人口爆炸》、泰勒《世界末日》、米都斯《增长的极限》、佩奇《世界的未来》等。

(二) 适度人口理论

适度人口理论探讨的是一个国家最适宜的人口的理论。适度人口理论认为经济收益最大时的人口数量是适度人口数。而实际人口数超过适度人口时为人口过剩,实际人口低于适度人口时为人口不足。

最初提出适度人口概念的人是瑞典经济学家维克塞尔,他在《论适度人口》中认为,任何一个国家都应当有其适度的人口规模、合适的人口密度,绝不能使人口规模超过该国的农业资源及它所能提供食物的综合能力。一国的人口增长应与它的技术进步和经济发展相适应。他强调,一国最适度的人口应当是它的工农业潜力所许可的、最大生产率所能容纳的人口。

适度人口理论的奠基者是英国经济学家坎南。在其《财富论》一书中,坎南系统阐述了他的适度人口理论。他认为人口增长对生产率或收益的影响是否有利,不仅要看它对农业收益的影响,还要看它对全部产业的生产率或收益的影响。他认为,任何时候,农业和工业生产都有一个"最大收益点"。而使工农业生产达到"最大收益点"的人口就是最适合的人口,未达到"最大收益点"以前,就是人口不足,超过了"最大收益点",就是人口过剩。此后,英国人口学家卡尔·桑德斯对"适度人口"进行了具体表述。他认为最适宜的人数就是"考虑到环境的性质、使用技术的程度、风俗习惯和一切其他有关事实——平均最高报酬时的人数"。此外,他又提出了人口的"适度密度",并把"最好的生活水平和最高的生活质量"作为评判人口适度密度的标准。随着理论研究的进一步深入,适度人口概念的内涵和外延也进一步扩大,从最初的适度人口规模逐步扩张到适度的人口增长率、人口素质等。法国人口学家兰德里把"适度人口"称为"能够保证人种的最大幸福的人口",为达到适度人口,应当确定人口与自然资源之间的恰当的比例。美国人口学家费伦奇在其所著的《人口的综合适度》一书中将适度人口的范围扩展到人口质量,并提出了"适度质量"的概念,主张通过优生学的方法对人口质量进行调节。

第三节　当前我国主要人口安全问题及应对策略

进入21世纪之后,我国人口发展的内在动力和外部条件出现了转折性的变化。为了更为准确地把握人口变化的趋势性特征,深刻认识这些变化给人口安全和经济社会发展带来的挑战,积极应对和化解人口领域可能遇到的安全风险,国务院适时发布了《国家人口发展规划(2016—2030年)》,其中明确指出:"今后15年我国人口发展进入深度转型阶段,人口自身的安全以及人口与经济、社会等外部系统关系的平衡都将面临不可忽视的问题和挑战。"这是人口安全概念再一次进入国家政策决策层面,且上升到国家人口战略规划的高度。

一、少子老龄化问题①

尽管我国在21世纪10年代以来进行了三次生育政策调整,目前已经执行全面三孩政策,但仅在2014—2017年间出现生育小高峰,随后出生人数迅速下降,2022年仅出生956万人,2010年以来的出生人口数如图15-1所示。与此相对应,我国的出生率也自2017年以来一路下跌,如图15-2所示,2022年仅有6.77‰,只有近10年来高峰值的一半(13.57‰)。

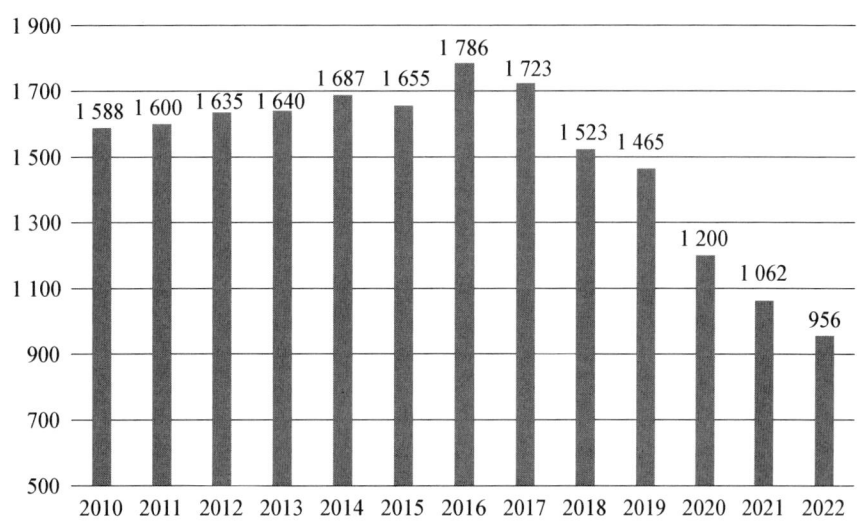

图15-1　2010年以来我国每年的出生人口数

---

① 少子老龄化部分的数据均来源于国家统计局网站的历年统计年鉴数据。

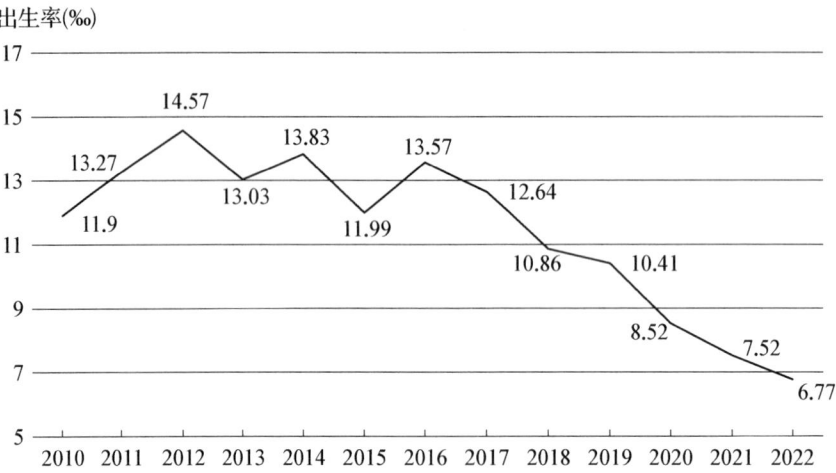

图 15-2　2010 年以来我国人口的出生率(‰)

与出生人口减少伴随的是我国人口老龄化水平的不断加深以及老年抚养系数和老龄人口绝对数的不断加大，表 15-1 给出了 2010 年以来我国老龄人口相关的变化情况。如本书第六章第四节对我国人口老龄化形势的分析，我国人口老龄化具有如下特点：老年人口数量多，老龄化速度快；老龄人口高龄化趋势明显；人口老龄化与经济发展不同步；地区之间人口老龄化发展不平衡；人口老龄化的城乡倒置；人口老龄化性别差异明显。

表 15-1　2010 年以来我国 65 岁及以上人口、老龄化水平和老年抚养比情况

年份	65 岁及以上人口(万人)	人口老龄化水平(%)	老年抚养比
2010 年	11 894	8.87	11.9
2011 年	12 277	9.10	12.3
2012 年	12 777	9.40	12.7
2013 年	13 262	9.70	13.1
2014 年	13 902	10.10	13.7
2015 年	14 524	10.50	14.3
2016 年	15 037	10.80	15.0
2017 年	15 961	11.40	15.9
2018 年	16 724	11.90	16.8
2019 年	17 767	12.60	17.8
2020 年	19 064	13.50	19.7
2021 年	20 056	14.20	20.8
2022 年	20 978	14.86	—

少子老龄化带来的经济发展下行压力和养老负担不言而喻。对此，我国一方面实施积极应对人口老龄化的战略，另一方面进行生育政策调整，以期改善人口年龄结构。前者在本章第二节已经有了介绍，这里将进一步介绍生育政策调整的情况。2013 年 11 月，党的十八

届三中全会审议通过《中共中央关于全面深化改革若干重大问题的决定》。决定提出,坚持计划生育的基本国策,启动实施一方是独生子女的夫妇可生育两个孩子的政策,逐步调整完善生育政策,促进人口长期均衡发展。2015年10月29日,党的十八届五中全会公报提出,促进人口均衡发展,坚持计划生育的基本国策,完善人口发展战略,全面实施一对夫妇可生育两个孩子政策,积极开展应对人口老龄化行动。2021年5月31日,中共中央政治局召开会议,会议指出,进一步优化生育政策,实施一对夫妻可以生育三个子女政策及配套支持措施,以改善我国人口结构,落实积极应对人口老龄化国家战略,保持我国人力资源禀赋优势。

二、边境人口安全问题

边境人口作为边境地区的"活界碑",是维护边境传统安全和非传统安全的重要力量。边境人口的稳定和安全对于保障边境发展、维护边境稳定具有极为重要的意义。当前我国边境人口主要面临以下安全风险:

(一) 人口总量减少

根据全国第七次和第六次人口普查数据的对比,我国9个边境省(自治区)的45个边境地级市(州、盟、地区)中,有24个已经呈现人口负增长,其中通化市(-43.97%)、大兴安岭地区(-35.24%)、白山市(-26.59%)、伊春市(-23.45%)、黑河市(-23.15%)和乌兰察布市(-20.40%)等7个地级市(州、盟、地区)的人口下降幅度高于20%,东北地区的边境人口减少问题最为突出。

(二) 边境村居虚空化

边境村居的虚空化主要体现在四个方面:一是人口的空心化,即年轻人和中壮年劳动力大量外流,外出打工,老人成为村庄生活的主体。二是地理空心化,即大量房屋空置无人居住,耕地无人耕种,农业生产方式简单粗放,土地资源利用不足。三是社会关系空心化,即大量的人口外流拉大了彼此之间的空间距离,造成维系村庄秩序的"熟人社会"关系网络松动和弱化。四是村庄社会活力空心化,即村庄内生组织缺乏新生力量,公共生活严重退化,社区治理水平下降等。如延边地区的人口流失超过50%或实际居住少于100人的"空心村"近100个,其中珲春市敬信镇防川村,目前已减少到20户[①]。

(三) 人口外迁趋势明显

2000—2015年,9个边境省级单位中人口净流出的省份从0个增加到了6个,净流出的边境地级市由1个增加至26个,我国七成以上边境县已成为净流出地区,边境县的净流出水平普遍与所在边境地级市相当或更高,人口净流出已逐步成为边境人口变动的主要因素。边境地区外流的主体是青壮年劳动力,这将造成当地劳动力缺乏、人才流失,进而降低地区创新能力和对外来投资的吸引力,削弱地区经济发展活力。人口流动具有累积效应,若人口外流地区的流动趋势得不到及时调整和控制,随着迁移网络进一步成熟和

---

① 韩淞宇.边境地区人口过疏化问题研究——以延边朝鲜族自治州为例[J].人口学刊,2019,41(04):104-112.

成本降低,人口外流规模可能会继续扩大,甚至走向无序化[1]。

(四) 部分地区人口老龄化水平高于全国

根据全国第七次人口普查数据,2020年11月1日普查时点,我国65岁及以上人口占13.50%。而在边境地级市(州、盟、地区)中,东三省的所有边境地市,内蒙古的包头市(13.70%)、呼伦贝尔盟(13.72%)、巴彦淖尔盟(14.39%)的人口老龄化水平均超过了全国平均水平,其中丹东市65岁及以上人口已经占比19.99%,直逼重度人口老龄化水平。与此同时,边境县的人口老龄化问题往往较其所在地市更为严重,如延边的图们市和龙井市,老龄化率达到了21.13%、20.43%[2]。

边境地区人口发展困境不仅使得当地社会负担加重、不稳定风险加大和发展乏力,对国家主权和领土完整、国家安全和发展等核心利益的影响更为重大。分析边境地区的人口发展困境既有共性成因,也有个性成因。共性成因有:边界所形成的经济、文化和社会的"屏蔽效应",与沿海和内地的巨大社会经济发展差距,边境经营政策竞争和实施偏差等。

为应对边境地区的人口安全问题,边境地市积极实施兴边富民行动和乡村振兴战略,培育边境特色产业,发挥边境地区资源优势,增加绿色优势农产品生产规模,建设区域特色产业的集聚区,发展边境旅游产业。进行政策创新解决因生态保护区建设、天然林保护工程等造成的制约边境乡村发展的政策瓶颈,为各类生态保护区周边的边民制定一些特殊政策。发挥生态资源丰富的优势,在保护性开发利用的基础上支持边境山区村民发展绿色经济和多种经营。同时,边境地区强化社会综合管控,维护地区稳定。发挥党组织的核心作用,加强边境乡村党员干部和广大边民爱国主义、国家安全、民族团结教育,引导边民树立守土有责、戍边光荣的意识。选派优秀干部到边境一线村屯担任第一书记,保障村级组织经费运转,充分发挥党组织在守边固边、脱贫攻坚中的战斗堡垒作用和广大党员在稳边固边、促进发展中的先锋模范作用。延边等地区对边境一线行政村实行"一村一警",突出重点地段、重点人员管控,积极探索在边境一线村屯推进农村社区建设,实行社区网格化管理、社会化服务,提升农村社区治理水平,加强教育引导,厚植边境一线群众基础,实现"一村一哨所、一人一哨兵",形成齐抓共管、综合治理、守边固边的良好氛围。

三、新发传染病引发的人口安全风险

新发传染病是指"近年来在人类中的发生数量明显增多,或它们发生在不久的将来,会威胁人类健康的新发现的、重新肆虐的或药物抗性所致的感染性疾病"。与新发传染病相关的还有"再发传染病",即病原体以前就有,但是得到了控制或流行范围有限,但在某个时间点突然开始大规模传播、造成社会恐慌的已知传染病。

---

[1] 段成荣,盛丹阳,刘涛.人口流动对边境地区人口安全的影响及机制分析[J].人文地理,2022,37(04):149-157.

[2] 朴美兰,程昊.东北朝鲜族聚居地区人口流失与社会治理——以延边朝鲜族自治州为例[J].东疆学刊,2023,40(01):64-69+127-128.

随着生态环境的变化、微生物自身的进化变异以及人类行为的改变,新的传染病不断出现,旧的传染病大量复燃。同时,随着全球经济一体化和国际旅行的快速发展,各国各地区之间人员流动的激增,使得传染病通过人员流动、旅行或航班进行跨境传播的风险日益严重,对人类健康构成了巨大威胁。近10年来,全球几乎每年都有新发传染病出现,先后发生人感染H5N1高致病性禽流感、人感染H7N9禽流感、甲型H1N1流感大流行、中东呼吸综合征、寨卡病毒和新冠病毒感染。

过去三年多,全球经历由阿尔法、德尔塔、奥密克戎等变异毒株引发的多轮新冠疫情高峰。新冠疫情的爆发,对世界各国的人口安全形成了极大的威胁和事实影响。黄国桂等人基于人类死亡率数据库,测算了27个国家(主要为欧美发达国家)2020—2021年(截至2021年9月26日)的平均预期寿命,并对平均预期寿命的变动进行了分年龄分解。结果表明,27国中绝大多数国家的15岁平均预期寿命在2020年经历了较为显著的下降。其中,美国、俄罗斯和保加利亚的降幅最大,分别达到2.2年、2.1年和1.8年,三国2020年的15岁平均预期寿命分别倒退至2001年、2015年和2007年[①]。随着新冠疫苗的普遍接种、治疗能力的改善和病毒本身致病性的下降,世卫组织2023年5月5日宣布:新冠疫情不再构成"国际关注的突发公共卫生事件"。截至当天,全球累计报告确诊病例逾7.6亿,死亡病例超过690万。而美国疾病控制与预防中心(CDC)同期发布的数据显示,新冠病毒大流行已致使全美近113万人死亡。

在我国,新冠疫情发生以来,以习近平同志为核心的党中央始终坚持人民至上、生命至上,全面加强对防控工作的集中统一领导,牢牢把握抗疫战略主动权,因时因势不断优化调整疫情防控政策措施。习近平总书记始终把人民放在心中最高位置,亲自指挥、亲自部署,统揽全局、果断决策,多次主持召开中央政治局常委会会议、中央政治局会议专题研究,作出一系列重要指示批示,为打赢疫情防控的人民战争、总体战、阻击战和做好常态化疫情防控、聚集性疫情处置、政策措施优化调整提供了根本遵循和科学指引。在2020年初,国家果断决策,关闭离汉离鄂通道,在全国范围内实施史无前例的大规模公共卫生应对措施,用3个月左右时间改变了疫情发展的危险进程,为全球抗疫也做出了重要贡献。2020年4月疫情转入常态化防控后,反复强调坚持"外防输入、内防反弹"总策略和"动态清零"总方针,有效抵御了全球五波疫情冲击。2021年11月奥密克戎变异株出现并逐渐在全球流行,不同奥密克戎变异株传播力逐渐增强,2022年10月份前坚持"动态清零",有效避免了BA.1、BA.2、BA.4、BA.5在我国的流行,尽最大努力保障了人民群众的健康安全。2022年11月,传播力更强的奥密克戎BF.7开始在我国传播,奥密克戎变异株致病力减弱的科学证据越来越充分,习近平总书记果断作出优化调整措施、实施"乙类乙管"的战略决策。面对百年变局和世纪疫情叠加的复杂局面,在以习近平同志为核心的党中央坚强领导下,中央应对疫情工作领导小组、国务院联防联控机制坚决贯彻落实党中央决策部署,各地区各部门密切协作、履职尽责,14亿多人民同心抗疫、坚韧奉献。我国先后经受住了全球六波疫情流行冲击,始终用最小代价实现最大防控效果,走过了应急性超常

---

① 黄国桂,刘尚君,林是琦,林进龙,江海霞,陈功,郭菲.新冠疫情与世界人口死亡率变动——基于27国人口平均预期寿命的分析[J].人口与经济,2022(04):15-29.

规防控、应急常态化防控、"乙类乙管"常态化防控三个阶段,有效处置百余起聚集性疫情,实现平稳转段。3年多来,我国人民健康水平稳步提升,经济增长保持在年均4.5%水平,高于世界平均水平,居民消费价格总体平稳,就业形势总体稳定,进出口总额突破40万亿元大关,统筹疫情防控和经济社会发展取得重大积极成果。我国3年多抗疫创造了人类文明史上人口大国成功走出疫情大流行的奇迹。

人类与传染病的斗争是一个长期历史过程。新发传染病对人口安全的威胁还将长期存在。3年多来,我国新冠疫情防控取得的重大经验是:及时研判预警,并制定完善不同情景下的疫情应对预案,不断完善防控机制举措,持续建强卫生健康服务体系,加快疫苗和药物的研发,加强与国际社会的合作和协调,坚持生命至上的理念,才能捍卫人民群众生命健康安全,共同维护人类健康福祉。

四、生态环境污染带来的人口安全风险

人作为社会发展的主体,人口的规模、结构、质量以及对美好生活的追求,不断影响着经济的发展水平与社会的进步速度,而资源与环境不仅是人类生存和从事经济活动的物质基础与条件,也是社会可持续按发展的前提保证。人类社会可持续发展的核心问题可以归纳为人口(population)、资源(resource)、经济(economy)和环境(environment)四个子系统(PREE系统)的协调发展问题[①]。人口、资源、经济与环境四个要素之间相互依存、相互联系,构成了一个复杂的系统,图15-3给出了四个子系统之间的耦合机制。

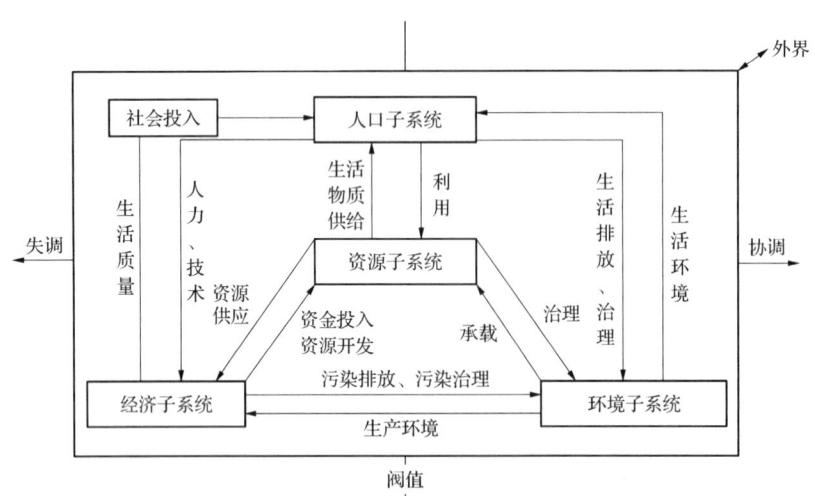

图15-3 PREE系统运行机制结构[②]

改革开放以来,我国经济在迅速发展的同时,资源环境问题日益突出,我国近年来的经济高速增长是以人口红利与高强度的资源投入为支撑的,以煤炭为主的能源消耗

---

① 曾嵘,魏一鸣,范英,等.北京市人口、资源、环境与经济协调发展分析与评价指标体系[J].中国管理科学,2000(S1):310-317.

② 范丽玉,高峰.中国省域人口、资源、经济与环境(PREE)系统耦合协调的时空演变特征与预测分析[J].生态经济,2023,39(03):168-176.

结构和低效的能源利用率加速了自然环境的退化,人口老龄化等人口问题致使人口红利不断衰弱,自然环境的退化与人口红利的衰竭又对地区经济的发展产生了制约,这种恶性循环的模式,加剧了人口、资源、经济与环境之间的矛盾[①]。为保护环境,促进人口健康,党中央、国务院高度重视生态文明建设。习近平总书记多次强调,"绿水青山就是金山银山","要坚持节约资源和保护环境的基本国策","像保护眼睛一样保护生态环境,像对待生命一样对待生态环境",将生态文明建设上升为国家战略。党的二十大报告中提出:深入推进环境污染防治。坚持精准治污、科学治污、依法治污,持续深入打好蓝天、碧水、净土保卫战。加强污染物协同控制,基本消除重污染天气。统筹水资源、水环境、水生态治理,推动重要江河湖库生态保护治理,基本消除城市黑臭水体。加强土壤污染源头防控,开展新污染物治理。提升环境基础设施建设水平,推进城乡人居环境整治。全面实行排污许可制,健全现代环境治理体系。严密防控环境风险。深入推进中央生态环境保护督察。

根据生态环境部发布的《2022中国生态环境状况公报》,我国的环境污染状况已经得到明显好转,呈现持续改善态势。环境空气方面,地级及以上城市细颗粒物浓度为29微克/立方米,比2021年下降3.3%。优良天数比例为86.5%,重度及以上污染天数比例为0.9%,比2021年下降0.4个百分点。水环境方面,Ⅰ类水质断面比例为87.9%,比2021年上升3个百分点,劣Ⅴ类水质断面比例为0.7%,比2021年下降0.5个百分点,地下水水质总体保持稳定。海洋环境方面,夏季一类水质海域面积占管辖海域面积的97.4%,比2021年下降0.3个百分点。全国近岸海域海水水质总体保持改善趋势,优良水质面积比例为81.9%,比2021年上升0.6个百分点,四类水质面积比例为8.9%,比2021年下降0.7个百分点。土壤环境方面,全国土壤环境风险得到基本管控,土壤污染加重趋势得到初步遏制。重点建设用地安全利用得到有效保障。农用地土壤环境状况总体稳定。生态系统方面,生态质量指数值为59.6,生态质量为二类。森林覆盖率为24.02%,陆域生态保护红线面积约占陆域国土面积的30%以上。声环境方面,功能区声环境质量昼间、夜间达标率分别为96.0%、86.6%。区域、道路声环境昼间等效声级平均值分别为54.0分贝、66.2分贝,与2021年相比基本保持稳定。核与辐射安全方面,未发生国际核与放射事件分级表2级及以上事件事故,放射源辐射事故年发生率稳定在每万枚1起以下。全国辐射环境质量和重点核与辐射设施周围辐射环境状况总体良好,核与辐射安全得到有效保障。气候变化及应对方面,全国平均气温偏高,降水量偏少。初步核算全国万元国内生产总值二氧化碳排放比2021年下降0.8%,全国万元国内生产总值能耗比2021年下降0.1%。

我国对环境污染治理的努力,使得人口资源环境的协同性显著向好。范丽玉等人借助2010—2019年中国31个省份的数据,运用空间计量方法与灰色预测模型对窝沟PREE系统耦合协调发展水平进行时空演变特征分析发现,我国PREE系统协调水平在波动中上升,已由轻度失调转变为中度协调状态[②]。与此同时,环境治理的健康效果也逐

---

① 逯进,常虹,汪运波.中国区域能源、经济与环境耦合的动态演化[J].中国人口·资源与环境,2017(2):60-68.
② 范丽玉,高峰.中国省域人口、资源、经济与环境(PREE)系统耦合协调的时空演变特征与预测分析[J].生态经济,2023,39(03):168-176.

渐显现。潘泽瀚等人的研究显示:随着环境问题意识的增强,西部地区居民对环境污染的敏感程度上升,2020年环境污染对西部城镇地区老年人口健康的抑制作用明显趋于增大。同时,城镇环境保护力度增强所带来的健康改善效应凸显,西部等地区环境治理的健康改善效应相比其他地区增幅更大[①]。

思考题

1. 如何理解人口安全?
2. 相对于传统国家安全,人口安全有哪些基本特征?
3. 习近平人口安全思想有哪些?
4. 我国当前面临哪些主要的人口安全问题？国家采取了哪些措施应对这些人口安全问题?

---

① 潘泽瀚,吴连霞,卓冲,杨飞扬.2010—2020年中国老年人口健康水平空间格局演变及其影响因素[J].地理学报,2022,77(12):3072-3089.

参考文献

专著：

[1] Castle, s. and M. J. Miller, The Age of Migration: International Population Movements In the Modern World[M]. London: Macmillan, 1993.

[2] 顾宝昌.社会人口学的视野:西方社会人口学要论译[M].北京:商务印书馆,1992,9:71-75.

[3] 郭克莎.中国:改革中的经济增长与结构变动[M].上海:上海人民出版社,1996.

[4] 黄荣清.地域分析方法[M].北京:中国人事出版社,2009.

[5] 加利·斯坦利·贝克尔.家庭论[M].王献生、王宇,译.北京:商务印书馆,1998.

[6] 金德伯克,赫里克.经济发展[M].上海:上海译文出版社,1986.

[7] 金小桃,郑晓瑛.聚焦人口安全[M].北京:中国人口出版社,2004.

[8] 克拉克.工业经济学[M].袁毅军,译.北京:经济管理出版社,1990

[9] 李竞能.现代西方人口理论[M].上海:复旦大学出版社.2004.

[10] 李培林.当代中国阶级阶层变动(1978-2018)[M].北京:社会科学文献出版社,2018年.

[11] 梁军昌.西南民族人口文化研究[M].北京:中国社会科学出版社.2015.

[12] 列宁专题文集·论社会主义[M].北京:人民出版社,2009.

[13] 刘传江.中国城市化的制度安排与创新[M].武汉:武汉大学出版社,1999年.

[14] 刘长茂.人口结构学[M].北京:中国人口出版,1991.

[15] 陆铭.大国大城[M].上海:上海人民出版社,2016年.

[16] 马尔萨斯.人口原理[M].朱泱,胡企林,朱和中,译.北京:商务印书馆,1992.

[17] 毛泽东.毛泽东选集第二卷[M].北京:人民出版社,1991.

[18] 潘贵玉.中华生育文化导论[M].北京:中国人口出版社.2001.

[19] 彭希哲.六十年:人口与人口学[M].上海:上海人民出版社,2009.

[20] 任远,谭静.人口迁移流动与城镇化发展[M].上海人民出版社,2014.

[21] 社会学概论编写组.社会学概论[M].2版.北京:人民出版社,2021.

[22] 沈益民,童乘珠.中国人口迁移[M].北京:中国统计出版社.1991.

[23] 石方.中国人口迁移史稿[M].黑龙江:黑龙江人民出版社,1990.

[24] 舒星宇.茕茕孑立的人生:农村大龄单身男性的生活困境[M].南京:南京大学出版社,2018.

[25] 宋俊岭,黄序.中国城镇化知识15讲[M].北京:中国城市出版社,2001.

[26] 宋林飞.现代社会学[M].上海:上海人民出版社,1997.

[27] 田方,陈一筠.国外人口迁移[M].北京:知识出版社,1986.

[28] 田雪原.人口文化通论[M].北京:中国人口出版社,2003.
[29] 佟新.人口社会学[M].4版.北京:北京大学出版社,2019.
[30] 王恩涌,赵荣,张小林,等.人文地理学[M].北京:高等教育出版社,2000.
[31] 王辉耀、苗绿.中国国际移民报告(2020)[M].北京:社会科学文献出版社,2021.
[32] 王胜今.人口社会学[M].吉林:吉林大学出版社,1998.10.
[33] 邬沧萍,杜鹏.中国人口老龄化变化与挑战[M].北京:中国人口出版社,2006.
[34] 吴晓,王慧,等.我国大城市流动人口就业空间解析——面向农民工的实证研究[M].南京:东南大学出版社,2015.
[35] 吴长顺.营销学[M].北京:经济管理出版社,2002.
[36] 吴忠观.人口科学辞典[M].成都:西南财经大学出版社,1997.
[37] 肖子华,刘金伟.流动人口社会融合蓝皮书:中国城市流动人口社会融合评估报告[M].北京:社会科学文献出版社,2018.
[38] 肖子华,人口文化学[M].北京:中央广播电视大学出版社,2012.
[39] 杨菊华,靳永爱.人口社会学[M].北京:中国人民大学出版社,2020.
[40] 杨菊华.中国流动人口经济融入[M].北京:社会科学文献出版社,2013:98.
[41] 杨清河.劳动经济学[M].3版.北京:中国人民大学出版社,2002.
[42] 姚新武,尹华.中国常用人口数据集[M].北京:中国人口出版社,1994.
[43] 姚新武.中国生育数据集[M].北京:中国人口出版社,1995.
[44] 游允中.六十亿世界人口[M].北京:中国人口出版社,2001.
[45] 张桂荣.人口社会学[M].武汉:武汉大学出版社,2009.

论文:

[1] Blacker, C. P. Stages in Population Growth [J]. The Eugenics Review,1947(39):88-101.
[2] Findlay, Allan & Anne. Population and Development in the Third World [J]. Journal of Rural Studies,1988:71-82.
[3] Goldscheider C. Population, Modernization, and Social Structure[J]. Social Forces,1971,51(4):503.
[4] John Bongaarts. The Fertility-Inhibiting Effects of the Intermediate Fertility Variables [J]. Studies in Family Planning. 13(6),1982:178-189.
[5] K. Davis and J. Blake, Social Structure and Fertility:An Analytic Framework [J]. Economic Development and Cultural Change, 4, No. 4,1956:211-219.
[6] Lewis W. Economic development with unlimited supplies of labor [J]. The Manchester school of economic and social studies,1954:22-25.
[7] Ranis G,Fei J. A theory of economic development[J]. The American economic review,1961:51.
[8] Thompson W S. Population trends in the United States [J]. American Journal of Sociology, 1933, 112(3):613-632.

[9] United Nations. The Determinants and Consequences of Population Trends [J]. Population Studies. 1982（50）:47.

[10] 曾明星,陈丽梅,丁金宏,等.中国人口发展中的区域均衡问题及破解思路[J].宁夏社会科学,2019(02):101-108.

[11] 陈迪宇,王政,徐颖,龙茂乾.我国城市群建设进展及任务举措[J].宏观经济管理,2021,(11):18-20.

[12] 陈功,刘菊芬,蔡春光,纪颖.安全与人口安全:概念的发展与讨论[J].市场与人口分析,2005(02):1-12.

[13] 陈蓉,王美凤.经济发展不平衡、人口迁移与人口老龄化区域差异——基于全国287个地级市的研究[J].人口学刊,2018,40(03):71-81.

[14] 陈奕平.当代美国人家庭与婚姻模式的演变及其影响[J].世界民族,2006(02):60-70.

[15] 陈映芳."农民工":制度安排与身份认同[J].社会学研究,2005(03):119-132+244.

[16] 陈友华,苗国.社会变迁背景下的低生育率:新机制与新特点[J].人口与发展,2016,22(05):14-23.

[17] 陈友华.人口红利与人口负债:数量界定、经验观察与理论思考[J].人口研究,2005(06):23-29.

[18] 陈云松.农民工收入与村庄网络 基于多重模型识别策略的因果效应分析[J].社会,2012,32(04):68-92.

[19] 初楠臣,张平宇,吴相利等.21世纪以来俄罗斯人口增长与空间分布格局变化[J].世界地理研究,2021,30(06):1115-1126.

[20] 楚军红.中国农村产前性别选择的决定因素分析[J].中国人口科学,2001(1):61-66.

[21] 邓宏乾,黄冠,徐升.人口结构变动对住房需求的影响——基于2002-2016年省际面板数据的实证分析[J].华中师范大学学报(人文社会科学版),2019,58(03):51-59.

[22] 翟振武,明艳.定义"人口安全"[J].人口研究,2005(03):40-43+96.

[23] 翟振武.建设人口均衡型社会[J].求是,2013(23):57-59.

[24] 翟振武.中国人口发展:新的挑战与抉择[J].理论视野,2007(09):8-10.

[25] 段成荣,盛丹阳,刘涛.人口流动对边境地区人口安全的影响及机制分析[J].人文地理,2022,37(04):149-157.

[26] 范丽玉,高峰.中国省域人口、资源、经济与环境(PREE)系统耦合协调的时空演变特征与预测分析[J].生态经济,2023,39(03):168-176.

[27] 方创琳.城市群空间范围识别标准的研究进展与基本判断[J].城市规划学刊,2009,(04):1-6.

[28] 高超,金凤君,傅娟等.1996—2011年南非人口空间分布格局与演变特征[J].地理科学进展,2013,32(07):1167-1176.

[29] 郭志刚,邓国胜.婚姻市场理论研究——兼论中国生育率下降过程中的婚姻市场[J].中国人口科学,1995(3):11-16.

[30] 果臻,李树茁,Marcus W.Feldman.中国男性婚姻挤压模式研究[J].中国人口科

学,2016(3):69-80.

[31] 哈伯先,刘士卓.新社会阶层:社会中间阶层的主体[J].河北师范大学学报(哲学社会科学版),2008,136(05):38-42.

[32] 韩光辉.近五十年来苏联人口的分布及其变迁研究[J].人口学刊,1992(01):47-52.

[33] 何一民,王立华.论中国古代城市空间分布的变化与特点[J].史林,2016(05):26-40+219.

[34] 洪秀敏,朱文婷.二孩时代生还是不生？独生父母家庭二孩生育意愿及影响因素探析[J].北京社会科学,2017,(05):69-78.

[35] 侯佳伟,顾宝昌,张银锋.子女偏好与出生性别比的动态关系:1979—2017[J].中国社会科学,2018(10):86-101+206.

[36] 黄洁萍,夏恩君.社会经济地位对城镇劳动力健康状况的影响分析[J].商业时代,2010,505(30):14-17.

[37] 贾丽萍.中国人口文化变迁:总结与展望[J].西北人口,2013,34(06):8-12.

[38] 李春玲.教育不平等的年代变化趋势(1940—2010)——对城乡教育机会不平等的再考察[J].社会学研究2014,29(02):65-89+243.

[39] 李莉.教育对社会分层流动的影响——教育公平与和谐社会[J].现代教育科学,2007(3):5-7.

[40] 李培林."新富阶层"与社会公平[J].北京社会科学,1995(01):57-63.

[41] 李其荣,国际移民对输出国和输入国的双重影响[J].社会科学,2007.9:46.

[42] 李强,丁辉文,赵罗英.怎样理解和认识当前我国新的社会阶层？[J].学习与探索,2017,267(10):28-33.

[43] 李莎,刘卫东.俄罗斯人口分布及其空间格局演化[J].经济地理,2014,34(02):42-49.

[44] 李树茁,果臻.当代中国人口性别结构的演变[J].中国人口科学,2013(2):11-20.

[45] 李树茁,孟阳.改革开放40年:中国人口性别失衡治理的成就与挑战.西安交通大学学报(社会科学版)[J].2018(6):57-67.

[46] 梁彦,王广州,马陆亭.人口变动与"十四五"教育规划编制思考[J].国家教育行政学院学报,2020(09):86-95.

[47] 林富德,刘金塘.中国生育率转变中的发展因素[J].南方人口,1998(01):8-14.

[48] 林广志,李超.人口结构与经济转型:以近代澳门为例[J].华南师范大学学报(社会科学版),2017(01):13-26+189.

[49] 刘厚莲,张刚.乡村振兴战略目标下的农村人口基础条件研究[J].人口与发展,2021,27(05):130-139.

[50] 刘精明.高等教育扩展与入学机会差异:1978~2003[J].社会,2006(03):158-179+209.

[51] 刘爽.男多女少无助于妇女地位的提高[J].人口研究,2003(5):44-47.

[52] 刘伟,张辉.中国经济增长中的产业结构变迁和技术进步[J].经济研究,2008(11):4-15.

[53] 刘中一.性别失衡地区的婚姻生态:内卷与自治[J].学术交流,2021(5):128-140.

[54] 刘中一.印度出生性别比治理成效不显著的原因探析[J].人口与经济,2013(1):19-26.

[55] 陆杰华,傅崇辉.关于我国人口安全问题的理论思考[J].人口研究,2004(03):11-15.

[56] 陆杰华,伍绪青.人口年龄结构变迁:主要特点、多重影响及其应对策略[J].青年探索,2021(04):28-40.

[57] 麻国庆.当代中国家庭变迁:特征、趋势与展望.人口研究[J],2023(1):43-57.

[58] 毛况生,周光复.人口年龄结构对家庭变化的影响[J].人口研究,1988(05):8-13.

[59] 毛新雅,翟振武.人口城市化空间路径的理论与研究及其启示[J].西北人口,2012,33(03):1-5+11.

[60] 莫岚,喻晶晶,莫婉,向荣.国内外安乐死研究知识图谱分析[J].医学与哲学,2021,42(16):22-27.

[61] 缪子梅.高等教育场域中社会流动和阶层固化的社会学思考[J].黑龙江高教研究,2015,259(11):14-16.

[62] 穆光宗,张团,张梦欣.家庭人口文化建设的框架和路径[J].人口与计划生育,2011(05):20-22.

[63] 穆光宗.离婚率增长背后折射了什么社会问题——提高新生代中国人"爱人"之能力[J].人民论坛,2019(23):62-64.

[64] 潘泽瀚,吴连霞,卓冲,杨飞扬.2010—2020年中国老年人口健康水平空间格局演变及其影响因素[J].地理学报,2022,77(12):3072-3089.

[65] 彭文进.俄罗斯人口危机视阈下的人口结构分析[J].新疆师范大学学报,2010(3):69-74.

[66] 屈小博,程杰.中国就业结构变化:"升级"还是"两极化"?[J].劳动经济研究,2015,3(01):119-144.

[67] 宋健,李建民,郑真真等.中国家庭的"转变"与"不变"[J].中国社会科学评价,2020(03):50-58.

[68] 孙其昂,李向健.中国城乡居民自感健康与社会分层——基于(CGSS)2008年的一项实证研究[J].统计与信息论坛,2013,28(12):78-83.

[69] 孙琼如.中国出生人口性别比:三十年研究回顾与述评[J].人口与发展,2013(5):95-109.

[70] 田波琼,申仁洪,黄儒军.家庭社会经济地位对特殊儿童家庭抗逆力的影响:社会支持的中介作用[J].中国特殊教育,2023(02):25-34.

[71] 童玉芬,和明杰,杨欢,刘志丽.中国主要城市群的人口模式分类研究[J].北京行政学院学报,2022,(01):114-121.

[72] 万春林,张卫,邓翔.中国人口老龄化的制度背景与时空演变[J].四川大学学报(哲学社会科学版),2020(05):140-152.

[73] 王金营.1990~2000年中国妇女生育模式及其生育水平估计[J].中国人口科学,2003(4):78.

[74] 王金营.中国计划生育政策的人口效果评估[J].中国人口科学,2006(05):23-32.

[75] 王军,王广州.中国低生育水平下的生育意愿与生育行为差异研究[J].人口学刊,2016,38(02):5-17.

[76] 王卓,李莎莎.中国公众对安乐死的态度及其影响因素分析——基于2019年民意调查数据[J].人口学刊,2021,43(02):20-32..

[77] 吴炳义,董惠玲,于奇等.中国老年人口健康预期寿命的社会分层分析[J].人口与发展,2021,27(05):2-11.

[78] 肖金成,洪晗.城市群人口空间分布与城镇化演变态势及发展趋势预测[J].经济纵横,2021(1):19-30.

[79] 杨强,李丽,王运动等.1935—2010年中国人口分布空间格局及其演变特征[J].地理研究,2016,35(08):1547-1560.

[80] 杨文庄,于学军,李小平等.专家笔会:人口安全纵横谈[J].人口与计划生育,2004(02):19-26.

[81] 杨云彦.中国人口迁移的规模测算与强度分析[J].中国社会科学,2003(06):97-107+207.

[82] 于弘文,邓国胜,王宗萍,等.透视出生性别比偏高现象[J].人口研究,2003(5):38-52.

[83] 原新.出生人口性别比最新动态及问题判断[J].西安交通大学学报(社会科学版),2016年(6):122-124.

[84] 张车伟.区域治理视域下人口发展策略研究[J].南京社会科学,2016(04):154-156.

[85] 张二力.从"五普"地市数据看生育政策对出生性别比和婴幼儿死亡率性别比的影响[J].人口研究,2005(1):11-18.

[86] 张敏才.人口文化的几个理论问题[J].人口研究,2001(05):60-64.

[87] 张维庆.关注人口安全 促进协调发展[J].市场与人口分析,2003(05):1-6.

[88] 张学敏,周杰.新时代教育突破社会阶层再生产问题研究[J].西南大学学报(社会科学版),2022,48(03):146-156.

[89] 张震,马茜.中国出生性别比转变的人口老龄化后果:前景与对策[J].人口研究,2022,46(01):3-18.

[90] 郑真真.人口现象中的社会问题——对出生性别比失衡的再认识[J].山东女子学院学报,2022(3):20-28.

[91] 朱其良.国际移民对世界政治经济的影响[J].广西社会科学,2002.5:50.

[92] 朱英明,姚士谋.我国城市化进程中几个需要正确认识的问题[J].城市开发,1998(06):19-22.